國際私法

福原鐐二郎
平岡定太郎 合著

明治廿五年出版

國際私法

日本立法資料全集 別巻 1190

信山社

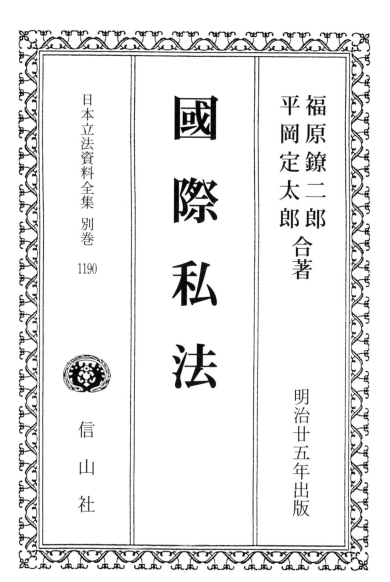

福原鐐二郎
平岡定太郎　合著

國際私法

東京　金港堂書籍會社

TO

ALEXANDER TISON, ESQ., A. M., B. L.,

PROFESSOR OF ENGLISH LAW IN

THE IMPERIAL UNIVERSITY,

TOKYO, JAPAN,

THIS FIRST EDITION

OF

"**Private International Law**"

IS

RESPECTFULLY INSCRIBED

BY

THE AUTHORS,

WHO ARE HIS MUCH ADMIRING PUPILS.

I have been asked to write a few words, which may stand at the beginning of this book; and I gladly make use of the opportunity thus given me to say how hearty is my sympathy with the high and resolute purpose, and how warm is my appreciation of the industry and zeal, which the authors of the present volume have brought to the task of its preparation.

I am told that there has been hitherto no adequate treatise in the Japanese language on the subject of the "Conflict of Laws" and this want the authors have aimed here to supply. They have not been daunted by the size of the ground to be covered, nor have they been deterred by the difficulties which lie in the path of those who would explore it. I regret not to be able to read what they have written; but I have been told the authorities from which the following pages are largely drawn, and I am sure that, springing from such sources, they cannot fail to be full of instruction and sound learning.

The general scope of the work also has been put before me; and I felicitate those who are to be helped by it, on the comprehensive view of the subject which it presents to them.

I may be allowed to say a word upon the importance of the subject treated. The "Conflict of Laws" or "Private International Law" is a branch of learning in the law of great and growing interest. It is no less important for the civilian than for the common lawyer. It presents many intricate, novel and pressing questions. America, England, and the Continent of Europe give lessons to, and receive lessons from, each other in this as in no other branch of Jurispruedence unless it be Public International Law. And, as to Public International Law, it is always a question whether it is, properly speaking, law at all. Certainly it is law in a very different sense, and of a very different sort, from our present subect.

Japan may well be looked to for her contribution, which should be a large one, to the development and illustration of "Private International Law." While the policy of seclusion under Shogunate lasted, there was of course no room for the class of questions, which the present conditions of national intercommunication tend so greatly to multiply. The breaking up of the old order brought about system of things which, so long as it lasts, is sure to be a prolific source of difficult problems in the domain of "Private International Law." And it may easily turn out that the growing foreign commerce of this empire, together with the increasing numbers of those who sojourn here as a temporary home, will avail to keep up, if it does not enhance, the importance of this topic of the law, though the present order of international relations shall have been utterly done away. Certainly it will then be of the first importance for Japanese lawyers to be well read in the subject of "Private International Law," for its interpretation and application will devolve wholy upon them and the courts of Japan.

I therefore commend the subject to Japanese lawyers, and beg to be permitted to ask their attention to the present treatise which is designed to aid them in its study. To its authors I render my thanks and my congratulations:—my thanks for their kindness in thinking of me in connection with their work, and my congratulations on the fact that they have thus early given their industry and their scholarship to help advance the knowledge of our law.

6 Kaga Yashiki, Tokyo. Alexander Tison.

Imperial University.

November 7. 1891.

國際私法序

學友福原鐐二郎平岡定太郎、國際私法ヲ專攻スル茲ニ年アリ、頃日潜思研求ノ結果ヲ記シテ余ノ意見ヲ問フ、余之ヲ閲スルニ、既ニ其編纂法ノ先ヅ我心ヲ獲タルモノアリ、著者ガ古今明法之士ノ學說ヲ收聚シテ是非ヲ辯ズル、虛心平氣、敢テ其學者ノ名聲ノ赫々タルガ爲メニ其判斷ノ明ヲ眩マルザヽヿナク、卓立獨步、鋭精ノ論法ヲ以テ之ヲ斷定シ、盤根錯節刄ヲ迎ヘテ剖ク、二氏ノ大家崇拜ノ弊ニ陷ラザルヤ、能ク眞正ノ學者タルニ愧ヂザルモノト稱スベシ、二氏又比較的研究法ニヨリ、博ク文明諸國ノ法令ヲ參稽シテ之ヲ本邦ノ法規ニ對照シ、其異同ヲ辯ジ、其得失ヲ論ズ、故ニ二氏ノ論ズル所古今各國ノ學說、東西兩洋ノ成例、蚌ヲ剖テ明珠ヲ列スルガ如シ、而シテ其間敢テ前人ノ餘唾ヲ拾ハズ、一個特有ノ新意ヲ出シ、着々辯明論斷ス、其說ク所、固ヨリ余ト見ヲ異ニスルモノ尠カラズト雖モ、其中又前人未發ノ新說ト稱スベキモノナキニ非ズ、其國際私法ハ公法ナリト說キ、又行爲地ノ法ヲ以テ能力ヲ支配ス可シト論ズルガ如キ、蓋シ著者ノ最モ得意トスル所ナリ、初メ二氏ノ稿ヲ起スヤ屢々余ノ書齋ヲ訪ヒテ其所見ヲ述ベ、以テ余ノ意見ヲ叩ク、余モ亦常ニ胸襟ヲ啓キテ之ニ應ジ、論議ヲ上下スルコト再三、今ヤ稿ヲ脱スルニ迨ビ、余ニ二氏ヲ慫慂シテ之ヲ公刊セシム、二氏依テ余ニ題辭ヲ徵ス、余曰ク世人書ヲ著ス者、多クハ其序文ヲ能文ノ士ニ囑シ、或ハ其題辭ヲ高位貴紳ニ請フ、故ニ或ハ蛇尾龍頭ヲ接グ者アリ、狗肉ヲ售ラントシテ羊頭ヲ懸ル者アリ、二氏ノ余ニ序ヲ求ムルヤ之ニ異ナリ、二氏ハ其學友ヲシテ斯書ヲ法學世界ニ紹介セシムルモノナリ、余安ンゾ喜ンデ之ニ序セザルヲ得ンヤ、余嘗テエミル、ド、ラブレー氏ノ「財産起原史」ヲ讀ム、ラブレー氏曰ク、余ハクリフ、レズリー氏ニ此書ノ序文ヲ請ヘリ、而シテ、其之ヲ請フ所以ノモノハ他ナシ、余ハレズリー氏ノ、必ズ余ト意見ヲ異ニスル所アルヲ知レバナリ、余ハ又レズリー氏ノ法理學理財學ノ教授タルノ位置、及ビ氏ノ法律史、理財史ノ該博ナル學識ハ、必ズ讀者ニ益スル所アルベキヲ信ズレバナリト、余嘆ジテ曰ク、序ヲ請フ者ハ、當ニ斯ノ如クナルベシト、而シテレズリー氏ノ序文ヲ讀ムニ、正ニ是レ一篇ノ大議論、或ハ著者ノ意見ニ同ジ、或ハ之ニ異ス、余復タ嘆ジテ曰ク、學友ノ著書ヲ序スルモノ、當ニ斯ノ如クナルベシ、彼ノ徒ラニ溢美ノ贊辭ヲ臚列スルガ如キハ學友ノ通誼ニアラザルナリト、玆ニ於テ、聊カ余ノ懷抱スル所ヲ述ベテ、之ヲ著者ニ質サントス。

法曹イエリング氏、嘗テ道徳法律ノ區別ヲ論ジテ曰ク、是レ法律學ノ喜望峯ナリト、喜望峰ハ古代大波岬ノ名アリ、風浪頗ル惡ク、航客屢々其針路ヲ誤ル、是レ蓋シイエリング氏ガ取テ以テ比喩セシ所以ナリ、余謂ヲク、國際私法モ亦タ法海航客ノ北氷洋ニ非ザルナキヲ得ンヤ、古來法理學者ニシテ、此暗境ニ探撿ヲ試ムル者幾何ゾ、而シテ或ハ氷山ニ觸レテ其船ヲ破碎スル者アリ、或ハ迷霧ニ入テ其針路ヲ失フ者アリ、其能ク初志ヲ遂テ歸ル者果シテ幾人カアル、而シテ福原平岡ノ二氏、又此迷海ニ獨立ノ針路ヲ取リ、別ニ一ノ新航路ヲ開カントス、其勇氣ヤ嘉ス可シ、余ヤ法海ノ航客、曾テ又一ノ航路ヲ試ミタル者、請フ其海圖ヲ披ヒテ二氏ノ意見ヲ問ハン。

前人ノ國際私法ヲ説ク者、多クハ之ヲ國際法ノ一部トス、是レ獨乙ノシエフチル氏、バール氏、和蘭ノアッセル氏等ガ、之ヲ「國際的私法」ト稱シ、伊太利ノロモナコ氏、佛蘭西ノポルタリス氏、白耳義ノローラン氏等ガ「國際的民法」ト稱シ、佛ノフヱリツクス氏、英ノウヱストレーキ氏、フート氏、伊ノフヒオレ氏等ガ「私法的國際法」ト稱セシ所以ナリ、余謂ラク此説誤レリト、夫レ國際私法ハ其規定ノ國際的ナルニ非ズシテ、其規定セラルヽ權利行爲ノ國際的ナルニアリ、而シテ其權利行爲ノ有效無效ヲ定ムルノ法ハ唯ダ一國ノ法アルノミ、甲國ノ臣民乙國ノ臣民ト結婚シ、丙國ノ商賈丁國ノ商賈ト貨物ヲ賣買シ、戊國所在ノ地所ヲ己國ニ於テ讓與シ、其權利行爲上ヨリ庚國ニ出訴スルガ如キノ渉外訴件ニ於テ、之ヲ裁判ス可キノ法規ハ決シテ諸國ノ間ニ行ハルヽ法ニ非ズシテ、只タ法廷地法ノ一アルノミ、彼ノ身分能力ハ、本籍地法ヲ標準トシテ、其有效無效ヲ定メ、不動産ニ關スルヿハ、其所在地法ヲ標準トシテ、其有效無效ヲ定ムルガ如キモ、皆法廷地法ニ依リテ然ルノミ、決シテ列國間ニ斯ノ如キ法規ノ行ハルヽニ非ザルナリ、而シテ各國略ボ同一ノ原則ヲ採用スルニ至リタル所以ノ者ハ、只列國交通貿易ノ便益上ヨリ出デタル者ニシテ、其法規ノ國際的ナルガ爲メニ非ザルナリ、若シ諸國ニ同一ノ規則行ハルヽヲ以テ其法規ヲ國際的ナリトスレバ、二十一年ヲ以テ丁年トスルノ法規ノ如キモ、亦之ヲ國際法ノ一部ト稱セザルヲ得ザルニ至ラン、畢竟文明諸國ニ於テ、渉外權利行爲ニ關シ、同一法規ヲ採用スルハ、謂ハユル物質的歸一ニシテ、法力ノ歸一ニ非ズ、其渉外權利行爲ノ效力ヲ定ムルハ國々ノ法律ニ依ルノミ、故ニ曰ク、渉外事件ノ效力ヲ定ムルモノハ一ニ法廷地法ニアリト。」

學者又曰ク、渉外權利行爲ノ效力ヲ論ズルニ當リテハ、二國以上ノ法律牴觸スト、是レ和蘭ノローデンブルグ氏、米國ノストーリー氏、ホワルトン氏、獨乙ノヴエヒテル氏等ガ之ヲ「法律ノ牴觸」ト稱セシ所以ナリ、余謂ラク、此說ハ則チ法境ヲ滅スルノ說ナリト、二物同時ニ同一ノ空間ヲ充サントス、玆ニ於テ牴觸生ズ、然ルニ法律ノ屬人主義ハ既ニ久シク其跡ヲ絕チ、近世諸國ノ法律ハ屬地主義ニ據リ、治外法權ノ場合ヲ除クノ外ハ、自國ノ法律ハ其國境ヲ出デズ、他國ノ法律ハ其國境ニ入ラズ、是レ各國獨立主權ノ然ラシムル所ナリ、各國ノ法境畫然トシテ互ニ侵ス可ラズ、故ニ二法同時ニ同地方ニ行ハレザルハ、恰モ二物ノ同時ニ同一ノ空間ヲ充ス能ハザルガ如シ、惡ンゾ牴牾撞突スルヲ得ンヤ、玆ニ一ノ涉外權利行爲アリ、甲國ノ法之ヲ有效トシ、乙國ノ法之ヲ無效トス、而シテ若シ之ヲ丙國ニ於テ裁判スルニ當リ、甲乙二國ノ法ハ丙國ニ行ハレズ、丙國ノ法廷ハ唯其權利行爲ノ關係地法ニ於ケル效力ヲ明カニシ、而シテ後ナ自國ノ法律ニヨリ、其有效無效ヲ判決スルモノナリ、此場合ニ於テ、裁判官ハ、甲國ノ法若クハ乙國ノ法ヲ適用スルモノニ非ズ、自國ノ法ハ裁判官ニ對シ、某國ノ法ニ適ヒタル權利行爲ハ、我法庭ニ於テ之ヲ有効トス可シト命ズルニ由ルノミ、故ニ法律互ニ牴觸スル亇ナク、渉外權利行爲ヲ規定スルノ法ハ單ニ法廷地法ノ一アルノミ。』學者又或ハ曰ク、渉外權利行爲ニ關シテハ、其關係地ノ法律ハ効果ヲ他國ニ及ボスモノナリト、是レコッセイヤス氏等ガ、之ヲ「法律ノ治外効果」ト稱シ、ホルランド氏ガ「治外私法」ト稱シ、サビニー氏ガ之ニ關スル原則ヲ「所ニ關スル法律ノ効果」中ニ論述セル所以ナリ、然レモ各國ノ主權ハ法ノ治外効果ヲ許サズ、只自國ノ法ニヨリテ、渉外事件ヲ判決スルノミ、故ニ此論ノ當ヲ失セルハ敢テ多言ヲ要セザルナリ。

又或ハ曰ク、渉外事件ニ關シテハ、法廷ハ其關係外國法ヲ適用スト、獨逸ノオルスタツト氏ガ、之ヲ「外法適用」ト稱シ、英ノフヒリモール氏ガ、之ヲ「國際好誼」ト稱シ、各國交際ノ好誼上ヨリ、渉外事件ニハ外法ノ適用ヲ許スモノトセリ、此説タル國家主權ノ作用ヲ誤リ、法律ト事實トノ區別ヲ知ラズシテ、裁判官ニ外國法律適用ノ職務アルモノトスルニ出ルモノニシテ、余ノ最モ非トスル所ナリ、一國ノ裁判官ハ自國ノ法律ヲ知リ之ヲ行フノ職務ヲ有スル者ニシテ、他國ノ法律ヲ知リ之ヲ行フノ職務アルコトナシ、故ニ若シ渉外事件ニ於テ裁判官ハ他國ノ法律ヲ適用スルモノナリトセバ、裁判官ハ萬國ノ法律ニ通曉セザルベカラズ、然レドモ、裁判官ハ固ヨリ斯ノ如キ職務アルコトナク、又斯ノ如キ腦力ヲ具フル者アルコトナシ、渉外事件ニ於テ法廷ノ問フ所ノモノハ、其渉外權利行爲ノ効力ナリ、而シテ其行爲ノ有効無効ハ、其行爲關係地法、即チ本籍地法、行爲地法等ニ據リテ法廷地法之ヲ定ム、故ニ裁判官ガ其渉外權利行爲ノ効力ヲ判決スルハ、自國ノ法律ニ依リテ之ヲナスモノナリ、其行爲關係ノ外國法ニ依リテ之ヲナスニ非ズ、自國ノ法ハ裁判官ニ命ジテ曰ク「本籍地法ニ於テ適法ナリト認メタル身分能力ハ、我法廷ハ之ヲ有効ナリト認ム可シ」「不動產ニ關スル事件ハ、其所在地法ニ於テ有効ナリトスル者ハ、我國ノ法廷ニ於テモ之ヲ有効ナリトシテ裁判ヲ爲ス可シ」ト、故ニ我法廷ノ問フ所ハ、其權利行爲ノ効力ニアリ、法廷ハ只其權利行爲ノ効力ヲ知ランカ爲メニ、行爲關係地ノ外法ヲ事實トシテ證明セシムル耳、外國ノ法律ハ其國境以外ニ効力ヲ有セズ、惡ンゾ他國ノ法廷ニ効力ヲ有センヤ、一國ノ法律ハ他國ノ法廷ニ在リテハ事實ナリ、固ヨリ法律タル効力ヲ有セズ、即チ其國ニ斯ノ如キ法律存在スト云フハ事實タルニ過ギズ、既ニ事實タリ、故ニ證明ヲ要ス、事實ハ證明ヲ要シ、法律ハ證明ヲ要セザルハ、法律ノ原則ナリ、設シ其法規ニシテ、他國ノ法廷ニ法律タル効力ヲ有スル者トスレバ、裁判官ハ當然之ヲ識ラザル可ラズ、焉ンゾ證明ヲ要スルノ理アランヤ、故ニ曰ク謂ハユル國際私法ナルモノハ涉外權利行爲ノ裁制法ナリト、而シテ其法規ノ性質タルヤ、純然タル內國法ニシテ、毫モ國際的ノ元素ヲ有スルヿナシ、從來學者ノ國際法ノ性質ヲ論ズル者、概ネ皆ナ國家主權作用ヲ誤リテ、一國ノ裁判官ハ涉外訴件ニ於テ、他國ノ法律ヲ適用スルノ職務アリトシ、法律ト事實トノ區別ヲ誤リテ、一國ノ法律ハ他國ノ法廷ニアリテハ事實トナルヿヲ知ラズ、法律ニ治外效果アリト信ゼリ、此學說竟ニ一國ノ立法ヲ誤リ、主權ヲ損スルカ如キ法規ヲ設ケシムルヿアルニ至ル、余按スルニ、我邦ノ法例ノ如キハ、此原理ヲ誤解シテ、立案シタル者ナルヲ以テ、或ハ外國ノ法律ニ從フト云ヒ、又ハ外國法ヲ適用スト云ヒ、我國法ヲ適用スル時ハ、日本法ヲ適用スト特書ス、嗚呼是レ國法ヲ以テ、我法境內ニ外國法ノ治外效果ヲ認ムルモノナリ、我國民ノ治外法權ヲ厭フヤ巳ニ久シ、而シテ我法例ハ、外國法ノ治外效果ヲ認ム、我裁判官ハ既ニ新法ノ浩瀚ナルニ苦ム、而シテ我法例ハ猶ホ且ツ裁判官ニ諸外國法ヲ知ルノ職務ヲ負ハシム、余法例ヲ讀ム每ニ、未ダ嘗テ此點ニ於テ我立法者ト意見ヲ異ニスルヲ慨嘆セズンバアラザルナリ、抑モ內外交涉訴件ニ關シ、我法廷ノ適用スル所ノモノハ我國法ナリ、我法官ノ遵奉スル所ノモノハ我國法ナリ、內外交涉訴件ニ於テハ、只其權利行爲ノ外國ニ關係アルヲ以テ、其身分能力資格行爲等ニシテ、其本國法若クハ行爲地法等ニヨリテ適法ナルヤ否ヤヲ知ルガ爲メニ、其關係地法ヲ事實トシテ證明セシムルモノナリ、而シテ若シ其關係者ノ身分能力等ニシテ、其本國法ニ依リテ適法ナルモノナルトキハ、我法廷モ之ニ因リテ成立セル權利行爲ヲ有効ナルモノトス、是レ即チ我國法ナリ、而シテ其權利行爲ノ効力アルハ、亦タ唯ダ我國法ナリ、我國法ハ曰ク、涉外訴件ニ於テ我國人ノ身分能力ノ問題生シタル時ハ、我法廷ハ其外國人ノ本國法ヲ事實トシテ證明セシメ、若シ其本國法ニ從ヒ、或身分ヲ有シ、又ハ或能力ヲ有スルモノナラバ、我法廷ニ於テモ、之ニ從フノ權利行爲ヲ有効トシ、之ニ從ハザルノ權利行爲ヲ無効トス、然ラバ我法廷ガ外國ノ法律ヲ問フハ、法律トシテ之ヲ適用センガ爲メニ非ズ、事實トシテ之ヲ知ランガ爲メナリ、換言スレバ其訴訟人ノ本籍地ニハ斯ノ如キ法規存スト云フノ事實ヲ認容スルニ過ギス、故ニ涉外訴件ニ於テ、我法廷ノ適用スル所ノ法ハ、我國ノ法ニシテ、決シテ外國ノ法ニ非ザルナリ、若シ渉外訴件ニ於テ、我法廷ハ外國ノ法律ヲ執行スルノ職務アリト云ハヾ、我邦ノ主權ヲ奈何ンセン、若シ外國ノ法律ニシテ、其人ニ件ヒ、其行爲ニ從ヒ、我法境内ニ行ハル、モノトセバ、法律ノ屬地主義ヲ奈何セン、若シ我法廷ニシテ外國ノ法律ヲ適用スルノ職務アリトセバ、我法官ノ智識ヲ奈何セン。之ヲ要スルニ、謂ハユル國際私法ナルモノハ、其法律ノ國際的ナルニ非ズシテ、其權利行爲ノ國際的ナルニアリ、其法規ノ私法的ナルニ非ズシテ、其法規ノ目的タル權利行爲ノ私法的ナルニアリ、國際私法ハ渉外權利行爲ノ效力ヲ定ムル法廷地法ナリ、故ニ國際私法ハ國法ナリ、國際私法ハ公法ナリ、國際私法ハ渉外權利行爲ノ裁制法ナリ、而シテ余ノ此説ヲ唱フル所以ノモノハ、主トシテ次ノ理由ニ基クモノナリ。

一國ノ法律ハ自國ノ法境外ニ效力ヲ有セズ。

一國ノ裁判官ハ職務上自國ノ法律ヲ知ルモノトスレ𪜈、他國ノ法律ヲ知ルモノトセズ。

一國ノ裁判官ハ自國ノ法律ヲ適用スルノ職務ヲ有スレ𪜈、他國ノ法律ヲ適用スルノ職權職務アルヿナシ。

法律ハ裁判官當然之ヲ知ルモノトシ、事實ハ證明ニ依リテ其存在ヲ認ムルモノトス、故ニ法律ハ證明ヲ要セズ、事實ハ證明ヲ要ス。

一國ノ法律ハ他國ノ法廷ニアリテハ證明ヲ要ス、是レ一國ノ法律ハ他國ノ法廷ニアリテハ事實タルノ證ナリ。

涉外權利行爲ニ關シテ訴訟アル時ハ、裁判官ハ其行爲ノ關係地法ニ適スルヤ否ヤヲ證明セシメ、自國法ノ命ズル所ノ標準

ニ従ヒテ、其權利行爲ノ效力ヲ定ム、故ニ

國際私法ハ涉外權判行爲ノ裁制法ナリ。

涉外權利行爲ノ裁制法ハ法廷地法ナリ。

國際私法ハ、國際法ニ非ズシテ國法ナリ。

國際私法ニ屬スル法規ハ、私法的法規ニ非ズシテ公法的法規ナリ。

國際私法ノ性質ニ關スル余ノ卑見概ヲ斯ノ如シ、余ノ曾テ航路ヲ開キ、氷洋ノ實況ヲ歷撿シタル海圖ハ、二氏ノ新タニ開カントスル航路ト、或ハ其方針ヲ同フセザルノ點ナキニ非ズト雖モ、著者ノ學理探究ニ熱心ナル、敢テ余ノ海圖ヲ排斥セズ、仍ホ探テ之ヲ船室ニ備ヘント欲シ、強テ余ヲシテ曾遊ノ圖譜ヲ製シ、以テ卷首ニ掲ゲシム、嗚呼著者ノ懷ヲ虛フシ益ヲ求ムルハ、我邦ノラブレー氏ナリ、而シテ余ノ謭劣固ヨリ敢テレズリー氏ニ當ラズト雖ドモ、姑ラク其需ニ應ジ、其要領ヲ叙シテ序文ニ代フ。

明治廿五年二月下浣

穗積陳重謹識

國際私法序

今ヤ宇内交通ノ便大ニ開ケ異邦人民ノ關係日ニ益々頻繁ナラントスルニ方リ國際私法研究ノ必要ナルコトハ實ニ著明ナリト云フヘシ回顧スレハ僅ニ十餘年前佛國法科大學學科中ニハ未タ國際私法ノ科目ナカリシカ時勢ノ必要ニ促カサレテ遂ニ之ヲ「リサンス」ノ正科ニ加ヘ爾來益々其研究ヲ奬勵スルコト、爲レリ是獨リ佛國ノ現況ニ非ス歐米各國到ル所トシテ此傾向ヲ見サルハナク已ニ有名ナル學者輩出シ名著亦日ヲ追テ其數ヲ加ヘントス惟フニ是レ當世紀ノ後半ニ於ケル法學進歩ノ一大現象ナルヘシ我邦ニ於テモ近年條約改正内地雜居ノ問題日ニ其歩ヲ進メ内外人及ヒ外人相互ノ關係亦日ニ頻繁ニ赴カントス果シテ然ラハ國際私法ノ必要ヲ感スルコト益々切ニシテ其適用多キニ至ルコト亦決シテ遠キニ非ス今ニ於テ攷々其原理ヲ究メ其應用ヲ講スルニ非サレハ如何シテ列國人民トノ交際ナ全フシ文明國ノ實ヲ擧クルヲ得ヘケンヤ然ルニ現今ノ狀況ヲ觀ルニ法律各科ノ研究ハ日ニ進步シ著書亦少ナキニ非スト雖モ獨リ國際私法ノ一科ニ至テハ之ヲ專攻スル者殆ト其人ナク亦其法理ヲ論究シタル著書ニ乏シキハ吾輩ノ深ク遺憾トスル所ナリ

學友福原平岡兩君此ニ感スル所アリ今ヤ此緊要ナル學科ニ關シテ其研究ノ結果ヲ公ケニセラレント ス余其緒論ト題スル一部ヲ讀ムニ汎ク歐洲諸大家ノ說ヲ參照シ議論正確序次整然頗ル着實ナル一好著書ト見タリ余ハ國際私法研究ノ必要甚タ切ナル今日ニ於テ兩君カ率先シテ此書ヲ著ハシ以テ此法ノ本義原則ヲ世ニ表明セラレタルヲ悅フナリ惟フニ其法學社會ニ裨益ヲ與フルコ

ト蓋シ少ナカラサルヘシ細評ハ之ヲ他日ニ讓リ今日ハ唯江湖同學ノ諸士ニ此一良著書ノ出テタルコトヲ披露スルニ止メントス

明治廿五年二月廿六日

富井政章識

御著述拜見仕候未熟讀之暇無之候得共多年御研究之形迹歷々可徵一々御卓論唯感歎之外無之候今にして既に此御著述あり將來法學之大家たらんこと我輩か於兩君所不疑に有之候敬白

明治廿四年十二月三日

梅　謙　次　郎

福原鐐二郎君

平岡定太郎君

拜啓陳は今般國際私法の著書御上梓に付批評致候樣兼て御相談之處公私多用にて貴稿熟讀の暇無之候間原稿御返却に際し御申譯の爲め左に數言相加へ申候

御兩君はナヅン氏に就き大學の課業として國際私法を修學被致候事に御座候御承知の通り米國は元來諸外國に對しては一國を成し居候へども各州皆殆んど獨立國の有樣に在る事に候故國際私法の必要最も多く隨て其學說は充分に發達し居り判決例にも乏しからさる樣に存候ナヅン氏は米國人にして同國第一等のハーバード法科大學に於て修學致され候となれは御兩君の氏より學習せられたる處も被相察候加之兩君は課業の餘暇に廣く歐洲大陸諸國の學說判決例をも參照相成候事原稿紙面に判然致し居

り候ヱなれは論旨の是非編纂の當否に至ては或は異見を入るへき所も可有之哉難計候へども兎に角國際私法の著作として充分の價値あるヱ拙者の確信する處に御座候

國際私法は國際公法と異なり其効力は一國主權の作用に基くものなれは各國其規則を異にし得へき性質あるものなれとも國際交誼上幷に彼我便益上實際に於ては大同小異にして諸國に共通のものに御座候故に國際私法ハ單に國法の一部として之を論究するヱ能はす又各國私法の全部を對照比較するを目的とするものにあらず即ち所謂比較法理の研究とは其趣を異にするものと存候得共内外人交渉の訴件に關し何れの國法を適用すへきやの問題を決するものなれは彼我異邦の國法に差あるにあらされは

國際私法の問題を生するヿなし故に國際私法の應用を必要とする實際の場合に於ては自ら彼我國法の異同を比較せさるを得すと存候其比較は實際の事實に伴ふものなれは漠然として萬國の私法を比較論究せんとする比較法理學の如き空理に流るゝの弊なく國際私法は研究其物の有益なるのみならす法學上最も有益なる一の科目と考へ申候

御承知の通り我國には目下尚ほ治外法權の制ありて我司法權は洽く外國人の上に行はれさるヿ故國際私法の問題を生すへき場合少なしと雖も日本人か外國に於て其國の法律習慣に依り外國の婦人と結婚せしときは我裁判所は之を有効の婚姻とし其男女間に生るゝ子女を正出の子女と看做すへきや等の問題を生する

ヿあるへし拙者先年英國留學中數十年間日本に居住し日本の法律習慣に依りて日本の婦人と結婚し數名の子女を擧けたる英國人某歸國の上撿事總長に對して其婚姻の有効なるヿ幷に其女子の正出たるヿを公認せられんヿを請求して裁判所に訴を起したるヿあり而して撿事總長は日本は開明國にあらす日本に於ける男女の結合は一男一女の畢生間の結合にあらさるか故に有効の婚姻と看做すへからすとの抗辯を爲したれとも當時該裁判所の主席判事たりしハンネン氏は日本は開明國にして一夫一婦の婚姻法の行はるゝ國なりとの理由を以て某婚姻を有効とし其子女を正出のものと判決せり是れ即ち國際私法の問題の一例にして日本人に交渉せるものなり今若し日本に於て右同様の問題を生

するときハ法例實施前に在ては國際私法の通則に依て之を決せさるへからす法例實施後に於ては固より法例に依らさるへからす法例中には國際私法の規則に關するもの數條あり然りと雖とも前述の如く國際私法は萬國に共通の性質を有するものなるか故に其之を充分に研究するの必要あるは敢て法例實施の前後に差なしと存候

國際私法の研究其物の今日に在て必要なることは前段略述する所を以て明瞭のことと存候而して治外法權領事裁判の制は永久不易のものにあらすして早晩之を撤去せさるへからさるものなることは申す迄もなく近來我國か長足の進歩を爲したる事實は外人も既に承認する所に候へは多年希望の條約改正成就の期も遠から

さるへしと信し候果して然らは外國人との取引頻繁なるに從ひ屢々内外人交渉の訴件を生するゝとあるへく益々國際私法研究の必要を見るに到るや期して待つへきゝとと存候

明治廿四年十二月廿日　　土方寧

平岡定太郎殿

福原鐐二郎殿

國際私法序

國際私法ハ法界ノ迷路カ將タ法叢ノ荆棘カ胡爲レゾ斯學研究ノ途ニ上ル者追々トシテ徒手空回スル者ノ多キヤ余モ亦師友ノ指導ニ由リテ國際私法ノ研究ニ發軔セシト雖モ僅ニ一歩ヲ着クルヤ既ニ紛紛タル學說ノ重圍ニ陷リ前跋後疐亦迷路中ノ人荆棘裏ノ客トナレリ是ニ於テ歩ヲ進ムルニ隨ヒ荆棘益衣袂ヲ鉤シ迷路愈暗黑ヲ加ヘ復タ奈何トモスルコト能ハザリキ然レドモ足探リ手摸シテ進ムノ際英國判事長あぼつと氏ノ語ヲ聞ケリ曰ク動產ノ分配ニ關シ英國法ハ外國法ニ讓歩スルモノナリト云フハ誤レリ動產ハ本國法ニ依リテ分配セラルヘシト云フコト即チ英國法ナリト余歎シテ曰ク是レアルカナ氏ノ言法律家タル者涉外的法律關係ニ對シテハ須ラク如是觀ヲ爲スヘシ動產ハ本國法ニ依リ

テ分配セラルヘシトノ規定ノ當否ハ姑ク措キ渉外的法律關係ヲ決スルハ國際法ニアラズシテ內國法ナリトノ見解ハ蓋シ法律適用ノ正鵠ヲ得タル者ト謂フヘシ古來學者唯其事實ノ渉外的ナルヲ見テ漫然此種ノ問題ヲ決スヘキ法律ニ冠スルニ國際法ノ名ヲ以テス是レ法境ヲ沒了シタルノ說ノミ主權ヲ藐視スルノ見ノミ宜ナルカナ後進ヲシテ國際法ノ名ニ眩シテ遂ニ迷路荊棘ニ陷ラシムルヤト爾來此見解ノ指針ニ從ヒテ步ヲ進ムルニ足下稍逕蹊ヲ得目前微ニ熹光ヲ認ムル者ノ如シ然リト雖モ此種法律ノ性質ニ至リテハ曹乎トシテ其眞相ヲ發見スルコト能ハズ尙前人ノ窠臼ニ陷リテ私法的ノ關係ヲ規定シタル者ナリトセリ是ニ於テ怪疑坌湧自ラ裁制スル所以ヲ知ラズ一日益友福原平岡二子裒然タル巨卷ヲ擁シ來リテ余ニ示シテ曰ク是レ余等國際私法ニ關スル

論文ナリト余受ケテ之ヲ讀ミ其國際私法ノ定義ヲ下シテ法律關係ノ二國以上ニ牽聯シタル場合ニ於テ其裁判上法律上ノ管轄ヲ規定シタル法則ナリト曰フニ至リ覺エズ案ヲ拍ケテ曰ク私法ノ名後進ヲ眩惑セシヿ既ニ久シ而シテ二子善ク其眞相ヲ看破シ國際私法ハ裁判上法律上ノ管轄ヲ規定シタル法則ニシテ私法ニアラズ公法ナリト說クハ蓋シ獨得新創ノ見解ナリ余二子ノ說ヲ得テヨリ斯學ノ研究ニ於テ恰モ荆棘ヲ闢クノ利刀ヲ得迷路ヲ照ラスノ惠燈ヲ得タルノ感アリ而シテ二子研究ノ効績之ヨリ大ナル者アリ二子廣ク諸國ノ判例學說ヲ比較シ其進步ノ傾向ヲ觀察シテ行爲地法ヲ以テ涉外的法律關係ヲ判スルノ唯一法律ナリト斷定シタルノ創見ハ論文ノ全豹ヲ一貫シテ博引旁證論理明確些ノ滲漏ナシ近來罕ニ見ル所ノ大著述ト謂フヘシ憶フニ二子ノ此研

究ニ從事スルヤ或ハ圖書館裏首ヲ堆書ニ埋メ或ハ爐邊卓上暇アレハ商權裁量時ニ議論鼎沸口角沫ヲ飛ハシ傍ラ人無キカ若シ此クノ如キモノ歳餘殆虛日ナク福原子ノ俊爽英發平岡子ノ周到精密相俟ッテ此好著ヲ得タリ而シテ余ノ特ニ二子ノ此大業ヲ成シヽヲ喜フ所以ノモノハ肄業ノ餘暇ヲ以テ世ノ大家ト稱スル者スラ尚敢テセザル最困難ナル題目ヲ擇ヒタルノ勇氣ニ在リ今ヤ二子公刊シテ世ニ問フニ當リ余カ二子ノ說ニ由リテ益ヲ得タル次第ヲ記シテ序ニ代フ

明治二十五年三月上浣

正木政吉識

刻國際私法序

著者ノ大學ニ入ルヤ敎師「チヅン」氏ノ講筵ニ侍シ略ボ英米二國ニ於ケル國際私法ノ大要ヲ聽クヲ得タリ爾來諸書ヲ渉獵シ其異同ヲ比較シ其是非ヲ攻究シ學友諸子ト討論推敲スルヿ茲ニ年餘終ニ蕪稿ヲ取リテ之ヲ剞劂ニ上スニ至レリ

我法例ハ法律ノ適用効果ニ關スル原則ヲ掲ケタリ故ニ我國ニ於ケル國際私法ノ如何ヲ知ラントセバ法例ノ意義ヲ解釋シ之ヲ敷衍シテ足レリ然レ圧一般ノ法理ヲ措キテ專ラ單獨ナル成法ノ智識ヲ得ルニ齷齪タルハ學者ノ採ラザル所ナリ況ンヤ國際私法ハ世界的《コスモポリタン》性質ヲ有スルモノタリ廣ク諸國ノ法規學説ヲ比較シテ法律ノ眞理ヲ發揮シ其進歩ノ方向ヲ定ムルハ實ニ學者ノ荷擔スヘキ所ナリ是故ニ著者ハ法律比較ノ一材料トシテ法例ヲ援引シタルニ止マル其意義ヲ解釋敷衍シテ遺憾ナカラシムルニ至テハ著者ノ當ラザル所ナリ然レ圧猶多少特殊ノ考察ヲ費シタルモノハ其ノ我國法タルヲ以テナリ

國際私法ノ學タル猶未ダ幼稚ノ觀ヲ脱セズ學説法規紛々トシテ歸着スル所ナク毫モ一定ノ準則アラザルヿ法學ノ中未ダ此ノ如キモノアラザルナリ是故ニ大家ノ著尠

カラズト雖モ著者未ダ完璧ヲ以テ目ス可キモノアルヲ見ズ、況ンヤ著者ノ謭劣ヲ以テ加フルニ參考ノ資料多カラズ推敲ノ時日長カラズ焉ゾ其萬一ヲ望マンヤ而メ卑見往々諸大家ノ論スル所ト相齟齬スルモノアリ敢テ奇論ヲ以テ一時ヲ聳動セント欲スルニアラズ故ラニ大家ヲ歴詆シテ自ラ快トスルニアラズ唯疑フ所ヲ直叙シテ江湖博識ノ敎示ヲ請ハント欲スルノミ

此書ヲ編スルニ當リテ學友平野猷太郎正木政吉二氏ハ有益ナル材料ト助言トヲ與ヘ幷セテ訂正ノ勞ヲ執ラレタリ玆ニ永ク感謝ノ意ヲ表ス

明治廿四年十二月廿五日　法科大學ニ於テ

著者

國際私法目錄

頁數

緒論

第一編　人事

第一章　民籍　三七

總論　三八

第一　民籍ノ性質　仝

第二　民籍ト國籍トノ區別　四五

第一款　民籍ノ區別　五〇

第二款　民籍ノ取得　五六

第一　自然人　仝

第二　法定人　六一

第三款　民籍ノ變更　六二

第二章　能力　七四
總論　七四
第一款　能力者及不能力者　八四
第一　自然人　仝
第二　法定人　九一
第三章　婚姻　九五
第一款　婚姻ノ要素　九七
總論　仝
第一　結婚者ノ數　一〇六
第二　結婚者ノ能力　一一一
第三　結婚者ノ等親　一二七
第四　双方ノ承諾　一四一
第五　法律ノ禁止　一四三
第二款　婚姻ノ方式　一四七

第三款　婚姻ノ効果　一六九
第四章　離婚　一九六

第二編　財産

第一章　動産　二〇九
總論　二一二
第一款　生前ニ於ケル所有權移轉　二三一
第一　能力　二四九
第二　方式　二五四
第三　時効　二五七
第二款　死後ニ於ケル所有權移轉　二六四
第一　遺言　仝
一、能力　二七一
二、方式　二七七

三、解釋　二八一
四、信託　二八八
第二　相續　二八九
第三款　法律ノ作用ニ因ル所有權移轉　二九五
第一　破產　仝
第二　婚姻　三〇八
第三　沒收　三〇九
第四款　動產上擔保　三一〇
第二章　不動產　三二一
總論　三二三
第一款　生前ニ於ケル所有權移轉　三三六
第二款　死後ニ於ケル所有權移轉　三五六
第三款　法律ノ作用ニ因ル所有權ノ移轉　三六四

第三編　義務
第一章　契約　三六七
總論　三六八
第一欵　契約ノ成立　三八三
第一　能力　三八四
第二　適法　三九一
第三　方式　三九七
第二欵　契約ノ解釋　四〇二
第三欵　契約ノ性質及附帶件　四〇三
第一　流通證書　四〇五
第二　代理契約　四一〇
第三　陸上運輸契約　四一四
第四　海上運輸契約　四一六
一、共同海損　四一八

二、荷積証書　四一九
三、賞救銀　四二〇
第四欵　契約ノ消滅　四二一
第一　履行　仝
第二　履行以外ノ消滅　四二五
一、更改　仝
二、免除　四二六
三、相殺　仝
四、混同　四二七
五、破約　四二八
六、時効　四二九
七、解除、銷除、廢罷　四二九
第二章　私犯　四三〇
第一欵　管轄總論　仝

第二欵　救濟　四三三
第三欵　特別ノ場合　四三四

第四編　訴訟

第一章　訴訟手續　四三七
總論　仝
第一欵　裁判管轄　四三九
第二欵　訴訟當事者　四四二
第三欵　時効　四四五
第四欵　訴訟ノ方法及判決ノ執行　四四九
第五欵　證據　四五三
第二章　外國裁判　四五八

國際私法目錄畢

國際私法

福原鐐二郎
平岡定太郎　合著

緒論

（一）緒言
（二）國際私法ノ名稱
（三）諸學者ノ下セル國際私法ノ定義
（四）國際私法ハ或法律的關係ノ二國以上ニ牽連スル塲合ニ於テ其裁判上及法律上ノ管轄ヲ規定スル法則ナリ
（五）國際私法ノ起源
（六）國際私法ノ基礎
（七）法律關係ノ牽連
（八）人法物法ノ區別
（九）塲所ハ行爲ヲ支配ス

第一　緒言

(一)宇内万國星羅碁峙シ各其封疆ヲ劃シ獨立ノ体面ヲ維持スルヤ必ス其國家人民ノ秩序安寧ヲ保護スルニ足ル法律ヲ具備セザルハナシ而メ其風俗慣習相同シカラズ地理ノ嶮易氣候ノ寒温相均シカラス人文ノ開否智識道德ノ進歩亦其程度ヲ異ニスルヲ以テ各國皆其社會特殊ノ狀態ニ應シテ殊特ノ法制ヲ設ケ彼此同一ナルヲ得ズ或ハ全然牴牾シ相容レザルモノアルニ至ル是レ蓋シ免ルベカラザルノ數ナリ往古埃及フィニシア希臘等ノ國ヲ建ツルヤ人民ノ性質生業相同シカラズ法律慣習亦從テ異ナレリ而メ皆尊大自ラ居リ他國ヲ蔑視メ後塵ヲ追フヲ恥チタリシヲ以テ其異ナルモノ終始投合スルコナカリシナリ(ストーリー一節)蓋シ古代人民ノ他ノ酋族ニ於ケル主從ノ關係アルニアラザレバ之レヲ仇敵視シ嘗テ平等ノ交際ヲナシタルコアラザリキ而シテ近世ニ在リテハ列國互ニ其獨立ヲ認メ互ニ使節ヲ派メ交通和親スルモノ凡十數國然リ而メ生產事業大ニ進ミ鐵路滊船交通ノ便ヲ助

ケシヨリ貨財ノ流通日ニ盛ニ人民ノ移動月ニ繁シ是ニ於テカ異邦ノ人一區ノ地ニ輻湊シテ或ハ賣買ヲナシ贈與ヲナシ契約取引ヲナシ或ハ遺言ニヨリテ相續人ヲ指定シ或ハ破產ニヨリテ管財人トナリ或ハ養子婚姻ニヨリテ父子夫婦ノ身分ヲ取得スルカ如キ異邦人間ニ於ケル法律關係益頻繁ナルヲ致シ從テ其權利ノ得喪移轉ニ關シテ複雜ナル法律上若クハ裁判上管轄ノ問題ヲ生スルニ至ル是レ國際私法ノ興ル所以ナリ（バール一節）是故ニ文化最モ進ミ交通貿易ノ最モ盛ナル歐洲大陸及ヒ英米ノ諸學者ニシテ從來之ヲ論シタルモノ枚擧ス可カラズ蘭ニ於テハユーベルノ如キ白耳義ニ於テハローランノ如キ英ニ於テハフィリモール、バルジ、ウェストレイキ、ダイセー、フートノ如キ佛ニ於テハブールノア、フィリックス、メルラン、カルヴォー、マッセーノ如キ獨ニ於テハウェヒテル、サヴィニー、バール米ニ於テハリヴァモアー、ストーリー、ケント、ホワートンノ如キ伊ニ於テハマンチニー、フィオールノ如キ拔群ノ識見ト蓋世ノ才學トヲ以テ此問題ヲ研究シ殊ニ近世ニ在テハ諸國ノ學者國際法協會ヲ設ケテコノ原則ヲ闡明スルニ力メタリ顧フニ我國未ダ治外法權ヲ撤去スルヿ能ハズ加フルニ貿易通商ノ未ダ盛大ナラサルヲ以テ外人相互間ハ勿論邦人ト外人トノ間ニ於ケル爭訟事件ヲ裁判ス可キ機會甚稀ナリ然レ𪜈吾曹ハ到底對等條約ノ締結セラル可キ日アルヲ信ス是ノ時ニ至リテハ內地雜居ノ制モ亦永ク之ヲ禁ス可キニアラズ果メ然ラハ此國際私法モ早晩大ニ其必要ヲ感スルニ至ルナル可シ則チ今日ニ於テ之ヲ講究スルノ酷タ早計ナラザルヿヲ知ルナリ此ノ如ク商賣貿易ノ益隆盛ナルニ從ヒ外人トノ取引頻繁ヲ加フルニ至リ始メテ大ニ國際私法ノ必要ヲ見ルナリ凡ソ一國ニ於ケル賣買ハ其國法ニヨリテ其効力ヲ定ム可キヿ明瞭ナルガ如シ然レ𪜈其賣買ニメ我國內ニテナシタルモノナリトセンカ若シ其當事者ニメ英人ナルトキハ賣買能力ノ如キ或ハ方式ノ如キ効果ノ如キ一切我法律ニ從テ之ヲ定ム可キヤ或ハ英法ニ從フ可キヤ若シ賣主英人ニメ買主佛人ナルキハ則チ如何或ハ其物件米國ニ存在スルトキハ則チ如何日米英佛孰レノ法律

ニ從フ可キヤ酷ダ困難ナル問題ナリト云ハザルヘカラズ或ハ英國ノ男子佛國ノ女子ト日本ニ於テ結婚シタル片ハ其方式年齢効果等ニ關メ亦法律管轄ノ疑義ヲ生スルナル可シ蓋シ主權ノ觀念ヨリメ之ヲ論スル片ハ外國ノ法典若クハ判決例ノ如キ一片紙トメ之ヲ見ル固ヨリ不可ナキナリ一國ノ法廷ハ一切ノ場合ニ於テ外國法ヲ排斥シテ我國法ヲ適用スルモ毫モ外國ノ主權ヲ侵凌スルモノニアラズ然レ圧若シ此ノ如ク國法ヲ適用スルニ當リ一片ノ法理論ヲ墨守シ百般ノ事情ヲ顧慮セズ勇往直進シ武斷的ノ措置ヲナスニ至リテハ或ハ一家族若クハ一個人ノ幸福ヲ害シ延イテ社會ノ風儀秩序ヲ壞亂シ或ハ商賣貿易ヲシテ萎靡振ハザルニ至ラシムルノ恐ナシトセズ此ノ如キ場合ニ於テハ法律管轄及裁判管轄ニ關メ必ス一定ノ原則ヲ創設セザル可カラズ是レ即チ國際私法ノ必要ナル點ニシテ古來歐米諸學者ノ精神ヲ此科學ノ研究ニ勞シテ輟マザル所以ナリ

國際私法ハ國際法ニアラズ

第二　國際私法ノ性質

(二)吾曹ハ既ニ國際私法ノ必要ナル所以ヲ畧述セリ次ニ其性質如何ヲ研究セザル可カラズ蓋シ國際私法ハ或ル法律關係ノ二國以上ノ法律ニ牽連シテ生スル場合ニ其適用ヲ見ルモノナリ其外形ノ國際公法ニ似タルヲ以テ學者之ヲ名ケテ國際私法ト曰ヒ或ハ兩者ヲ併稱〆之ヲ國際法ト稱セリ然レ圧此ノ名稱ニヨリテ其眞誠ノ性質ヲ誤認ス可カラズ國際私法ヲ以テ國際公法ト對照スル片ハ全ク其性質ヲ異ニシ唯公私ヲ以テ之ヲ區別ス可キニアラザルヲ見ルナリ蓋シ國際公法ハ國家ト國家トノ間ニ於ケル關係ヲ規定シタルモノニシテ罪人引渡ノ如キ局外中立ノ如キ皆其範圍内ニ入ルモノナリ是故ニ法律ヲ以テ主權者ノ命令ナリトスル片ハ國際公法ヲ以テ法律ナリトナスヿヲ得ズ何トナレバ對等國ノ間ニ於テハ法律ヲ發布シ之ヲ執行スルノ主權者アラザレバナリ然レ圧國際私法ニ至リテハ其性質全ク之ト異ナリ純然タル國法ノ一部ニ〆決〆國際ニ行ハル可キ法律ニアラザルナリ何

トナレハ一國法廷ガ或爭訟ヲ裁判スルニ當リ其法廷ハ之ヲ管轄スベキモノナリヤ否ヤ何レノ國ノ法律ヲ適用ス可キモノナリヤ裁判執行ニ關スル法廷ノ管轄ハ如何是レ即チ國際私法ニヨリテ定ム可キモノニシテ此等ノ問題タル毫モ國際ニ渉レルモノト謂フ可カラス故ニ國際私法ハ一國法廷ガ或事件ニ適用ス可キ國法撰擇ノ規則ナリトイフモ敢テ妄ナラザル可シ而メ外國法律ハ其國外ニ効力ヲ有ス可キモノニアラザルヲ以テ假令ヒ我法廷ニメ撰擇ヲ誤リ外國法ヲ採用セズトスルモ外國主權者ハ之ニ向テ不服ヲ唱フルヿ能ハズ是レ蓋シ國際私法ハ國際ノ法律ニアラズメ一國ノ國法タルガ故ニ外國主權者ノ容喙ヲ許サヾルナリ是故ニ國際私法ノ名稱ハ吾曹其甚ダ失當ナルヿヲ信スルナリ從來諸學者モ亦其不當ヲ論シ種々ノ名稱ヲ創メ之ヲ適用セントセリホランドハ諸説ヲ列擧メ且之ヲ批評セリ吾曹ハ茲ニ之ヲ畧陳シ國際私法ノ性質ヲ明確ニナスノ一助トナサントス

第一　舊派ノ學者ハ國際私法ヲ論スルニ當リ法律ヲ分チテ人法物法

トシ之レニ由リテ法律管轄ヲ定ム可キモノナリトシタルヲ以テ往々法律論《スタチユーテス》若クハ人法物法論ノ名目ヲ以テ國際私法ヲ論シタルモノアリ蓋シ此等ノ論者ハ某々ノ規定ハ人法ニ屬ス故ニ民籍地法ニ從フ可シ某々ノ規定ハ物法ニ屬ス故ニ所在地法ニ從フ可シトイフナリホランド之ヲ評メ曰ク此ノ如ク法律上問題ヲ以テ唯文法上問題トソ之ヲ論スルハ近世ニ於テ全ク陳套ヲ免レズト(ホランド法理學三四二頁)

第二　法律ノ牴觸《コンフリクト》　多數ノ學者ハ此名稱ヲ採用セリユーベルハ之ヲ「コンフリクツス、レグム」(Conflictus Legum)ト云ヒヘルシウスハ之ヲ「コリシオ、レグム」(Collisio Legum)ト云ヒ其他、マイエルン、ウエヒテル、ストーリー、ホワートン、リヴァモアーノ諸家概ネ大仝小異ノ語ヲ以テ國際私法ヲ命名セリ而シテ何故ニ諸學者法律牴觸ノ名稱ヲ附セシヤハ甚観易キガ如シ今一英人日本ニ於テ賣買ヲナセリトセンカ英國ノ法ハ之ヲ無効トシ日本ノ法ハ之ヲ有効トスルトキハ是レ一ノ法律行爲ニ關シテ兩國ノ法律相牴觸スルナリ此場合ニ於テ日英二法其孰レヲ採ルヘキヤハ是レ國際私法ノ當サニ定ムヘキ所ナリ此ノ如ク國際私法ハ二國法律ノ相牴觸スル塲合ニ於テ選擇ノ規則ヲ定ムルモノナルカ故ニ之ヲ名ケテ法律牴觸トイヘルナルヘシ此ノ名稱ハ善ク國際私法ノ何物ナリヤヲ明示セルモノト謂フ可シ然レ𪜈嚴正ニ之ヲ論スル𪜈ハ是ノ名稱タルヤ甚不完全ニメサヴィニー、ホランドノ指摘スル所亦爭フ可カラザルガ如シホランド謂ヘラク國際私法ハ啻ニ法律管轄ノミナラズ裁判管轄即訴訟手續裁判執行等ニ關スル裁判所ノ管轄ヲ定ムルガ故ニ單ニ法律ノ牴觸トイフ𪜈ハ是レ國際私法ノ一部分ヲ掩フニ過ギズト(ホランド三四二頁)サヴィニーノ議論ハ更ニ深刻ナルガ如シ其說ニ據レハ國際私法ハ主トメ法律牴觸ノ塲合ヲ規定スルモノニアラズ唯或ル法律關係ヲ管轄ス可キ國法ヲ定ムルモノナリ法律關係ヲ管轄ス可キ國法ニメ已ニ定マラハ國法ノ牴觸ス可キ所以ナシ前例ニ於テ日本英國ノ二法相全シカラズト雖𪜈國際私法ノ原則ニヨリテ日本若クハ英國ノ法律ヲ以テ適當ニ其法律關係ヲ管轄ス可キモノナリトスル𪜈ハ決〆両法ノ牴觸ヲ見ザル可シ両法ノ牴觸ハ法律管轄ノ定マラザルニアラザレバ生セザルナリ或ハ両國ノ法律唯一ノ法律關係ニ關〆各其管轄ヲ主張スルコトナシトセズ是レ即法律ノ牴觸トイフ可キナリ然レ𪜈是レ國際私法ニ在リテハ第二段ノ考案ヲ要ス可キモノニ〆其主ト〆規定スル所ニアラザルナリト(サヴィニー八巻三四四節)

第三　法律ノ治外効力　此名稱タルヤシャイデマン、セガール、シュミッド、サヴィニー諸家ノ用井タル所ナリ其用語各異ナリト雖𪜈歸スル所ハ全シ是レ蓋シ國際私法ハ一國國法ノ其國家主權ノ外ニ於テ有スル効力ヲ規定シタルモノナリトノ意ナリホランド謂ヘラク此名稱ハ大ニ非難ヲ免レザルモノナリ一國ノ法律ヲ〆其領外ニ於テ最高權ヲ有セシムルガ如キ傾アルハ是レ一國主權ノ觀念ニ反セルモノナリト(ホランド三四二頁)此非難ハ必ズシモ有力ナラザルガ如シ蓋シ一國ノ法律ハ其國内ニ於テノミ効力アルモノナリ主權者ハ其主權内ニ於テ毫モ外國法律ノ干渉ヲ受クルコトナシ是故ニ法律ノ治外効力ナルモノアル可

四、法律ノ適用

三、禮讓

キ理由アラズトスルハ甚正當ナルニ似タリ然レ𪜈一國ノ主權者ハ禮《コミ》讓《チー》ニヨリテ他國ノ法律ノ効力ヲ我領内ニ認メ得ルガ故ニ法律自体ニ治外効力存スルヿヲ主張シ得ズト雖𪜈他國主權者ニヨリテ之ヲ附與セラルヽヲ得ルナリ然レ𪜈吾曹ハ此名稱ヲ以テ完全ナリトナスニ非ズ何トナレバ此ノ如キ名稱ハ國際公法ニ於ケル治外法權ト其文字ヲ同ウシ區別スルヿナシ從テ國際私法ノ範圍ヲ知ルヿ能ハザレハナリ」

第四　法律ノ適用　是レオヱルスタット、ストルーフヱ諸家ノ用ル所ニメホランドモ其法理學十八篇ノ名稱トシテ此語ヲ採用シタルヲ見レバ亦其正當ナルヿヲ認メタルナルヘシ然レ𪜈此ノ如キノ名目ハ空漠ニシテ其意義ヲ捕捉スルニ苦ムナリ吾曹ハ之ヲ以テ最悪ノ名稱ナリト斷言スルニ踟蹰セザルナリ

第五　禮讓　是レフィリモールノ採用セシ所ナリ氏ハ其著書ニ題メ國際私法一名禮讓ト曰ヘリ是レ一國主權ノ觀念ヨリ生シタル名稱ニメ外國法ハ治外ノ効力ヲ有ス可キモノニアラズ國際私法ニ於テ或ハ之

ヲ認ルハ蓋シ相互主義ニ源因スル國家ノ禮讓ナリトノ說ニ據リ國際私法ニ冠スルニ禮讓ノ語ヲ以テシタルナラン此學說ニ關シテハ伊太利及其他諸國ノ學者大ニ論辨ヲ費シタル所ニメ禮讓ヲ以テ國際私法ノ論題トナスガ如キハ大ニ不穩當ノ感ナキ能ハズ何トナレバ氏ノ謂フ所ニ據レバ禮讓ハ是レ國際私法ノ一大主義ナリトナスノ觀アレバナリ(フィリモール三節)

六、國際私法

第六　國際私法　此ノ名稱ハシェフチル、バール、ピュットリンゲン、ハマーケル諸家ノ用ヰル所ナリ是レ吾曹ノ慣用シ來レル文字ナリト雖𪜈其意義ニ至リテハ二點ニ於テ不當ナルガ如シ何トナレバ此法律ハ吾曹ガ普通ニ解スル如キ國際法律ニアラズメ國法ノ一部ナリ且ツ此法ハ主トシテ私法ノ適用ニ關スト雖𪜈其ノ國際私法自体ハ公法ニシテ私法ニアラザレバナリ

七、私國際法

第七　私國際法　此名稱ハ最普通ニ英佛ニ於テ行ハルヽモノニメ吾曹ノ通常譯メ國際私法トナス所ノモノナリ然レ𪜈前者ト區別スルガ

爲ニ特ニ私國際法ト譯セリ是レ原文ノ意ヲ存スルナリ此名稱ヲ採リタル者ハフィリツクス、フィオール、ハウス、ウェストレイキ、フートノ諸家是レナリ而シテ此名稱ハ一見其ノ國際法ノ一部ニ〆夫ノ萬國公法ト稱スルモノト公私ノ別アルニ過ギザルガ如キヲ感スルナル可シ

以上ハホランドノ列擧シ且ツ批評シタル所ナリホランドハ法律適用ノ語ヲ以テ最瑕疵ナシトナシ之ヲ採用シタリト雖𪜈吾曹ハ之ニ左袒スルヿ能ハズ其他ノ六種ノ命稱ニ對〆モ亦遺憾ナキ能ハザルナリ而〆吾曹ノ從來國際私法ノ文字ヲ用ヰ來レルモノハ是レ第六第七ニ於ケル原語ノ譯字ニ〆啻ニ歐洲ニ於テノミナラズ亦我國ニ於テ普通ニ慣用セラルヽヲ以テナリ而シテ此語タルヤ甚危險ノ意義ヲ有シ動モスレバ此法ノ性質ニ關〆大誤謬ヲ生ス可キ恐アリ然レ𪜈吾曹ハ自ラ完全ト思惟ス可キ好文字ヲ發見スルヿ能ハザルガ故ニ姑ク國際私法ナル文字ヲ採リ以テ論題トナセリ要スルニ僅々二三字ヲ以テ其性質ヲ蔽ヒ盡シ以テ意義ノ散漫セザルヲ期スルハ頗ル困難ナリト謂ハザ

ルヘカラス

第三　國際私法ノ定義

（三）吾曹ハ是レヨリ一轉シテ國際私法ノ定義ヲ下サント欲スカルヴォ曰ク此法律ハ法學ノ一部ニシテ國家ノ版圖內ニ於テ各人相互ノ關係ヲ規定スル民法ト各國相互ノ關係ヲ規定スル國際公法ト交渉スルモノナリト氏ハ之ヲ以テ敢テ定義トナシタルニアラズト雖𪜈恐クハ國際私法ノ範圍ヲ定〆タルモノナラン然レ𪜈是レ殆ント意義ナキ空言タルニ過キズ〆吾曹ハ之レニ由リテ國際私法ノ何タルヲ想像スルヿ能ハザルナリ加之國際私法ハ當ニ民法ノミナラズ商法訴訟法等ニ關係スルモノナルガ故ニ若シ國際私法ノ範圍ヲ確定シタルモノナリトセバ是レ甚不當ナリト謂ハザル可カラズフィリックス曰ク國際私法トハ各國私法ノ間ニ生スル權利上ノ爭ヲ判定スル規則ノ全体ナリト簡ニ〆盡セルガ如シ然レ𪜈國際私法ハ私權上ノ爭點ヲ決ス可キ規則

ニアラズシテ其規則ノ選擇ニ關スル規則ナルニアラズヤ且又爭點ノ判定ニ止マラズシテ其判決ノ執行或ハ訴訟手續ニ至ルマデ亦國際私法ノ規定內ニアルニアラズヤ然ラバ氏ノ下シタル定義モ亦正當ノモノニアラズフィオーレ曰ク國際私法ハ法律學ノ特殊ナル一部ニシテ彼我法律ノ紛爭ヲ判決シ各國人民相互ノ關係ヲ規定スルモノナリト是レ亦大ニ誤レリ國際私法ハ決シテ彼我法律ノ牴觸ヲ判定スルモノニアラズ唯一ノ法律關係ニ關スル國法ノ管轄ヲ定ムルノミ已ニ一國法ノ管轄ヲ定ムル以上ハ其法律關係ニシテ假令ヒ幾多ノ國法ニ牽連スルモ法律ノ牴觸ヲ生スルノ理ナシ二國以上ノ法律全時ニ一物ノ上ニ其管轄ヲ及ボスニアラザレバ決シテ相牴牾スルコトアラザレハナリ(前節參照)且又國際私法ハ各國人民相互間ノ關係ヲ規定スルモノナリト云フニ至リテハ殆ント解ス可カラザルナリ此說ニ據レバ內國人間ノ關係ヲ規定スルモノハ民法ニシテ外國人間ノ關係ヲ規定スルモノハ國際私法ナリトナスガ如シ即民法ノ國際私法ニ於ケルハ羅馬ニ於ケル固有法ノ普通

法ニ於ケルカ如ク兩者並行シテ同等ノ位地ヲ有スルニ似タリ然レ𪜈實際國際私法ハ某々ノ場合ニ於ケル法律關係ハ某國ノ法律ニ從フト言フノミ曾テ外人間ノ私法的關係ヲ定メタルヿアラズ是ニ由リテ之ヲ觀レバフィオーレノ定義ハ徹頭徹尾其誤謬タルヲ免レザルナリウェストレイキ曰ク國際私法トハ何國ノ法廷ニ於テ彼我人民ノ間ニ起リタル爭訟ヲ受理シ何國ノ法律ニヨリテ之ヲ裁判スルヤヲ定ムル私法ノ一部ナリト此定義ヲ前者ニ比スレハ大ニ優ル所アリ然レ𪜈國際私法ノ規定スル所ハ必シモ彼我人民間ニ起リタル爭訟ニ限ラザルナリ當事者双方內國人ナリト雖𪜈可ナリ又タ外國人ナリト雖𪜈可ナリ例セバ日本ノ男女佛國ニ於テ結婚シタル場合ニ其方式ニ關シ日本佛國其規定ヲ異ニセリトセバ孰レノ國法ニ從フ可キヤハ國際私法ノ定ムル所ナリトス佛國男女ノ日本ニ結婚シタル場合ト雖𪜈亦仝シ且夫レ國際私法ハ果シテ私法ノ一部ナリヤ否ヤ吾曹ハ大ニ氏ト意見ヲ異ニスルナリ爭訟ノ受理法律ノ管轄ヲ定ムルノ法ナリトセバ是レ國家主權ノ活

動ニ關スル一種ノ法規ニ非ズヤ然ラバ毫モ之ヲ以テ私法ノ一部ナリトナス可キ理由アラザルガ如シ

（四）以上數大家ノ下シタル定義ハ皆多少ノ疑議アルヲ免レズ吾曹ハ左ノ定義ヲ以テ正確ナリト信ス曰ク國際私法ハ或法律關係ノ二國以上ニ牽連スル場合ニ於テ其裁判上及法律上ノ管轄ヲ規定スル法則ナリト今英人佛人ト日本ニ於テ獨國所在ノ物件ヲ賣買シタリトセバ當事者間ノ法律關係ハ其民籍ニ由リテ英佛二國ニ牽連シ行爲ニ由リテ日本ニ物件ニ由リテ獨逸ニ牽連セルモノナリ此ノ如ク唯一ノ法律關係ニシテ四國ニ牽連スルモノアルニ當リ其ノ訴訟ハ何國ノ法廷之レヲ受理シ何國ノ法律ヲ適用シテ之ヲ裁判シ其訴訟手續或ハ裁判執行ハ何法ニヨル可キヤ即法律上及裁判上ノ管轄ヲ一定スルモノ國際私法ナリト謂フ可キナリ國際私法ハ決シテ私法ニアラズ吾曹ハ前ニ擧ケタル定義ヲ以テ簡明ニシテ要領ヲ得タルモノナリト信ス「ブロシエ」ハ又次ノ定義ヲ下セリ曰ク國際私法トハ民事商事ニ關スル諸國法律ノ相異

ナルヨリ生スル爭訟等ヲ豫防スルヲ本分トナシ各種不全ノ法律ヲ調和メ各其執行ノ限界ヲ劃スル方法ヲ研究スルモノナリト措辭明晳ヲ欠クト雖𪜈國際私法ノ發生スル所以ハ一ニ此ニ外ナラズ然レ𪜈定義トメ之ヲ見ルトキハ純正ノ法理ニ照シ其誤レルヲ知ル可シ何トナレバ諸國ノ法律皆相仝シト雖𪜈或法律關係ヲ目メ正當ナリ不當ナリトナスハ必其國法ノ一ニ據ラザル可カラズ其法律ヲ定ルハ即國際私法ニ外ナラザレバナリ

第四　國際私法ノ起源

（五）國際私法ノ性質ハ前述スル所ノ如シ之ニ由リテ國際私法ノ發達ハ國際ノ交誼親密ニシテ貿易商賣ノ繁盛ナル時代ニ在ルヲ知ル可シ羅馬ニ於テハ羅馬市民ト外人トノ間ニ生スル事件ヲ判決ス可キ法律ヲ稱メ「ジュスプレトリウム」若クハ「ジュスゼンシウム」ト謂ヒ以テ固有法《ジュス、シヴイレ》ト區別セリ然レ𪜈此普通法タルヤ外人間若クハ市民ト外人トノ間ニ於ケル法律關係ヲ規定セルモノニシテ國際私法ニ比スルトキハ全ク其性質ヲ異ニセルモノト謂フ可シ希臘ニ於テハ多數ノ小市府獨立シ互ニ其封疆ヲ接シタリト雖モ禮讓ニヨリテ他市ノ法律ヲ採用スルハ獨立ノ思想ニ反スルモノトナセシガ如ク曾テ國際私法ナルモノヽ發達スルコトアラザリキ(フート緒論)要スルニ當時商業未タ盛ナラズアゼンスノ如キハ遠洋ノ航海ヲナシタリト雖モ其交通スル所ノ範圍甚狹小ナリ且原始社會ヲ去ルコト未ダ遠カラザル時代ニ於テ酋族間平等ノ關係ヲ維持スルコト能ハズ征服者ト〆他ヲ壓制スルニアラザレバ則チ仇敵ト〆相嫉視シタリキ故ニ羅馬ノ古法ヲ見ルトキハ羅馬人ニ〆敵國ニ在ルトキハ之レヲ死人ト見做シタリキ(バール二節)凡此等ノ事實ハ國際私法ノ發達ヲ碍ゲタルコト少ナカラザル可シ其後、ゴス、フランクス、ロムバーヅ、ブルガンヂアンス等ノ日耳曼種族羅馬帝國ヲ分割スルニ至リシガ當時ニ於ケル國家思想ハ屬人的ニ〆フランク人ハ何ノ處ニ在ルモフランクノ法律慣習ニ從ヒ外人ハ何ノ地ニ在ルモフランクノ法律ニヨリテ管轄セラルヽヿナシトスルヿ猶今日印度ニ於テ回教徒「ブラミン」教徒里閭ニ比肩スルモ其法律ヲ異ニスルガ如クナリシナリ勿論異種人間ノ取引アル𪜈ニ於テ何酋族ノ法律之ヲ判決ス可キヤノ問題生セザリシニ非ザル可シト雖𪜈如何ニメ之ヲ決セシヤハ殆ト之ヲ知ルヲ得ズ且又此等蠻族ハ互ニ攻撃驅逐シ平和ノ生活ヲナサヾリシヲ以テ吾曹ハ亦此ノ如キ問題ノ甚稀ニ發生シタルヿヲ想像スルナリ其後フランク酋族ノ王ハフランス國ノ王トナリ歐洲一般封建制度ノ下ニ立ツニ至リテ人民ハ土地ノ附着物トナリ屬人的ノ國家思想ハ變メ屬地的トナレリ然レ𪜈當時ハ所謂騎士ノ時代ニメ人皆武ヲ尚ビ殺伐ノ氣溢レテ十字軍ノ遠征トナリ商業殆ント其跡ヲ歛メントスルニ至レリ此時ニ當リテ國際私法ノ發生セザリシヿ固ヨリ論ヲ待タズ而シテ其後久シカラズメ商業ノ回復ヲ來シ地中海上ノ諸市府ジェノア、ピサ、アマルフィ、マッサリア等一時ニ殷盛ニ赴クニ及ビロード海法オレロン商法ノ發布アルニ至リ異國ノ人海ヲ航メ互ニ貿易ヲ營ミシカバ始メテ國際私法ノ必要ヲ感シ其萌芽ヲ見ルニ至レリ其初メニ在リテハ唯商業上ノ慣例トシテ存シタルニ過ギズト雖モ日ニ其必要ヲ覺エ一方ニ於テハ羅馬法學ノ再興ニ際會シ歐洲ノ學者競ヒテ伊太利ニ遊ヒ其ボロナノ大學ニ入リテイルチリアスノ餘波ヲ酌ミジユスチニアンノ遺業ヲ尋ネ歐洲全土靡然トシテ之ニ向ヒ法律ノ學一時ノ盛ヲ極メタリ是レヨリ以來曩キニ商業上ノ慣例トシテ存スルニ過ギザリシモノ發シテ國王ノ布令トナリ竟ニ歐洲全土一般ニ之ヲ認ムルニ至リ伊太利和蘭佛蘭西諸國ノ學者亦之ヲ研究シ終ニ法學ノ一科トシテ今日ノ成立ヲ見ルニ至レリ（ストーリー三節ウォード國民法一卷一七一乃至二〇〇頁）

第五　國際私法ノ基礎

（六八）吾曹ノ既ニ論セシ如ク國際私法ハ或法律關係ノ二國以上ニ牽連スル場合ニ之ヲ管轄ス可キ法廷及法律ヲ定ムルモノナリ是故ニ國際私法ハ一國ノ法律ヲシテ他國ノ領內ニ於テ其効力ヲ有セシムルノ結果

禮讓主義

正理主義

ヲ生ス若シ夫レ主權ノ觀念ヨリメ之ヲ論セハ國家ハ其主權內ニ於テ他國ノ法律ノ干涉ヲ容ル可キニアラズ他國ノ法律ハ我ニ於テ毫モ法律タルノ効力ナキモノナリ然ルニ國際私法ニヨリテ外國法ノ効力ヲ我國內ニ認ムルモノ是レ如何ナル理由ヲ根據トメ然ルヤ之ニ關メ二說アリ禮讓主義及正理主義是レナリ學者往々禮讓ヲ以テ國際私法ノ根據ナリトシ彼ノフィリモールノ如キハ其國際法第四卷ニ題メ國際私法即禮讓トナシ其他英國ノ諸判決ヲ閱スレハ屢判事ノ此言ヲナスヲ發見ス可シ然レ𪜈此等諸家ノ所謂禮讓トハ吾曹カ普通ニ了解スル如キ德義上謙遜ノ意義ニアラスメ相互ノ意ヲ有セルモノナリ即我法律ノ彼ニ認メラレンガ爲メ我亦彼ノ法律ヲ認ムトイフノミ主權者ハ唯德義上ノ謙遜ヲナシテ他國ノ法律ヲメ我主權內ニ侵入セシムルガ如キヿアラザルナリ然ルニ近古ノ學者ハ大ニ之ヲ排斥シ國際私法ノ根據ハ禮讓ニアラズメ正理ナリトセリフォオールハ其著者ニ於テ之ヲ論シ謂ヘラク國際私法ニヨリテ國家其主權ノ一部ヲ割愛メ他國ノ法律

ノ効力ヲ認ムルハ是レ決メ漫然タル禮讓ニ因ルニアラズメ吾曹一私人ガ其權利ヲ國外ニ承認セラル可キ權利アルニ因ルナリ若シ夫レ此ノ如キ權利ナクメ唯之ヲ認ムルト否トハ一ニ國家ノ禮讓ニ依賴スルトキハ國際私法ノ規則タル主權者ノ隨意ニ係リ甚不確定ノモノタラザルヲ得ズト（フィオール三三節）ローレンスモ亦禮讓説ヲ非難シ曰ク散漫ニメ且曖昧ナル禮讓ノ思想ハ決メ權利的問題ヲ決ス可キ規則トメ採用ス可キニアラズトウエストレイキモ亦書ヲローレンスニ贈リテ正理ノ一語ヲ以テ禮讓ノ二字ニ代フルニ至リテハ氏ト全感ナリト謂ヘリ（ローレンス、コムマンテール、シュール、ホヰートン三、五八）伊國ノ大家マンチニーハ亦大ニ正理説ヲ唱道シ謂ヘラク禮讓説ノ從來諸大家ノ爲ニ承認セラレタルハ事實ナリユーベル、ヴォエト、ストーリー、ロッコー、ホヰートン、フィリックス、フィリモールノ諸家ハ實ニ此説ヲ採用セリ然レ𪜈是レ此等大家ノ一種ノ混仝チナシタルニ由ル即彼等ハ絶對的ノ立法權ト其ノ濫用トヲ混仝セリ是故ニ亦主權者ノ現ニナセル所ノモノト其ノナサベル可カラザルモノトヲ混仝セリユーベル等諸家ハ立法權ノ絕對的ナルヲ見テ他國法ヲ採用スルハ是レ主權者ノ隨意ニ係ル讓與ナリトセルナリ然レトモ吾人ノ見ル所ヲ以テスレバ主權者ハ必ズ外國法律ヲ採用セサル可カラザル德義上義務アルモノナリ故ニ唯隨意ニ主權ノ讓與ヲナスニアラズシテ必ズ爾カス可キ拘束ノ下ニ在ルナリ若シ然ラズシテ禮讓說ノ正當ヲ認ムルトキハ國際私法ハ到底一科學ノ体ヲ具備スルコト能ハズ即主權者ハ隨意ニ其讓與ノ範圍ヲ伸縮スルヲ得可ク或ハ國際私法ノ定則如何ヲ探究スルノ必要ナキニ至ル可シ云々ト(國際私法雜誌一八七五年)其他サヴィニーノ如キホワートンノ如キ亦正理說ヲ唱道セリト雖モ吾曹ハ之ヲ列擧セザル可シ要スルニ正理論者ノ論ズル所甚有力ナルガ如シ然レトモ吾曹ハ禮讓即國民間ノ相互ハ假令ヒ眞誠ノ基礎トシテ認ム可カラザルモ尙ホ全ク國際私法ノ外ニ排斥シ去ル可キニアラザル可シト信ス蓋シ立法權ハ絕對的ナリ一國ノ法律判決ハ其國外ニ於テ一故紙タルニ過ギズ主權者ハ固ヨリ見テ以テ故紙ト

ナス所ノモノヲ採用スベキ拘束ヲ受クル所以ナシ唯外國法ヲ認メザレバ實際上大ニ不便不利ヲ生スルヿアラン是故ニ或ハ主權者ハ之ヲ認ム可キ德義上義務アリト謂フコトヲ得ン然レド德義上ノ義務ハ法律上ノ拘束ヲ生スルモノニアラズ假令ヒ其義務ニ背ケリトスルモ是正當ナル立法權ノ實行ナルノミ此點ヨリシテ觀察スルハ國際私法ハ主權者隨意ノ讓與ナリト謂フ固ヨリ其當ヲ得タリトス且ツ夫レ主權者ノ或理由ニヨリテ外國法律ヲ我領內ニ適用セントスルヤ同一ノ場合ニ於テ我法律ノ亦彼ニ認メラレンヿヲ期スルヿナキヲ得ンヤ吾曹ハ國際私法ノ全ク相互主義ヲ採ラザルヲ斷言ス可キ鞏固ナル理由アルヲ知ラザルナリ(ホランド三四二頁)然レド主權者ノ此讓與ヲナスヤ固ヨリ漫然トシテ之ヲナスニアラズ自ラ一定ノ準則之レガ裁制ヲナスモノアリ是レ所謂正理ナラン即契約成立問題ヲ以テ契約地ノ法律ニ從フ可シトナシ婚姻ノ効果ヲ以テ結婚民籍地ノ法律ニ從フ可シトスルガ如キ必ズ一定ノ原則アリ主權者ハ常ニ之レニ由リテ自ラ主權

ノ譲與ヲナス可キ標準ヲ立ツ是レ正理之レガ根據タルナリ立法者ハ常ニ法理ニ遵ハザル可カラズ然レトモ主權ノ作用ハ法理ノ上ニ在リ其之ヲ遵奉スルハ爾カス可キ拘束アルニアラズ〆唯爾カスルノ利益アルヲ以テナリ是故ニ吾曹ハ左ノ結論ヲ下シ得可シ曰ク法律制定ノ形式上ヨリ之ヲ論スレバ國際私法ハ主權者ノ隨意ニ出テタル主權一部ノ譲與ナリ立法ノ標準ヨリ之ヲ論スレハ主權者ノナセル此ノ譲與ハ常ニ正理ニ基ケルモノナリ而シテ相互ハ亦所謂正理ノ中ニ包含セラレ得可シト信ス是故ニフィオール等諸家ノ抱持スル所即吾曹ノ名ケテ正理説トナセルモノハ固ヨリ其當ヲ得タリ然レ𪜈全ク彼ノ禮譲説ヲ排斥シ去ルニ至リテハ甚不可ナリ且又吾曹ハ正理ナル文字ニツキテ一言セザル可ラズ吾曹ハ常ニ正理ノ觀念ヲ有セザルニ非ズ然レ𪜈彼ハ正理ナリ此ハ正理ナラズト言フ吾曹ハ之ヲ證明スルヿ能ハズ正理トイヒ自然法トイフ法律上ニ於テハ殆ント意義ナキ空言タルニ過キザルナリ「ストイック」哲學ノ羅馬ニ入ルニ及ビ自然法ノ文字ヲ生シ中

世大陸ノ法律學者之ヲ奉戴セリ國際私法ノ勃興スルヤ伊、蘭ノ學者實ニ之ガ嚆矢タリ此等ノ學者亦羅馬法ノ薫陶ヲ受ケ宇宙間自然ノ大則アリテ存スルヲ信ジタルガ故ニ其國際私法ヲ論スルヤ亦同一理由ヲ以テ之ヲ説明セントシ國際私法ノ著書ハ竟ニ正理自然等ノ文字ヲ以テ塡充セラルヽニ至レリユーベルハ羅馬ニ於テ國際私法ナルモノアラザリシヿヲ論シテ曰ク羅馬法學中ニ於テ此種ノ問題ヲ發見スルヿ能ハザルハ毫モ怪ムニ足ルモノナシ羅馬帝國ハ全世界ヲ統一シ唯一ノ法律制度ヲ以テ之ヲ支配シタリシガ故ニ其滅亡後ニ於ケルガ如ク幾多ノ法律相牴觸スルヿアラザリキ然レ圧此國際私法ノ原理原則ハ羅馬法ニ於テ之ヲ求メザル可カラズ而シテ其固有法ニ就キテ之ヲ求メンヨリモ寧ロ萬民法ニ就キテ之ヲ求ムルニ若カズ何トナレバ獨立國民其相互ノ交渉ニ於テ採用ス可キ規則ハ明ニ萬民法ニ屬スレバナリト(ユーベル「プレレクシオーチス、ジューリス、シヴィリス」二卷一部三章二五頁)萬民法ハ即自然法ナリ此ノ如ク一般ノ學者自然法ニヨリテ國際私法ヲ說キタルカ故ニ夫ノ正理說ノ如キハ決メローレンス、ウェストレイキ諸氏ノ創設シタルモノニアラザルナリ然レ𪜈正理ナル文字ハ今日ノ法學者一般ニ之ヲ嫌忌セリ是故ニ吾曹ハ必要若クハ便宜ナル語ヲ以テ之ニ換ヘントス婚姻ノ婚姻民籍法ニヨリテ支配セラルヽハ其社會ノ風儀秩序ヲ保ツ可キ必要アレバナリ其他國際私法ニ於ケル一切ノ原則ハ一トメ社會上ノ必要若クハ便益ヲ以テ主眼トセザルハナシ彼ノ國民相互ノ如キ商賣貿易其他百般ノ事件ニ關メ大ニ其必要ヲ見ルヿ言ヲ竢タズメ明ナリ

第六　法律關係ノ牽連

（七）交通盛ニ開ケ商業上取引ノ頻繁ナルニ從ヒ一ノ法律關係ニメ數國ニ牽連スルニ至ル而シテ其牽連スルヤ或ハ人ニ由リ物ニ由リ或ハ行爲ニ由ル是ノ如ク牽連ノ狀態相同シカラザルヲ以テ其法律及ヒ法廷ハ種々ノ名稱ヲ有ス

一　人ニ由リテ牽連スル法
甲　國籍地法(Lex Patriæ, or Lex Ligeantiæ.)
乙　民籍地法(Lex Domicilii.)
二　物ニ由リテ牽連スル法
物件所在地法(Lex Loci Rei Sitae, or Lex Situs.)
三　行爲ニ由リテ牽連スル法
甲　行爲地法(Lex Loci Actus)
乙　結約地法(Lex Loci Contractus)
丙　履行地法(Lex Loci Solutionis.)
丁　私犯行爲地法(Lex Loci Delicti Commissi.)
戊　訴訟地法(Lex Fori.)

右ハ大略ヲ揭ケタルモノナリ尚之ヲ細別スレバ民籍地法ノ如キ其內ニ固有民籍地法婚姻民籍地法等(Lex Domicilii Originis; Lex Domicilii Matrimonii.)ヲ包含ス

法廷モ亦左ノ三種ニ區別スルヲ得可シ

一　人ニヨリテ牽連スル法廷

甲　國籍地法廷(Forum Ligeantiæ.)

乙　民籍地法廷(Forum Domicilii.)

二　物ニヨリテ牽連スル法廷

物件所在地法廷(Forum Rei Sitæ, or Forum Situs.)

三　行爲ニヨリテ牽連スル法廷

甲　行爲地法廷(Forum Actus.)

乙　結約地法廷(Forum Contractus.)

丙　私犯地法廷等(Forum Delicti Commissi, &c.)

國際私法ニ於テ吾曹ガ普通ニ稱呼スル法律及ヒ法廷ノ種類ハ大約前述スル所ノ如シ然レトモ國籍地法及國籍地法廷ハ國際私法ニ於テ殆ント之ヲ見ルコナシ且又結約地法私犯地法等ノ如キハ皆行爲地法中ニ包含セラルル可キヲ以テ最重要ナル法律及ヒ法廷ハ三種ニ過ギズ即チ

民籍地物件所在地及行爲地ノ法律法廷是レナリ

(八)大陸ノ學者ハ往々國際私法ヲ論スルニ當リ人法物法ノ區別ヲナスヿ吾曹ノ已ニ述ヘタル所ナリ(二節)而メ人事ニ關スル法律ハ民籍地法ニ從ヒ物件ニ關スル法律ハ國外ノ効力ナシトセリブールノア、プルガンダス、メルラン諸家皆然リ是故ニ此等學者ノ謂フ所ニ據レバ國際私法ニ於テ研究ス可キハ唯某事件ニ關スル法律ハ人法ナリヤ物法ナリヤヲ決スルニ在リ是レホランドノ所謂法律的問題ヲ以テ文法的問題トナスモノナリ此説タルヤ恐クハ沿革上ヨリメ生シタルモノナラン蓋シ日耳曼人種ノ歐洲ヲ蹂躙シテ舊帝國ノ封土ヲ分割スルヤ此等人種ハ其原始社會ヲ距ルヿ猶近ク屬地的ノ國家思想ヲ缺キシガ故ニ血統ヲ以テ酋族團結ノ基礎トナシ其征服シタル者ト雖𪜈血統ヲ異ニスルヲ以テ猶其舊法律ヲ保有スルヿヲ許シタリ封建時代ニ迨ヒ國家ハ一定ノ土地ヲ以テ其範圍ヲ限ルニ至レリト雖𪜈大小侯伯ハ自己ニ對メ忠義ノ宣誓ヲナシタル臣民ハ假令ヒ國外ニアル𪜈其身上ニ關メ

場處ハ行爲ヲ支配ス

ハ自己ノ管轄スル所ナリトセリ(バール、總論サヴィニー中世羅馬法史一卷三篇)是故ニ吾曹ノ想像スル所ヲ以テスレバ人法物法ノ區別ハ明ニ羅馬敎科書法典ノ區別ニ從ヒシモノナル可シト雖𪜈其法律管轄ニ關スル原則ヲ創設スルニ至リテハ或ハ歐洲ニ於ケル沿革ニ基キタルニアラザルヲ得ンヤ然レ𪜈此說タルヤ今日學者ノ一般ニ承認セザル所ナリ吾曹ノ見ル所ヲ以テスレバ第一國家ハ人ト物トニヨリテ其管轄ノ範圍ヲ全ク異ニスルノ理由アルヿナシ第二人法物法ノ區別ハ一見甚解シ易キニ似タリト雖𪜈其實疑議ヲ生シ易シ例セバ物件處分ノ能力ノ如キ人法ニ屬ス可キモノナリヤ將タ物法ニ屬ス可キモノナリヤ大ニ疑ヲ免レザル可シ是ニ於テ學者亦混合法ナル一種ヲ作レリ然レ𪜈混合法ノ管轄如何ニ至リテハ學說各仝シカラズ故ニ國際私法ニ於ケル此法律ノ分類ハ決メ滿足ナル解說ヲ得ルヿ能ハザルモノナリ

(九)玆ニ一ノ法律關係アリ之ニ牽連スル法律法廷其數尠カラズ從テ其管轄ヲ定ムルニ就キテ甚シキ混雜ヲ生スルヲ免レズ從來之ニ關メ

種々ノ原則アリ動産ハ人ニ從フトイフガ如キ不動産ハ所在地法ニ從フトイフガ如キ學者ノ唱フル所法律ノ採ル所千種萬樣或ハ牴觸セル二原則ヲ仝時ニ遵奉シ實際ノ不便ヲ生シ論理ノ貫徹ヲ得ザルモノアリ其實例ハ動產ニ關スル契約動產處分ノ行爲等ニ關シ之ヲ見ルヲ得可シ然レ𪜈吾曹ノ信スル所ヲ以テスレバ國際私法ノ已ニ一科學トシ存在スルヤ必一定ノ準則之ガ綱領ヲ示スモノナカル可カラズ夫ノ種々ノ原則ノ如キハ吾曹ハ他ニ之ヲ論ス可キ機會アルヲ以テ茲ニ贅セズ唯場處ハ行爲ヲ支配ス(Locus Regit Actum)ト云フ原則ニ就キテ一言セザル可カラズ何トナレバ是レ吾曹ガ奉シテ國際私法ノ準則トナシ多少ノ例外ヲ除クノ外一ニ之レニ從フ可シトナスモノナレバナリ理論ヨリシ之ヲ謂ヘバ一國法律ハ其國內ニ於ケル物件ニ關シ一切ノ管轄ヲ有ス可キ力アリ是故ニ所在地法ハ物件ノ處分ヲ支配ストイフ可キニ似タリ然レ𪜈一方ヨリ之ヲ見レバ一國ノ法律ハ亦其臣民ノ一切ノ行爲ヲ拘束ス可キ力アリ是故ニ物件處分モ亦民籍地若クハ國籍地ノ

法律ニ從フ可シト謂ヒ得ザルベカラズ果〆然ラバ終ニ法律管轄ヲ一定スルヿ能ハザルナリ吾曹ノ見ヲ以テスレバ場處ハ行爲ヲ支配ストノ原則ハ二個ノ鞏固ナル理由ヲ有セリ

第一　法律ハ權利ヲ以テ其主眼トス詳言スレバ權利ノ得喪移轉ヲ規定シ之ヲ保護スルモノナリ法廷ニ發生ス可キ萬種ノ問題モ之ヲ解剖スレバ決〆權利ノ得喪移轉ノ範圍外ニ出ツルヿナシ例セバ賣買契約ノ有効無効ハ果〆之レニ因リテ權利ヲ生シタリヤ否ヤニアルノミ而〆其權利關係ノ或ハ生シ或ハ滅スルヤ必ス或行爲(若クハ事實)ニ由ラズンバアラズ是故ニ法律ハ權利得喪移轉ヲ規定シ權利ノ得喪移轉ハ行爲ノ發生ニ由ル然ラバ行爲地ノ法律ハ權利ヲ得喪ス可キ或行爲若クハ事實ハ其眼下ニ發生スルヲ知リツヽ猶他國ノ法律ヲ〆之ヲ管轄セシムルハ甚不當ナリト信ス是レ一ハ一國內ニ於ケル効力ヲ痛ク削滅スルノ觀アリ一ハ其事實ヲ審査スルニ最便利ナル地位ヲ棄テヽ不便ノ法律ヲ取ルノ實アルヲ以テナリ

第二　法律ハ公益ヲ以テ大目的トスルモノナリ一切ノ規定ハ皆之ニ準據セザルハナシ然レ𪜈近世ノ法律ハ大ニ意思ノ自由ヲ貴ビ公益ニ害ナキ限リハ之ヲ許ス可キモノナリトセリ國際私法モ亦此主意ヲ取レリ今甲國人乙國人ト丙地ニ於テ取引セリトセンカ取引地ノ法律ハ之ヲ知ルヿ最モ容易ニシテ之ニ據ルノ便利ナルヿ明ナリ且其法律ノ下ニ於テ此ノ取引ヲナスヲ以テ當事者ハ必ス先ツ之ニ注目シタルヿ是レ普通ノ事實ナリト謂ハザル可カラズ是故ニ法律關係ハ其働方ヨリ論スルモ受方ヨリ論スルモ均シク行爲地法ニ從フノ便ニシテ必要ナルヲ見ルナリ而シテ其適用例外等ニ關シハ茲ニ論ズベキ限リニアラズ

第一編　人事

第一章　民籍

（一〇）緒言
（一一）民籍ノ性質
（一二）民籍ハ必ス之ヲ有シ且必ス唯一ナルヘシ
（一三）民籍ト國籍トノ區別
（一四）私法的關係ニハ民籍主義ヲ執リテ國籍主義ヲ執ラス
（一五）民籍ノ區別
（一六）准民籍
（一七）民籍ノ取得
（一八）自然人
（一九）法定人
（二〇）民籍ノ變更
（二一）固有民籍ノ復活
（二二）意思證明ノ事實

總論

（一〇）民籍(Domicil)ヲ說明スルニ當テ先ツ一言セザルベカラザルモノアリ民籍ハ我法例ニ所謂住所(八、二六二乃至二六八、參照)ナルモノナリト雖モ吾曹ノ故ラニ異樣ノ名稱ヲ用井タル所以ノモノハ法典ニ用井ル住所ナル語ハ其意義往々不精確ニシテ之ヲ襲用スルハ論究ニ不便ヲ與フルヿ尠カラザルニ由ル又吾曹ハ本章ニ於テ屢々國籍(Nationality)居所(Residence)ナル語ヲ用井ル所以ノモノハ我法典ハ法例民法ニ於テハ國民分限、住所、居所、住居地、(法例八、八七、一六)ト云ヒ商法民事訴訟法ニ於テハ國籍、住所、現在地、(商八二六、八三二、民訴、一三)ト云ヒ往々意義ヲ同ウシテ用語ヲ異ニシ爲メニ混同誤謬ヲ生センヿヲ恐ルヽニ在リ

第一　民籍ノ性質

（一一）民籍ハ私權ニ屬シ一市民(Citizen)トシテ一國内ニ有スル一箇人ノ私法上ノ關係ナレ𪜈其性質ヲ詳ニセントスルニハ之レカ定義ヲ與ヘザルヘカラズ然レ𪜈其定義ニ關シ古來學者間ニ種々ノ說アリ故ニ

諸家ノ

茲ニ諸大家ノ學說中最モ有力ナルモノ二三ヲ揭ケ以テ其欠點ヲ指摘シ一ハ正當ナル定義ノ下シ難キヲ示シ一ハ民籍ノ觀念ヲ得ル助トナサントス

サヴイニー曰ク民籍ハ各人カ永久ノ居宅トシテ選擇シ或ハ法律的諸關係並ニ業務ノ中心トシテ撰擇シタル場所ナリト若シ定義ノ意味ニ隨フトキハ民籍中ノ撰擇ニ係ラザル固有民籍(Original Domicil)ヲ除外セザルヘカラザルノミナラス近世ノ定說タル居宅ハ業務ノ中心ナリトスル所ノ主義ニ反シ却テ居宅ヲ業務ノ中心內ニ埋沒セシメタルハ稍陳腐ノ嫌ヒアリ故ニ此定義ハ不完全ナルヲ免レズ

ウエストレイキ曰ク民籍ハ居處ニ對スル法律觀念ナリト此定義ハ簡約ニシテ理想ニ富ムト雖ウエストレイキモ其不完全ナルヲ自白セル如ク居處(Residence.)自体ノミヲ以テ民籍ノ意ヲ盡セルモノニアラス或ル特別ナル事情ノ隨伴スルヲ要シ其事情ニシテ明白トナリ始メテ法律觀念ノ生スルモノナルカ故ニ其事情ノ如何ナル性質ノモノナルカ

ヲ顯ハサヾル以上ハ未タ以テ完全ノ意義ヲ與フルニ足ラザルナリ

ダイセー曰ク民籍トハ法律ノ認メタル永久《パーマ子ント》ノ居宅《ホーム》タル國又ハ處ナリト此定義ノ不完全ナルハ時ヲ以テ民籍ノ要素トナシタルニ在リ時ヲ以テ民籍ノ要素トスルハ第一ニ不穩當ナリ何トナレハ永久ノ居宅トハ彼ノヴァッテル、ストーリーノ如ク唯時ヲ以テ意思ノ點ノミニ牽連セシムレハ可ナリ然レ𪜈永久ノ居宅ト謂フトキハ意思(Animus)事實(Factum)共ニ永久ノ意ヲ帶ハシメタルカ故ニ現在民籍タル居宅ヲ去リ遠ク外國ニ徃キ數年ノ後其居宅ニ歸ルノ意思アルモノモ尙事實上永久ニアラサルヲ以テ是レ民籍ニアラズト云ハザルベカラザル不道理ヲ來サム寧ロホワートンノ所謂終局ノ居宅(Final Abode)ト云フヲ穩當トス(ホワートン二一節)決シテ居宅ノ永久ナルヲ要セザルナリ第二ニ危險ナリ何トナレハ事實ノ永久ヲ現スモノトセハ民籍變更ノ場合ニ於テ如何ナル期間ハ變更ヲ爲スニ足ルヤノ難問題ヲ惹キ起コセハナリ

或學者曰ク居宅(Home)ハ民籍ノ換用語(Convertible Term.)ニシテ居宅ニハ自

ラ永久ノ意義ヲ含ムト是レ大ナル誤謬ナリ(ダイセー五二頁參照)彼ノ世人ノ唱フル民籍ハ居宅ナリ居宅ハ民籍ナリトノ語ハ決シテ期間ノ點ニ於テ謂フニアラズ或ル他ノ家族上ノ關係ニシテ双方ニ通スル點ヲ指シタルノミヨシヤ學者ノ説ヲ正當トスルモ居宅ニシテ既ニ永久ノ意思ヲ包含スルモノトセハ何ヲ以テ更ニ永久ナル語ヲ附スルノ必要アランヤ

フートー曰ク民籍ハ一國内ニ其住民團体ノ一員トシテ居住スルヨリ生スル所ノ人ト國土トノ關係ナリト此定義ハ民籍ヲ以テ人ト國土トノ關係トシ其關係ハ一國内ニ其住民團体ノ一員トシテ居住スルヨリ生スルモノタルヲ要スル意義ナルカ故ニ民籍ノ本体ヲ説明スルハ諸大家ノ定義中最モ完全ナリト信ス然レ𪜈其單ニ關係ナル語ヲ用ヰタルヨリ或ハ尙十分ニ民籍ノ本体ヲ解得スル能ハザルヲ恐ルヽカ故ニ吾曹ハ左ノ定義ヲ下シ以テ自ラ據ルアラントス

民籍ト或ハ法境内ニ一住民ト〆人ノ存在スル法律觀念ナリ

一個ノ民籍ハ必ス之ヲ有セザルヘカラス

Domicil is the legal conception of a man's existence as a member of a community within a *rechtsgebiet*.

此定義ハ意味簡單ニシテ別ニ說明ヲ要セスト信ス社會(コムミユニチー)ノ一員トメ存在ストハ存在ノ性質ヲ顯ハシ法境內ニ存在ストハ其存在ノ範圍ヲ示ス蓋シ社會ナル語ハ純正ナル法語ニ非スト雖モ普通ニ慣用スル所ナリ故ニ之ヲ採用セリ

(一二)民籍ノ性質ヲ說キ終ルニ臨ミ玆ニ二個ノ決定スヘキ問題アリ

第一　人ハ必ス民籍ナカルヘカラザルヤ

第二　一個以上ノ民籍ヲ有シ得ヘキヤ

第一、唯一ノ民籍ハ必ス之ヲ有セザルヘカラズ(八、二六七、ダイセー三頁)然ルニサヴィニーノ說ニ據ルトキハ羅馬人中ニハ左ノ場合ニハ民籍ヲ有セズトスル者アリシガ如シト雖𪜈此說ハ既ニ學說判決例ニ於テ掃蕩セラレタリ(Savigny, Röm. Recht. viii § 354.)

甲　舊民籍ヲ抛棄シ新民籍ヲ索メテ未タ之ヲ得ザル者、

乙　歸國セントスルモ中心トナスヘキ住地ノナキ行商人ノ如キ者

丙　一地方ヨリ他ノ地方ニ轉徙シ一定ノ住地ナキ浮浪者ノ如キ者

甲ノ塲合ニ舊民籍ヲ拋棄シ或ル國ニ於テ新民籍ヲ求メツヽアリトセハ意思行爲ノ二者明白ナルヲ以テ英米ノ判決例ニ於テハ凡ソ人ハ永住ノ目的ヲ以テ他邦ニ渡レハ其居住ノ塲所ハ未タ確定セズト雖モ民籍ハ既ニ其新渡航國ニ移リタルモノナリト定マレリ若シ單ニ舊民籍ヲ拋棄シタルノミニシテ趣クヘキ所ノ新國ヲ有セズ茫然新民籍ヲ得ント望ミツヽアリトセバ通常ハ新民籍ノ得ラルヽ迄誕生ニ由リテ得タル固有民籍ヲ其ノ人ノ民籍トシ固有民籍ニシテ知ルベカラサルカ或ハ先キニ之ヲ鄭重ニ拋棄シ去リタルヿノ明ナルトキハ止ムヲ得ス現在所ヲ民籍トストセリ乙丙ノ塲合モ亦然リ其理由ハ民籍變更ノ處ニ至リ明ナルヘシ(Bruce v. Bruce, 9 Bro P. C. 566;

民籍ハ唯一タルヘシ

Moore v. Wilkins, 10 N.H.452; Hicks v. Skinner.72 N.C.1.)

第二　一個以上ノ民籍ヲ有スルヲ得ズ幼少ノ時ハ米國ニ民籍ヲ有シ其後移リテ之ヲ佛國ニ定メ尚轉シテ日本ニ定ムルヲ得ル如キ例ヲ以テ時ヲ異ニスレハ數個ノ民籍ヲ有シ得ルモノナリト曰フモノアレトモ是レ固ヨリ言フヲ待タス同一時ニ於テハ決シテ二三ノ民籍ヲ有スルヿヲ得ザルノミ例ハ民籍ヲロンドン府ニ有シ米國サンフランシスコノ熱閙ノ街頭ニ商舘ヲ搆ヘ日々商業ヲ營ミ且別ニ閑地ヲ擇ヒテ幽栖ヲ以テ偃息ノ處トナスカ如キ場合ニ其商人ハ同時ニ三個ノ民籍ヲ有スト論スル者ノ如キハ是レ蓋シ民籍ト住地(Residence)トヲ混同スルモノニシテ眞誠民籍ハ唯一ノ外有スヘカラザルヿハ英國ニ於テモソマーヴイル對ソマーヴイル判決例後ノ定説トナレリ唯例外トシテ更ニ商業民籍裁判民籍等ヲ有スト雖モ是准民籍ニシテ決シテ眞誠ノ民籍ナラザルハ後ニ述フルヿアルヘシ(Somerville v. Somerville, 5 ves 749)

民籍ト國籍トノ區別

第一、

第二、

私法的關係ニハ民籍主義ヲ執リテ國籍主義ヲ執ラス

第二　民籍ト國籍トノ區別

（一三）民籍ハ住民ト〆存在スル觀念ニ〆國籍ハ臣民ト〆存在スル觀念ナリフートハ國籍ノ定義ヲ下〆曰ク國籍トハ國家ト其統治權ノ下ニ在ル一個臣民トノ關係ナリト又曰ク國籍ハ人ノ政治的身分ナリ民籍ハ人ノ私法的身分ナリト（フート八頁）

國籍ハ臣民ト〆國家統治ノ下ニ在ル法律觀念ナリ故ニ公法上ノ關係是レヨリ生ス即任官ノ權兵役ノ義務等ノ如シ民籍ハ唯社會ノ一員タル觀念ニ止マルガ故ニ身ヲ外國ノ境域内ニ置クト雖モ其統治權ノ下ニ在ルモノニアラズ故ニ公權ヲ享ケ公務ヲ負フノ原因トナラズ

（一四）總論ヲ終ルニ臨ミ一言スヘキヿアリ

國際私法ハ外國ニ牽連セル一ノ私法的關係ニ對〆法律適用ヲ定ムルモノナリ法律關係ノ外國法ニ牽連スルハ或ハ所爲ニヨリ或ハ其目的物ニヨリ或ハ其當事者ニヨル是故ニ行爲若クハ事實ノ發生物件ノ存在及ヒ當事者ノ民籍ハ法律適用ヲ定ム可キ三個ノ標準タリ然ルニ我

法律ハ民籍ニ代フルニ國籍ヲ以テシ國際私法ノ原則ヲ規定セル法例ノ條文ニ於テ屢本國法ノ文字ヲ見ル民法人事編ハ其第二章ニ於テ國民分限ヲ規定セリ蓋シ我ガ立法者ハ國籍ヲ以テ其ノ公法的關係ノ原因タルト仝時ニ亦私法的關係ニ關スル法律適用ノ一ノ標準トナシタルナリ啻ニ我法律此ノ如キノミナラズ佛伊諸國モ亦然リ故ニ國籍主義ハ佛法系諸國ニ於ケル法律ノ特色ナリ

古代ニ於テハ各國皆其法律ノ保護ヲ受ク可キモノハ其國籍ヲ有スルモノニ限レリ羅馬固有法ノ如キ是レナリ交通貿易ノ未タ開ケザルニ當リテハ父祖世々其國土ヲ守リ國外ニ居留スル等ノ事アラズ是故ニ國籍ヲ以テ私法適用ノ標準トスルヿ固ヨリ其當ヲ得タリ然𪜈交通益開ケ商業漸盛ナルニ及ビテハ一國ノ臣民其地ニ永住スルヿ能ハズ常ニ外國ニ往來スルニ至ル或ハ營利ノ爲メ或ハ其他ノ目的ヲ以テ生涯外國ニ寓スル者アラン子孫ヲ外國ニ擧ケ家屋ヲ購ヒ土地ヲ有シ其土ヲ以テ骨ヲ埋ムルノ地トナストキハ是レ己ニ其社會ノ一員タルモノ

ナリ今日ノ文明社會ハ實ニ此ノ如キ者尠カラズ此等ノ輩ハ外國ノ民籍ヲ有スル者ニシテ未タ其國籍ヲ有スルモノニアラス是ノ故ニ其公法的ノ權利義務ヲ負ハシムルヿ固ヨリ當ヲ得ズ然レ𪜈一個人間ニ於ケル平等的諸關係ニ至テハ其國籍ノ如何ヲ問ハス己ニ其社會ヲ組織スル一員タル以上ハ全一法律ノ管轄ニ屬セシムルヿ當然ナリト思考ス國籍ハ公法的ノ觀念ナリ夫ノ夫婦ノ關係債權者債務者ノ關係トイフガ如キ平等ノ諸關係ハ私法的ノ關係タリ然ラバ國籍ヲ以テ私法的關係ニ對スル法律適用ヲ定ムルノ標準トナサンヨリハ寧ロ民籍ヲ以テ之レガ標準トナサンヿ文明ノ進歩シタル社會ニ於テハ其當ヲ得タルモノナリト信ス

國際私法ニ於テ人ト土地トノ間ニ於テ三樣ノ關係存ス國籍民籍現在地是レナリ市町村制ニ於テ規定セル人ト市町村トノ間ニ存スル三樣ノ關係ハ宛モ之レト相對比スルヿヲ得公民タル關係住民タル關係及ヒ現在者タル關係是レナリ民籍ハ永住ノ意思ト住居ノ事實トニヨリ

テ之ヲ得ルガ如ク住民タル身分モ亦永住ノ意思ト住居ノ事實トニヨリテ之ヲ取得ス(町村制六條市制六條)是故ニ外國臣民ト雖モ猶住民タルヲ得可シ住民ハ町村共有物ニ對シ共用ノ權利ヲ有シ又町村ノ費用ヲ分擔スルノ義務アリ其公民ト異ナルハ唯市町村ノ行政機關ヲ組織シ得ルト否トニアリ兩者ノ差違ハ公法的關係ニ在リテ存ス(市町村制一章乃至三章)其以前ニ在テハ戸籍ノ有無ニヨリテ私法的權利義務ノ有無ヲ定メタリト雖モ近世ニ於テハ諸國皆實際上ノ事實ニ基キ永住者ヲ以テ市町村ノ一員ト見做シ私法上ノ權利義務ヲ有セシムルニ至レリ國際私法ニ於テモ亦仝樣ノ進步沿革ヲ見ル臣民タルノ身分ハ公法的關係ノ基タリト雖モ民籍ハ實際ニ其社會ヲ組織セル人民ノ身分タリ假令ヒ外國ノ國籍ヲ有スル者ト雖モ均シク私法ノ適用ヲ受ケシムルヿ最モ當ヲ得タルモノナリ我ガ市町村制ハ已ニ前述ノ規定ヲナシ而メ我ガ法例ハ猶佛國法系ノ特色ヲ存メ國籍ヲ以テ公法的及ヒ私法的關係ノ法律管轄ヲ定ム可キ標準トナセルヿ最奇怪ト謂ハザル可

カラズ

ホワートン等ハ國籍主義ヲ攻撃〆曰ク若シ國籍ヲ以テ私法適用ノ標準トナサンカ我米國民ハ仝一ノ國籍ヲ有セリト雖𪜈各州其法律ヲ異ニセリ然ラハ各州ノ民籍ニヨリテ法律適用ヲ定ムルニアラザレバ國籍ヲ以テ之レヲ定ムルヿ能ハザル可シト英國ノ如キ亦一國家ニ〆數種ノ法律行ハル此ノ如キ場合ニ於テハ竟ニ國籍主義ヲ貫ク能ハザルナリ我ガ立法者ハ豫メ此事アルヲ測レルガ如シ法例八條一項ハ此困難ヲ排除スルモノナリ(法例八)

吾曹ハ右ニ述ヘタルガ如ク民籍主義ノ當ヲ得タルヲ信ス故ニ此書ヲ編スルニ當リ徹頭徹尾民籍法ヲ取リテ本國法(即國籍法)ヲ取ラズ我法律ハ常ニ本國法ヲ取リテ民籍法(法例ニ所謂住所ノ法)ヲ取ラズ讀者ハ書中所々ニ両者ノ衝突ヲ見ル可シト雖𪜈吾曹ハ一々之ヲ辨解セザルガ故ニ常ニ此意ヲ記臆セラレンヿヲ望ム

吾曹ノ見解ニ據レバ國籍ハ公法的身分タリ國際私法ニ於テ重要ノ事

項ニアラズ故ニ其取得即歸化等ノ問題ニ關シテ研究ノ勞ヲ取ラズ

民籍ノ區別

第一欵　民籍ノ區別

（一五）世人ノ所謂民籍ナルモノヽ中ニハ民籍（Domicil）ト准民籍（Quasi Domicil）トノ別アルヲ注意セザルヘカラズ吾曹ハ先ツ民籍ノ分類ヲ説キ次ニ准民籍ニ就キ一言スル所アラントス

民籍ヲ區別スル種類

民籍ハ嚴格ニ論スルトキハ唯一ニシテ又一個ハ必ス有スルモノナレハ一系一統二樣ニ渉ル理ナキモ飜テ考フレハ元來人ト住地トノ關係ナルヲ以テ假令ヒ人ノ點ヨリ見レハ畢生一聯續タルモ住地ノ點ヨリ見レハ變轉スル毎ニ異種ノ民籍ヲ成ス觀ナキ能ハス民籍ニ就テハ

第一

甲　法定民籍（Domicil by Law）

乙　獲得民籍（Domicil by Acquisition）

第二

甲　固有民籍(Domicil of Origin)

乙　選擇民籍(Domicil by Choice)

第三

甲　固有民籍(Domicil of Origin)

乙　選擇民籍(Domicil fo Choice)

丙　必要民籍(Domicil by Necessity)

以上ハ一般學者間ニ行ハルヽ區別ナリト雖モ吾曹ハ之ヲ取ラズ第一ハ法定民籍ノ中ニハ附屬人タル幼者妻等ノ民籍獲得民籍中ニハ獨立人ノ民籍ヲ含メリ吾曹ヲ以テ之レヲ見レハ此區別ハ殆ント無益ナリ抑モ民籍ヲ區別スル必要ハ主トシテ誕生ノ際ニ得タルモノト其後ニ變更ヲ來シタルモノトヲ區別スルニ在リ然ルニ此區別ニ從フトキハ妻ノ民籍ノ如キハ誕生ニ依テ得タルモノモ其夫ニ從ヒテ得タルモノモ共ニ法定民籍トセルカ故ニ其實益ナシ(ダイセー三三九頁)第二ニハ固有民籍中ニハ人ノ誕生ニ由リテ得タル民籍ヲ含ミ選擇民籍中ニハ其

民籍ヲ別テ固有民籍變更民籍トス

後ニ得タル民籍ヲ含ムカ故ニ妻ノ民籍ノ如ク單ニ婚姻ノ結果ニシテ敢テ自ラ選擇シタルニアラザル場合モ尙ホ選擇ノ名稱ヲ附スルハ穩當ナラズ(フートー民籍ノ章、及ヒウドニー對ウドニー判決例ニ於テウエストベリー卿ノ理由書)第三ハ固有民籍中ニ誕生ニ由リテ得タル民籍、選擇民籍中ニ獨立人カ自由ニ選擇シ得タル民籍、必要民籍中ニ妻ノ婚姻ヨリ得タル民籍等ヲ含メリ而シテ此區別ハ之ヲ採用スル學者モ尠カラスト雖ドモ故ラニ三階級ニ區分セルハ假令ヒ民籍ノ性質上止ムヲ得ザルニ出ツルトスルモ實益ノ點ニ於テ一モ三階級ヲ設クル必要ヲ見ズ却テ往々混雜ヲ惹キ起コスノ恐アリ且ツ必要民籍ノ名稱モ之ヲ固有民籍ニ冠ラシムルハ或ル點ヨリ觀レハ敢テ爲シ難キニアラサルヲ以テ吾曹ハ此區別ヲ採ラズ(ストーリー四九節ダイセー三四〇頁)

此他誕生民籍、選擇民籍、或ハ固有民籍、第二民籍、ノ區別アレドモ吾曹ハ左ノ如ク區別スルヲ以テ正當ト認ム

第一固有民籍(Domicil of Origin)

准民籍

第一、

第二　變更民籍(Domicil by Change)

此區別ハフート等ノ區別スル所ノ固有民籍(Domicil of Origin)獲得民籍(Domicial by Acquisition)ト其實ニ於テ異ナラズ唯獲得民籍ノ名稱ヲ變更民籍ト改メタルノミ蓋シ固有民籍タリトモ畢竟獲得セルモノナルカ故ニ獲得民籍ナル名稱ハ明ニ之ト區別スル能ハズト信シタルニ由レリ而シテ固有民籍中ニハ人ノ始テ生ル、ヤ直ニ獲得スル民籍ヲ含ミ變更民籍ニハ固有民籍ノ一變轉ヲナセルモノハ悉ク之ヲ含ム決シテ其變更カ法律ノ推定ニ基クト他人ノ意思若クハ自己ノ意思ニ基キタルトヲ問ハズ

(一六) 次ニ准民籍(Quasi Domicil)ニ就キ一言セントス凡ソ人ハ原則トシテ一以上ノ民籍ヲ有スヘカラズトイヘトモ商業、裁判、遺産ニ就キ眞正ノ民籍ノ外更ニ特別ノ民籍ヲ有スルヿアリ學者之ヲ准民籍ト稱ス

(八二六八條參照)

第一　商業上民籍(Commercial Domicil)

商業上民籍トハ商業貿易ノ盛ナル地ニ於テ商人カ單ニ商業取引ノ爲メニ自己ノ本店ト定メタルモノニシテ或ハサムエル本店或ハ同孚泰本店ノ名ヲ以テ苟モ商業上ニ關スルモノハ一トシテ之ヲ取扱ハサルナキモ單ニ商業ノ目的ノミニ關シ而シテ店主ノ商業外ノ法律行爲ハ一ニ其本國ノ民籍ニ由リ全ク關係ナキモノヲ云フ又假令ヒ商業民籍ヲ得ルノ行爲アラザルモホヰートンノ說ニ據レハ戰時ニ至リテ商人カ敵國ノ埠頭ヨリ商品ヲ運送セハ該商人ハ其國ニ國籍民籍共ニ之ヲ有セザルモ猶敵國ニ住スル商人トシテ遇セラルヽヲ以テ其點ニ於テハ商業上民籍ヲ得タルモノナリ

第二、

第二　裁判上ノ民籍(Domicil for Judicial Purpose)

他人ヲ訴フル目的ノミニ付キ其裁判管轄上ノ民籍ヲ得ルヿアリ是レ亦眞正ノ民籍ニアラス(フート民籍ノ章)

第三、

第三　遺產上ノ民籍(Domicil for Administrative Purpose)

遺留人產ノ相續ヲ定ムルハ死者最後ノ民籍地法ニ依テ決定スルモノ

ナリト雖モ時トシテハ唯在外ノ遺留人產相續ノ爲メ民籍ヲ自己ノ眞正民籍外ニ得ルヿアリ英國ニ於テハヴイクトリア女皇ニ至リ(24 & 25, Vict, c. 121) 外國ト相互ノ條約アル場合ニ限リテ遺產處分上外國臣民ハ英國ニ於テ英國臣民ハ外國ニ於テ各動產ヲ遺留シテ死亡スル迄ニ一年以上住居シ且ツ其國ニ民籍ヲ移スノ書面公言ヲナシタルニアラサレハ其舊國ニ於テ有シタル民籍ニ從フトナセリ此場合ニハ本人ハ他ノ目的ニ關シテハ其變更民籍ニ由リ得ヘキニモ拘ハラス以上ノ條件ヲ充サズンハ遺產ニ關シ必ス舊民籍ニ支配セラルヽモノナルヲ以テダイセー曰ク此場合ハ例外トシテ遺產上ノ民籍ヲ得タルモノナリト(ダイセー三頁)

然レモ此ノ如キモノハ果タ民籍ヲ以テ之ヲ目シ得ヘキヤ民籍ノ性質如何ハ已ニ定義ニ於テ論シタル所ナリ約言スレハ民籍ハ社會ノ一員タル觀念ナリ唯商業、遺產管理、等ノ爲メニ其社會ニ於テ特別ナル一員タルヿ能ハサルヤ明ナリ是故ニ此等ハ唯公益上ノ理由ヨリ認メタル

法廷及ヒ法律管轄ノ特例トメ見ル可キノミ全ク民籍ノ観念ト關係ナキモノナリ

民籍ノ取得

第二欵　民籍ノ取得

（一七）既ニ民籍ノ如何ナルモノナルヿハ前欵ニ之ヲ説明シタル故ニ之ヲ獲得スル人即チ民籍ノ隨テ存亡スル主体タル人ニ關シテ民籍ヲ説クヘシ人ヲ自然人法定人ニ區別シ自然人ヲ再別シテ獨立人即チ法律關係チ爲スニ足ル能力ヲ有スル者ト附屬人即チ或ル法律關係ニ付テハ其附從スル所ノ獨立人ニ伴ヒテ變更セラルヽ者トナシ此等ノ人ニ關シテ民籍ノ獲得存立ヲ説明セントス

一、自然人

（一八）第一　自然人

（甲）獨立人　我人事篇ニ於テハ外國人ノ始テ日本ニ住所ヲ移ス場合ニ關スル規定中別ニ獨立人附屬人ノ區別ヲ明記セスト雖モ其精神ニ於テハ蓋シ吾曹ト異ナルヿナカラン（人、二六五）而シテ自由ニ法律行爲ヲ爲シ得ル人ノ中ニ於テモ軍人官吏書生奴婢ノ如キ久シク他處ニ居住スルモノハ多少民籍ノ取得ヲ疑ハシムルニ足ルノ居住ヲナスヿナキニアラズト雖モ概シテ民籍ヲ其滯留地ニ得ントスルノ意思ナキモノナレハ(民籍變更ノ節參照)亦概シテ民籍ヲ獲得若クハ變更セザルモノトス(ダイセー一二八乃至一四七頁サヴィニー五九頁ウェストレイキ四三節)我人事篇第二百六十三條ニ曰ク戶主ハ本籍ヲ移ス地ノ身分取扱吏ニ申述シテ住所ヲ變更スルヿヲ得ト而シテ家族獨立シテ一家ヲナストキモ亦同ジ(八二六四)且叉民事訴訟法ニ於テハ裁判籍上稍々嚴格ナル推定ヲ以テ當事者ノ住所ヲ定ムル規定アリ(民訴、裁判籍ノ節參照)其中ニハ所謂民籍トナスヘキモノヲモ包含スト雖モ元來民籍(Domicil)ナル語ハ我國ノ訴訟法ニ使用スル裁判籍ノ「住所」ナル語ト必シモ一致セズ何トナレハ吾曹ノ所謂准民籍ナルモノヲモ往々包括スルノミナラズ時トシテハ准民籍ニモアラサルモノアレハナリ(八二六八)蓋シ英米諸國ト雖ヒ裁判籍ニ關シテハ特ニ便宜上民籍ヲ推定スルモノニシテ嚮キニ說明シタル准民籍ト看做スノ外ナシトス

（乙）附屬人　自由ニ法律行爲ヲナス能ハズシテ或ル獨立人ニ隨從スル幼者、既婚婦、被後見人、等ノ民籍ノ獲得變更ニ關シテハ歐米ノ學說判決例殆ント一轍ニ出テ理由モ亦明白ナルガ故ニ吾曹ハ之ヲ飜覆說明スルノ必要ナシト信シ左ニ其歸着スル所ノ學說判決例ノ結果ノミヲ示サム

（一）附屬人ノ民籍ハ其附屬スル所ノ獨立人ノ民籍ト仝一ナリ且ツ之ニ隨從シテ變更スルモノトス

（イ）嫡出子又ハ嫡出ト認メラレタル子ハ父ノ生存中ハ父ノ民籍ト仝一ノ民籍ヲ有シ且ツ之ニ隨從シテ變更スルモノトス(ウエストレイキ三、五節ダイセー一六九頁、Somerville v. Somerville 5. ves 749)

(ロ) 私生ノ子又ハ父ノ死亡シタル子ハ母ノ生存中ハ母ノ民籍ト同一ノ民籍ヲ有シ且ツ之ニ隨從シテ變更スルモノトス(ダイセー九七頁ホワートン四一節)

(ハ) 父母ナキ子又ハ母ナキ私生子ハ後見人ノ民籍ト仝一ノ民籍ヲ有シ且ツ之ニ隨從シテ變更スルモノトス(ダイセー九七頁、Sharpe v. Crispin, L. R. 1. P. & D. 611.)我人事篇第二百六十三條二項ニ曰ク未成年者又ハ民事上禁治産者タル戸主ノ住所ハ親族會ノ許可ヲ得テ後見人之ヲ變更スルヿヲ得又仝第二百六十四條二項ニ曰ク一家新立ノ未成年者ニ付テハ後見人住所ヲ設定スヘシト而シテ仝第二百五十五條ニ於テハ父母ノ知レザル子ハ一家ヲ新立スト規定ス其精神ニ於テハ吾曹ト仝一ナリ、但シ子ノ民籍ハ母ノ結婚ニ依テ變ゼズ(Ryall v. kennedy, 49.N.Y.347)又詐欺ノ目的ニ出テタルトキハ母又ハ後見人

ハ自ラ民籍ヲ變シテ其効果ヲ幼者ニ及ホス能ハズ（ダイセー一〇四頁）、

（二）附屬人ノ民籍ハ其屬スル所ノ人ヲ失フモ法律上民籍ヲ變更スル人ナクンハ幼年期ノ終迄ハ自己ノ既ニ保有スル民籍ヲ繼續ス（サヴィニー三五七節、フィリモール七三節、ストーリー四二節）

（三）附屬人ノ民籍ハ獨立人トナルモ自己ノ行爲ニ由リ民籍ヲ變更スル迄ハ繼續スルモノナリ

（イ）成年者トナリシ者ハ幼者タル時ニ得タル民籍ヲ保ツ（ダイセー一〇八頁）

（ロ）寡婦トナリシ者ハ妻タリシ時ノ民籍ヲ保ツ（ストーリー四六節）

（ハ）離婚婦トナリシ者ハ離婚前ノ民籍ヲ保ツ（ダイセー一〇九頁）

(四) 瘋癲白痴者ニ關シテ民籍ノ獲得變更ハ幼年者ト同一ノ原則ニ從フモノナリ

(一九) 第二　法定人

國際私法上法定人ヲ論スルハ會社ヲ以テ主トス會社ノ民籍ハ法律上業務ノ中心若クハ事務所々在地ト認定スル所ニ存ス換言スレハ第一、商事會社ハ通常會社ノ業ヲ營ム地ニ存シ第二、商事會社ニアラサル會社ハ事務所々在地ニ存ス(サヴィニー三五四節、ウエストレイキ一二九節ダイセー一一〇頁、フート七九頁)而シテ若シ事務所ナキトキ又ハ數所ニ於テ事務ヲ取扱フトキハ其首長或ハ擔當者ノ住所ヲ以テ事務所ト看做ス(フート七六頁)其他ノ法人ニ就テハ英國等ノ學說判決例ニ從フトキハ國家(ステート)ヲ以テ法人トナシ帝王國ノ場合ニ於テハ之ヲ單獨會社(Corporation Sole)ト看做シ共和國ノ場合ニ於テハ之ヲ乘合會社(Corporation Aggregate)ト看做スカ故ニ若シ其主權獨立ノ資格ヲ以テセズシテ一個人タル私ノ資格ニ於テ訴訟當事者ノ地位ニ立ツトキハ英國

法廷ハ或ル例外即チ訴訟費用ヲ除クノ外ハ之ヲ一個人ト同様ニ視ルモノトス

第三欵　民籍ノ變更

民籍變更

（二一〇）民籍ノ變更ハ民籍諸問題中最モ重要ナルモノナレハ原則ハ單簡ナレトモ適用ヲ誤ルノ恐レアリ故ニ最モ注意ヲ要ス

要件

（第一）凡ソ民籍變更ニハ「意思(Animus)ト事實(Factum)ノ共存ヲ要ス（八、二六五、二六四、二六二、參照）

外國ニ永住スルノ意思ナク終局ハ本國ニ歸ルノ意ニテ數年外國ニ居

住スル事實ノミニテハ未タ民籍ヲ得ヘカラズ實ニ英米學者ノ慣用スル永住ノ意思(Animus Manendi)ト還歸ノ意思(Animus Revertendi)トハ其人ノ外國ニ於テ民籍ヲ得ルヤ否ヤヲ判知スルノ標準ナリ(ダイセー七三頁、ストーリー四四節、ウエストレイキ三七頁參照)

左ニ英米判決例ノ中ニ就キ最睹易キモノ二三ヲ擧ゲテ以テ民籍ヲ得ルニ確實ナル意思ノ必要ナルヿヲ示サン

甲、英人某米國ニ於テ新事業ニ着手シ財ヲ蓄ヘ產ヲ得ハ他年錦ヲ着テ故鄕ニ還リ若シ事業ノ成功ヲ得ズンバ再ヒ鄕土ヲ蹈マザル決心ヲ以テ米國ニ渡航セシカ中途病歿シタルニ同人ノ遺產ニ就キ民籍ノ問題起リ或ル判官ハ人慾限リナシ財ヲ蓄ヘ產ヲ得ルニハ殆ント定限ナシ斯ル茫然タル意思ヲ以テ鄕國ヲ辭セシモノハ到底成功歸期ヲ見ルヿナキモノトシ民籍ハ米國ニ移レリトスルヲ穩當ナリトスト唱ヘシモ結局該人ノ民籍ハ尙ホ英國ニ在リト判決セラレタリ

乙、佛人英國ニ民籍ヲ移サントスル偶英國ニ於テ營メル商業ニ失敗シ

負債大ニ積モリ督促將ニ嚴ナラントス遂ニ意ヲ決シ以為ラク債主ニシテ督促嚴急ナラズンハ米國ニ永住セント幾クナラス產ヲ遺シテ死亡セリ此場合ニ於テ英法廷ハ同人ノ民籍ハ米國ニ移レリト判決セリ」

以上ノ二例ニ於テ或ル條件ノ發生ニヨリ新住居國ニ在留セザルノ意思アリシハ同一ナリ然ルニ一ハ民籍ヲ移サズトシ一ハ民籍ヲ移シタリト判決セル所以ノモノハ蓋シ大ニ理由アリ要スルニ其條件ノ性質ヨリシテ永住意思ノ既ニ成立スルト成立セザルトノ差ヲ生シ隨テ一ハ永住意思アリ一ハ未タ永住意思アラザルニ基クモノナリ即甲判決例ニ於テハ財ヲ蓄ヘ產ヲ得ルノ途絕エ落膽失望ノ域ニ達セザレハ永住ノ意思ヲ生シタリトスヘカラズ乙判決例ニ於テハ既ニ永住ノ意思ハ其者ノ心頭ニ萠シタリ唯一朝債鬼ノ襲擊ニ逢ヒテ始メテ其永住ノ意思ヲ消滅セシムルノミ換言スレハ前者ノ永住意思ハ前期條件《コンヂシヨンプレシデント》ニ係リ後者ノ永住意思ハ後期條件《コンヂシヨンサブセクエント》ニ係ル是レ此二判決例ノ矛盾スル如ク見ユレ圧其判定ノ正鵠ヲ得タル所以ナリ

茲ニ注意ヲ要スルヿハ妻ノ其夫ノ民籍ニ從フ如キハ民籍變更ニ事實意思ノ二者ヲ要スル例外タルニ在リ妻ハ婚姻ノ爲メニ轉住スルモノナレハ果シテ變更民籍地ニ永住スルノ意思アリヤ否知ルヘカラス若シ法律カ意思ヲ推測シタルモノトセハ反證ニ依テ飜案シ得ヘキモノナレトモ其飜案セシメザルハ固ヨリ意思ノ有無ヲ問ハザルナリ

固有民籍ノ復活

(二一)(第二) 變更民籍ヲ捨ツルノミニシテ固有民籍ノ復活スルモノナリヤ否ヤ

吾曹ハ原則トシテ變更民籍ヲ抛棄シタル時ハ更ニ他ニ民籍ヲ得ザル間ハ當然固有民籍ノ復活スルモノトス然レトモ此問題ハ實ニ學者間非常ノ議論アリ且實際上ニ有益ノモノタルヲ以テ暫ク反對説ヲ討究セントス

非復活説

サー、ジョン、リーチ曰ク變更民籍タリトモ一旦之ヲ獲得シタル以上ハ更ニ新民籍ヲ獲得スル迄ハ繼續スルモノナリ固有民籍タリトモ既ニ先キニ之ヲ抛棄シタルモノナレハ他ノ新民籍ヲ得ルト同シク再得ノ證左ヲ要ストホワートン曰ク民籍復活ノ説ハ其理由ハ姑ク置キコンチクチカット法廷ノ判決例ヲ始メ數多ノ判決例ニ反シ且米國ノ政治上ノ主義ニモ撞着ヲ來スヿアルヘシ何トナレハ米國ニユーヨーク州ニ變更民籍ヲ有シタルモノニシテ更ニ米國ノ西北部ニ移轉セントスレトモ尙ホ何レニ定住スヘキヤノ心算モナク單ニニユーヨーク州ノ民籍ヲ拋棄セハ米國人民ハ移住民ノ常トシテ其間ハ米國外ナル他邦ノ法律ヲ固有民籍地法トシテ採用シ從テ成年者モ幼者トナリ加フルニ不幸死亡スルアラハ外國相續法ニ從ハザルヘカラザルニ至リ非常ノ困難ヲ來タスヘシト然レ𪜈リーチノ說ノ如ク既ニ本人ハ棄去ノ意思(Animus Relinquendi)ヲ以テ變更民籍ヲ捨テタルモノナルニ尙之ヲ繼續スルト推定スルハ吾曹ハ其理由ノ何タルヲ知ル能ハズ何トナレハ棄去ノ意思ト永住ノ意思トハ共存スヘキモノニアラズ棄去ノ意思アラハ永住ノ意思ナキモノナリ永住ノ意思ナクシテ加フルニ棄去ノ行爲アラハ恰モ五個ノ條件ヲ以テ發生シタルモノハ亦五個ノ條件ノ悉ク去ルニ因リテ消滅スルト同一ナラン又ホワートンノ說ノ如

ク判決例ノ存否云々ハ復活說ニモ數多ノ判決例學說アレハ理由トナラサルノミナラス米國政略ニ反ストノ理由モ米國ノ國態ハ特殊ノモノニシテ例外タルヿヲ記臆セハ亦有力ナルモノニアラザルヲ知ルヘシ

固有民籍ノ復活ニ對スル諸家ノ理由

復活說ヲ主張スルハ大家中ニ甚タ多キノミナラズウドニー對ウドニーキング對フオクスウエルノ判決例アリテ學說判決例共ニ論理ノ歸着スル所ハ同一ニシテ要スルニ一タヒ變更民籍ヲ拋棄スレハ唯其事實ノミヲ以テ當然固有民籍ニ復歸スヘシ更ニ新變更民籍ヲ得ルノ間ハ固有民籍ヲ以テ其人ノ民籍トナスニ在リ其理由トスル所ハ別ニ法理トシテ價値アルモノヲ見ズ唯各國判官學者等ノ國籍(Nationality)ナル觀念ニ動カサレタル不完全ノ觀念ニ基キタルニ外ナラス而メ吾曹ノ尙ホ之ヲ採用シタル所以ノモノモ亦唯學者ノ贊同スルモノ多キト此判決例カ反對說ニ關スル判決例ヨリモ一層確定セルトニ在ルノミ學者中ニハ便宜ニ基ケリトノ理由ヲ付スルモノアレトモ甲ナル固有民

籍ヨリ乙丙丁戊ト變シタルモノニ取リテハ同シ舊民籍ニ就キ或ハ甲民籍ヨリモ乙若クハ丁民籍ヲ便宜ナリトスル場合アリテ敢テ固有民籍ヲ採ルヲ便宜ナリトハ一定セザルカ故ニ其理由モ十分ナラスウエストレイキハ臣民誓約ハ容易ニ回復ス(Native allegiance easily reverts)換言スレハ一旦國籍ハ他國ニ移スモ若シ之ヲ拋棄スルノ許可ヲ得タルトキハ再得ノ證左ヲ要セス忽チ誕生國ノ國籍ニ復スルモノナリ然ルニ或ル場合ニ於テ國籍ハ民籍ノ標證トスルニ足ルコトアリ故ニ民籍モ同一ニ復活スルトナスモ可ナラント謂ヘリ(ウエストレイキ二四四節)此理由ニシテ果シテ肯綮ニ中レリトセハ英人日本國ニ國籍ヲ移轉シ後更ニ民籍ヲ米國ニ移シタル場合ニ本問題起ラハ固有民籍タル英國ニハ既ニ國籍ナキヲ奈何セン要スルニ吾曹ハ民籍ノ復活非復活共ニ好理由ヲ有セス姑ク學說判決例ニ於テ多數ノ傾向アリト信スル所ニ從ヒ復活スルモノトナスノミ

玆ニ一言スヘキハ以上ノ如ク變更民籍ハ單ニ之ヲ拋棄スルノミ(Mere

民籍ヲ變更スル意思ノ證明

Abandonment)ニテ足ルト雖トモ固有民籍ハ單ニ之ヲ拋棄スルノミニテハ未タ變更ノ結果ヲ來サズ是ヲ以テ學者固有民籍ヲ拋棄スルト變更民籍ヲ拋棄スルトノ間ニ區別ヲナシテ曰ク變更民籍ハ單ナル拋棄ヲ以テ足ルモ固有民籍ハ更ニ新民籍ノ獲得ヲ要スト是レ固ヨリ常ニ新民籍ヲ獲得スル迄ハ復活スルカ故ニ外見ノ異ナルノミニシテ其實ハ決シテ異ナラザルナリ

(二二)(第三)意思證明ノ事實、意思明白ナレハ前ニ述ヘタル原則ノ適用ハ敢テ困難ナラザレトモ其意思ハ何等ノ事實ニ據リテ之ヲ確定スベキヤ人ハ行爲ノ結果ヲ豫想セルモノナリトノ原則ハ意思自体ノ問題トナレル場合ニハ適用スヘカラス即チ民籍ノ變更アリシヤ否ノ疑問ハ必ス其人ノ先ツ外國ニ實際多少住居スルノ行爲アリシ後ニ起ル問題ナルカ故ニ若シ其行爲ヲ以テ意思ヲ推定セハ所謂循環推理(Petitio Principii)ニ陷ルヲ以テ務メテ意思ハ居住ナル事實以外ノ事實ニ於テ推究スヘキモノナリフイリモールヲ始メ他ノ學者ハ意思ノ表彰トシテ左ノ各項ヲ列擧セリ吾曹ハ一々之ヲ説明スルノ勞ヲ取ラス（フイリモール二一一節乃至三五一節ダイセー一一四頁參照）

第一　永住ノ意思ノ表彰

一　口頭又ハ書面ノ確言

二　誕生ノ場所

三　死亡ノ場所

四　家族ノ居所

五　商業上ノ廛舗

六　公證ノ登錄

七　政治上ノ權利又ハ特權ノ享有

八　財產ノ所有

九　居住ノ期間

第二　變更意思ノ表彰

ウドニー對ウドニーノ判決例

一　口頭又ハ書面ノ確言
二　家族引拂
三　財産ノ賣却等

茲ニ以上陳ヘ來リタル原則ニ最モ關係多キ有名ナル判決例ウドニー對ウドニー(L. R 1. Sc App. 441.)ヲ示サン

蘇格蘭ヨリ以太利ニ派遣セラレタル領事ウドニーハ父母妻子ヲ蘇格蘭ニ留メ官命ヲ以テ以太利ニ赴キ後二十年ヲ經テロンドン府ニ來リ前後三十年餘外國ニ滯留シタリ其子ハ英國尉官ヲ奉職セシモ負債ノ爲ニ去テ佛國ブーロンヌニ徙ケリ其人滯在中一婦人ト通シ一子ヲ擧ケ幾クナラズシテ正式婚姻ヲナシ夫婦トナレリ而シテ尉官沒シテ其子相續ヲナシタリ原告ウドニーハ右相續者ノ伯父ニシテ被告ハ私生子ナルヲ以テ相續權ナシト主張セリ其理由トスル所ハ尉官ハ元來蘇格蘭人タルニ相違ナキモ永年英國ニ住シタルヲ以テ英法ノ支配ヲ受クヘキモノナリ既ニ英國ニ住居アリ一時轉居ヲナシタルハ英國ノ民

籍ヲ變更シタルモノトスルニ足ラズ英法ニ從ヘハ其子ハ固ヨリ私生子タルヲ免レズト云フニ在リ

被告ウドニーハ假リニ尉官ノ住居ヲ以テ英國ニ在リトスルモ再ヒ英國ニ來ラザルノ意思ヲ以テ去リタル以上ハ其民籍ハ蘇國ニアリ人ハ瞬時ノ間トイヘ𪜈苟モ民籍ナカルヘカラズ彼流浪人ノ如キ實際ニ居處ナキモノト雖𪜈法律上ヨリ見レハ尚ホ民籍ヲ有ス故ニ其英國民籍ヲ捨テタル後ハ蘇國ヲ尉官ノ民籍トスヘキモノナリ而シテ所爭ノ兒ハ其英國ヲ去リタル後ニ誕生シタルモノナリト云フニアリ

以上ノ事實ニ基キ蘇格蘭法廷判官ノ說モ二派ニ分レタリシカ遂ニ尉官ノ民籍ハ蘇國ニ在リト判定セラレタリ其理由ニ曰ク尉官ノロンドンヲ去リシ後ハ全ク無民籍ニ異ナラザルモ民籍ヲ有セザルハ瞬時モ法律ノ許サヾル所ナルカ故ニ嚮キニ有シタル民籍ヲ以テ尉官ノ民籍トセザルヘカラス而メ蘇國ノ法律ニ據レハ其子ハ無論嫡出ノ子トナルヲ得ヘシト

本訴件ハ左ノ四點ヲ決定シタルモノトナスヲ得ヘシ(第一)子ノ民籍ハ親ノ民籍ニ從フヿ(第二)民籍ハ官命赴任ノ塲合ノ如ク本人ノ之ヲ變更スル自由意思ナキ忓ハ變更ヲナサヾルヿ(第三)變更民籍ヲ復歸セザルノ意思ヲ以テ抛棄スル時ハ固有民籍ノ復活スルヿ(第四)人ハ瞬時モ民籍ナキ能ハザルヿ但シ若シ此尉官ニシテ一部ノ不動産ヲ蘇國ニ一部ノ不動産ヲ英國ニ遺留セハ英國ノ不動産ハ尉官ノ子ニ傳ハラザルヿヲ忘ルヘカラス何トナレハ不動産處分ハ所在地法ノ決スルモノニシテ英法ハ私生子ノ出生後其父母婚姻ヲナスモ之カ爲メニ其子ヲ嫡出子トセザレハナリ(不動産ノ章參照)

第二章　能力

（二一三）總論
（二一四）能力ハ行爲地法ノ支配ニ屬ス
（二一五）能力ヲ民籍地法ノ支配ニ屬セシメントスル學說並ニ非難
（二一六）能力者及不能力者
（二一七）自然人
（二一八）法定人

總論

總論

（二一三）能力ノ問題ハ實ニ困難ナレ𪜈要スルニ能力ハ人ガ法律上或行爲ヲ爲スノ力ナルカ故ニ此問題ハ或ハ取引ヲナシ或ハ契約ヲナシ或ハ婚姻ヲナス如キ力ノ有無ハ何レノ國法ニ據テ定ムヘキモノナリヤニ外ナラズ

日本ノ規定

我法例第三條ニ曰ク人ノ身分及ヒ能力ハ其本國法ニ從フト本國法トハ法例第八條ノ意義ニ據リ國民分限ノ所在國法ニシテ吾曹ノ所謂國籍地法タルヿ明ナリトス蓋シ此規定ハ全ク佛民法第三條ニ倣ヒタル

能力ハ民籍若クハ國籍地法ニ據テ支配ストノ學說

モノナリ此ノ如ク規定セラレタル以上ハ身分及ヒ能力ハ吾曹日本人タルモノハ謹テ本國法ニ從フノ主義ヲ奉セザルヘカラズト雖モ吾曹ハ學理ノ研究ニ於テハ大ニ非難ナキ能ハズ元來身分能力ノ支配法ニ關シテハ十四世期ニ於テバートラスノ大議論(Bart. Cod. 1.1.)ヲ始メシ頃ヨリ學說紛々判決例區々ニシテ法典亦一樣ナラズ或ハ法律カ人ニ對シテ或ル身分能力ヲ定メタルトキハ何レノ國ニ至ルモ其人ノ身体ニ隨伴スルモノト云ヒ或ハ法律カ人ノ身分能力ヲ定ムルハ唯其配下ニ來リシモノヽ射影《イメーシ》ヲ計ルニ過キズト云ヒ之ヲ効力ノ點ヨリ區別スルトキハ一ハ國外効力主義ニシテ一ハ非國外効力主義ナリ佛國ノ如キハ國籍ヲ標準トシテ第一說ヲ採リ英國ノ如キハ民籍ヲ標準トシ加フルニ承認國ノ法律ニ牴觸セザル限リ之ヲ承認スルモノトナシ亦第一說ヲ採レリ第二說ハ之ニ據ルモノ少シ要スルニ從來ノ學者多ク民籍若クハ國籍ヲ標準トセリ然レトモ何故ニ身分及ヒ能力ノ支配法ヲ定ムル標準ニハ民籍若クハ國籍ヲ採ルヘキヤノ理由ニ至リテハ一トシテ

有力ナル說明ヲ與ヘズ蓋シ身分及ヒ能力ハ人ニ關スル人ニ關スルガ故ニ民籍若クハ國籍ヲ標準トスヘシトノ空漠タル理由ヲ根據トスルモノナルカ如シ斯ル空理ニ根據スルカ故ニ國外効力、非國外効力ノ反對說ヲモ生スルナリ若シ法律ハ何故ニ身分及ヒ能力ナルヿヲ規定セザルヘカラザル必要ヲ生シタルヤ身分及ヒ能力ハ法律ノ創定スルモノナレハ之ヲ創定セザルヘカラサル理由ヲ穿索スルトキハ之ヲ支配スル法律ヲ決定スルノ標準自ラ生シ國外効力、非國外効力ノ議論モ自ラ一掃シ去ルヲ得ヘシ吾曹ノ見解ニヨレバ身分及能力ハ社會ノ公安國家ノ必要上ヨリ人ノ或ル特別若クハ普通ノ法律關係ヲ定ムル標準トシテ立法者ノ創定スルモノナレハ人ノ或ル特別若クハ普通ノ法律關係ヲ生スルハ必スシモ民籍若クハ國籍ノ所在地ニ限ラザルヲ顧ミルトキハ以上ノ學說ハ忽チ其根據ヲ失スルニ至ラン

能力ハ行爲地法ノ支配ニ屬ス

（二一四）吾曹ハ諸大家ト說ヲ異ニシテ能力ハ原則トシテハ行爲地ノ法律（Lex Loci Actus）ニ據リテ決定セラルヘキモノトナス何トナレハ法律

上ノ行爲ニシテ能力ナキモノヽナシタル行爲ハ行爲ニアラザレハナリ然ルニ法律上ノ行爲ハ行爲地法ニ支配セラルヽコハ動カスヘカラザル原則タルノミナラス其行爲ノ一要件タル能力モ亦行爲地法ニ支配セラルヽコハ苟モ要件ハ背法タルモ其行爲ハ正當ナリト謂フノ不道理ナルコヲ了解スルモノハ皆之ヲ首肯スルナラント信スレハナリ故ニ能力問題ハ果シテ行爲ニ關係ヲ有スル塲合ニ限リ起ルモノナリヤ將タ絕對的ニ能力ヲ論スルコアリヤヲ決スレバ足ル吾曹ハ能力ノ絕對的問題アラザルヲ信スル者ナリ日常所謂能力者ナリヤ否ヤノ問題ハ或ハ絕對的問題ノ看アリト雖モ其實相ヲ究ムルトキハ彼レハ我日本ニ於テ法律上ノ行爲ヲナス力アリヤ否ヤ即チ行爲地法タル日本法律ニ於テハ能力アリヤ否ヤノ問題ニ歸着スルモノニシテ決シテ絕對的ニ能力問題ノ發生スルナキヲ信スルナリ吾曹ハ左ニ諸大家ノ學說ヲ駁擊スルニ先チ一言スヘキコアリ佛法並ニ我法例ハ國籍ヲ以テ身分能力ノ支配法ヲ決スル標準トセル精神ハ民籍ヲ標準トスル學者

能力ヲ民籍地法ノ支配ニ歸セシメントスル學説幷ニ非難

ノ精神ト異ナラズシテ唯國籍民籍ヲ嚴密ニ區別シ來リタルト否トニ由來スルモノナレハ一ニ之ヲ民籍地法ニ據ル學説ト同一ニ看做シテ論究スルモ其精神ニ於テハ大差ナシ故ニ吾曹ハ總反對説ノ最强ナルモノト信スル民籍地法主義ヲ駁撃セントス

(二五)獨逸學者中ニ於テモサヴィニーノ如キハ能力ハ一切民籍地法ニ據リテ決セラルヽモノナリト唱ヘタリシモ痛クバールノ攻撃スル所トナレリ民籍地法ニ據ルト主張スルモノハ左ノ攻撃ニ對シ辨解ノ辭ナカルヘシ(サヴィニー六四頁、バール九八節)

第一　甲地ニ民籍ヲ有スルモノ乙地ニ來リタル時ニ甲地ノ法律ハ貴族ニ商業ヲ爲スヿヲ許サズ而シテ乙地ノ法律ハ之ヲ許ストセハ其民籍地ニ於テ之ヲ爲サシメザルヲ以テ乙地ニ於テモ之ヲ爲サシムヘカラズ然ラハ同シ乙地ニ居住シテ取引ヲ營ム貴族ニシテ一ハ内國人ニシテ一ハ外國人ナルカ故ニ能力ニ差アルナリ是レ近世ノ大主義ナル内國人外國人共ニ同能力ヲ有ストスル原則ニ背反スルモノニアラズ

ヤ

第二　甲國ニ存スル法律ニシテ乙國ニ存セザルコトアリ然ルニ丙ハ其民籍地タル甲國ニ於テ該法律ノ爲メ法定死人トナルヲ以テ乙國ニ於テモ民籍地法ニ據ルトセハ之ヲ法定死人トセザルヘカラサル不正ノ結果ヲ來サヾルヤ

バールハウェヒテルノ説ニ賛同シ權利能力、業務能力ヲ區別シ人ノ權利能力ヲ喪失セシムル奴隷制度ヲ認ムル如キ法律ハ他國ノ之ヲ承認スルヲ要セズ甲國ノ奴隷モ乙國ニ來ラハ自由人トシテ可ナリ而メ業務能力ニ至リテハ少シク區別ヲナスベシトシ更ニ業務能力ヲ區別シテ一般業務能力、特別業務能力トナシ特別業務能力ハ民籍地法ニ據リテ決定セラルヘキモノトセハ丙者ノ甲地ヨリ來リテ乙地ニ於テ取引ヲナスニ當リ通常各取引人ハ丙者ノ民籍地法ニテハ如何ナル制限的法律ノ存スルヤノ注意ヲナサヾルヘカラズ是レ嚴刻ニ失スルモノナリ故ニ行爲地法ニ據リ決定スルヲ以テ正當トス然レ𪜈一般業務能力ハ其人ノ自然ノ性質ニ屬スルモノナレハ幼者ノ如キ之ニ對シテ多少ノ制限ナキ國ハアラザルヲ以テ少ク注意ヲナス者タランニハ其人ノ民籍地法ハ如何ナルヤノ注意ヲナシタル後ニアラザレハ取引ヲナスモノナキヲ以テ關係者ヲシテ不幸ニ陷ラシムル恐レナシ之ニ陷ルモ取引者ノ不注意ノ責ノミ故ニ此場合ニハ民籍地法ニ於テ能力ヲ決定スルヲ可ナリトセリ(バール能力ノ章)然レトモ行爲地法ニ於テ成年ニ達セルモノハ假令民籍地法ニ據ルトキハ幼者ナリト雖モ善意ニ取引シタル者ニ對シテ責ヲ負ハシメザルヘカラズトシ十中八九ハ行爲地法ニ據ルヘキヲ認メナカラ僅ニ一部ノ例外ヲ設ケタリ而シテ其例外ニ對シ一モ積極的理由ヲ與ヘズ單ニ保護ヲ主旨トスルカ如シ吾人ハ以爲ラク假令ヒ幼者タリトモ外國ノ幼者タルカ故ニ其幼者ノ取引地ノ法律カ一般ノ幼者ニ與フル保護若クハ制限ヨリ更ニ大ナルモノヲ其民籍地法ニ從ヒ與フヘキ理ナシ論理精錬ナルバール其人ニシテ此説アルハ甚怪ムヘキナリダイセーノ如キハ「能力ノ存立」(Existence)ト能力ノ効果

(Effect)トヲ區別シ存立ハ民籍地法ノ定ムル所ニ從ヒ承認スヘキモ効果ニ至リテハ之ヲ行爲地法ノ定ムル所ニ由リ決定スヘキモノナリト主張シタリ（ダイセー一六六頁）然レトモ能力ナル語ノ分界ヲ如何ニ解セルヤヲ疑ハザルヲ得ズ能力ノ存立トハ何ゾヤ身分若クハ資格ニ外ナラザルヘシ身分ハ社會ニ於ケル一私人特別ノ地位ナリ故ニ其人ノ隷屬セル社會ノ法律之ヲ定ムルハ當然ナリ能力ハ或法律行爲ヲナシ得ルヤ否ヤノ問題ナレハ行爲地法之ヲ定ムルハ亦當然ト謂フ可キノミ其他佛國大審院等ハ人法物法ノ區別ヲ立テヽ能力支配法ノ決定ヲナサントシ（ブローセー一八〇頁）ホワートンノ如キハ制限的能力、保護的能力ノ區別ヲ立テヽ其支配法ヲ異ニセントシタレトモ要スルニ亦謬見タルヲ免レズ殊ニ人法、物法、混同法ノ如キハ其基礎ニ於テ既ニ誤レリ不完全ノ説ト謂フベシ（ホワートン一〇一節）

又或學者ハ人ノ能力ハ特殊ノ場合ニ當リ特殊ノ行爲ニ付キ之ヲ決定スルカ如キモノニアラズメ初ヨリ包括的ニ決定スヘキモノナルカ故ニ民籍地法ニ據ルヘキモノナリト云ヘリ若シ此說ニシテ果シテ正鵠ヲ得タルモノナリトセバ吾曹ノ行爲地法ニ據リ各行爲ニ從ヒテ決定ヲ下スヘシトスルハ不可ナランド然レトモ此說ハバールノ强銳ナル攻擊ノ下ニ破摧セラレ事實上如何ナル場合ニ於テモ或ル特殊ノ行爲ニ關シ能力無能力ヲ決定セザルナシト定マレルガ故ニ此ニ詳ニ駁擊ヲ加ヘザルベシ(バール能力ノ章)

此ノ如ク能力ハ行爲地法ニ據ルモノトセハ婚姻能力ハ民籍地法ニ據ルトハ如何ナル意義ナリヤ抑婚姻ナルモノハ結婚式ノ如ク其擧行地ニ於テ一時ニ完結シ了ルモノニ非ズ彼ノ夫タリ婦タル身分獲得ノ如キハ一見瞬時ニ成ルカ如キモ是レ婚姻ニアラズ婚姻ノ結果ノミ婚姻ハ男女畢生間ノ結合ナレハ其行爲地トハ何レヲ指スヤ其實一定シ難キモノナリト雖トモ婚姻民籍地ハ其夫ノ民籍地ニシテ該夫婦ガ偕老

ノ生活ヲ遂ル中心ニ外ナラザルヲ以テ所謂婚姻民籍地法ニ據ルトハ是レ法律上行爲ノ中心タル地ノ法ニ據ルモノナリ

前ニ述ベタル身分ニツキ尙一言セン甲國ノ貴族乙國ニ移リ乙國ニ於テ商業ヲ營マントス然ルニ甲國法ト乙國法トノ間ニ貴族ノ商業ニ關シテ其規定ヲ異ニストセハ其貴族ノ商業ニ關スル能力ハ行爲地法ナル乙國法ノ規定ニ從フヘキハ勿論ナレ𪜈其貴族トシテノ存立ニ關シテハ如何乙法ニ從フヘシトセハ或ハ其貴族モ平民タルヿアラン然レ𪜈一般ノ定說トシテ一國ノ貴族ハ他國ニ於テ之ヲ認メザルヿナシ是レ或ハ民籍地法ノ決定ニ從フニハアラザルカノ疑ナキニアラズ然リトイヘトモ元來貴族ノ貴族トシテ正當ノ事情ノ下ニ其身分ヲ得タルヤ是レ之ヲ創定シタル政府ノ政畧ニ基キタル者ニシテ其事情ノ如何ハ該政府ノ獨リ選フ所ニ任スヘキノミ他國ノ敢テ批議スベキモノニアラズ故ニ其民籍地法ノ之ヲ決定スルハ能力ノ問題ト全ク其性質ヲ異ニシ其人ノ隸屬シタル國法カ自己ノ社會ノ一私人ノ地位トシテ之

ヲ管轄決定スルモノナリ

第一欵　能力者及ヒ不能力者

能力不能力

（二六）能力ハ婚姻、相續、財産、契約ノ章ニ至リ尚明ナルヘシト雖モ茲ニ其特別關係ノ二三ヲ示サントス

一、自然人

（二七）第一　自然人

既婚婦

一　既婚婦

既婚婦ノ契約ヲ爲ス能力ハ行爲地法ニ據リテ決定セラルヽモノナリ英國慣習法ハ既婚婦ノ無能力ナルコヲ定メリ而メ英國既婚婦若シ斯ノ如ク既婚婦能力ノ制限ノナキ國ニ來リ契約ヲ爲サバ尚無能力トナスヘキヤ否ヤノ疑問ヲ生ス學者中ニ是レ殆ント耶蘇敎國一般ノ制限ナルカ故ニ既婚婦ト取引ヲナシタルモノハ自己ノ過失ニ由リテ危險ニ陷レルノミ故ニ同婦人ノ能力ハ其民籍地法ニ從テ決シテ可ナリ（サヴィニー一三七頁 Pothier, Traité des oblig. Par. 2, c. vi. §2.）ト唱フルモノア

レ𪜈斯ル制限ハ其制限ナキ國ニ對シテハ何ノ効力ヲモ有セズ(ホワートン一一八頁)外國婦人ノ果シテ既婚婦ナリヤ否ヤハ内國人ノ得テ知リ易カラザル所ナリ假ニ知リ易シトセンカ銅色人種ト白皙人種トノ間ニ在テハ内外人ノ區別明ナリト雖モ白皙人種ニ於テハ其果シテ外國人ナリヤ否ヤヲ判別シ難キ塲合アルヘク且又外國人ニシテ既婚婦タルコ明ナリトスルモ其外國ニ於テハ行爲地法ヨリモ果メ嚴格ナル法律ノ制限アリヤ否ヤ假令此等ハ知リ易シトスルモ取引地人民ハ之ヲ知ルノ義務ナキカ故ニ同婦人ノ能力ハ民籍地ノ制限ニ拘ハラズ取引地法ニ隨テ決定スヘシトノ説多シ

二　幼者

幼者ノ契約能力ハ行爲地法ニ據リテ決スヘキナリ二十五年ニ達セズンハ成年トセザル國ノ人民二十年ヲ以テ成年ト爲ス國ニ來リテ結約シ不能力ヲ以テ其責ヲ免レントスルモ能ハズ斯ノ如キ塲合ニ之ヲ不能力トセハ獨リ其取引人ニ對シ詐欺ノ結果トナルノミナラズ本人自

身モ殘刻ナル不能力ニ陷ルモノト謂ハザル可ラズ何トナレハ手形ノ振出ヲ始トシ凡テ單純ナル取引ニモ關係スルヿヲ得ザルニ至レハナリ佛國ニ於テモ一千八百六十一年ノ大審院判決例ニ於テ外國人ニシテ佛ノ成年ニ達シタルカ故ニ佛人其能力者タルヲ信ゾ之ト結約セハ外人ハ其責任ヲ免レンガ爲メ不能力ヲ主張スルヲ許サズト判決セリ

(ダイセー一七八頁、フート二六一頁、Male v. Robart, 3 Esp-163)

三　瘋癲白痴者

瘋癲白痴者ニ關シテハ稍議論アリテ顯然ナル瘋癲白痴者ハ天下ニ向テ充分ノ表影ヲナスモノナレハ民籍地法ノ制限ハ至ル所ニ承認セラルヘキモノナリ斯ル場合ニ於テハ其人ト取引スルモノハ其民籍ノ如何ヲ究問スヘキ義務ヲ有セリト謂フモノアリ(ホワートン一二二節)然レトモ幼者ト云ヒ瘋癲白痴者ト云ヒ其民籍地法ニ據ルヘシトスル議論ノ根底ハ悉ク保護主義ニアルモノヽ如シ果シテ然ラハ民籍地法ノ外國取引地法ヨリモ保護多キ片ハ可ナリ若シ取引地法ノ保護多キ片

ハ亦取引地法ニ從ハザルヘカラザルニアラズヤ加之假令ヒ取引地ノ法ヲ以テ民籍地ヨリモ嚴刻ナリトスルモ瘋癲白痴ト稱スル者ニシテ一見通常人ノ如クナリセハ取引地法ニ從テ決セズンハ取引者ヲシテ非常ノ不幸ニ陷ラシムルコトアルヘシ何トナレハ此場合ハ顯然タル瘋癲白痴ノ場合ト異ナリ必本人ノ民籍地法ヲ究尋シテ而後取引スヘキ義務ノ存スル理ナケレハナリ故ニ此點ニツキテハ殆ント學者一致シテ取引地法ニ據ルヘキモノトナセリ然ラハ如何ナル點迄ハ顯然ノ瘋癲ニシテ如何ナル程度マテハ顯然ノ瘋癲タラザルカ固ヨリ万人共ニ疑ナキ場合アルヘキモ兩者ノ區別不分明ニシテ一見尋常人ニ近キモノヽ如クナル場合ナキニアラズ是故ニ吾曹ハ假令ヒ瘋癲白痴者ト雖モ外國ヨリ來リテ內國ノ瘋癲白痴者ヨリモ廣大ノ保護ヲ求ムヘカラズ一切行爲地法ニヨルノ正當ナルヲ信ス

四　浪費者、破産者

浪費者破産者ニシテ無能力ノ言渡ヲ受ケタルモノハ行爲地法ニ據ル

コ論ナシ（ホワートン七九七節、バール一一二節）

五　後見人及ヒ管財人

外國後見人ハ內國ニ於テハ決シテ直接ノ權限ヲ有セザルコ明ニシテ其法律上ノ行爲ヲ爲スニ當リ被後見人ニ對スル權限ハ內國政府ノ認許ヲ經ザレハ行フ能ハザルモノナリ故ニ後見人ノ能力モ其權限執行ノ地ノ法律ニ據ルヘキモノト云フヲ得ヘシ（ホワートン一一七節）外國無能力者ニ關シテ選任セラレタル外國管財人ハ內國所在ノ同無能力者ノ身体財產ニ對シテ權利義務ナシ若シ之ヲ支配スルノ能力ヲ得ント欲セハ更ニ內國政府ノ認許ヲ經ザルヘカラズ何トナレハ內國所在ノ無能力者ノ身体財產ヲ支配セントスルニハ必然內國ニ於テ行爲ヲ爲サヾルヘカラザルヲ以テ行爲地法ノ認許ヲ要スルナリ然レ𪜈英國コツテンハム卿ハ或判決例（Newton v. Manning 1. Han &G.362）ニ於テ外國政府ノ命令ニ依リ正當ニ選任セラレタル管財人ハ其無能力者ニ屬スル金錢ノ支拂ノ爲メ內國法廷ニ訴フルトキハ內國法廷ハ之ヲ裁判

スルモノトセリ嘗テスコットランド瘋癲者ノスコットランド管財人ガ同瘋癲者ノ英國ニ有スル貸金ニ關シテ訴訟ヲナシタルニ之ヲ裁判シテ同人ハ被管財人ノ有スル債權ヲ免除スルヲ得ルモノナリト判決セリダイセーハ此判決例ヲ解シテ曰ク此判決タルヤ外國管財人ハ英國ニ於テ權利義務ナシトノ原則ニ矛盾スルカ如キ觀アルモ其實訴訟スル權利アルコト管財人トシテ權利義務ナキコトハ敢テ牴觸スルモノニアラズ抑モ本件管財人ニ關シテ英國法廷ハ單ニ管財人タル事實ノミヲ以テ英國所在ノ瘋癲者ノ身体、財産ヲ支配スル權利義務ヲ與フルモノトシテ承認セルニアラズト雖モ外國法律ニ據リテ選任セラレタル管財人ハ或ル目的ニ對シテ瘋癲者ノ財産ノ所有者トスルヲ得ヘキモノナレハ其財産ニ付キ英國法廷ニ向ヒテ其權利ヲ主張シ得ルコト恰モ財産ノ買受人若クハ破産ノ爲メ財産ノ分配ヲ受ケタル人ト同一ニシテ其權利タルヤ全ク外國法律ニ據リテ行ヒタル取引ヨリ得タル所ノ權利ナリ英國法廷ハ之ヲ認許スルノミト謂ヘリ(ダイセー一一九

七頁）

玆ニ一ノ注意スヘキ᠀アリ流通證書ニ關スル能力ノ問題是ナリ此問題ハ學者間大ニ議論アリサヴィニー曰ク斯ル證書作爲者ノ能力ハ其民籍地法ニ據リテ決スヘク結約セル地ノ法律即チ行爲地法ノ何タルヲ問ハズ何人ト雖モ苟モ相當ノ注意アル人ハ其主タル署名者ノ民籍ニ注意セズメ之ヲ受クルモノナク又受クヘカラズトバールハ大ニ之ヲ非難メ曰ク若シ其署名者ノ民籍地法ニ於テ署名者ノ能力ニ制限アリトセハ署名者ハ其制限ヲ利用メ自己ノ振出シタル流通證書上ノ義務ヲ免レントスル不正ナル結果ヲ生スヘシト而メ英米獨佛ノ法律ニ於テモ今日多少制限ナキモノアラズ要スルニ此問題ハ猶ホ未ダ確定セザルモノナリト雖モ吾曹ノ見ル所ニ據レハ其署名者ニシテ結約地法ニヨリテ能力者タル以上ハ何レノ地ニ至ルモ猶其ノ能力者タルヲ認メザルベカラズト信スルナリ何トナレハ流通證書ノ有効無効ヲ決定スルハ結約地法ナルガ故ニ其有効條件ノ一タル能力ニシテ獨リ他

法ニ隨フノ理ナケレハナリフート等ノ所說亦然リ故ニ其結約地法ニ據リ署名者ノ能力充分ナル以上ハ假令其民籍地法ニ依リ無能力ナルモ尚有効タル可シ即チ結約地ハ行爲地ニシテ行爲地法ノ決スル所ハ一般ニ之ニ從テ亦有効トナスヘキモノナレハナリ（フート二六一頁以下契約ノ章參照）

第二、法定人

（二一八）法定人即チ擬制人ノ中主要ナルモノハ會社ナリ會社ノ能力ハ設立國ノ法ニ據ルヘキヤ將タ取引國ノ法ニ據ルヘキヤ一般ニ論スルトキハ或ハ認可ナクンハ行フ能ハザル業務アリ又認可ヲ受クルヲ要セザル業務アリ或ハ資本ヲ制限シ資本家ニ義務ヲ負ハシメ或ハ身元金ヲ國庫ニ納メシムルアリ然ルニ會社ガ其設立國ニ於テ無限ノ權限ヲ附與セラレタルヲ以テ他國ニ入リ取引ヲ行フニ當リテハ此等ノ制限ヲ守ルニ足ラズトスルノ不當ナルハ言ヲ費サズシテ明白ナルヲ以テ内國會社ニ許サヾル權力ヲ外國會社ノ行ハントスルモ決シテ之ヲ

會社ノ能力モ行爲地法ニ據ル

許スヘカラズ故ニ會社能力ノ其行爲地法ニ據リ決定セラルヘキヿモ亦自然ニ明白ナラン但シ是レ其能力ノ點ニ於テ然ルノミ其存立ノ點ニ至リテハ甲國ノ會社ハ甲國ノ設立セルモノナレハ乙國ニ於テハ之ヲ會社ト認メズシテ可ナリトハ言フヘカラス國際法ノ主義トシテ假令ヒ他國ノ會社ナルモ內國會社ト同シク會社トシテ之ヲ認メザルヘカラス何トナレハ會社ノ創設ハ甲國ノ創設ニシテ其成立セルト否トハ創設國法ノ支配ニ屬スヘキモノナルカ故ニ乙國ノ法律ニ牴觸セザル限リハ之ヲ認ムヘキモノナレハナリ唯其能力ニ至リテハ行爲地法ニ從フヘシトスルノミ要スルニ會社ノ正當ニ成立セシヤ否ハ設立行爲ノアリシ國法ニヨリテ決シ業務能力アリヤ否ハ取引行爲ノアリシ國法ニヨリテ決スルモノナリ(ダイセー一六六頁)

然レ圧外國ノ會社ハ普通ノ業務ニシテ如何ナル外國ノ自然人ト雖圧爲シ得ヘキモノニ關〆ハ猶ホ外國自然人ノ場合ト同シク十分ニ保護セラルヽノ權アリ而シテ他國ニ入リ其國境內ニ業務ヲ營メハ其國ノ

制度ニ從ハザルヘカラズ例ヘハ外國ノ鐵道ハ地方規則ニ基キ柵ヲ植エ垣ヲ結フノ義務アルカ如シ（ウエストレイキ二八八節）

外國會社ノ株主ニ對シテハ其會社設立國ノ法律ニ於テ負ハシメタルヨリ過大ノ義務ヲ負ハシムルヲ得ズ何トナレハ株主ノ義務ヲ負擔スル能力ハ會社ヲ設立シタル行爲ニ關セルカ故ニ其行爲地法ニ據テ定リ會社ノ能力ノ如ク會社ノ行爲ニ基キ取引地法ノ決スヘキモノニアラザレハナリマッサチユセッツ法廷ハ嘗テ判決シテ曰ク會社設立國ノ負ハシムルヨリ重大ナル義務ハマッサチユセッツノ株主ニ負ハシムヘカラズト（ホワートン一〇五節）

英國法廷ニ於テハ如何ナル程度マテ外國會社及其權限ヲ承認スルヤハ未タ一定セズト雖モ訴訟手續ノミニ關シテハ裁判所搆成法ノ發布以來一定シテ外國會社ハ假令ヒ英國法ニ從ヒ設立セラレザルモ英國法廷ニ於テ原告又ハ被告トシテ訴訟ヲナスヿヲ得

第三章　婚姻

（二九）婚姻ハ擧行地法ニ從フヘシトスル學說
（三〇）婚姻ハ契約ニ非ズ
（三一）婚姻ハ民籍地法ニ從フ
（三二）例外
（三三）婚姻ハ一男一女ノ結合ナリ
（三四）一夫多妻ハ民籍地法ニ拘ハラズ不成立トス
（三五）一夫多妻國ニ於ケル一夫一妻
（三六）英國法廷ニ於ケル日本ノ婚姻
（三七）結婚者ノ能力ハ民籍地法ニ從フ
（三八）歐米ノ學說
（三九）結婚能力ノ民籍地法ニ從フ理由
（四〇）能力ト禁止トノ區別
（四一）結婚能力ニ關スル諸國ノ法規
（四二）結婚ノ豫約
（四三）結婚不能力者
（四四）結婚能力ニ關スル日本ノ規定
（四五）近親婚ニ關スル法規ノ沿革

（四六）近親婚禁止ノ程度

（四七）近親婚ニ關スル諸國法規ノ比較

（四八）日本ノ規定

（四九）双方ノ承諾

（五〇）法律ノ禁止

（五一）要素ト方式トノ區別

（五二）婚姻方式ハ擧行地法ニ從フ

（五三）婚姻方式ノ專ラ民籍地法ニ從ハザル理由

（五四）故意ヲ以テ國法ヲ脫シタル場合

（五五）婚姻方式ハ民籍地法ニ從フトキハ亦有效トス

（五六）婚姻方式ニ關スル諸國ノ法規

（五七）方式ニ關スル英佛米三國法規ノ差

（五八）日本ノ規定

（五九）身分上ノ効果

（六〇）既婚婦ノ財產權行使ノ能力

（六一）結婚後ニ於ケル民籍變更ハ婦ノ能力ニ影響ヲ及ボスヤ

（六二）財產上ノ効果

（六三）不動產上ノ効果

（六四）財產上効果ハ物件所在地法ニ從フトノ說

九十六

（六五）日本ノ規定
（六六）結婚後民籍ヲ變更セハ財産上ニ如何ナル影響ヲ及ボスヤ
（六七）民籍變更後ニ取得セル財産
（六八）夫婦財産契約
（六九）嫡生

第一欵　婚姻ノ要素

總論

婚姻ハ擧行地法ニ從フヘシトスル學說

（二九）婚姻ニ關スル學說ヲ大別スレバ之ヲ二種トナスヲ得可シ一ハ婚姻擧行地ノ法律ニ從フ可シトスル者一ハ民籍地法ニ從フ可シトスル者是レナリストーリー曰ク自權者間ノ結婚ハ其擧行地ノ法律ニ從フヲ以テ本則トス其法律之ヲ正當ナリトセバ天下到ル處之ヲ正當ナリト認メ若シ之ヲ不當トセバ天下到ル處亦之ヲ不當ト認メザル可カラズ（ストーリー一一三節）ト氏ハ更ニ其理由ヲ述ベテ曰ク若シ此規則ニ遵ハザルトキハ大ニ不都合ノ結果ヲ生スルニ至ル可シ今英國ニ民籍

ヲ有スル者佛國ノ法律ニ從ヒ佛國ニ於テ結婚セリト假想セヨ是ノ時ニ當リ英國ハ擧行地法即佛國ノ法律ニ據リテ其婚姻ノ當否ヲ決セズメ自國ノ法律ニ據リテ之ヲ不正當ナリ無効ナリト認ムル片ハ其結婚タルヤ佛ニ在リテハ有効ニメ英ニ在テハ無効ナリ其所出ノ子佛ニ在リテハ嫡生ニメ英ニ在リテハ私生ナリ其夫婦タル者英ニ於テハ更ニ婦ヲ娶リ夫ニ嫁スルヲ得可シ佛ニ於テハ之ヲナスヲ得ズ總テ婦タルノ特權ハ佛國ニ於テハ妻タル者之ヲ有スレ圧英ニ於テハ之ヲ有スルヿナシ此ノ如ク夫妻双方ノ關係及ビ其所出ノ權利等ニ關シ著シキ混雜ヲ生ズ可シト(ストーリー一二一節)然レ圧今婚姻ハ民籍地ノ法律ニ從フトスレバ假令ヒ其婚姻ノ佛國ニ擧行セラレ而メ佛國ノ法ニ照シテ有効ナリトスルモ其英國法ニヨリテ無効ナル以上ハ佛國ノ法廷モ亦之ヲ無効ナリトセザル可カラズ是レ國際法上ノ禮儀ナリ氏ハ斯ル塲合於テ英佛兩國共ニ自己ノ法律ヲ固守メ一歩モ相讓ラザル可キヿヲ假定メ立論ノ地トナシタルガ故ニ此誤謬ノ見解ヲ生シタルナリサ

ンシェズ曰ク契約ノ要素及ヒ其從フ可キ法式ハ結約地ノ法律ニ從フ可シト以テ婚姻モ亦擧行地法ニ從フ可シトスルノ說ヲ維持セリユーベルモ亦謂ヘラク婚姻擧行地ノ法律之ヲ有効トナス以上ハ萬國之ヲ認メザル可カラズ但シ他人ヲ詐害シ若クハ德義ニ背戾スト認ムル行爲ハ此限ニアラズトユーベル一卷二章八節)其他大陸ノ諸學者英米ノ諸判事ハ其著書ニ於テ其判決ニ於テ此說ヲ唱道シタル者甚多シ

ホワートンハ此說ニ對メ二個ノ非難ヲ加ヘタリ曰ク第一此學說ハ許多ノ例外ヲ設ケザル可カラザルニヨリテ實際多ク其適用ヲ見難カル可シ亡妻ノ姉妹ヲ娶ルハ我國(米國)ニ於テ之ヲ不德トセザルナリ其英國ニ於テ擧行セラレタルガ爲メニ我法廷ハ之ヲ無効トナス可キヤ結婚ノ年齡ハ國ニヨリテ仝シカラズ其ノ外國ニテ婚シタルガ爲メニ我法廷ハ我法律ニ於テ己ニ結婚適齡ニ達セリト認ムル者ト雖モ猶其齡ニ達セズト決スヘキヤ決メ爾カセザルナリ云々第二此學說ハ外國旅行中ニ於テ結婚セシ者ヲメ甚シキ危險ノ地位ニ居ラシムル者ナリ旅

婚姻ハ契約ニアラズ

行者ハ固ヨリ其地ノ法律ヲ詳悉セス或ハ全ク之ニ想着セザリシナラン其思想外ニ置キ若クハ詳悉セザリシ法律ニ據リ其婚姻ヲ支配ス可シトセバ結婚者ハ實ニ不測ノ難ヲ蒙ル可シ且又支那人インヂアンハ一夫多妻ノ制ヲ有スル者ナリ彼等ノ移住地ニ於テ爲シタル結婚ハ一夫多妻ト雖モ亦之ヲ有効トセザル可カラザル可シト(ホワートン一六二節)然レドモ此非難ハ甚有力ナルモノニアラザルカ如シ何トナレバ第一ノ非難ハ唯此學說ノ米國ノ慣例ニ違フヿヲ論シタルニ止リ第二ノ非難ハ特ニ例外ノ場合ヲ述ベタルニ過ギザレバナリ

(三〇)古來ノ學者ハ概ネ婚姻ヲ以テ一ノ契約ナリトナセリ例ヘハポーチエーハ以テ生涯夫婦タルノ契約ナリトシヒュームハ以テ人種繁殖ヲ目的トセル契約ナリトシストーリーハ以テ契約ニ基キタル社會上ノ制度ナリトセリ凡ソ契約ノ有効無効ハ結約地ノ法律ニ從フヲ原則トス是故ニ結婚モ亦其結婚地ノ法律ニ支配セラル可キモノナリトノ思想ヲ生スルヿ怪ム可キニアラズ然レドモ近世ノ法理學者ハ婚姻ヲ以テ

婚姻ハ民籍地法ニ從フ

契約ト見做スノ不當ナルヲ論セリ凡ソ契約ニ於テハ双方ノ協議ニヨリテ權利義務ヲ定ムルヲ得レ氏婚姻ニ於テハ夫婦間ノ權利義務ハ法律之ヲ定メ當事者ノ意思ヲ以テ之ヲ動カスヲ得ズ(ホワートン一二六節)且夫レ契約ハ義務ノ創設ヲ以テ直接ノ目的トスルモノナリ而シテ婚姻ハ然ラズ之レニ由リテ男子ハ夫タリ女子ハ婦タルノ身分ヲ得夫婦ノ權利義務ハ之ニ附隨シテ生スルナリ(アンソン氏契約法)獨ノスタールヒ曰ク契約ハ人ガ其人格ノ一部ヲ交換スルモノナリ換言セバ其契約者ノ双方ガ其自益ノ一部ヲ交換スルモノナリ然ルニ婚姻ハ双方其自益ノ全部ヲ交換シ又ハ共有スルモノナリト是故ニ婚姻ト契約トハ甚タ近似セルヿ爭フ可カラズト雖氏直ニ契約ニ關スル法規ヲ取テ婚姻ニ適用セントセバ是レ大ニ誤レリ

(三一)英國ノ判決例ハ近世ニ至リテ一定シ婚姻ノ有効無効ハ民籍地ノ法律ニ從フ可シトセリブラハム卿曰ク婚姻契約ヲナスニ當リテ當事者ノ意思ハ其住居地ノ上ニ在リ(ウヲレンダー對ウヲレンダー)カメル卿

亦曰ク當事者ハ必ズ其永住ス可キ地ノ法律ニ注目シタル可キヲ以テ其婚姻ノ要素ハ民籍地法ニ從フ可シト(ブルック對ブルック)此等諸判事ノ言ニ據レハ結婚者ハ結婚ノ時ニ當リ其民籍地即自己ノ永住ス可キ土地ノ法律ニ注目シ其支配ヲ受ク可キ意思ヲ有シタリト推定ス可キガ故ニ婚姻要素ノ斷缺セリヤ否ヤハ一ニ民籍地法ニ從フ可シト云フニ在リウヰルソン對ウヰルソンニ於テペンザンス卿ハ更ニ一歩ヲ進メテ曰ク余ハ斯ル場合ニ於テ民籍地法ニ訴フルノ最正當ニメ有益ナルヲ確信ス社會ノ異ナルニ從ヒ婚姻ノ義務ニ關シテ亦異樣ノ見解ヲ有シ從テ亦異樣ノ法律規定ヲ生ス離婚ニ關メモ亦然リ此異同タルヤ社會ノ狀態ノ仝シカラザルニ由リテ生ス可キ必然ノ結果ナリ是故ニ婚姻ノ問題ハ當事者ノ隷屬スル社會ノ法律ニ從ヒ此法律ヲ執行スルノ權能アル其社會ノ裁判官ヲメ之ヲ決セシム可シ余ハ之ヲ以テ最正理ニ合スルモノナリト信ス此ノ如クシテ始メテ男女一國ニ於テハ夫婦タリ一國ニ於テハ然ラザルノ奇觀ヲ生スルノ弊ヲ防クヲ得ント

之ニ對シ非難ヲ加フル者アリ曰ク此ノ如ク婚姻ノ有効無効一ニ民籍地ノ法律ニ從フ可シトスル時ハ不當ノ結果ヲ生スルニ至ル可シ米國ノ法ニ從ヒ米國ニ於テ結婚シタル者必スシモ其正當ノ夫婦タルヲ保セズ其所出ノ子必シモ嫡出タルヲ保セズジュースノ法律ハ異敎者トノ結婚ヲ禁スルカ故ニ米國ノ法廷ハ斯ル婚姻ヲ無効ト宣告セザル可カラズ支那人ノ一夫多妻モ其國法ニ於テ之ヲ許ス以上ハ米國法廷モ亦之ヲ正當ノ婚姻ト認メザル可カラズ是レ豈不當ノ結果ナラズヤト(ホワートン一六四節)蓋シ米國ノ如キ新造國ニ在テハ多數ノ人民ハ歐洲ヨリ移住シ來リタル者ニシテ猶本國ノ民籍ヲ脫セザル者甚多シ此多數ノ人民ヲシテ各自本國ノ法律ニ從ヒテ結婚セシムルキハ大ニ不都合ヲ感ス可キヲ以テ米國學者ノ此非難アル亦宜ナリ然レモ此等人民ノ猶本國ノ籍ヲ脫セザル以上ハ法律上彼等ノ永住ス可キ土地ハ米國ニアラズシテ其自國タル可キノ推定ヲ下スモノナルヲ以テ永住地ノ法律ニ據リテ婚姻ノ効力ヲ定ムルコト決シテ不正トイフ可カラズ夫レ婚姻ハ單

純ナル契約ト爲之ヲ見ル可キニアラズ一ノ重大ナル社會上ノ制度ニシテ之ニ關スル規定ハ社會ノ德義、宗教、政治上ノ利害ト直接ノ關係ヲ有スルモノタリ亡妻ノ姉妹ヲ娶ルヿ外人ニ在テハ毫モ其不德タルヲ見ザル可シト雖𪜈英國ノ社會ハ之ヲ以テ背德ノ所爲トナスナリ從兄弟姉妹ノ相婚スルハ各國比々之アリ西班牙國ノ之ヲ禁スルハ羅馬教ノ宗旨ニ由レリ今英人若クハ西班牙人外國ニ於テ本國法ノ禁ヲ犯シ而シテ其婚姻ノ正當タルヲ得バ亡妻ノ姉妹ヲ娶ルヲ禁シ從兄弟姉妹ノ婚姻ヲ禁スル法律ノ下ニ於テ此禁令ヲ犯セル夫婦ノ生活スルヲ見ルニ至ル可シ是レ豈ニ社會一般ノ風紀秩序ヲ害スルヿ甚シキニアラズヤ故ニ本國法廷ハ到底斯ル婚姻ノ正當ヲ認メザル可ク若シ婚姻擧行地ノ法廷モ亦自己ノ規定ヲ墨守シ此等婚姻ヲ以テ正當ナリト認ムルトキハ此等ノ人其國ニ在テハ路人タリ國ヲ出テハ夫婦タリ其地位亦甚ダ奇ナリト謂ハサル可カラズ更ニ一例ヲ擧ケンニ米國ハ新創ノ國タルヲ以テ常ニ幼者ノ結婚ヲ奬勵スルニ傾ケリ（ミル經濟書二卷十三

第四節)歐洲大陸ハ之ニ反ス是等ノ規定ハ一ニ其國經濟上ノ必要ニ根源ス是故ニ獨逸法廷ハ假令ヒ廿五歳ニ達セズトモ米國男子ノ結婚ヲ禁ス可カラズ獨逸人ノ結婚適齢ハ假令ヒ米國ニ於テスルモ決〆之ヲ減縮スベカラズ此ノ如クニシテ初メテ一國ノ政略其全キヲ得可ク社會ノ風紀秩序其整フルヲ致ス可シ而〆相互主義ニ基ケル國際上ノ禮儀モ亦充分ニ實行シ得ヘキナリ

(三一)此ノ如ク婚姻ノ要素ハ民籍地ノ法律ニ從フヲ以テ原則トス是レ一方ニ於テハ社會上ノ必要ニ由リ一方ニ於テハ國際上禮儀ニ因ル然レ𪜈其規則タルヤ固ヨリ例外ナシトセズ例セバ支那人若クハインヂアンノ一夫多妻ノ如キハ文明諸國ニ於テ德義ニ背戻シ彝倫ヲ壞亂スルモノトナスヲ以テ假令ヒ其本國法ニ於テ之ヲ正當ト認ムル𪜈文明諸國ノ法廷ハ決〆之レヲ認メザル可シ吾曹ハ後節ニ於テ之ヲ詳論ス可キヲ以テ今之ヲ略シ唯民籍地法ニ從フノ規則ニ多少例外アルコヲ注意スルニ止ム

婚姻ハ一男一女ノ結合ナリ

第一　結婚者ノ數

〔三三〕法理學者ハ婚姻ノ定義ヲ下メ曰ク婚姻トハ男女兩姓間ノ生存結合ニメ法律ノ之ヲ認メタルモノナリト故ニ彼ノ一夫一婦ノ如キ數夫一婦ノ如キ純然タル法理ヨリメ之ヲ見レバ皆婚姻ニアラザルハナシ然レ𪜈吾曹ハ國際私法ヲ論スルニ當リ此ノ如キ廣濶ノ定義ヲ與フルニ躊躇セザル能ハズ各國法制ノ沿革ヲ見ルニ概子曾テ一夫數妻若クハ數夫一妻ノ制ヲ實行シタル時期アラザルハナシ法理學者ハ古今各國ニ於ケル諸制度ヲ包括ス可キ定義ヲ下サント欲スルガ故ニ其言フ所甚ダ廣濶ニ流ルヽハ到底止ムヲ得ザルナリ然レ𪜈國際私法ハ唯今日ノ文明諸國間ニ於テ行ハルヽモノナルヲ以テ其定義ヲ下スヤ亦文明社會ノ一般ニ慣用スル所ニ基カザル可カラズ是故ニ國際私法ニ於テ所謂婚姻トハ一男一女ノ生存結合ナリト謂ヒ得可シ（ホワートン一二六節、ストーリー一一三及一一四節）

一夫多妻ハ民籍地

〔三四〕一夫多妻ハ耶蘇教ノ禁止スル所ニメ歐米文明國ノ以テ大ニ背

法ニ拘ラズ不成立トス

英國ノ判決例

德ノ行爲トナス所ナリ故ニ歐米諸國ノ法廷ハ民籍地ノ法律ニ從ヒテ婚姻ノ要素ヲ決ス可キ原則ノ例外トシテ之ヲ認メズ是レ「モルモン」回敎等ノ婚姻ハ耶蘇敎國ノ所謂婚姻ト全ク性質ヲ異ニストナスヲ以テナリハイド對ハイドニ於テ「モルモン」宗ヲ奉スル男女生國ニ於テ其宗敎ノ儀式ニ從ヒ結婚シ其後男子ハサンドウヰチニ移リ玆ニ「モルモン」宗ヲ拋棄シタルガ故ニ男子ハ破門セラレ女子ハ他人ニ婚スル自由ヲ得タルヿヲ宣告セラレタリ翌年男子ハ英國ノ籍ヲ得後二年ヲ經テ女子ハ「モルモン」宗ノ儀式ヲ踐ンテ他ノ男子ト結婚セリ是ニ於テ男子ハ女子ニ對シテ離婚ノ訴訟ヲ英國ノ法廷ニ提起セリ法廷ハ判決ヲ下シテ曰ク「モルモン」宗ノ婚姻タルヤ其ノ擧行地ナル合衆國ノ法律ハ之ヲ有効ト認ムト雖モ我法廷ハ決メ之ヲ以テ婚姻ト認メズ從テ原被告間ニ於テ曾テ秋毫モ結婚上關係ノ存在シタルヲ認ムルヿナシ是故ニ離婚ノ訴訟ハ根據トスル所ナシ何トナレバ己ニ初ヨリ婚姻アラザレバナリト(L. R. I. P. & D. 131.)此場合ニ於テ婚姻擧行地ハ米國ナリ當時男女

ノ民籍モ亦米國ニ在リシナリ故ニ一般ノ原則ニ從ヘバ米國ノ法律ニ依ラザル可カラズ然ルニ英ノ法廷ハ米國法律ノ如何ニ關セズ其婚姻タルヲ承認セザルヲ斷言セリ英國ノ法廷ハ此判決ヲ下スニ當リ實ニ米國ノ法律ヲ誤解セリ然レ𪜈英國法ノ精神ヲ發揮スルニ於テ充分ナル可シ（フート五三頁）

佛國ノ定規

メルランノ言ニ據レバ佛國ノ法律ハ回々敎徒間ノ一夫多妻ノ婚姻ヲ認メテ正當ノ婚姻トスレ𪜈佛國婦人ト回々敎國ノ男子トノ間ニ結ヘル一夫多妻ノ婚姻ヲ認許セズ（メルラン一三章三七〇）然レ𪜈英ノフィリモールハドマンジエーノ言ヲ引援メ佛國法ハ回敎徒間ニ於ケル婚姻ト雖モ猶之ヲ不正トスト謂ヘリ（フィリモール四卷三二九節）

米國ノ定規

米國ノ法律モ亦英佛ト相同シインヂアンノ慣習ニ從ヒテナシタル一夫多妻ノ婚姻ハ之レヲ不正トナセリ判事ペルヲレス曰ク婚姻トハ一男一女ノ生涯ノ結合ニメ其義務タルヤ當事者ノ意思及ヒ行爲ニヨリテ之ヲ解除スルヲ得ズ之ヲ解除スルハ唯國家ノ公力ノミト盖シ之ヲ

何ヲカ背德亂倫ノ行爲トイフヤ

一夫多妻國ニ於ケル一夫一妻

以テ一夫多妻ノ婚姻ナラザルヲ明ニセルナリ(ロッシュ對ワシントン)凡ソ婚姻ノ有効無効ハ或ハ民籍地ノ法ニ據ル可シトシ或ハ擧行地ノ法ニ據ル可シトスレ𪜈背德亂倫ノ行爲ニ至リテハ之ヲ例外トナス可キヿ諸家ノ爭ハザル所ニシテ諸法律ノ一致セル所ナリ然レ𪜈何ヲカ背德亂倫ノ行爲トナスヤニ至リテハ困難ノ問題ヲ生スルヿアリ蓋シ國際法ノ基礎トスル所ハ自然法ノ觀念ニ在リ故ニ國際私法ノ發達ハ歐洲列國ノ對立シタル時ニ在リト雖モ遠ク羅馬ノ普通法ニ根底セリト謂フ可シ(フート緒論)是故ニ何ヲカ背德トシ何ヲカ亂倫トスルヤノ問題ハ開明諸國ノ通義ニヨリテ定マル諸國一般之ヲ以テ背德亂倫ナリトセバ是レ即自然法ノ以テ背德亂倫トナス所ナリ(ストーリー一一四節)結婚者ノ數ニ至リテハ諸國已ニ定論アリ曾テ一夫數妻若クハ數夫一妻ノ不正タルヲ爭フモノアラズ故ニ吾曹ハ之ニ向テ更ニ言ヲ費スノ必要アルヲ見ズ

《三五》一夫多妻ノ不正ナルヿハ更ニ論ナシ今回々敎國ノ一男子一女

子ト其教法ニ從テ婚セリトセハ是レ猶ホ不正ナルカ或ハ正當ノ婚姻ト認ム可キカ英國ノ法廷ハ猶之ヲ認メザルカ如シ(ハイド對ハイド)我大學教授チヅン氏曰ク是レ其外形ニ於テハ一男一女ノ結合タリト雖𪜈猶之ヲ以テ文明諸國ノ婚姻ト同一視ス可キニアラズ何トナレバ此男子タル何時ト雖𪜈他ノ一人若クハ數人ノ女子ヲ娶ルヲ得可ケレバナリト若シ又結婚ノ當時男子女子ニ約スルニ決メ他ノ女子ヲ娶ラザル可キヲ以テセバ如何吾曹ハ猶其不正ナルヲ信ス何トナレハ男子ハ更ニ他ノ女子ヲ娶ルヲ得ズト雖𪜈此ノ制限タルヤ婚姻自体ノ性質上ヨリ生シタルニアラズメ契約上ノ義務タルニ過ギザレハナリ

(三六)我日本ハ一夫一妻ノ制ヲ取レリ(八、三一)而メ社會一般一夫多妻ノ敗德タルヲ疑フ者ナシ故ニ此點ニ關シテハ歐米耶蘇教國ト正ニ相一致セリ故ニロッシユ對ワシントン、ハイド對ハイドノ如キ訴訟事件ノ我法廷ニ起ルアラバ亦仝樣ノ判決ヲ下ス可キヿ吾曹ノ確信スル所ナリ英國ノ法廷ハ我日本國法ニ從ヒテナセル婚姻ノ正當ナルヲ認メタ

英國法廷ニ於ケル日本ノ婚姻

結婚者ノ能力ハ民籍地法ニ從フ

リ(ブリックレー對撿事長)アメリカン、ローレヴィユーノ記者之ヲ評メ曰ク是レ日本ノ文明國タルヿヲ歐洲ノ承認シタル者ト謂フベキナリト法例第十四條ニ曰ク公ノ秩序又ハ善良ノ風俗ニ關スルトキハ行爲ノ地當事者國民分限及財産ノ性質ノ如何ヲ問ハズ一ニ日本法律ヲ適用スト然ラハ一夫多妻ノ如キ一般ニ認メテ敗德ノ結合トナス所ノモノハ結婚者國籍、結婚地ノ如何ヲ論セズ我裁判所ハ我法律ヲ適用メ其不成立ヲ認ムルヲ得可キナリ(法例一四、一五)

第二　結婚者ノ能力

(三七)結婚者ノ能力ハ婚姻要素中最重要ノ部分ナリ學說亦區々一定セズ然レドモ己ニ婚姻ノ要素ハ民籍地法ニ從フヲ以テ原則トナス以上ハ此能力モ亦仝一法律ノ支配ヲ受ケザル可カラズ(二節參照)夫ノストリーノ如キ婚姻ノ要素ヲ以テ擧行地ノ法ニ從フ可シトナスノ諸學者ハ能力ノ問題モ亦擧行地法ニ從フ可シトナス何トナレバ能力ノ問題ハ婚姻要素中ノ重要ナル部分ナレハナリ

（三八）ホヰートン曰ク一般ニ之ヲ云ヘバ人民ノ分限能力ニ關スル一國ノ規定ハ假令ヒ其人外國ニ在住スト雖モ猶之ヲ適用ス而シテ年齡ノ如キ双方ノ承諾ノ如キ婚姻ヲ約ス可キ能力ノ如キハ一ニ當事者ノ隷屬スル國家ノ法律ニ據リテ決セラル然レ圧不動產上ニ於ケル結婚ノ効果ハ不動產所在地法ニ從フ可シト（ホヰートン一七二頁フィリモール四卷二八四節）サヴィニーノ說ニ據レバ結婚能力ニ關スル一切ノ問題ハ夫タル者ノ民籍地ノ法律ニ從フ可シ妻ノ民籍ハ結婚ニ由リテ夫ノ民籍ニ埋沒ス故ニ其ノ何ノ地ニ於テ儀式ヲ擧行ス圧毫モ關スル所ニアラズ何トナレバ夫ノ民籍地ハ即チ夫妻ノ住居セント欲スル所ニ〆婚姻契約ノ履行地ナリト謂ヒ得可ケレバナリ是故ニ其地ノ法律其夫妻ノ婚姻能力ヲ支配スルコト怪ム可キニアラズ若シ又夫妻タル者結婚地ニ於テ將來ノ住居ヲ定メントスルノ意思アル片ハ其擧行地法ノ支配ヲ受ク可キ者タリト云フニ在リ（サヴィニー八篇三七九節）

蓋シ學說ノ紛々タルヿ能力ノ問題ヨリ甚シキハナシ古代ノ學者ハ往

々法律ヲ分チテ屬人法物件法ノ二種トナシ屬人法ハ人ノ何ノ處ニ在ルヲ問ハズ其効力ヲ失ハザルモノトス能力ニ關スル規定ノ如キハ明ニ屬人的ノ法律タリ故ニ一タビ民籍地法ニ據リテ能力ノ有無定マル時ハ永久其人ニ附着シテ曾テ分離スルヿナシトセリメルラン、ジョン、ヴォートノ如キ皆此ノ學說ニ屬スル者タリ此學說ニ據ルトキハ婚姻能力ノ問題モ亦民籍地法ニ從フ可キハ明ナリ然レトモ此說タルヤ今日諸學者ノ排斥シテ殆ント顧ミザルモノナリ(能力ノ章參照)ブルガンダス、ポチエーノ如キ諸大家モ亦能力ハ民籍地法ニ從フノ說ヲ取ル其他ブールノア、フローラン、ユーベル諸家ハ各自ノ見ヲ持シ敢テ絕對的ノ議論ヲ吐カズ少多ノ區別ヲ設テ說ヲナセリ然レトモ甚タ雜駁タルヲ免レズ往々一笑ニ堪ヘザル者アリ(ストーリー四篇參照)英國ノ判決例ヲ見ルニ行爲ノ能力ハ其行爲地ノ法律ニ從フ可ク若シ又契約財產等ノ事ニ關セズシテ單ニ能力有無ノ問題生スルトキハ民籍地ノ法ニ從フ可シトセリ(フート三三乃至三五頁)唯ツトマヨール對ヅ、バルロスノ判決例ニ於テ

結婚能力ノ民籍地法ニ從フ理由

判事ハ公言シテ曰ク凡ソ結約ノ能力ハ其民籍地ノ法律ニ從フ可キヿ爭フ可ラザル原則ナリト然レドモ此訴訟事件タルヤ葡國ノ從兄弟姉妹本國ノ禁ヲ犯シ英國ニ於テナシタル結婚ノ正當ナルヤ否ヤノ爭ナリシヲ以テ是レ唯婚姻ノ禁止ニ關スル問題ナリ能力不能力ノ問題ニ非ザルナリ故ニ判事ノ言ハ大ニ學者ノ非難ヲ蒙リタルノミナラズ亦事實ニ適切セザルヲ以テ英國法廷ニ於テ大ナル勢力ヲ有スル者ニ非ズ

（三一九）吾曹ハ敢テヴォーエト諸氏ノ所謂人法、物法ノ區別ヲ採ルモノニ非ズ且又ポチエー諸家ノ如ク絶對的ニ人ノ能力ヲ以テ民籍地ノ法律ニ從フ可キモノナリトセズ然ルニ猶ホ結婚ノ能力ハ其民籍地ノ法律ニ從フ可シトノ原則ヲ掲クルハ別ニ其據ル所アリテ然ルナリ蓋シ民籍ハ住居ナリ今英國ノ籍ヲ有スル者假令ヒ獨逸ニ在留セリト雖モ法律ノ目ヲ以テ之ヲ見レバ猶ホ英國ヲ以テ最後ノ住所トナセルナリ永ク英國社會ノ一員タルノ地位ヲ繼續スヘキ推測アルナリ英國ニ於テ男子ノ結婚適齡ハ十四歳タリ獨逸ニ於テハ廿五歳タリ英獨ノ二國ハ其社會ノ狀態ニ從ヒテ婚姻ノ主義ヲ異ニセリ婚姻ノ放任主義ヲ取レル英國ノ人民ニシテ唯其獨逸ニ在ルガ爲メニ廿五歳ニ達スル迄ハ有効ノ婚姻ヲナスヲ得ズトセバ是レ大ニ不正ノ結果ヲ生スルモノナリ今夫レ財產ノ贈與賣買ノ如キハ是唯即成ノ行爲ナリ今日之ヲナセバ今日直ニ終ル是故ニ此ノ如キ贈與賣買ノ成立効果ニ關メ行爲地ノ法律其力ヲ及ボス可キハ最モ其當ヲ得タルモノニシテ行爲ノ能力ニ關スル英國法ノ精神實ニ此ニ在リ然レ𪜈婚姻ハ男女畢生ノ結合ナリ結婚ノ儀式ヲ了レハ婚姻終レリト謂フ可キニアラズ夫ノ民籍地ハ即チ夫妻ノ永住セント欲スル處ナルガ故ニ假令ヒ其婚姻ハ會々獨逸ニ於テ其端緒ヲ開ク𪜈其實行ヲ見ルハ英國ニ外ナラズ是故ニ結婚能力ハ民籍地ノ法律ニ從フ可シトノ原則ハ宛モ行爲ノ能力ハ行爲地ノ法律ニ從フ可シトノ原則ト併立メ論理上毫モ相侵サヽルモノナリ然レ𪜈或ハ外國ニテ結婚メ多年若クハ永久其民籍地ニ歸ラザルモノナシトセズ此ノ如キ塲合ニ於テ猶ホ婚姻ノ行爲ハ民籍地ニ在リトイフハ甚ダ

其空想的ニ馳スルヲ見ル可シ然レ圧結婚地若クハ夫婦現住地ヲ以テ行爲地トメ其法律ノ管轄ヲ認メンカ其不當ナルヲ見ルナリ何トナレバ此等ノ土地タルヤ一時ノ寄留地ノミ何時之ヲ去ルモ未ダ知ル可カラズ其土地ニ於テノ結合ノミヲ以テ畢生結合タル婚姻ナリトナスハ婚姻ノ意義ニ背戻シタルモノナレバナリ或ハ結婚ノ初ヨリ畢生一ノ外國ニ住スルヿアランカ其法律ハ即行爲地法ナリトシテ最正當ナルカ如シ然レ圧此ノ如キ土地ハ民籍地ナラザルヲ以テ夫婦ノ永久ニ住ス可キヿハ初ヨリ之ヲ推知スルヿ能ハズ其法律ノ管轄ハ當事者ノ死ニ至ルマデ住居シタル後ニアラザレバ之ヲ定ムルヿ能ハザルベシ是故ニ吾曹ハ其ノ理想的ニ走ルノ譏アルヲ顧ミズ猶ホ民籍地ヲ以テ行爲地ナリト言ハントス若シ物質的觀察ヨリメ此ノ如キ特殊ノ場合ニ於テ民籍地ハ行爲地ニアラズト云ハヽ吾曹ハ他ニ別ニ行爲地アルヲ認ムル能ハズ然レ圧婚姻ニヨリテ妻ハ夫ノ民籍ヲ得其社會ノ一員トナルナリ其社會ハ最モ其婚姻ニ關メ大ナル利害ヲ有セリ故ニ婚姻行

能力ト禁止トノ區別

爲ノ地ニアラズトスルモ猶ホ民籍地法ノ管轄ヲ認ム可キヤ明ナリ(二一節參照)是故ニ吾曹ハホヰートントト其結論ヲ同ウスレドモ外國ニアルモ其人ノ能力ハ猶民籍地法ニ從フ可シトノ廣濶ナル前提ヲ賛スルモノニアラズ而シテサヴィニーノ論最モ其肯綮ニ中レルニ似タリ(フート四八頁參照)

(四〇)從來ノ學者ハ能力ノ語ヲ濫用シタルガ如シ吾曹ハ常ニ法律ノ禁止ト不能力トノ間ニ劃然タル區別ヲ設ケザル可カラズトセリフートニ曰ク人ニ能力アリトハ他ノ人ニ比シテ法律ノ禁止權利ノ剝奪ヲ受ケザルヲ云フ是故ニ一般人民ノ上ニナシタル制限ハ決シテ不能力者ヲ作ルモノニアラズ甲者ハ自己ノ亡妻ノ姉妹タル乙ヲ娶ルコト能ハズ丙丁等ノ男子ハ之ヲ娶ルヲ得ルガ故ニ甲者ハ此點ニ關シテ不能力ナルカ如シ然レドモ亡妻ノ姉妹ヲ娶ル能ハザルハ法律一般ノ禁止ニシテ甲者ガ乙婦人ヲ娶ル能ハザルト均シク丙丁モ亦自己ノ妻ノ姉妹ヲ娶ル能ハザルガ故ニ甲ハ丙丁ニ比シテ多クノ法律上制限ニ服スト謂フ可カ

結婚能力ニ關スル諸國ノ定規

英國ノ定規

ラズ此ノ如キハ之ヲ不能力トイフ可カラズ唯法律ノ禁止ナルノミト(フート三〇頁)然ルニ往々此兩者ヲ混同シ堂堂タル法典著書ニ於テ無能力ノ文字ヲ廣濶ノ意義ニ用井タルヲ見ル(取、三章一節二欵、ホワートン一三二節以下、ソトマヨール對ツ、バルロス)

(四一)英國ノ法律ハ未ダ結婚能力ノ問題ヲ以テ民籍地法ニ委ス可シトスル直接ノ判決アラズト雖𪜈蓋シ此主義ニ傾ケルガ如シブルック對ブルックニ於テカメル卿ハ一大原則ヲ下シテ曰ク結婚契約ノ要素ハ民籍地法ニ從ヒ法式ハ結婚地法ニ從フト是レ已ニ英法ノ主義ヲ明ニセルモノト謂フ可シ何トナレバ結婚當事者ノ有能力タル可キヿ婚姻ノ一大要素ナレハナリソトマヨール對ツ、バルロスニ於テ契約ノ能力ハ民籍地ノ法律ニ從フ可キヿ爭フ可カラザル原則ナリトイヘリ然レ𪜈是レ決シテ古來一定ノ原則ニアラズ大ニ學者ノ非難ヲ惹起シ加之該事件ハ能力ノ問題ニアラズシテ婚姻禁止ノ問題ナリシヲ以テ此判決例ハ殆ント全ク價値ナシト謂ハザル可カラズコンウヱイ對ビーズレイハ離婚ニ關シタル判決例ナリシト雖モ其冒頭註スル所ヲ見レハ結婚者ノ一方ノ民籍地法ニ據リテ不能力ナル時ハ結婚地ノ法律ハ其規定ニ遵從セザル可カラザルヿヲ明言セリ

ホワートンノ著書ニ據レハ米國ノ法律ハ之ト異ナリ第一外國人其民籍地ノ法律ニ據レバ結婚適齡ニ達セザルヨリメ不能力者タルモ米國法律ニヨリテ能力者タル時ハ米國ニ於テ有効ノ婚姻ヲナスヲ得第二米國人其民籍地法ニ據リ能力者タル時ハ外國ニ於テ結婚シ其結婚地ノ法律猶ホ之ヲ不能力ト見做スト雖モ米國法廷ハ其婚姻ノ有効ヲ認ム可シ即チ第二ノ點ニ於テハ英米相一致スト雖モ第一ノ點ニ於テハ全ク相反對セリ氏謂ヘラク結婚能力ヲ以テ或ハ結婚地或ハ民籍地ノ法律ニ從フ可シトスルノ説皆非ナリ此問題ハ國家政略ノ問題ナリ故ニ此點ニ關メ一歩モ外國法ニ讓ル所アル可カラズ幼者ノ結婚ヲ奬勵スルハ米國ノ政略ナリ故ニ我幼者ハ外國ニ在リト雖モ有効ノ婚姻ヲナシ得可シ外國ノ幼者ト雖モ米國ニ在ル限リハ亦有効ノ婚姻ヲナシ

得可シト此說ニ據レハ第一第二ノ規定ヲ生スル了怪ム可キニアラズ（ホワートン一二七、一四七節）吾曹ハ敢テ二個ノ疑ヲ呈セン（第一）外國ニ民籍ヲ有スル幼者ノ結婚ヲ認ムルハ國家政略上果ソ幾何ノ利益アリヤ彼等ハ外國社會ノ一員トシテ存在シ外國ヲ以テ其住處トナスモノニアラズヤ或ハ答ヘテ曰ハン彼等ハ現ニ米國ニアリ其結婚ヲ認ムルト否トハ固ヨリ米國社會ノ經濟上ニ關係スト然ラバ更ニ問ハン米國幼者ノ外國ニ於ケル結婚ヲ認ムルノ利益ハ何ノ所ニアリヤ彼等ガ米國ニ國籍ヲ有スルガ故ニアラザルカ然ラバ第一ノ塲合ニ於テ何故ニ外國ノ民籍ヲ認メザルヤ要スルニ此法律ハ論理上不都合ノ規定ナリ少クモ利己主義ニ失シ國際上禮儀ヲ顧ミザル不正ノ規定ナリ（第二）若シ第一ノ規定ニ從フ片ハ米國ニ於テ有効ノ結婚タルモノ外國ニ於テ或ハ無効タル可シ外國法律モ亦國家政畧主義ヲ取テ一歩モ讓ル所ナキ片ハ法律ノ衝突ヲ來シ結婚者ノ身分所出ノ地位權利ニ關シ大ナル混雜ヲ生ス可シ

伊國ノ判決及ビ學説

伊國ミランノ判決例ニ據レハ一國ノ法律能力ニ關メ規定ヲナス片ハ外人ト雖圧之レニ從フ可シ(フィオール六三二頁)マンチニーノ説ニ據レハ人ノ能力ハ其國籍ヲ有スル土地ノ法律ニ從フ可シ然レ圧其ノ公ノ秩序ニ關スルモノハ此限ニアラズ即チ行爲地ノ法律ニ據ル可シトスルナリ然ラハ結婚能力ハ公ノ秩序ニ關スルモノナルガ故ニ一ニ擧行地ノ法律ニ從フ可シトスルカ或ハ米國法ノ主義ヲ取ル可キカ吾曹ハ明ニ之ヲ知ルヿ能ハズ

婚姻ノ預約

(四二)婚姻ヲナスノ豫約ハ純粹ノ理論上ヨリ之ヲ謂ヘバ契約ナリト謂フヲ得可シ英國ノ法廷ハ從來之ヲ以テ一ノ契約ト見做セリ然レ圧斯ル契約ニ關スル訴訟ノ大ニ弊害アルヲ以テ今日ニ在リテハ學者ノ議論之ヲ許サヽルニ傾ケリ佛國輓近ノ判決例ニ據ルニ亦之ヲ以テ一ノ契約ト見做サズメ若シ豫約違反ニ因リ損害ヲ生スル片ハ私犯トメ賠償ヲ命セリ伊國ノ法律モ亦佛ト相仝シ故ニ玆ニ其能力ヲ論スルノ要ナシト思考ス

結婚不能力者

一、未成年者

二、不具者

《四三》結婚不能力者ヲ類別スレハ大約左ノ三種ニ歸ス

一　未成年者

結婚適齡ノ問題ハ結婚能力ノ中最重要ノ部分タリ適婚ノ年齡ヲ定ムルハ人体發育ノ程度ト社會經濟ノ狀態トニヨル是レ學者ノ以テ國家政略上ノ問題トナス所ノモノナリ故ニ其規定ハ國ニヨリテ異ナレリ我人事篇ハ男子十七年、女子十五年ト定ム佛伊ハ男子十八年、女子十五年獨逸ハ男子廿年女子十六年、英國ハ男子十四年、女子十二年（穗積博士民法原理）之ヲ要スルニ各國ノ法律ハ二主義ノ下ニ之ヲ類別スル、ヲ得可シ（第一）適婚ノ最低年齡ヲ以テ標準トスルモノ（第二）立法者ガ最適當ト認ムル年齡ヲ以テ標準トスルモノ是レナリ而シテ其適齡ハ何ノ法ニ據リテ支配セラル可キヤニ關シテハ大ニ學者ノ論議スル所タリ吾曹ハ前數節ニ於テ略ホ所見ヲ陳ベタルガ故ニ重複ヲ來サンヿヲ恐レ更ニ玆ニ之ヲ論セズ

二　不具者

不治ノ無勢力《インポテンシー》ハ宗敎法ニ據レハ婚姻ヲシテ不成立タラシム然レ𪜈結婚前ニ於テ當事者其無勢力ノ事實ヲ知ル𬼂ハ之ヲ理由トメ離婚ヲ求ムルヿヲ得ズ不具者ノ婚姻ヲシテ不成立タラシムルハ婚姻ノ性質上若クハ普通ノ人情ニ於テ然ラザルヲ得ザルモノニメ各國ノ法律之ニ關メ甚シキ差異アルヲ見ズ然レ𪜈身体不具ヲ理由トシテ婚姻ノ成立ニ關シ或問題ノ生スル𬼂ハ固ヨリ當ニ民籍地ノ法律ニ從テ判斷ス可キモノナリ

英國法ニ據レバ男女ノ身体子ヲ産ムニ堪ヘザル𬼂ハ單ニ之ヲ理由トシテ婚姻ヲ不成立トナスヲ得ズ(ディーン對アヴェリング)蘇格蘭ノ法律ハ之ニ反スホワートン曰ク此ノ如キ區別ハ唯國內ニ於テノミ効力アル可シ男女交通ノ不能ハ明ニ耶蘇敎國ノ通義ニヨリ結婚ノ不成立ヲ致スト雖𪜈出産ノ不能ニヨリテ婚姻ノ成立ニ關係ヲ及ホスヿハ宗敎法ノ認メザル所ナリ勿論羅馬法王ノ宣告ニヨリ斯ル婚姻ヲ不成立トナシタルノ實例ナキニアラズト雖モ是レ特殊非常ノ行爲トメ之ヲナシ

タルモノニメ決メ宗教法一般ノ現定ニアラズト（ホワートン一四九節）。氏ノ説ニ據レバ二國特殊ノ法規ハ凡テ外國法廷ニ於テ其効ナシトスルガ如シ是レ大ニ非ナリ國法ノ牴觸アリテ始メテ國際私法ノ必要ヲ見ルノミ若シ耶蘇教國ニ共通セル規定ノ外ハ國外効力ナシトセバ何ヲカ國際私法ノ問題トイフヤ我日本ノ法律ハ固ヨリ出産不能ヲ以テ婚姻不成立ノ原因トセズ然レ𪜈蘇格蘭人ノ此訴訟ヲ提起スルアラバ婚姻不成立ノ判決ヲ下スヿ當然ナリト信ス何トナレバ婚姻ノ能力ハ民籍地ノ法律ニ從フ可キモノナレバナリ

三、瘋癲者

三　瘋癲者

瘋癲者ノ婚姻ハ銷除シ得可シ（能力ノ章參照）

結婚能力ニ關スル日本ノ規定

（四四）吾曹ハ最後ニ我法律ノ規定ヲ論セムトス人事編第五十二條ニ曰ク日本ニ於テ外國人カ婚姻ヲナサントスル片ハ其能力ハ本國ノ法律ニ從フ但第三十一條乃至第三十七條ノ條件ニ違背セザルヿヲ要スト蓋シ玆ニ謂フ所ノ本國ノ法律トハ國籍所在ノ國ノ法律ヲ指セルナ

リ國籍ト民籍トハ本ト全一ニアラズ然レ𪜈民籍ヲ以テ私法管轄ヲ定ムルノ標準トナサズメ國籍ヲ以テ之ニ代フルハ是レ舊學派ノ主義ニメ佛國法系ノ諸國ニ於ケル一種ノ特色タルヿ已ニ之ヲ論セリ
吾曹ハ更ニ第卅一條乃至第卅七條ヲ研究セザル可カラズ第卅一條ニ曰ク配耦者ハ重ネテ婚姻ヲナスヲ得ズト是レ即チ一夫多妻ニ反對セルヲ明ニセルナリ第二章ニ於ケル吾曹ノ所説ヲ參照セバ更ニ喋々ヲ要セザル可シ第卅二條ニ曰ク夫ノ失踪ニ原因スル離婚ノ場合ヲ除ク外女子ハ前婚解除ノ後六月内ニ再婚ヲナスヿヲ得ズ云々是レ血統ノ不明ヲ防グガ爲メニ設ケタル時期上ノ制限ナリ然レ𪜈吾曹ノ見ル所ヲ以テスレバ此ノ如キ規定ハ之ヲ禁止トイハンヨリハ一ノ法式上ノ規則ナリト云フ可キノミ何トナレバ是レ唯便宜上時期ノ制限ヲ附シタルニ過キズメ吾曹ガ通常禁止ノ意義ヲ解スル如ク絶對的ニ結婚ノ權利ヲ奪ヒシニアラザレバナリ(法式ノ章參照)若シ吾曹ノ言フ所ヲメ眞ナラシメバ結婚地タル日本ノ法律ハ法式ノ問題ヲ決ス可キモノナ

ルヲ以テ第五十二條ノ法文ガ外人ヲメ此條件ニ服セシムルハ正理正當ナリトス(仝章參照)第卅三條ニ曰ク姦通ノ原因ニヨリテ離婚ノ裁判ヲ言渡サレタル曲者ハ相姦者ト婚姻ヲナスヲ得ズト此ノ條文タルヤ能力ノ問題ニアラズメ德義上ノ思想ニ基キタル法律ノ禁止ナリト信ス法律禁止ノ問題ハ其當事者ノ民籍地法(若クハ國籍地法)ニ據リテ決セラル可キヲ通則トス唯此例外タル可キモノハ背德亂倫ノ行爲即一夫多妻若クハ母子兄妹ノ婚姻ノ如キモノノミ何ヲカ背德乱倫トスルヤ是レ文明諸國一般ノ認承スル所ニヨリテ定マル姦通者ノ結婚ハ各國凡テ之ヲ以テ乱倫ナリトスルカ決メ然ラズ英國法ノ如キハ現ニ之ヲ許セリ而シテ之ヲ禁スルハ大ニ理アリ何トナレバ姦通者ヲメ相婚セシムルトキハ是レ其罪惡ヲ遂ゲシムルモノニメ大ニ風紀ニ害アレバナリ然レ圧之ヲ禁セザルモ亦理ナキニアラズ蓋シ國家ハ已ニ罪惡ニ對メ相當ノ制裁ヲ加ヘ被害者モ亦民事上ノ訴訟ニヨリテ相當ノ救濟ヲ得タリトセバ彼等相姦者ヲメ其愛情ヲ抑ヘテ終生ノ快樂ヲ得ザラ

近親婚ニ關スル法律ノ沿革

シムルガ如キハ苛酷ノ感ナキニシモアラザル可ケレバナリ夫レ已ニ各國ノ規定之ニ關シテ相一致セズトセバ各國ノ通義ニ照シテ背德乱倫ナリトイフ可カラズ然ラバ相姦者婚姻ノ許否ハ其國籍地法ニ從ハシムルヲ以テ正當トナス可キニアラザルカ第三十四條以下四條ハ等親ニ關スル問題ナルヲ以テ章ヲ換ヘテ之ヲ論セン

第三　結婚者ノ等親

（四五）近世文明ノ諸國ハ皆近親者ノ結婚ヲ禁止セリ而シテ其程度モ亦大仝小異ナリ蓋シ古代ニ於テハ所謂酋族共仝婚ニシテ近親ト雖𪜈毫モ忌避スル所アラザリキ（ラボック開化起原論）其後奪掠賣買ニヨリテ定婚ノ制ヲ生スルニ至リ近親相婚スル𣥖ハ往々一家內ニ風波ヲ起スノ弊アルヨリ竟ニ之ヲ禁スルニ至レルモノナリ此ノ沿革ヲ詳叙スルヿ實ニ有益ナリト雖𪜈國際法ノ範圍ヲ超脫スルノ恐アルガ故ニ之レヲ割愛ス羅馬敎ハ其初ニ於テ全ク親族ノ結婚ヲ禁シ其後七等親ヲ以テ禁止ノ境界トシ其後全ク之ヲ禁シ又六等親ニ限ルトセリ（等親計算法

ハ宗敎法ニ據ル)歐洲一般ニ一時宗敎法ノ規定ヲ取テ自國ノ法律トナセシガ故ニトレント高僧會議ノ議決ハ大ナル勢力ヲ歐洲社會ニ及ホセリ今日ニ於テ歐洲一般ニ採用スル近親結婚禁止ノ範圍ハ直系親及ヒ三等親(羅馬法計算法ニ據ル)以內ノ傍系親ニ止ル而メ伯叔父母甥姪間ノ婚姻ハ或ハ一二ノ條件ヲ附シテ之ヲ許スモノアリ抑モ中世以降法律ニ於テ近親婚ヲ禁スルノ理由ヲ說明スル者種々附會ノ說ヲ立テ或ハ曰ク近親婚ハ神ノ禁スル所ナリ或ハ曰ク人性ノ自然ニ反ス或ハ曰ク血統ノ混亂ヲ來ス曰ク早婚ノ弊ヲ生ス曰ク子孫ノ精神ヲメ羸弱ナラシムト然レ𪜈沿革法理ニヨリテ之ヲ研究スル𬼂ハ近親婚ヲ禁止シタルハ蓋シ一家內ノ平和ヲ保維スルノ必要ヨリ生シタルガ如シ然レ𪜈因襲ノ久シキ社會一般近親婚ヲ以テ德義ニ背戾シ彝倫ヲ壞亂スルノ行爲ト見做スニ至リ是ニ於テ或ハ以テ神意ニ反クトシ或ハ人性ノ自然ニ反ストスル性法學者ノ議論ヲ見ルニ至レルナリ顧フニ我日本ニ於ケル近親婚ノ沿革モ亦之ニ似タルモノアリ而メ彼ノ歐洲ニ於

テ宗教法ノ勢力ヲ及ホシタルト均シク我日本ニ於テモ亦夫ノ儒教主義ノ影響ヲ被リ全姓相娶ラザルヲ以テ社會ノ德義トナシタルヨリ母子兄妹ノ婚姻ヲ以テ背德亂倫ノ行爲トシ之ヲ忌避スルニ至レルナラン(穗積博士民法原理)

(四六)吾曹ハ已ニ婚姻ノ要素ハ民籍地ノ法律ニ從フ可シト云ヘリ然レ𪜈背德亂倫ノ行爲ニ至リテハ法廷ノ承認スル限リニアラズ(第一章參照)故ニ今母子ノ結婚ヲ認ムルノ國アリト假想センニ文明諸國ノ法廷ハ民籍地法ノ如何ニ關セズ決シテ之ヲ認メザル可シ然レ𪜈幸ニシテ未タ此ノ如キ不正ノ規定アル國アルヲ聞カズ唯野蠻人種ノ風習トシテ存スルノミ故ニ此ノ如キ問題ハ到底國際私法上ノ問題トシテ法廷ニ現出シ來ルヿナカル可シ然レ𪜈伯叔父母甥姪間ノ婚姻從兄弟姉妹ノ婚姻ニ至リテハ國ニヨリ或ハ之ヲ禁シ或ハ之ヲ許スガ故ニ此等ノ問題ハ往々法廷ニ提出セラルヽヿアル可シ此時ニ當リテ其國法之ヲ禁スル時ハ當事者ノ民籍地ニ於ケル法律ノ如何ヲ問ハズ猶ホ敗德亂倫ト

〆之ヲ認メザル可キカ或ハ亡妻ノ姉妹ヲ娶ルヲ禁スル國ニ於テハ外人ノナシタル斯ル婚姻ト雖𪜈猶ホ亂倫ト〆之ヲ認メザルカ積極消極ノ兩説アルカ如シ

第一　消極説、英國ノ法廷ハ自己ノ法律ヲ固執シ其亂倫ト認ムルモノハ他國ニ於テ然ラザルモ猶ホ之ヲ認メズブルック對ブルックニ於テカメル卿曰ク我英國ノ立法者ハ亡妻ノ姉妹ヲ娶ルヲ以テ神ノ法ニ反シ惡例ヲ生スルモノナリト見做スト是ヲ以テ之ヲ觀レバ結婚者ノ民籍如何ヲ問ハズ一切此等ノ婚姻ヲ承認セザルナリセント、レオナード卿亦曰ク吾人ノ見ル所ニヨリテ神意ニ背戻ストセバ吾人ハ外國法ノ効力ヲ認メズト且ツ曰クヘンリー八世廿五年條例ニ溯リテ之ヲ考レバ英國法ハ亡妻ノ姉妹トノ婚姻ハ假令ヒ其間唯姻屬ノ關係アルニ過キズト雖𪜈猶ホ血族ノ場合ト均シク彜倫ヲ亂ルガ故ニ神意ニ戻リ自然法ニ背ケリト見做ストウェンスレイディル卿亦曰ク余ハ判事ストーリーノ如キ有力ノ論者ニ〆亂倫ノ理由ニヨリテ婚姻ヲ否認スルニハ耶蘇敎國一般之ヲ以テ亂倫ト認メザル可カラズトイフ如キ議論ヲ主張スルヿナカル可キヲ確信ス若シ之ヲ主張ストセバ是レ根據ナキノ論ナリ此種類ノ婚姻(亡妻ノ姉妹トノ婚姻)ハ神意ニ反ストメ英國法之ヲ禁セリ其神意ニ反スルハ聖書ニヨリテ之ヲ徵ス可シ云々(ブルック對ブルック)

然ルニソトマヨル對ヅ、バルロスノ判決ヲ見ルトキハ之ニ關スル英國法ノ全斑ヲ知ル可シ葡國ノ法律ハ猶ホ宗敎法ノ勢力ヲ受ケ從兄弟姉妹ノ結婚スルヲ禁シ唯法王ノ特許ヲ得シトキハ此限ニアラズトセリ葡國ノ從兄弟姉妹英國ニ於テ法王ノ許可ヲ得ズメ相婚セリ是レ果メ英國ニ於テ正當ト認ムヘキヤ否ヤ是レ此爭訟ノ要點タリ法廷ハ之ヲ否認セリ其判決文ノ用語ニ關シ許多ノ非難ヲ招ケリト雖要スルニ葡國ノ禁スル所ハ英國ニ於テ之ヲ禁セズト雖𪜈在英ノ葡人ニ對シ猶ホ禁止ノ效力アルヲ認メタルモノナリ故ニ英法ノ精神ハ之ヲ約言スレバ左ノ如シ曰ク等親其他婚姻ノ制限禁止ハ民籍地法ニ從フト雖𪜈亂倫ノ行爲ニ至リテハ例外ナリトナス而シテ何ヲカ亂倫ノ行爲トスルヤハ

訴訟地法ノ決スル所ナリ

第二、積極說（ストーリー）曰ク一夫多妻及ヒ亂倫ノ婚姻ハ耶蘇教ノ禁スル所ナリ是故ニ耶蘇教國ハ決ソ一夫多妻及ヒ亂倫ノ婚姻ヲ認メザルヘシ然レモ亂倫ノ婚姻トハ唯耶蘇教國一般ニ之ヲ以テ亂倫トナス場合ニ限ル自然法若クハ耶蘇教ノ教旨ガ近親婚ヲ禁スル程度如何ハ正確ニ之ヲ認ムルヿ難ク耶蘇教國亦此點ニ關ソ相一致セズ而シテ直系親族及ヒ傍系親ニ於テハ兄妹ノ結婚ハ宗教法及ヒ慣習法一般ニ之ヲ以テ自然ニ反シ法律ニ違フトナス是レ明カニ社會ノ秩序ト德義トニ戾レルモノトナスナリ然レトモ是ヨリ以外ニ至リテハ大法官ケントノ言ヘルカ如ク特別ノ法律アリテ之ヲ禁スルニアラザレハ直ニ自然法若クハ耶蘇教ノ教旨ヲ擴張ソ之ニ及ボスヿ甚ダ難シ（ストーリー一一四節）是レウヱンスレイディル卿ノ非難セシ所ナリケントハ近親婚ニ關ソ同樣ノ議論ヲナセリ曰ク此ノ如キ婚姻（直系親ノ婚姻）ノ自然法ニヨリテ有罪且無効ナルヿ一般ニ認ムル所ナリ余カ所謂自然法トハ造物主カ社交的動物タル人類ニ附與シタル行為ノ正當ナル規則ニシテ吾人ノ理想ニヨリテ之ヲ知ルヲ得可シ此他近親ノ理由ヲ以ヲ婚姻ノ無効タルヘキ一ノ塲合アリ兄弟姉妹ノ結婚是ナリ直系親ハ之ヲ措キ親族若クハ姻屬ニ由レル傍系親ニ關シハ自然法ガ如何ナル程度ニ至ルマデ婚姻ヲ禁スルヤ其範圍ヲ定ムルヿ難ク自然法學者ノ説ク所亦區々一定セズト雖𪜈多數ノ議論ハ文明社會ノ慣例ニテハ兄弟姉妹ノ婚姻ヲ以テ背德亂倫一家ノ純潔ト幸福トヲ害シ自然法ノ嚴禁スル所トナスナリ古代人民ノ斯ル婚姻ヲ嫌忌セシヤモンテスキユーノ云フ如ク往々迷信ノ然ラシムル所ナリシト雖𪜈畢竟道理ト自然トニ基ケルモノナリ此ノ規定タルヤ實ニ家族制度ニ基キ家族上ノ關係ヨリ生スル權利義務慣習愛情ヨリ生ス此權利義務若クハ愛情慣習ハ是レ社交的且機能的動物タル人類ニ附與セラレシ自然法ノ一部ト云フモ不可ナルヿナシ斯ク近親間ノ婚姻ハ兩立セザル義務ト感情トヲ取テ一物体ノ上ニ併合セシメ家族上ノ關係ヨリ生スル義務慣習愛情ヲ雜

駁ニシ人類ノ德義上感情ヲ傷害スルヿ甚シキヲ以テ古今之ヲ非難スル者多シ此問題ニ關メ秋毫ノ疑ヲ懷ク者アラバ唯人類一般ノ慣習如何ヲ見ル可シ人類一般此ノ如キ結合ヲ排斥スルニアラズヤ是レ必ズ有力ナル自然ノ法則アリテ然ルナラン自然法ノ禁制ハ絕對的ノ義務ヲ生スルモノナリ古今東西ニ共通セル一般的義務ヲ生スルモノナリ古來ノ慣習トシテ社會ニ存在シ吾人ハ吾人ノ理想ニ於テ之ヲ了解シ吾人ノ義務トシテ之ヲ承認ス故ニ此自然ノ大法ニ反セル兄妹ノ結婚ノ如キハ固ヨリ背德ノ行爲トシテ之ヲ否認ス可シ然レ𪜈是ヨリ以外ノ婚姻ニ至リテハ自然法ノ主義ニ基キテ之ヲ無効トスルヲ得ズ各國ノ法律慣例ヲ見ルニ多ク近親婚ノ禁止ヲ擴メテ兄妹以外ノ親族間ニ及ホスモノ少シトセズ然レ𪜈是レ既ニ家族一團外ノ關係タルニ過ギズ故ニ直系親及ビ兄妹間ノ婚姻ヲ禁スル如キ家族上制度ヨリ生シタル規定ト全一ノ論ニアラズ吾人ガ此等兄妹以外ノ親族間ニナセル婚姻ヲ以テ無効トスルハ唯國ノ成法アルカ爲メニシテ其他ニ理由ヲ發

見スルヿ能ハズ故ニ立法者ガ特ニ此等ノ婚姻ニ對シ禁制ヲ設ケザル以上ハ吾人ハ自然法ヲ援引シ之ヲ否認スルヿ能ハズ唯宗教上ノ制裁ト社會ノ慣行及ビ輿論トニ一任スルノ外ナキナリト(ワイトマン對ワイトマン)此等ノ議論ニ據レバ所謂亂倫ノ行爲トシテ國際法上否認スヘキ婚姻ハ唯直系親間及ヒ兄弟姉妹間ニ過ギズ其他伯叔父母甥姪間ノ婚姻ノ如キ從兄弟姉妹ノ婚姻ノ如キ若クハ亡妻ノ姉妹ヲ娶ルガ如キハ國家或ハ之ヲ禁スト雖モ之ヲ以テ彝倫ヲ亂リ自然ノ大則ニ反スルモノト云フ可カラズ此說ヲ採ルトキハ夫ノブルック對ブルックニ於ケル諸判事ノ言フ所ト全ク其趣ヲ異ニシ亂倫ノ問題ハ訴訟地ノ法律獨リ之ヲ定ム可キニアラズシテ文明國一般ノ通義ニ依ル可キモノタリ故ニ佛國ノ男子亡妻ノ姉妹ヲ娶ラバ英國ノ法廷ハ寧ロ其正當ノ婚姻タルヲ認ム可キモノナリ

吾曹ハ寧ロ第二說ノ穩當ナルヲ認ム吾曹ハ自然法ナル文字ノ屢々國際私法上ニ用ヰラルヽヲ惜ム何トナレバ所謂自然法ナルモノハ世ノ

學者以テ神意ニ基キタル萬古不易ノ法律ニ〆人定法ノ標準タル者ナリトナスト雖モ吾曹ハ之ヲ確認スルヿ能ハズ若シ之ヲシテ存在セシメンカ吾曹ハ之ヲ確知スルヿ能ハザレバナリ希臘哲學ノ羅馬ニ入リテ所謂普通法ノ基礎ヲ作リシヨリ歐洲ノ學者一般ニ自然ノ大法ナルモノアリト確信シ法律ヲ論スルニ當リ人性ノ自然ト云ヒ絶對ノ正理ト云ヒ概子獨斷定數ニヨリテ先天ノ空論ヲ縱ニシ國際法モ亦自然法ノ觀念ヲ以テ其基礎トセリ自然法ノ語タルヤ之ヲ言フヿ易ク而〆其ノ何物タルヤヲ認識スルヿ甚難シ世間未ダ空漠ニシテ確實ノ意義ヲ有セザルモノ自然法ノ文字ヨリ甚キハアラズ此ノ如キ架空ノ說ヲ採リテ法學ノ基礎トナス以上ハ到底鞏固ナル建築ヲナスヿ能ハザル可シ吾曹謂フニ國際私法ノ基礎タル觀念ハ到底國家ノ必要ニ外ナラズ或ハ曰ク國民ノ禮讓ナリト然レモ禮讓ノ意タルヤ畢竟相互ノ二字ニアリ彼ヲシテ我ガ利益ヲ計ラシメンガ爲メニ我亦彼ノ利益ヲナスト云フニ過ギザルノミ故ニ國際上ノ禮讓ハ相互主義ニ由レリ決〆漠然

タル德義上ノ理由ニヨリ我主權ノ一部ヲ讓リテ外國法ノ効力ヲ我國內ニ認ムルニハアラズ故ニ國民ノ禮讓トハ之ヲ換言スレバ國家ノ必要ナリトイフ𪜈敢テ不可ナキヲ信スルナリ夫レ然リ故ニ一國ノ主權內ニ於テハ決メ外國法ノ効力ヲ認ム可キニアラズト雖𪜈國家ノ必要アル以上ハ亦一步ヲ彼ニ讓ラザルヲ得ズ是レ國際私法ノ起ル所以ナリ然レ𪜈單ニ必要トイフ𪜈之ヲ以テ國際私法ノ起ル所以ヲ說明スルニ足ラズ必ズヤ其ノ如何ナル必要アルカヲ究メザル可カラズ夫レ法律ノ効力ハ屬人的ヨリ屬地的ニ移ルモノナリ然レ𪜈國法ノ効力ニシテ全ク主權外ニ及バズトスレバ大ニ其狹隘ヲ感スル場合アル可ク且ツ交通貿易ノ日ニ開ケ人民ノ移動益頻繁ナルニ當リ其行ク所トメ己レヲ支配スル法律一切全シカラザルガ如クンバ其行爲昨是今非ノ狀態ヲ呈シ甚シキ不便ヲ感スベシ故ニ主權外ト雖𪜈外國國家ノ秩序安寧ヲ害セザル以上ハ我法律ノ効力ヲ認メラレンヿヲ欲セザル可カラズ而メ我亦仝樣ノ場合ニ於テ外國法ヲ認メザル可カラズ日本ニ於テ

ナシタル正當ノ賣買ト雖モ英國ニ於テ其所有權移轉ヲ認メズ日本法律ニ從テナシタル日本人ノ結婚ニメ英國法其夫妻上ノ關係ヲ認メザルトキハ日本社會ハ大ニ不利益ヲ被ムル可ク其地位ヲ易フレバ英國社會モ亦大ナル不利益ヲ感ス可シ是故ニ婚姻ノ要素ヲ以テ民籍地法ニ從フ可シトスルモノハ啻ニ外國ニ對スル好意ヲ以テ然ルニアラズ實ニ我國家ノ必要ニ出ツルナリ然ルニ一夫多妻ノ如キ亂倫婚姻ノ如キ一種ノ婚姻ニ至リテハ此本則ノ例外ナリトスルモノハ世界文明國一般ノ通義ニヨリテ婚姻ノ性質ニ背戻ストナス所ナルヲ以テナリ若シ唯何ヲカ神意ニ反ストスルヤ亂倫トイフヤノ問題ハ我獨リ之ヲ決ス可シトイハヾ外國ノ法廷モ亦將ニ爾云ハントス然ラバ婚姻ニ關メハ國際私法上ノ問題トナルモノナカル可シ何トナレハ法律ノ禁止ハ種々ノ理由ニヨルト雖モ婚姻ニ關スル禁制ノ如キハ概ヲ彝倫若クハ宗教上ノ理由ニ根據スルヲ以テナリ若シ英國判事ノ言ノ如クンバ蘭國判事モ亦一切從兄弟姉妹ノ婚姻ヲ認メズトイハン是故ニ英國判事ノ

言タルヤ其結果ハ訴訟地法ヲシテ何ヲカ亂倫トシ何ヲカ神意ニ反スルヤヲ決セシムルニ止マラズメ一切婚姻ノ要素ニ關スル問題ハ訴訟地法ノ効力ニ服從セザル可カラザルニ至ラン是レ國際私法ノ根據タル國民禮讓ヲ顧ミザルモノナリ國家ノ必要ニ背ケルモノナリ(二節及五節參照)

是故ニ吾曹ノ信スル所ヲ以テスレハ亂倫ノ行爲トメ法廷ノ認メザルモノハ直系親及ヒ兄妹間ノ婚姻ノミ

(四七)等親ニ關スル規定ハ各國相同シカラズ羅馬レヴィタス法典ニ於テハ一切親族ノ結婚ヲ禁セリ(レヴィタス法典一八篇六節)宗教法ハ此法典ニ基キ其初亦同樣ノ規定ヲナセリ其後禁止ノ範圍ヲ縮少メ七等親(宗教法計算法ニ據ル)ニ止メタリ千二百十五年法王インノセント三世ハ更ニ之ヲ縮少メ四等親トス而シテ伯叔父母甥姪(宗教法計算法ノ二等親)以下ノ等親(直系ヲ除ク)ハ法王ノ特許ヲ得テ有効ニ結婚スルヲ得(ペルマチーデル寺院法七三四頁)葡國ノ法律ハ全ク宗教法ニ倣ヘリ獨

逸ノ法律ハ直系親及ヒ兄妹間婚姻ヲ禁止シ其他伯叔父母甥姪間ノ婚姻ハ皇帝ノ特許ヲ以テ有効タルヲ得（ゲッシェン註一〇七、一一六）合衆國ノ法律モ亦直系及ヒ兄妹間ノ結婚ヲ禁スルノミ外國人米國ニ於テ此禁止外ノ親族ト婚スル圧ハ假令ヒ其外國法ニ於テ之ヲ禁スルモ米國法廷ハ之ヲ有効ト認ム（ホワートン一三七節）英國ノ法律ハ三等親以内ノ婚姻ヲ禁ス

日本ノ規定

（四八）我日本ノ法律ハ直系親及ヒ三等親以内ノ傍系親ノ婚姻ヲ禁ス（八三四乃至三七）是レ從來ノ慣習ト大ニ違フ所ナキノミナラズ今日ノ文明諸國法律ト概ネ符合セルハ吾曹ノ喜フ所ナリ然レ圧人事編第五十二條ニ據レハ外人日本ニ於テ結婚スル圧ハ第三十四條以下四ヶ條ノ條件ニ違背ス可カラズトス若シ之ニ違背セバ其婚姻ヤ必ズ無効ナル可シ吾曹ハ到底此規定ニ向テ贊成ノ意ヲ表スルヲ得ズ何トナレバ吾曹ハ婚姻禁止ノ問題ヲ以テ民籍地法ニ據ル可キモノトシ直系親及ヒ兄妹間婚姻ハ乱倫トシテ之ヲ排斥ス可シト雖モ伯叔父母甥姪間ニ至

リテハ全一論法ヲ用ヰルヲ得ズト確信スレバナリ然レ𪜈第五十二條ノ規定ハ外人日本ニ於テ結婚スル場合ノミニ適用ス可キヿ明ナリ反對論理ヲ以テ之ヲ推セバ外人外國ニ於テ結婚セバ假令ヒ伯叔父母甥姪間ト雖𪜈其本國法ノ許ス以上ハ我法廷ニ於テ亦其正當ヲ認ムルガ如シ立法者若シ第三十五條ノ婚姻ヲ以テ所謂亂倫ナリトセハ外國ニナシタル外人ノ婚姻ト雖𪜈亦之ヲ否認セザル可カラズ立法者ノ精神或ハ玆ニ在リテ反對推理ノ解釋ヲ許サヾルカ果ﾒ然ラバ是レ英國判事ト說ヲ全クスルモノナリ抑モ唯日本ニ於テナシタル外人ノ婚姻ヲノミ否認スルニ在ルカ理由如何ヲ知ルニ苦ム其レ或ハ婚姻ノ日本ニ於テ擧行セラレタル以上ハ邦人ト均シキ規則ヲ以テ支配ス可シトノ意ナランカ是レ婚姻ノ要素ヲ以テ擧行地ノ法律ニ從フ可シトスルモノナリ

第四　双方ノ承諾

（四九）双方ノ承諾ハ婚姻ノ要素ナリ若シ之ヲ缺クﾄｷﾊ婚姻ヲシテ不

成立若クハ無効ナラシム(八五五、六三)蓋シ婚姻ハ合意ニ基ケル男女ノ畢生結合ナルガ故ニ承諾ニ關スル合意ノ規定ヲ適用スルヿ固ヨリ至當ナリ歐洲ノ法律モ亦我規定ト略ボ相似タリ羅馬法ハ人違ノ婚姻ヲ以テ不成立トセリ宗敎法モ亦然リ(アイヒホルン寺院法二部三五二節)普魯士法典ハ人違若クハ儀式ノ錯誤ニ因リテナシタル婚姻ヲ以テ無効トス(「ランドレヒト」二部一篇四〇節)然レ𪜈錯誤ノ事實發見ノ後男女猶ホ仝住セバ最初ニ於ケル承諾ノ欠乏ヲ補フ可シ英國法ニ據ルモ人違ノ婚姻ハ不成立ナリ(ビショップ婚姻及離婚二〇六節)

吾曹ハ各國ノ法律ヲ茲ニ列擧スルノ勞ヲ取ラザル可シ何トナレバ國際私法ハ裁判管轄ヲノミ論スルモノナレバナリ吾曹ノ確信スル所ヲ以テスレバ双方承諾ノ欠乏若クハ不完全ノ婚姻上ニ及ホス結果如何ハ是レ婚姻ノ成立ニ關スル問題ニシテ民籍地ノ社會ハ之ニヨリ最利害ヲ感ズルヿ明ナルヲ以テ民籍地法ニ從フノ一大原則中ニ包含セラル可キモノナリ

法律ノ禁止

一、僧侶

第五　法律ノ禁止

（五〇）各國ノ法律ハ種々ノ理由ニヨリテ婚姻ヲ禁止スル場合アリ吾曹ハ已ニ其一二ヲ論ゼリト雖モ猶ホ吾人ノ觀察ニ漏レタル者尠カラサルヲ以テ法律禁止ノ一節ヲ設ケテ特ニ此等ヲ一括セント欲ス

一　僧侶ノ婚姻、歐洲中ノ或國ニ於テハ僧侶ノ婚姻ヲ禁ゼリ蓋此禁止タルヤ多クハ羅馬教ノ教旨ニ基ケルモノナラン此ノ如キ禁止ハ果〆國外ニ効力アリヤ否ヤウェストレイキ曰ク英國法ハ此ノ如キ僧侶婚姻ノ禁止ヲ認メズ何トナレバ英國法ノ政略ハ嚴ニ一切ノ人民ヲシテ婚姻ヲナスヿ能ハザルヿナカラシムルニ在レバナリ（ウェストレイキ五五頁）トホワートンハ更ニ之レヲ附言シテ曰ク外國僧侶ノ英國ニ往ク者甚ダ少數ナルニ拘ハラズ猶且此ノ規定アリ況ンヤ我ガ米國僧侶ノ多數ハ歐洲ニ旅行セリ更ニ多數ノ亞細亞人歐洲人ハ米國ニ來往セリ此等人民ニ向テ仝様ノ精神ニ由ル規則ヲ適用スル、ヿ怪ム可キニアラズト蓋シ氏ノ意ハ米國僧侶ハ僧侶ノ婚姻ヲ禁スル國ニ於テ婚スルモ猶ホ

二、猶太人及異教者

其正當タルヲ妨ケズ外國僧侶米國ニ婚姻セバ其民籍地法ト斯ル婚姻ノ禁止アリ圧米國法廷ハ猶ホ其正當ノ婚姻タルヲ認ム可シ是レ婚姻ヲ奬勵スルヲ以テ米國ノ政畧トナスヨリ生スル必然ノ結果ナリトイフニ在リ(ホワートン一五四節)英米ノ法律ハ或ハ然ラン然レ圧吾曹ノ見解ニヨレバ寧ロ民籍地法ノ命スル所ニ一任スルノ優レルヲ覺ユ

二　猶太人若クハ異敎者トノ結婚禁止、澳太利及ヒ匈牙利ノ法律ハ耶蘇敎徒ト非耶蘇敎徒トノ婚姻ヲ以テ不成立トス千八百七十八年澳國維納高等裁判所ニ於ケル一判決ハ斯ル禁止ノ國際上効力ニ關シテ澳國法廷ノ執ル所如何ヲ知ル可シ其爭訟事件ニ於テ原告ハ普魯士人ニシテ耶蘇敎徒ナリ被告ハ匈牙利人ニシテ猶太敎徒ナリ原告ハ被告ト普魯士ノ伯林ニ於テナシタル婚姻ノ不成立ノ宣告ヲ請求セリプラーグノ民事裁判所ハ判決ヲ下シテ曰ク此婚姻タルヤ普魯士ニ於テ擧行セラレタルカ故ニ普魯士ノ法律之ヲ支配ス可シ其法律ニ據レバ異敎者ト耶蘇敎徒トノ婚姻ヲ以テ不成立トナサヽルヲ以テ原告ノ請求ヲ却下ストボヘミアノ控訴院ハ此判決ヲ破棄シ其後維納ノ高等裁判所ニ於テ原告ノ勝訴トナレリ其判決ノ理由トスル所ハ被告ハ己ニ本國ノ法律ニヨリ耶蘇敎徒トノ結婚ヲ禁セラレタリ此規定タルヤ所謂屬人的法律ナルヲ以テ被告ハ假令ヒ外國ニ於テ婚姻スルモ猶ホ此禁止ノ外ニ在ルモノト云フ可カラズトナスニアリ是ヲ以テ之ヲ觀レハ澳國法廷ハ此ノ如キ禁止ノ猶ホ國外ノ効力アルヲ認ムルモノニシテ正ニ吾曹ノ見ル所ニ合セリ(一八七九年發刊「ジュールナル、ヅー、ドロアー、アンテルナショナール、プリヴェー」五〇〇頁)

耶蘇新敎徒ト羅馬舊敎徒トノ婚姻ハ各國曾テ之ヲ禁セズ然レ𪜈普魯士ノ法律ハ斯ル婚姻ニ於テハ所出ノ子女ヲ父ノ宗敎ニ從テ敎育ス可シトノ一條件ヲ附セリ(ランドレヒト」二、部二編七八節)

ホワートン謂ヘラク此ノ如キ禁止ノ國際上ノ効力ハ一種ノ問題トシテ研究スルノ價値アル可シト且ツ氏ノ意見ニ據レハ國外ノ効力ナシトス吾曹ノ見ル所ヲ以テスレバ此問題タルヤ婚姻ヨリ生シタル問題タ

三、階級ニ由ル禁止

リト雖婚姻ニ關スル問題ニアラズ

三 階級ニ由ル禁止、古代血統ヲ以テ社會團結ノ基礎トスル時代ニ於テハ祖先ノ如何ニヨリテ人民ノ階級ヲ立テ其間ノ交婚ヲ禁シタリ是レ各階級ヲシテ其血脉ノ純潔ヲ維持セシムルハ政治上ノ秩序ヲ保ツニ於テ大ニ必要ヲ感シタルカ故ナリ是ヲ以テ羅馬ノ初ニ當リテハ貴族平民ノ交婚ヲ禁シ「レキス、カヌレイア」ノ發布アルニ及ヒ漸ク其禁ヲ解クニ至レリ獨リ羅馬法然リトセズ希臘印度ヲ初メ各國ノ歴史ニ於テ此ノ如キ事實アリシヲ徴ス可シ今日ニ於テモ亦往々此種ノ禁止アルヲ見ル(英國ジョージ三世一二年條例一一篇一節參照)日耳曼聯邦中亦多少此種ノ禁止ヲナセル國ナキニアラズ此ノ如キ禁止ハ國外ノ効力ヲ有ス可キカ米國ハ特殊ノ主義ニ據リ婚姻ノ制限禁止ニ關スル外國法ノ効力ヲ認メズ故ニ此等ノ法律ハ到底米國判事ノ注目ヲ惹クヿ能ハザル可シ然レ圧吾曹ノ屢論ジタル如ク婚姻當事者ノ民籍如何ニ由リテ此等禁止ノ國際上効力ヲ認ムルヿ最至當ナリト信ズ

四、人種ニ由ル禁止

四　人種ニ由ル禁止、合衆國ノ或州ニ於テハ白皙人種ト銅色人種トノ婚姻ヲ禁スル條例アリ

第二款　婚姻ノ方式

要素ト方式トノ區別

（五一）吾曹ハ略ホ婚姻ノ要素ヲ說キ了レリ即チ婚姻ノ要素ハ民籍地ノ法律ニ據ル可シトセリ然レ𪜈婚姻ノ方式ニ關シテハ亦其規定ヲ異ニス今之ヲ論スルニ先チ何ヲカ方式トナスヤヲ論セザル可カラズ即チ方式ト要素トノ區別ヲ明ニセザル可カラス或ハ曰ク法律ノ絕對的禁止ハ是レ要素ナリ其他ハ皆方式ナリト（フート四五頁及ソトマヨール對ヅ、バロルス及シノニン對メイラック）例セバ近親ノ婚姻ノ如キハ法律絕對的ニ之ヲ禁スルヲ以テ是レ要素ナリ幼者ノ婚姻セントスルニハ尊屬親ノ許諾ヲ要ス若シ之ナクンバ婚姻ヲシテ有效ナラシムル能ハズ是ノ如キ制限ハ絕對的禁止ニアラザルガ故ニ寧ロ方式トシテ論ス可キモノナリ即チ尊屬親ノ許諾ハ一ノ方式ナリト此區別ハ一瞥シテ

婚姻方式ハ擧行地法ニ從フ

甚ダ解シ難キガ如シト雖モ決シテ不當ノ區別ニアラズト信ス當事者ガ婚姻ヲナシ得ルヤ否ヤノ問題ハ是レ要素ノ問題ナリ當事者如何セバ婚姻ヲナシ得ルヤハ是レ方式上ノ問題ニシテ要素ニアラズ

(五二)婚姻ノ方式ハ擧行地ノ法律ニ從フ可シトスルヲ以テ原則トスヘルシウス曰ク行爲ノ方式ヲ決スルハ民籍地法ニアラズ物件所在地法ニアラズ行爲地法是レナリト(Si lex actui formam dat, inspeciendus est locus actus, non domicilii. non rei sitae.)又曰ク夫婦ノ居住スル土地ノ法律ニ從ヒ正當ノ方式ヲ踐ミテ爲シタル婚姻ハ夫ノ民籍地又ハ本國ノ法律ニ定メタル儀式ニ違フヲ理由トメ解除スルヲ得ズトメルラン曰ク是レ全ク自然法ノ契約ナリ是故ニ野蠻人一定ノ法律ナキ地方ニ於テ結婚スルモ他國ハ猶ホ其正當ノ婚姻タルヲ認ム可シト其他佛國ノ學者ハ多ク婚姻ノ方式ヲ以テ擧行地ノ法律ニ從フ可シトス英國ノ法律ハ明ニ此原則ヲ採用セリシノニン對メイラックニ於テ婚姻擧行地法ト民籍地法トノ衝突ヲ生セリ佛國ニ民籍ヲ有スル佛人佛國法ノ要スル方式ヲ

婚姻方式ノ專ラ民籍地法ニ從ハザル理由

踐マズシテ英國ニ於テ婚姻セリサークレッスウェル、クレッスウェル此ノ婚姻ヲ以テ有効ナリトシ判決ノ理由ヲ述ベテ曰ク契約ヲ爲スノ能力及ヒ不能力ノ問題ハ一ニ結約地ノ法律ニ從フ可シト此理由ハ甚タ不充分ナリ何トナレバ此問題タルヤ能力ニ關スル問題ニアラズシテ唯婚姻ヲナスニ先チテ爲ス可キ方式ニ關スルモノナレバナリ且ツ又婚姻ヲ以テ一ノ契約トナシ契約一般ノ規則ヲ以テ之ニ適用セントシタルハ是レ亦正當ナリト謂フ可カラズ此ノ如ク此判決ノ理由ハ甚ダ不備ナリト雖モ婚姻ノ方式ヲ以テ結婚地ノ法律ニ從フ可シトスルハブルック對ブルックノ判決例モ亦之ヲ認メタリ最近ノ判決例タルソトマヨール對ヅ、バルロスノ判決ノ理由トスル所大ニ缺點アルハ吾曹已ニ之ヲ述ヘタリト雖ブルック對ブルックト相一致セリ

（五三）凡ソ方式ノ擧行地法ニ支配セラル可キハ殆ント反對ノ議論アルヲ見ズ婚姻ノ要素ヲ以テ民籍地法ニ從フ可シトスル學者若クハ法律ト雖モ猶ホ且此原則ヲ承認ス況ンヤストーリー等ノ如ク要素ト雖

モ擧行地ノ法律ニ據ルヘシトノ說ヲ立ツル論者ニ至リテハ此規則ニ對〆反對ヲ試ム可キノ理ナシ(ストーリー一二二節)蓋シ場處ハ行爲ヲ支配ス(Locus regit actum)トハ國際法上ノ一大原則ニシテ婚姻ノ方式ヲ以テ擧行地法ニ據ルベシトスルハ殆ント此原則ヨリ生スル自然ノ結果ナリト謂フ可キナリ然レ𪜈場處ハ行爲ヲ支配ストハ必スシモ例外ナキニアラズ然ラバ全一行爲タル婚姻ニ於テ其要素ハ民籍地法ニ從ヒ其方式ハ擧行地法ニ從フ可シトナシ夫ノ要素ノ問題ニ關〆ハ故ラニ原則ノ例外トナスモノ抑何ノ理由ニ因ルカ吾曹ハ已ニ婚姻ノ社會上制度ニ〆單純ノ契約ト全一視スヘキニアラザルガ故ニ特別ノ考察ヲ要スルヿヲ論シ而〆婚姻ノ要素ニ關〆ハ擧行地ノ法律ニ據ランヨリハ寧ロ民籍地ノ法律ニ據ル可キヿヲ說ケリ結婚能力ニ關スル獨逸ノ大家サヴィニー氏ノ議論ハ最モ吾曹ノ左祖スル所ナリ氏謂ヘラク能力ノ問題ハ夫タル者ノ民籍地法ニ從フ可シ何トナレハ婚姻ニ由リテ妻タル者モ亦夫ノ民籍ヲ得ル者ニ〆此婚姻上民籍ノ地ハ即チ夫妻ノ永

住セント欲スル處ナレバナリ即チ結婚契約履行ノ地ナレバナリト其議論中契約履行トイフカ如キ文字ヲ含ミ多少ノ語弊ナキニアラスト雖其大主意ニ至リテハ最至當ノ見タルヲ信ス蓋シ婚姻トハ一生涯ノ結合ナリ合巹ノ禮ハ唯其端緒ヲ開キタルノミ是故ニ婚姻擧行地ヲ以テ直チニ行爲ノ地ナリト爲スハ大ナル謬見タル可シ婚姻要素ノ問題ハ男女畢生結合ノ問題ナリ畢生結合ノ地ハ即チ民籍ノ地ナリトセバ管轄ノ問題ハ略ホ已ニ決スル所アルヲ知ル可キナリ故ニサヴィニーハ唯能力ニ付テノミ論シタリト雖モ之ヲ擴充メ一切ノ要素ニ及ボスヲ得可シト信ス（サヴィニー八篇二七九節）吾曹ノ此議論ヲシテ正當ナラシメハ婚姻要素ヲ以テ民籍地法ニ從フ可シトスルハ亦決メ場所ハ行爲ヲ支配ストノ原則ニ對メ例外ナラザルヲ見ル可キナリ然ルニ方式ニ至リテハ其性質上大ニ要素ト異ナル所アリテ方式上問題ハ結婚ノ禮ヲ擧行シ了ル以前ニ於テ生スルモノニメ一タビ結婚シ了ルトキハ一切此種ノ問題ハ其迹ヲ歛ム可シ是レ大ニ要素ト異ナル所ナリ換言スレ

バ婚姻ノ要素ハ男女畢生結合ノ許否如何ニアリト雖モ婚姻ノ方式ナルモノハ畢生結合ノ端緒タル結婚ノ禮ヲ擧行スルニ至ル手續タルニ過ギズ是ノ故ニ要素ト方式トヲ區別スルヿ或ハ難シト雖法理上両者ヲ觀察スレバ劃然タル區別ノ其間ニ存スルアリテ結婚ノ方式ヲ以テ民籍地ノ法律ニ從フ可シトスルハ毫モ其理由アルヿナシ要素ハ民籍地法ニ方式ハ擧行地法ニ支配セラル可シトスルハ是レ宛モ場所ハ行爲ヲ支配ストノ大原則ノ適用ニシテ兩種ノ規定相両立シテ毫モ牴觸スル所アラズト信ス

故意ヲ以テ國法ヲ脱シタル場合

《五四》婚姻ノ方式ハ擧行地ノ法律ニ從フ可キヿ前節ニ於テ之ヲ論セリ然レモ若シ此規則ヲ絶對的ニ實行ストセバ大ニ弊害アルヲ見ル可シ何トナレバ甲國ノ人民甲國ニ於ケル婚姻法式ヲ蹴ムノ不便ヲ感スルトキハ故ラニ此不便ヲ避クルガ爲メニ他國ニ行キ玆ニ婚姻ノ式ヲ擧ケ而メ歸國スモ甲國ノ法廷ハ之ヲ如何トモスルヿ能ハザレバナリ若シ此ノ如ク容易ニ方式上制限ノ拘束ヲ脱シ得可シトセバ法律ノ効力

甚ダ弱キヲ覺エ大ニ國家ノ威嚴ヲ毀損ス可シ是ノ故ニユーベル謂ヘラク一國法律ノ定メタル方式上ノ制限ヲ免レンガ爲メ故ラニ外國ニ行キテ結婚スル者アラバ其婚姻ハ無効ナリ何トナレバ此ノ如キ行爲ハ結婚者ノ隷屬セル民籍地ノ法律上ニ詐欺ヲ行ヒタルモノナレバナリト(ユーベル一卷三篇六節)ブーヒール、ヴォートノ諸氏モ亦此說ヲ執ルモノナリ而シテポチエーモ亦大ニ此說ヲ主張メ曰ク假令ヒ其外國ニ於テ擧行セラレタリ𪜈本國法上ニ詐欺ヲ行ヒテ爲シタル婚姻ナルトキハ猶本國法ニ定メタル婚姻ノ有効ニ關スル條件及ヒ儀式ノ拘束ヲ免ルヽコトヲ得ズシテ斯ル塲合ニ於テ婚姻ハ不成立タル可シト(ポチエー「トレイテ、ヅー、マリアージユ」二六三)此等ノ學者ハ本國法律ノ規定ヲ避ケ故ラニ國外ニ爲シタル行爲ハ無効ナリトノ原則ヲ墨守スルヨリ此ノ如キ議論ヲ爲スナリ吾曹ノ見ル所チ以テスレバ此說タルヤ至當ノ見ニシテ一國法律ノ威嚴ヲ維持スルニ於テ最モ其必要ナルヲ見ル若シ此規定ナキトキハ外國ト容易ニ交通シ得ルノ位置ヲ占有スル國ニ於テハ著シキ弊害アルニ至ル可シ然ルニ英米ノ法律ハ之ニ反シ千七百六十八年英國ニ於ケルコムプトン對ベヤークロフトノ判決ニ於テ假令ヒ故意ニ國外ニ爲シタル婚姻ト雖モ之ヲ無効トセズトセリ其後ノ判決ニ於テ亦前判決ノ正當ナルヲ認メタルガ故ニ英法ハ今日已ニ一定セルカ如シ(フェルガッソン婚姻及離婚六三乃至六七參照)米國マッサチュセッツ州ノ判決モ亦同一主義ニ據レリ法廷ハポチェー等ノ遵奉セル主義即チ本國法律ノ規定ヲ避ケ國外ニ爲シタル行爲ヲ以テ無効トナスノ原則ヲ承認シタリト雖モ法廷ハ謂ヘラク婚姻ニ關メハ此原則ノ例外タリ婚姻ヲ以テ例外ト爲スハ是レ米國政畧ニ根源シ此ノ如キ結合ヨリ子女ヲ產出スル𪜈ハ父母ノ行爲ノ爲メニ其子女ヲシテ不幸ノ結果ヲ被ラシムルヲ避ケンガ爲メニ猶ホ故意ニ國外ニ爲シタル婚姻ノ正當ヲ認ム可シト(メッドウェイ對ニードハム、マサチュセッツ判決例一六卷一六〇頁プットナム、對プットナム、ピッカリング民判決例八卷四二三頁)吾曹ハ已ニポチエー等ノ議論ヲ以テ正當ナリトナセリ然ルニストーリーハ之ニ反對ノ有力ノ議論ヲ與ヘタリ曰ク此ノ如ク故意ニ國外ニ爲シタル婚姻ヲ認メズトセバ其結果二人ノ妻ヲ有スルニ至ル可シ今佛人佛法ヲ避ケンガ爲メ英國ニ行キテ妻ヲ娶レリトセンカ佛國法廷ハ其婚姻ヲ認メザル可シ故ニ更ニ佛國ニ於テ妻ヲ娶ルヲ得可シ而シテ英國法廷ハ第一ノ婚姻ヲ認ムルカ故ニ第二ノ婚姻ヲ認メザル可シ從テ其所出ノ子女ノ權利義務ニ關シテ混雜ヲ生セザルヲ得ズマッサチュセッツ法廷ノ主義ハ此矛盾ノ恐アルヿナシ此主義ニ從ヘバ多少ノ不便アルヲ免レズト雖夫ノポチエー諸氏ノ如ク結婚當事者ノ意思目的ニヨリテ區別ヲ立テ國外婚姻ニ於ケル一般ノ信用ヲ動カシ其所出ノ子女ヲシテ絕エズ自ラ其嫡出私生ニ關シテ恐懼ヲ懷カシメ且ツ結婚者ヲシテ自己ノ境遇ニ厭クトキハ自由ニ婚姻ノ無効ヲ申立テ神聖ノ義務ヲ破ルヲ得セシムルガ如キ不便不正ナル結果ヲ生スルニ比スルトキハ固ヨリ謂フニ足ラザルナリ或ハ謂ヘン各國ハ其臣民ノ婚姻ニ關シテハ其國內ニ爲スト否トヲ問ハズ禁止若クハ制限ヲ爲スノ權利アリト然レドモ是レ充分

ノ答辨ト謂フ可カラズ吾曹ハ主權ノ性質上國家ニ斯ル權利アルヿヲ疑ハズ然レ圧亦外國ニ於テハ此ノ如キ制限禁止ヲ遵奉ス可キ義務アルヿナシ是故ニ假令ヒ外國ノ禁止制限アリ圧外人我カ法律ニ定メタル方式ニ從テ結婚スル以上ハ我之ヲ正當ト認メテ可ナリ若シ佛國ノ法律ニ於テ外國ニ爲シタル佛人ノ婚姻ハ佛國ノ方式ニ據ルニアラザレハ無効ナリト決定スルヰハ外國モ亦云ハン我法ニ從ヒテ我國內ニ爲シタル婚姻ハ佛人間ト雖モ有効ナリト然ラハ佛國法律ハ佛人ノ佛國內ニ在ル間其力ヲ及ボスヲ得可シト雖モ國外ニ在ル人民及ヒ財產ニ對シテハ力ヲ及ボスヿヲ得ザル可シ而シテ外國ハ佛國ノ法律ヲ以テ不正ニ基キ文明國交際ノ事務ト政略トニ反シタル法律ナリト爲スヿ明ナリ要スルニ各國法律ニ於ケル婚姻上ノ禁止制限ハ國際上混雜ヲ生スルヲ免レズ是故ニ國民間ノ禮讓ニヨリ婚姻ヲシテ一般ニ其効力ヲ有セシメントノ精神ニ基ケル規則(擧行地法ニ從ヒ有効ナル婚姻ハ一般ニ有効ナリトノ規則ヲ指セルナリ)ノ目的ハ實ニ國法間ノ牴觸ヲ調

婚姻方式ハ民籍地法ニ從フ片ハ亦有効トス

和スルニ在リ然レ𪜈此規則ノ適用ノ範圍如何ニ關シテハ大ニ困難ノ問題ヲ生ス可シブルック對ブックルクニ於テ大審院長カメル卿ノ定メタル範圍ハ恐クハ中庸ヲ得タルモノナラン即チ婚姻ノ要素ハ民籍地法ニ從ヒ婚姻ノ方式ハ擧行地法ニ從フ可シトスルノ規則是レナリ然ヲハ法律ノ要素ニ關シ自國ノ法律ヲ避ケンカ爲メ故意ニ外國ニ於テ結婚セハ其婚姻ヲ以テ無効トスルヿ當然ナリト雖モ若シ唯方式ニ關スル規定ヲ免レンカ爲メニ國外ニ爲シタル婚姻ナル片ハ吾人ハ其擧行地法ニ合スルカ故ニ其正當ヲ認ムルヿ最便利ナリト信ス若シ然ラサレハ一人ニシテ二人ノ妻ヲ有シ得ルノ狀態ニ陷ル可ク各國法律ハ自ラ一夫多妻ノ正當ナルヲ認ムルノ已ムヲ得ザルニ至ル可シト(ストーリー一二四節)

(五五)夫レ此ノ如ク婚姻擧行地ノ法律ハ方式ニ關シ力ヲ及ボスモノナリト雖モ外國ニ於テ民籍地法ニ從ヒテ擧行シタル婚姻モ亦有効タリ(八、五〇、五一條ダイセイ四四則)蓋シ國ニヨリテ宗敎風俗ノ全シカラザルヨリ一時外國ニ居留スル者ト雖モ男女ノ畢生結合タル婚姻ヲ爲スニ當リテハ自國ノ規定ニ從ヒテ其式ヲ擧行スルヲ欲スル者尠カラザル可シ自國法律ハ婚姻ヲ以テ宗敎上ノ制度トナシ僧侶ノ干涉ヲ要ストシ居留國ノ法律ハ之ニ反シ婚姻ハ民法上ノ制度タルヿヲ認メ各其主義ニヨリテ儀式上ノ規定ヲ立ツル｜ハ居留國ノ法律ニ從ヒ全ク宗敎上ノ關係ナクシテ結婚ノ式ヲ擧グルハ大ニ結婚者ノ良心ヲ毀傷スルモノアルヘシ是故ニ若シ獨リ婚姻擧行地法ヲシテ婚姻ノ方式ヲ支配セシムトセバ大ニ不便ノ結果ヲ生シ居留外人ヲシテ自由ニ結婚スルヿ能ハザラシムルニ至ラン是レ民籍地法ヲシテ亦婚姻ノ儀式ヲ支配セシムル所以ナリ故ニルーヂング對スミス於テストウヱル卿謂ヘルヿアリ曰ク我英國ハ全ク宗敎ノ主義ヲ異ニセル諸國ニ於テ猶敎會ヲ保ツニアラズヤリスボンニ於テレグホーンニ於テ若クハオポルト、カヂス、スミルナ、アレッポ諸市ニ於テ或ハ條約ニヨリ或ハ許容ニヨリテ我宗敎ノ敎會ヲ設ケ此等ノ敎會ハ皆自國ノ法律ニ從ヒテ婚姻ノ儀式ヲ擧行スルニアラズヤ英人ノ露都ニアル者英國婦人ト婚スルニ當リ我英國宗敎ノ儀式ヲ措キテ希臘敎ノ方式ヲ奉セント欲スル者アラザル可シ或ハ又印度帝國ノ存在スル時ニ當リ印度居留ノ英人ヲシテ結婚ノ方式ニ關メ必ス可蘭經ノ指示スル所ニ從ハシム可シトイフモノアラザル可シ蓋シ一國人民ノ輿論慣行ハ假令ヒ交際上ノ關係ナシト雖必ス之ヲ尊敬スヘキモノナリ例セハ土耳格ノ國敎ハ回々敎ナリト雖土耳格帝國ノ大部分ニ於ケル希臘敎徒ノ婚姻ニメ若シ希臘敎ノ方式ニ合スレハ以テ正當ナリトシ其方式上ノ有効無効ニ關メ回敎ノ敎旨ニ據ル可キモノニアラズト信ス故ニ婚姻事件ニ關メ一國特殊ノ人民ノ慣行輿論ハ之ヲ寛容スヘキ丅是レ一ノ普通法ナリト謂フ可キナリ而シテ其寛容ノ範圍如何ハ先天ニ之ヲ論定スル丅難シト雖モ慣習ニ由リテ自ラ一定セリ云々又曰ク英國ノ判決例ハ擧行地方ノ定ムル所ニ從ヒ方式ヲ踐行セハ婚姻ヲ以テ有効トスル丅ヲ定メタリト雖モ反對推理ヲ以テ擧行地法ノ方式ヲ踐ムニアラザレハ有効ナラズト謂フ

可カラズ是故ニ國外ニテ婚セントスル者ニ對シテハ擧行地法ノ方式ニ從フノ最安全ナルヲ勸告スト雖モ法律上若クハ宗敎上ノ困難アリテ之ヲ爲スヿ能ハザルトキハ自國ノ法律ニ從フトモ亦有効ノ婚姻ヲ爲スヿヲ得可キナリ(ルーヂング對スミス)此爭訟ハ英國ガ喜望峰ノ地ヲ蘭國ヨリ得ルニ當リ年ヲ期シテ蘭國法律ヲシテ猶ホ其効力ヲ保タシム可キヿヲ兩國條約ニ記載セリ而シテ英國民籍ヲ有スル男女蘭國法ノ方式ヲ踐マズ英國法ニ從ヒテ結婚セシヨリ起リタル婚姻効力如何ノ問題ナリ判決ノ要點ハ一定ノ期間ハ蘭國法ノ効力ヲ存ス可キ條約アリト雖是レ唯此地ニ居留セル蘭人ノ便利ノ爲メニ定メタルモノニシテ英國人民ハ初メヨリ英國法ノ下ニ支配セラル可キガ故ニ此婚姻ヲ以テ不正トナス可キ理由ナシト云フニ在リ是故ニ吾曹ガ右ニ擧ケタルストウェル卿ノ言タルヤ判決ノ要點外ニ渉レルモノニシテ唯一判事ノ議論トシテ見ル可キノミ直ニ以テ英國法律ナリトナス可キニアラズ然レトモ英國ノ學者未タ之レニ向テ反對ヲ試ミタル者アルヲ聞カズスト

佛國ノ規定

婚姻方式ニ關スル諸國法制

ウェル卿ノ言今ヤ殆ント已ニ定論タルニ似タリダイセーノ如キ亦之ヲ承認セリ(ダイセー民籍論四四則例外)
曾ニ英國ニ於テ然ルノミナラズ佛國ノ法律モ亦相一致セリト信ス佛國民法第百七十條ニ擧行地法ノ方式ニ從ヒタル婚姻ハ正當ナリト規定セリト雖モ直ニ反對推理ノ解釋ヲ下ス可キニアラザル可シ何トナレバ斯ル解釋ヲ下スノ不正ナルノミナラズ第百七十條ハ種々ノ條件ヲ附スルヲ以テ見レハ自國ノ法律ヲシテ一切婚姻ノ事件ヲ支配セシムルノ主意ニ對シ便益上ヨリ生シタル一例外トシテ此條文ヲ設ケタル立法者ノ精神ナル可キヲ推測スルヿ難カラザレバナリ(佛民、一七〇)夫ノ米國ノ如キハ前節ニ於テ屢述ヘタルカ如ク常ニ婚姻ヲ奬勵スルヲ以テ其國ノ政略ナリト論スル者アルニ至レルヲ以テ亦此場合ニ於テ決メ英佛法律ト反對セザルヤ明ナリ
(五六八)吾曹ハ國際私法ノ範圍外ニ渉ルト雖𪜈便利ノ爲メ茲ニ婚姻ノ方式ニ關スル諸國ノ規定ヲ略述ス可シ羅馬ニ於ケル「コンフハレシオ」「コ

エムプシオ」等ノ方式ハ之ヲ措キ中世以降歐洲諸國ハ宗敎法ニ據リ千五百六十三年ニ於ケル「トレント」會議ノ決議ヲ採用セリ即チ凡ソ婚姻セントスル者ハ必ス僧侶及ヒ二人以上ノ證人ノ面前ニ於テセザル可ラズ是レヨリ〆耶蘇敎國ニ於テハ婚姻ノ儀式ヲ寺院ニ行ヒ新婚夫婦ハ互ニ聖書ニ據リテ宣誓スヘキモノトセリ然レ𪜈信敎自由説ノ盛ナルニ從ヒ或ハ「クエーカー」ノ宗徒ノ如キ敎旨上宣誓ヲ禁スル者アリ或ハ國敎ニ反對スルモノアリ甚シキニ至リテハ唯物論ヲ主張〆宗敎ニ反對スル者アリ而シテ法學ノ盛ナルニ從ヒ婚姻ヲ以テ全ク民法上ノ制度ナリトスルノ説其力ヲ得ルニ至リ到底此ノ如キ規定ハ實行ヲ得ズ〆竟ニ英國ニ於テハ婚姻ヲ寺院ニ於テ僧侶及身分取扱吏ノ面前ニ之ヲ擧ゲ若クハ唯身分取扱吏ノ面前ニ於テ之ヲ行フヲ許セリ是故ニ宗敎上ノ儀式ニ據ルモ民法上ノ儀式ニ據ルモ自由ナリ(「ウヰリアム」四世六年七年法律八五號)佛國ニ於テハ其ノ初メ宗敎上ノ制度ヲ取リシト雖モ革命後ハ婚姻ヲ以テ純然タル民法上制度ト見做シ四人ノ證人ノ立

方式ニ關スル英佛米三國規定ノ差

會ヲ以テ結婚者ノ一方ノ住處ニ於テ身分取扱吏ノ面前ニ之ヲ行フモノトセリ(佛民七五、七六、一六五、等)獨逸ニ於テモ亦民事的儀式ヲ用ヰ二人ノ證人ノ立會ニヨリ身分取扱吏ノ面前ニ於テ宣誓ス可シトス(一八七五年人事登記法五二條、穗積博士民法原理)

(五七)前節ニ於テ吾曹ハ諸國ノ儀式ヲ略述セリ然レ𪜈吾曹ノ見ル所ヲ以テスレバ婚姻ノ方式ハ吾曹ガ普通ニ謂フ所ノ婚姻ノ儀式ト全一視ス可キニアラズ英佛ニ於テ「フォルム」ト謂フ所ノモノハ「セレモニー」ト全一義ニアラザルナリ例セバ佛國民法第六十三條ニ定メタル結婚前ニ當リ身分取扱吏ノナス可キ公示ノ如キ是レ明ニ婚姻ノ方式ナリト雖モ之ヲ以テ婚姻ノ儀式トハ謂ハザル可シ(佛民六三)蓋シ婚姻ニ關スル問題ハ之ヲ二種ニ區別ス一ハ婚姻ノ實質ニ關スル問題換言スレハ婚姻自体ニ關スルモノ一ハ婚姻ノ方式ニ關スル問題即チ婚姻ノ擧行ニ關スル問題是レナリ婚姻ハ法律ノ認メタル承諾ニ基ケル一男一女畢生ノ結合ナリトセバ婚姻ノ實質如何ハ已ニ知リ得可キナリ是故ニ

双方承諾ノ有無、完全不完全、結婚者ノ數若クハ能力、法律ノ與ヘタル結婚權ノ有無如何ハ是レ直ニ婚姻實質ニ關スル問題ナリ此等ノ問題ノ外ニアルモノハ皆方式上ノ問題ナリト謂ヒ得可シ勿論法律ハ婚姻ノ實質ニ關シ一定ノ規則ヲ設クルト全シク方式ニ關シ亦規定ヲ立テ之ニ違フ者アラバ必ス民事上制裁ヲ加フルガ故ニ方式ト雖𪜈婚姻ノ要素ニアラズト謂フ可カラズ方式ト云ヒ實質ノ規定ト云フモ一國ノ法律ハ均シク之ヲ以テ要素トナスナリ然レ𪜈其性質上劃然タル區別アルヲ以テ國際上法律ノ効力ニ關シ差異ヲ生スルヿ怪シムニ足ラザルナリ或ハ更ニ一歩ヲ進メテ婚姻ノ實質ニ關スル規定ハ是レ婚姻ノ要素ナリ方式ニ關スル規定ハ婚姻擧行ノ要素ナリ婚姻ノ要素ニハアラズト謂フヲ得ン否ナ反テ其正當ナルヲ信ス是レ吾曹ガ慣用シ來レル婚姻要素ノ意義ニシ方式上ノ規定ハ一切要素ノ外ニ置キタリシヿヲ注意セザル可カラズ夫レ然リ方式ノ文字ハ普通慣用セル儀式ヨリハ更ニ廣濶ノ意義ヲ有スルモノナリ吾曹ハ先キニフ|ト｜ノ説ヲ擧ケテ

方式ナル字義ノ範圍ヲ畧述シ而シテ其以下ニ於テ婚姻ノ方式ハ擧行地若クハ民籍地ノ法律ニ從フ可キ乛ヲ説ケリ然ルニ此ノ如ク廣濶ナル意義ニ於テ方式ナル文字ヲ解スルトキハ擧行地法ノ方式ヲ踐ミタル婚姻ハ有効ナリトノ規則ニ對シ大ナル疑ヲ生ス可シト思考ス例セハ佛國ニ於テ丁年以下ノ男子ハ假令ヒ擧行地ノ方式ニ從フ𪜈父母ノ承諾ヲ得ザル婚姻ハ無効ナリトセリ(佛民一四八及一七〇)是レ父母ノ承諾ハ婚姻ノ實質ニ關スルモノ即チ婚姻ノ要素ナルカ故ニ佛國法ハ其効力ヲ國外ニ及ボサン乛ヲ主張スルモノナルカ或ハ父母ノ承諾ハ方式タルニ過キズト雖モ特別ノ理由ニヨリ原則ノ例外トナシタルモノナルカ吾曹ヲ以テ之ヲ見レバ父母ノ承諾ハ是レ一ノ方式ノミ勿論法律ニ於テハ之ヲ以テ要素ナリト云ハン然レ𪜈是レ擧行ニ關スル要素ナリ婚姻ノ要素ニアラズ何トナレバ丁年以下ノ男子ハ婚姻ヲ爲スノ權利ナキニアラズ父母ノ承諾ヲ得レバ固ヨリ完全ノ婚姻ヲ爲シ得ルナリ絶對的ニ婚姻ヲ爲シ得ルヤ否ヤノ問題ハ是レ要素ノ問題ナリ唯已

ニ婚姻ヲ為スノ權利アリテ之ヲ行フニ先チ為ス可キ事項ノ如キハ婚姻擧行ニ係ル一條件ニシテ決メ婚姻ノ要素トメ目ス可キモノニアラザレハナリ夫レ已ニ父母ノ承諾ヲ以テ婚姻ノ方式ナリトスレハ一般ノ原則ニ從ヒ外國ニ為シタル婚姻ハ假令ヒ承諾ヲ得ズト雖猶ホ佛國法廷ハ其正當ナルヲ認メザル可カラザルカ如シ然ルニ第百七十條ノ規定ハ之ニ反ス是レ何故ゾヤ或ハ立法者ハ父母ノ承諾ヲ以テ婚姻ノ要素ナリトシ要素ト方式トノ間ニ明瞭ノ分界ヲ立テ得ザリシ為メナランカ或ハ此分界ヲ明ニセリト雖モ丁年以下ノ男子ヲシテ父母ノ承諾ヲ得テ結婚セシムルコ其一時ノ血氣ニ任セテ無謀ノ擧ヲ為サンコヲ慮リ之ヲ保護センカ為メニ第百四十八條ノ規定ヲ設ケタルモノナルヲ以テ斯ル屬人法ノ統一ヲ謀ルカ為メニ國外婚姻モ猶ホ此制限ニ服ス可シトナセルナラン是レ所謂一國ノ政略タル法律規定ハ國際上ノ禮讓ヲ捨テ、一歩モ外國法ニ讓ラズトスルモノナリ而シテ米國ノ法律ヲ見ルニ國内ニ為シタル外人ノ婚姻ハ父母ノ許諾ヲ經ズメ有効タリ國外ニナシタル米人ノ婚姻モ亦然リ是レ米國ハ父母ノ許諾ヲ要セザルヲ以テ一國ノ政畧トナスガ故ニ此點ニ關シテハ一歩モ外國法ニ讓ラズトスルナリ(ホワートン一五〇節)米佛ノ規定全ク相反スト雖モ其國際上ノ精神ニ至リテハ全ク一ナリ英國ニ於テハ父母ノ承諾ヲ以テ婚姻ノ方式ナリト認ムルーヂング對スミスハ父母ノ承諾ヲ經ザル婚姻ノ正否如何ニアリ之ニ關スルストウェル卿ノ議論ヲ讀メバ以テ其方式タルヿヲ知ル可シ而シテブルック對ブルックニ於テ婚姻ノ要素ハ民籍地法ニ方式ハ擧行地法ニ從フ可シトノ原則ヲカメル卿ノ與ヘシヨリ爾後ノ判決皆之ヲ遵奉セルヲ以テ必ス父母ノ許諾モ亦擧行地法ニ從フ可キモノヽ中ニ在リ此ノ如ク父母ノ承諾ニ關シテハ英佛米各其規定ヲ異ニスルヲ見ル可シ是故ニ方式ハ擧行地(若クハ民籍地)法ニ從フトノ原則ハ必ズシモ一般ニ認ムル所ニアラズシテ唯一般ニ認ムルハ儀式ハ擧行地(若クハ民籍地)法ニ從フトイフノ原則タルニ過キザルヲ見ル可シ獨リ英國ノミ前規則ヲ完全ニ認メタリ(フート婚姻章)顧フニ佛米ノ規

日本ノ規定

定モ其理ナキニアラズ然レ𪜈佛人米國ニ於テ父母ノ許諾ヲ經ズシテ結婚シタリト假想セハ其婚姻米國ニ於テハ有效ナリ佛國ニ於テハ無效ナリ佛人國ニ歸リテ更ニ妻ヲ娶ルヲ得可シ是レ一男子ニシテ二人ノ妻ヲ有スルナリ酷ダ不都合ノ結果ナルノミナラズ所出ノ權利義務ニ關シ更ニ紛雜ヲ生ス可キヿ明ナリ是故ニ吾曹ハ英國ノ如ク完全ニ原則ヲ遵奉スルヲ以テ少ク𪜈便利ノ點ニ於テ勝レリト信ス然レ𪜈佛國ニ於テハ父母若クハ當事者ノ一方ハ結婚后一年內ニアラザレバ其婚姻ヲ銷除スルヿ能ハズトスルヲ以テ(佛民一八二、一八三)或ハ實際ニ於テ甚シキ弊ナカランカ

(五八)我日本民法人事篇ハ第四十三條乃至第四十九條ニ於テ婚姻ノ儀式ヲ規定セリ而シテ其第五十條ニ於テ外國ニテ日本人ノ婚姻セントスル者ハ其國ノ儀式ニ從フヲ得トセリ此條文ノ精神ヲ推シ且第五十一條ノ明文ニ據レハ外國ニテ擧行セル婚姻ト雖モ日本ノ儀式ニ據リテ有効タルヲ得ルヿ明ナリ是レ吾曹ガ己ニ論セシ所ト略ホ相一致

セリ然レ𪜈第五十條ノ規定ハ唯儀式ニ關スルノミ吾曹ガ所謂方式トハ大ニ其範圍ヲ異ニセリ第四十三條乃至第四十九條ヲ讀ム𪜈ハ自ラ明瞭ナル可シ尊屬親ノ承諾ノ如キモ之ヲ婚姻ノ必要條件中ニ記載セリ(八四章一節三十八乃至四十二)且ツ第五十條但書ニ於テ四章一節ハ國外ノ日本人ト雖モ之ヲ遵奉ス可シトセリ是レ徹頭徹尾佛國法律ヲ摸倣セシモノナリ

第三欵　婚姻ノ効果

(五九)婚姻ノ効果ニ關シテハ吾曹ハ之ヲ二部ニ分チ身分上ノ効果財産上ノ効果トシテ之ヲ論セントス蓋シ婚姻ノ効果ニ關シテハ古來各國區々ノ規定ヲナシ其種類ノ如キハ枚擧スルコト能ハズ夫ノ古代婦女ヲ奪掠シテ以テ己ノ妻トナシ或ハ賣買交換讓與ノ方法ニ由リテ妻ヲ得タル時代ニ於テハ蓋シ婦人ノ人格ヲ認メズシテ唯之ヲ以テ一ノ動産ト見做シタリシナリ故ニ當時ノ法律ヲ見レハ時効ノ如キ其中斷ノ如キ遺棄ノ

如キ婚姻方式ノ如キ凡ソ婚姻ニ關スル規定ハ一ニ動產取得ノ規定ニ均シカリシナリ羅馬十二銅標ヲ見テ之ヲ知ル可シ然レヒ社會ノ進步スルニ從ヒ或ハ宗敎ノ力ニヨリ或ハ德義ノ發達ニヨリ婦人ノ地位漸ク高ク妻ハ法律上身分ニ關ソハ夫ト對等ノ權利ヲ得唯能力ニ於テ夫ト異ナル所アルニ止マルニ至レリ(穗積博士。民法原理)是ノ故ニ吾曹ノ茲ニ論セントスル身分上ノ効果ノ問題ハ既婚婦不能力ノ問題ナリト謂フモ不可ナキナリ未開國ノ法律ニ在リテハ或ハ未ダ婦女ノ完全ナル人格ヲ認メズ之ヲ物件視スルノ規定ナキニアラズト雖モ此ノ如キ規定ハ文明國間ニ行ハル可キ國際法ニ於テ論スルノ價値ナキモノトス但シ既婚婦ノ能力ニ關スル制限ニ至リテハ文明諸國間ト雖モ猶ホ多少ノ異仝アルヲ免レズ其ノ異仝ノ點ハ即チ國際私法ノ問題トソ吾曹ノ注意ヲ要スルモノナリ財產上ノ効果ニ關ソハ亦種々ノ區別アリ我大學敎授穗積博士ハ之ニ關スル法律ノ主義ヲ大別ソ四種トス歸一主義、嫁資主義、共通主義、別產主義是レナリ歸一主義ハ最古ノ主義タリ

既婚婦ノ財產權行使ノ能力

ト雖モ今日ニ於テ全ク其迹ヲ斂メタルニアラズ別產主義ハ今日諸國ノ法制自ラ之ニ傾ケリト雖モ未ダ充分ニ之ヲ採用シタルモノアルヲ聞カズ要スルニ諸國ノ法制ハ此四主義ノ間ニ出入シ互ニ一致スルヿナクシテ國際法上ニ於ケル最モ錯綜シ最モ困難ナル一大問題ヲ組成セルモノナリ

（六〇）吾曹ハ茲ニ婦人ノ財產權行使ニ關スル能力ノ問題ヲ論セント欲ス學者概ネ謂ヘラク既婚婦ノ能力ハ元ト屬人法ニ屬ス可キモノナルヲ以テ此種ノ他ノ規定ト仝シク民籍地ノ法律ハ其人ノ身上ニ附屬シ外國ニ在リト雖モ其效力ヲ及ボスト此說タルヤ羅馬法系ノ學者ノ主トシテ唱道スル所ニシテ英國ノ學者亦之ヲ贊スル者ナキニアラズ（メルラン「レペルトアール」一〇節ヘンリー外國法論五〇頁フェルガッソン離婚及婚姻論三三四乃至三三六頁）大法官ケント曰ク未成年者既婚婦等ニ關スル規定ハ民籍地法ニ從テ一定シ各國ハ互ニ其規定ヲ敬重スルヲ以テ利益トナストストーリー曰ク結婚ノ民籍ニシテ變セザル以上

ハ財産處分ニ關スル既婚婦ノ權利行爲ハ專ラ民籍地法ニ從フ可キハ外國學者ノ一致スル所ナリ即チ既婚婦能力ノ問題ハ民籍地法ニ據リテ之ヲ決ス可キガ故ニ其行爲モ亦仝法ニ據リテ有効無効ヲ斷ズ可ク而シテ此規則タルヤ動產並ニ不動產ニ關シテ其適用ヲ見ル可キモノナリ若シ民籍地法ニテ既婚婦ハ夫ノ許諾ナクシテ財產ヲ讓與シ若クハ契約スル能ハズトスレハ假令ヒ國外ニ在リト雖モ猶ホ夫ノ許諾ヲ得ザレハ有効ノ讓與契約ヲナシ得ザル可シト(ストーリー一三七節)其他ブールノア、ローデンブルグ等ノ學者皆此說ヲ取レリ要スルニ能力ノ問題ハ所謂屬人法ニシテ民籍地法ノ規定ハ國際上ノ効力ヲ有ス可シトイフニ歸着スルカ如シ蓋シ能力ヲ以テ民籍地法ニ從フ可シトスルハ大半學者ノ主唱スル所ニシテ英國ノ法律モ亦此本則ヲ承認ス然レ𪜈英國ニ在リテハ著シク此本則ノ適用ヲ制限シ苟モ能力ノ問題ニシテ或行爲ニ關スル𪜈ハ行爲地ノ法律ニ從フ可シトシ唯能力自体ノ問題ニシテ或行爲ニ關係セザル𪜈ノミ民籍地法ニ據ル可シトセリ(能力ノ章參照)是故ニ能力ヲ以テ民籍地法ニ從フ可シトスルノ原則ハ英國ニ於テ殆ント其實行ヲ見ザルナリ何トナレハ法廷ニ於テ生ス可キ能力ノ問題ハ概ネ或一定ノ行爲ニ關係シテ生スレハナリ吾曹ノ信スル所ヲ以テスレハ能力ノ問題ハ一切行爲地ノ法律ニ從フ可キモノナリ蓋シ能力ノ問題ハ或行爲ヲナシ得ルヤ否ヤニ在リ或ハ賣買ノ能力トイヒ或ハ贈與ノ能力トイフガ如シ是ノ故ニ吾曹ハ行爲ヲ離レテ漠然獨立セル能力ナルモノアルヲ解スル能ハズ故ニ英國法廷ノ如ク能力ノ問題ハ民籍地法ニ行爲ノ能力ハ行爲地法ニ從フ可シトスルカ如キハ殆ント意義ナキ空言ナリト信ス若シ吾曹ノ言フ所ヲ以テ誤ラズトセハ場處ハ行爲ヲ支配スルモノナリ行爲地法ハ既婚婦ノ能力ヲ決ス可シ例セハ甲國ニ於テ婦ハ夫ノ許諾ナクシテ賣買シ得乙國ニ於テ能ハズトセバ乙國ノ婦ハ甲國ニ於テ賣買シ得ザルノ理ナク甲國ノ婦ハ乙國ニ於テ之ヲ爲シ得ルノ理ナキナリサヴィニーハ法律上ノ統一ヲ以テ論據トシテ曰ク一社會ノ人民其處ヲ異ニスルカ爲メニ一ハ或行爲ヲ爲シ得一ハ爲

結婚後ニ於ケル民籍變更ハ婦ノ能力ニ影響ヲ及ホス

シ得ズトスルハ法律上ノ統一ヲ缺クモノナリト然レ圧統一トハ種々ノ標準ヲ以テ之ヲ謂ヒ得ヘキカ故ニ必ズシモ有力ノ論トナスヲ得ズ

(六一)結婚後民籍ヲ變シタル片ハ婦ノ能力ニ關シ何地ノ法律カ最有力ナル可キヤ是レ亦大陸學者ノ喋々相論難スル所ナリ婦ノ財產權及ヒ能力ヲ以テ新民籍地ノ法律ニ據ル可シトスル者曰クポチェー曰クメルラン其他ブルガンダス、ローデンブルグノ輩是レナリ(メルラン「レペルトアール」遺言一節五節)プーヒール謂ヘラク結婚民籍ノ法律一旦婦ノ地位ヲ定メタル以上ハ以後ニナシタル民籍變更ハ以テ之ヲ動カスニ足ラズトドミゴーランモ亦此說ヲ取レリ(ブーヒール二二章二二乃至二七節)吾曹ハ諸家ノ議論ヲ詳擧スルノ煩ヲ避ケテ之ヲ一括スレバ婦ノ能力ニ關シテハ常ニ現在ノ民籍地法ニ從フ可シトスルヲ以テ學者間ノ輿論ナリト謂フ可シ其民籍ノ變更スルコ幾十回ナルニ關セズ必ズ結婚民籍地ノ法律ニ從フ可シトノ議論ノ如キハドミューラン、ブーヒール等諸大家ノ說ク所ナリト雖圧是レ殆ント其理ナキガ如シ吾曹ノ信スル所ヲ以テスレバ能力問題ハ必ズ或行爲ヲ待テ生スルモノナリ故ニ其行爲地ノ法律ニ從テ之ヲ決ス可キヿ已ニ論述セシ所ナリ諸學者ノ議論ハ到底空論タルニ似タリ

（六一二）吾曹ハ是ヨリ簡單ニ財產上ニ於ケル婚姻ノ効果ヲ論セントス前々節ニ於テ已ニ論シタルガ如ク財產上ノ効果ニ關〆法律ハ四個ノ主義ヲ有セリ吾曹ハ今茲ニ之ヲ說明スルヲ須ヰズ唯英佛二法ヲ比較〆諸法制ノ相仝シカラザルモノアルヲ證スルニ止ム可シ英國法ニ據レバ夫ハ婚姻ニヨリテ婦ノ既得セル叉ハ將來ニ得ントスル財產ヲ取得シ唯婦ノ財產トシテ存スルハ「パラフェルナリア」即チ化粧財產アルノミ近世既婚婦別產條例ノ發布アリテ大ニ舊來ノ慣習法ヲ變シタリト雖モ要スルニ英國ノ法律ハ猶ホ財產歸一主義ヲ取レルナリ佛國ノ法律ハ然ラズ婚姻ニ因リテ双方ハ其財產ヲ提供シテ共通ノ財產ヲ成シ夫ヲシテ之ヲ管理セシムルノミ即チ財產共通主義ヲ取レルナリ我ガ日本ハ從來ノ慣例ニ據レハ概ネ歸一主義ナリシガ如シ新民法ハ佛國

ニ摸倣シタルガ故ニ其規定知ル可キノミ(佛民一四〇〇條以下、一八八〇年英國既婚婦別産條例、日本民人、四二六條以下)然ラバ此等ノ規定ハ國際上ニ於テ如何ナル効力ヲ有スベキヤ吾曹ノ信スル所ヲ以テスレハ結婚民籍地法ニ據ルヲ以テ至當ナリトス蓋シ結婚民籍ノ地タルヤ夫婦ノ永住ス可キ推測ヲ有スル處ナリサヴィニーノ所謂婚姻履行地ナリ是故ニ婚姻ノ有効無効ハ此地ノ法律ニ從フ可シトスルノミナラズ當事者モ亦應サニ此法律ノ規定ニ從ヒ自己ノ權利義務ヲ確定センヿヲ期シタルヘキヿ明ナレバナリフィリモールノ時代ニ於テ英國ノ法廷ハ已ニ此主義ヲ採用シ婚姻ノ何ノ處ニ擧行セラレシヲ問ハス結婚民籍ニシテ英國ニ在ル以上ハ英法ニ從ヒ婦ノ動産ヲシテ一切夫ノ權利ニ歸セシム可シトセリ(フィリモール四卷三一一、三一二頁)サヴィニーモ亦大ニ此説ヲ主張セリストーリー謂ヘラク動産上ニ於ケル婚姻ノ効果ハ婚姻擧行地ノ法律ニ從ヒ不動産上ノ効果ハ不動産所在地ノ法律ニ從フ可シトスルハ是レ恐クハ英國慣習法ト相符合セルモノニシテ且ツ最完全ナル規定ナラント(ストーリー一五九節)然レ𪜈吾曹ノ確信スル所ヲ以テスレバ歸一トイヒ共通トイヒ皆是レ法律ノ作用ニ因レル財産上ノ處分ナリ婚姻ノ要素ヲ支配スル民籍地法ヲシテ其効果ヲ支配セシムルヿ甚ダ穩當ナルヲ覺ユルノミナラズ婚姻ノ性質如何ヲ觀察セバ擧行地法ノ當事者ニ於ケル雲烟過眼ニ過ギズ自己ノ權利義務ヲ確定ス可キ法律ト〆自己ノ永住セントスル土地ノ法律ニ注目シタルヿ盖シ爭フ可カラザルナリ

(六三)然レ𪜈不動産ニ關〆ハ全一規定ヲ適用セザルヿ學者ノ多ク唱道スル所ナリ是レ或ハ歴史上ノ理由ニ根據セルモノニシテ封建時代ニ於テ侯伯割據シ人民ノ大半ハ所謂土隷《サーフ》トナリ土地ノ附着物ト見做サレシヨリ以來國家ノ觀念ハ大ニ屬地的タルニ至リ苟モ我國家ノ一部タル土地ニ關〆外國法ノ干渉ヲ受ルヿアラバ是レ我最上主權ヲ毀損スルモノナリト思料シ是ニ於テ所謂最上主權ノ説起レリ此ノ沿革的理由ヨリシテ一般ニ不動産上ノ問題ハ一切其所在地法ニ從フ可キ

大陸ノ學說

モノニシテ外國法ノ容喙ヲ許ス可キニアラズトセリ（フート不動產ノ章參照）此ノ區別ニ對シバール、サヴィニーノ諸家ハ有力ノ非難ヲ加ヘタリト雖モ吾曹ハ盡ク之レヲ論述セザル可シ（財產ノ編參照）サヴィニーノ說ニ據レハ動產不動產ノ間ニ毫モ此ノ如キ區別ヲナスノ要ヲ見ズ巳ニ婚姻ノ財產上効果ヲ以テ結婚民籍地法ニ從フ可シトナス以上ハ不動產モ亦仝一法律ノ下ニ立タザル可カラズト普魯士法典及佛獨ニ於ケル有力ノ學者ハ亦此說ヲ取レリ（普魯士法典二篇一章三六五、三六九節サヴィニー八篇三七九節ウェヒテル二篇四九頁フェリックス一篇一八八節ドミューラン二卷九六三頁及三卷五五五頁ポチエー財產共通論前加篇一〇）

英米ノ學說

英米ノ學者ハ之ニ反シ不動產ハ全ク所在地法ニ從フ可シトセリ（バルジ一篇六一八ストーリー一五九一八六節）ウェストレイキ曰クドミューラン、サヴィニーノ論據ハ攻擊シ易カラズト雖モ其議論ヲメ英國ニ容レラレシムル能ハズ是レ一ハ英國ニ於ケル土地ノ完全所有權ノ取得ニ關シ嚴正ノ方式ヲ要スルト一ハ英國ニ於テ認メタル不動產上ノ

財產上効果ハ物件所在地法ニ從フトノ說

不完全所有權ト大陸諸國ノ婚姻法ニ據リテ得可キ權利ト其性質大ニ異ナルモノアルトニ因ルト（ウェストレイキ一版三六九章）顧フニサヴィニー等ノ論スル所ハ論理主義ノ一貫スルヲ見ルト雖モ沿革上ノ理由モ亦決メ之ヲ輕視ス可キニアラズ

（六四）猶一派ノ論者アリ謂ヘラク財產上ニ於ケル夫婦ノ權利ハ一ニ物件所在地法ニ從フ可シト吾曹ヲ以テ之ヲ見レハ是レ亦有力ノ議論タリ然レ𪜈今假例ヲ設ケン甲國ニ民籍ヲ有スル男女相婚セリ女子ハ甲乙丙ノ三國ニ於テ動產ヲ有セリ甲國ハ歸一主義ヲ取リ乙國ハ別產主義丙國ハ共通主義ヲ取ルトセバ財產上ニ於ケル男女ノ權利ハ甚タ混雜ス可シ是レ一家ノ經濟ヲ紊ルモノニアラスヤ純然タル論理ヨリシテ之ヲ見レハ物件所在地ノ法律ハ其權利ノ移轉ニ關メ一切ノ行爲ヲ支配ス可キ﹅甚タ其當ヲ得ルガ如シ然レ𪜈動產ニ定處ナク唯所有主ニ從フト（Mobilia sequuntur Personam.）ノ原則ハ唯是レ空漠タル法律上ノ擬制ニ過ギザルヲ見ルナリ之ヲ實際ニ徵スル𪜈ハ此論者ノ唱フル

所ハ殆ント行ヒ得ザル可シ（ダルジャントレ、二一八章フローランメモアール、二九二乃至二〇〇頁）

（六五）既婚婦ノ能力ニ關シ我法律ハ一毫ノ疑ヲ存セズ何トナレバ能力問題ハ本國法ニ從フ可キヿ法例第三條ノ明言スル所ナレバナリ其當否ニ付キテハ吾曹屢之ヲ論セリ然レドモ婚姻ノ財產上効果ニ關シテハ猶多少ノ疑ナキニアラズ若シ廣濶ナル意義ニ於テ法例第四條ノ規定ヲ解シ婚姻ノ財產上効果モ亦此中ニ含蓄セラルトセバ之ヲ管轄スルハ即所在地法ニ外ナラズ然レドモ前節ニ於テ陳ヘタルガ如ク若シ所在地法ヲシテ之ヲ支配セシムルトキハ言フ可カラザル不便ヲ生ス可シ故ニ吾曹ハ寧ロ婚姻ノ財產上効果ハ夫ノ本國法ニ據リテ支配セラル可シト謂ハント欲ス法例第三條ノ二項ニ據レバ親屬ノ關係及其關係ヨリ生スル權利義務ハ本國法ニ從フモノトス即チ親權ノ如キ父ノ子ニ對スル義務ノ如キ皆本國法ニ從フナリ彼ノ婚姻ニ由リテ財產ノ或ハ歸一シ或ハ共通スルガ如キハ夫トナリ妻トナリタルノ結果ニシテ夫妻ノ

關係ハ即親屬ノ關係タリ凡ソ相續トイヒ遺贈トイヒ若クハ婚姻上効果トイヒ皆是レ一家族ニ關係スル事項ニシテ其家族ノ隷屬セル社會ハ最之ニ關シテ利害ヲ感ス可キモノナリ是ノ故ニ吾曹ノ確信スル所ヲ以テスレバ婚姻ノ財産上効果タルヤ法例第三條二項ノ規定中ニ包含セラル可キモノナリ之ヲ一般ノ法理ニ照シ及ビ第三條ノ條文ニ據リテ立法者ノ精神ヲ推考セバ必ス本國法（或ハ民籍地法）ノ管轄ヲ認ム可キモノナルヲ見ルヘシ

英米學者ハ動産不動産ニヨリテ區別ヲ立ツルヿ己ニ之ヲ說ケリ我民法等ヲ見ルヰハ立法者亦大ニ動産ヲ輕メ不動産ヲ敬重スルノ迹アルヲ見ル然レモ法例等ヲ見ルニ兩者ヲシテ全ク其支配法ヲ異ニセシムルガ如キ傾向アラズ且又佛獨ニ於ケル大家ハ皆コノ區別ヲナスヲ排擊シ英國ノ學者中不動産上効果ヲ以テ所在地法ニ從フ可シトスル者モ亦之ヲ自國ニ於ケル特殊ノ狀態ニ歸セリ（ウヱストレイキ、三六九章）是故ニ動産ト不動産トヲ問ハズ婚姻上ノ効果ハ凡テ本國法ニ從フトスル

結婚後民籍ヲ變更セハ財産上ニ如何ナル影響ヲ及ホスヤ

ヿ是レ我法律ノ精神ナリト解釋ス

(六六)婚姻後ニ於テ夫タル者其民籍ヲ移ス𪜈ハ財産上ニ於ケル夫婦ノ權利ハ如何ナル影響ヲ蒙ル可キヤ或ハ依然舊來ノ狀態ヲ改メザルカ或ハ新民籍地ノ法律ニ從フ可キカ例セバ英國ノ夫婦ハ例外ヲ除クノ外ハ其財産ヲ歸一セリ而シテ佛國ニ移住シ佛ノ民籍ヲ得シ𪜈ハ歸一ノ財産ヲ變メ共通トナス可キカ將タ猶ホ依然タル歸一ナル可キカ學者多ク不變説ヲ取ル蓋シ結婚ノ初ニ當リ財産契約ヲ爲ス𪜈ハ固ヨリ民籍ノ變更ニ因リテ權利ニ變更ヲ生スルヿナカル可シ是レ甚タ睹易キノ理ナリ財産契約ヲ爲サズ法律ノ作用ニ依リテ財産上ノ權利義務ヲ定メシ𪜈ト雖モ猶ホ且ツ新民籍地法ノ爲メニ從來ノ關係ヲ更メザルナリ是レ何ノ理由ニヨリテ然ルヤ佛ノドミューランハ之カ説明ヲ與ヘテ曰ク是レ夫婦間ノ默約ニ因ル即チ結婚ノ當時ニ於テ夫婦ハ其結婚民籍地ノ法律ニ據リテ双方ノ權利義務ヲ定メンヿヲ約シタルモノナリ是ノ故ニ其後ニ於テ民籍ヲ變ス𪜈毫モ其權利義務ヲ變更スル

コナシトメルランポチエー等ノ大家亦此說ニ贊仝セリ(メルランレペルトアールー財產共通一節三欵ポチエー財產共通論一章一〇)然レ𪜈吾曹ノ見ル所ヲ以テスレバ當事者双方ノ契約ニ依リテ其權利義務ヲ確定セザル時ニ於テ果メ法律ノ規定スル所ニ從フ可キ默約アリトイフヲ得可キヤ否ヤ甚タ疑ハザルヲ得ズ法律ハ或範圍內ニ於テ財產權上ニ關スル夫婦契約ノ自由ヲ認ムト雖モ其意思ノ表彰ナキ時ニ於テハ法律自ラ其主義ヲ實行スルモノニアラザルカ果メ然ラバ此ノ如キ塲合ニ於テ夫婦ノ權利ハ双方ノ默約ニ由リテ定マレルニアラズ法律ノ作用ニ由リテ定マレルナリ是ノ故ニド、ミューラン等ノ提出セル理由ハ甚タ巧ナリト雖𪜈是レ竟ニ巧ニ失セルモノト云フ可キナリフローランハ之ヲ評ノ薄弱ナル夢想的ノ學說ナリト云ヘリサヴィニーモ亦有力ナル不變論者ナリ其理由トスル所ヲ見ルニ曰ク結婚ヲナスニ當リ婦ハ夫ノ民籍ニ從ヒ甘ンシテ其法律ノ規定ニ從ヘルナリ此ノ塲合ニ於テ夫婦間ニ斯ル默約アリシヤ否ヤハ之ヲ論スルノ要ナシト雖モ唯婦タル者ハ結婚以前ニ於テ結婚民籍地ノ法律ニ服從スルヲ欲セザレハ之ヲ避クルヲ得タルガ故ニ畢竟自由ノ選擇ニ由リテ結婚民籍地ノ法律ニ服從セシハ爭フ可カラザルノ事實ナリ然ルニ婦ハ夫ト仝住ノ義務アルガ故ニ夫ハ一己ノ獨斷ヲ以テ夫婦ノ民籍ヲ變スルヲ得若シ反對論者ノ謂フ所ノ如ク新民籍地ノ法律ニ據リテ夫婦ノ財產上ノ權利ニ變動ヲ及ボスモノトセバ大ニ不都合ノ結果ヲ生ス可シ何トナレバ婦ノ結婚民籍地法ニ服從セシハ其承諾ニ由リテナリ承諾ニ由リテ得タル地位ハ亦承諾ヲ以テ之ヲ動カスヲ要ス然ルニ婚姻後ニ於テ婦ハ承諾ヲ與フル能ハザルナリ云々ト（サヴィニー、八篇三七九節）ウェストレイキモ亦仝一ノ論鋒ヲ用ヰタリ（ウェストレイキ、一八八〇年六四頁）吾曹ハ此議論ノ有力ナルヲ信スト雖モ猶ホ多少ノ疑ナキ能ハズ何トナレバ結婚民籍地ノ法律ニ據リテ夫婦ノ權利義務ヲ定メタルハ是レ婦タル者ノ自由意思ニ基ケル承諾ヲ經タルモノナリト雖モ一旦結婚スル以上ハ婦ハ夫ニ對シテ仝行仝住ノ義務アルガ故ニ或ハ夫ノ意思ニ由リ其永住地ヲ變更スルヿアル可キヲ豫想セザル可カラズ夫レ己ニ此豫想アリトセバ新民籍地ノ法律ニ據リテ自己ノ權利上ニ變動ヲ生スルヿアリ圧是レ亦豫想中ノ事件ナルノミ承諾ナシト謂フ可カラズ結婚ノ初ニ於テ既ニ豫メ承諾セルナリ結婚民籍地ノ法律ニ據リテ得タル婦ノ權利ハ實ニ既得權ナリ新民籍地法ニ據リテ之ヲ剝奪スルガ如キヿアラバ是レ既得權ヲ害スルモノナリ然レ圧其既得權ヲ害スルハ初メヨリ豫期セル所ナリトセバ之ヲ害スルニ於テ毫モ躊躇スル所ナカル可シフィリモールハ大ニサヴィニーノ此説ヲ稱揚シテ曰クサヴィニーノ論スル所ハ遙ニストーリーノ議論ニ勝レリト抑ストーリーノ誤レルヿ固ヨリ論ナシ何トナレハ氏ハ財産上ノ効果ヲ以テ擧行地法ノ下ニ屬セシメント欲スレバナリ然レ圧サヴィニー、フィリモール等ノ説ク所モ未ダ肯綮ニ中ラザル者アルニ似タリ吾曹ヲシテ之ヲ論セシメバ不變説ノ理由ハ唯社會ノ平和ヲ保維スルニ在リトイハン吾曹ハ默約又ハ承諾ノ有無如何ニ關セズ唯社會平和ノ目的ヲ以テ不變説ノ眞精神ナリト信スルナリ若シ民籍ノ變スル毎ニ夫婦間ノ權利義務ニ變動ヲ生スル片ハ共通ノ財產ハ忽チ歸一シ或ハ別產トナリ若クハ嫁資主義トナル此ノ如ク權利ノ移轉變更ニシテ頻繁ナル片ハ往々夫婦間ノ爭論不和ヲ生スルヿアル可ク且又一家經濟ノ整理上ニ於テ著シキ紛亂ヲ生ス可シ加之民籍ノ變動ニ因リテ權利ノ變動ヲ來ス片ハ夫タル者ハ或ハ婦ノ財產ヲ壟斷センガ爲メニ故ラニ外國ニ移住スル者アル可ク而メ婦ハ猶ホ之ニ順從セザル可カラズ人倫ノ至親タル夫婦ノ間ヲシテ此ノ如キ弊害アルニ至ラシメバ是レ實ニ一家ノ幸福ヲ滅却シ社會ノ德義ヲ紊亂スル者ナリ彼ノ不變說ハ實ニ此社會上必要ヲ以テ眞誠ノ根據トナセルモノナリト確信ス

民籍變更後ニ取得セル財產

（六七）更ニ一步ヲ進メテ民籍變更後ニ得タル財產ニ關シ夫婦ノ權利如何ニ論及スヘシ是レ亦學說ノ區々一致セザル所ナリバルジ曰ク夫婦ノ財產上權利ハ其ノ婚姻前ニ得タルト否トヲ問ハズ一切結婚民籍地ノ法律ニ從フ可シトスルハ學者一般ノ輿論ニシテ之カ反對ヲ試ム

ル者甚ダ稀ナリ是レ蓋シ斯ル權利ハ默約ニ由リテ定マルトスルノ學説ヨリ生スル必然ノ結果ナリ然レ𪜈此學説ヲ排斥シテ斯ル默約ナルモノナシトシ夫婦ノ財產上權利ニ關スル規定ヲ以テ通常一般ノ物件法ナリトスル𪜈ハ吾人ハ更ニ思慮ヲ勞スルヲ要セズ何トナレハ現在及ヒ將來ノ財產ニ關スル夫婦ノ權利ハ一切物件所在地法ニ從フ可ケレバナリ(中略)動產ノ所在地ハ法律上ノ擬制ニ依リ所有主ノ民籍地タリ是ノ故ニ動產ニ關ソ管轄ノ力アル法律ハ民籍地法ニ外ナラズ然ラバ所有主ニメ其民籍ヲ變スル𪜈ハ動產ノ所在地亦變スルモノナリ舊民籍ノアル處ヲ見ル可シト(バルジ二卷一部七篇八節)氏ハラッシュレイ對民籍地ノ法律ハ已ニ所在地法ニアラザルナリ故ニ動產ニ關メハ現在ホッグノ判決例ヲ引證セリ是ヲ以テ之ヲ觀レハ氏ハ民籍移轉后ノ財產ニ關メハ新民籍地法ノ効力ヲ認ムルガ如シストーリーモ亦此說ヲ取ル而シテ此主義ヲ採用セル米國ノ判決甚ダ多シ(ストーリー一八九節ホワートン一九六節註二)然ルニウェストレイキハ之ニ反對セリ(ウェスト

レイキ三六七、三六八章)蓋シ默約說若クハ承諾說ヲ取ル者ニ在リテハウエストレイキト其說ヲ全ウセザル可カラザルナラン然ラザレハ其論理ヲ貫クヿ能ハザル可ケレバナリバルジノ言フ所其當否ハ之ヲ措キ能ク英法ノ精神ニ合セルモノト謂フ可シ吾曹ハ已ニ社會必要說ヲ立テヽ前節ニ於テ不變說ノ基礎トナサントセリ一般ニ之ヲ謂ヘバ民籍ハ私權ノ界標ナリ此等ノ權利ノ如キ民籍地法ニ從フ可キヲ當然トス唯其社會上ノ必要アルヨリ過去ノ民籍地法ヲシテ其力ヲ繼續セシムルノミ然レトモ民籍移轉后ニ取得セル財產ニ關シテハ毫モ舊民籍地法ノ規定ニ從フ可キ理由ヲ發見スルヿ能ハズ故ニ吾曹モ亦バルジ諸氏ト其結論ヲ全ウセント欲スルナリ

(六八)法律ハ夫婦ノ權利義務ヲ定ムト雖モ亦或範圍內ニ於テ双方ノ自由意思ニ依リ財產上ノ關係ヲ定ムルヲ許ス夫婦財產契約是ナリ(取一五章)是レ純然タル一ノ契約ナルヲ以テ總テ契約ノ規則ヲ適用ス可シ即チ其解釋ニ關シテハ民籍地法、其方式ニ關シテハ結約地法、其履行ニ關

ナハ履行地法即チ結婚民籍地ノ法律ニ從フ可シ(Bank v. Lee, 13 Pet, 107. De Lane v. Moore, 14 How. U. S. 253. ホワートン一九九、二〇〇節)

(六九) 吾曹ハ次ニ正嫡ニ關シテ論セム學者概子所出ノ正嫡、私生ヲ以テ婚姻ノ効果ナリトセズ然レ𪜈子女ノ正嫡タルハ婚姻ノ正當ナルニ因レリトセバ婚姻ノ効果ヲ研究スルニ當リ之ヲ論スルヿ甚ダ其當ヲ失スルモノニアラザル可シ蓋シ正當ナル婚姻ヨリ生シタル子女ヲ以テ正嫡子トナスハ世界萬國皆一致セルガ故ニ茲ニ之ヲ論スルノ要アルヲ見ザルナリ然レ𪜈彼ノ後婚認正(レジチマシオ、ペル、サブセクェンス、マトリモニウム、)ノ如キハ國ニヨリテ或ハ之ヲ認メ或ハ之ヲ認メズ此等國際上ノ効力ハ亦一考ヲ要ス可キモノタリ吾曹ノ信スル所ヲ以テスレバ正嫡子ナリヤ否ヤハ是レ身分ノ問題ニ〆社會上ノ地位之ニ因リテ定マルモノナリ是ノ故ニ其人ノ隷屬スル社會ノ法律之ヲ決ス可キヿ勿論ナリトス其法律ハ即チ民籍地法ニ外ナラズ或ハ亦之ヲ以テ婚姻ノ効果ナリトスルトキハ婚姻ノ成立ヲ支配ス可キ法律ハ即チ正嫡私生ヲ判斷ス可キモノタリ而メ其法律ハ亦民籍地法ニ外ナラズ英國ニ於テハ遺産ノ相續ニ關メ屢此問題ヲ喚起セリ而メボーイス對ビデイルノ判決ハ近來ニ至ルマデ大ニ勢力ヲ有シタリキ英國ニ民籍ヲ有スル者佛民籍ヲ有セル甲某ノ子乙某ニ遺言メ動産ヲ與ヘタリ然ルニ佛國ハ後婚認正ヲ認メ英國ハ之ヲ認メズ英國ノ判事謂ヘラク遺言ノ解釋ハ英國ノ法ニ從フ可シ何トナレハ遺言者ノ民籍ハ英國ニ存在シタレバナリ然ルニ英國ハ後婚認正ヲ認メザルニヨリ法廷ニ於テ乙某ヲ甲某ノ嫡出ナリトナスヲ得ズ何トナレハ我法廷ノ所謂子トハ正當ノ婚姻ニ由リテ生レタルモノニ限レルヲ以テ遺言中ノ子ナル文字モ亦之レニ從ヒテ解釋スレバナリト(Boyes. v. Bedale, 1. H. & M. 798)畢竟正嫡ノ問題ハ最多ク相續ノ問題ニ牽連メ生スルモノナリ而メ英國ハ近來ニ至ルマデ此主義ヲ遵奉シ外國ノ後婚認正ハ我之ヲ認メズトセリ其他種々ノ判決アリト雖モ一ニボーイス對ビデイルヲ準則トセリドー、ヅ、バートウヰツスル對ヴハーヂルニ於テ判事リッツルデイルハ說ヲナシテ曰ク人ノ身分ハ必ズシモ各國之ヲ遵奉ス可キニアラズ假令ヒ民籍地法ニ於テ或身分ヲ得タリトスルモ我英國法ト相背戻ス可キ結果ヲ生スルトキハ我法廷ハ之ヲ認メズト(Doe de Birtwhistle v. Vardill,5B.&E.545)然レ𪜈此等判決ノ當ヲ得ザルハ一見シテ之ヲ知ル可キナリ近來ニ於テインヽリー、グードマンストラストトノ判決ハ全ク以前ノ判決ヲ顚覆シテ新規則ヲ確立シタリ佛國ニ於テ後婚ニ因リ認正セラレタル小兒ノ英國ニ於テ遺言者ノ動產ヲ受ケ得可キヤ否ヤノ問題ニ關シ法廷ハ說ヲ述ベテ曰ク凡ソ人ノ身分ハ其民籍地法(出生時ニ於テノ父ノ民籍)ニ從ヒテ決ス可キモノナリ身分一タビ定マルトキハ其人ノ何處ニ在ルヲ問ハズ其身上ニ附着シテ各國ノ承認ヲ受ク可キモノタリト而シテ痛クボーイス對ビデイルノ判決ヲ攻擊セリ是ノ故ニ今日ノ英法ハ全ク從前ト相反シタルモノトイフ可シ然レ𪜈此判決ニ據レバ出生時ニ於ケル父ノ民籍地ニ據ル可シトスルナリ然ラハ今甲乙ノ男女英民籍ヲ有シ私通ニ由リテ一子ヲ產シ其後善意ヲ以テ佛國民籍ヲ得テ茲ニ正當ノ婚姻ヲナシタルトキハ其子ヲ認正セリ𪜈英國ハ其嫡子タルヲ認メザルカグードマンス、トラストノ場合ニ於テハ出生時ト婚姻ヲナシタル時トニ於ケル民籍相仝シカリシヲ以テ此問題ヲ決スルニ不充分ナルガ如シト雖判事ノ謂フ所ヲ以テスレバ英國法ハ出產ノ當時ニ於ケル父ノ民籍地法ナルガ故ニ英國法廷ハ其正當ヲ認メザル可キカ如シ若シ此推測ニメ誤ラズトセバ英國法廷ハ大ナル誤謬ニ陷レルモノナリト思考ス蓋シ身分ハ固有民籍ニ依リテ一定シ已ニ一定シタル以上ハ之ヲ變スルヲ得ズトスルハ甚シキ謬見ト謂ハザル可カラズ身分ハ常ニ變更シ得ルナリ唯吾曹ノ信スル所ヲ以テスレバ身分ハ社會上ノ地位ナルガ故ニ民籍地法之ヲ管轄ス可キノミ故ニ出生ノ時ニ當リテ固有民籍地法之ヲ以テ私生兒トナス𪜈其後民籍ヲ移メ他ノ社會ニ入ルトキハ身分取得ニ關シ其國法ニ從フ可キハ當然ナリ然レ𪜈今夫婦ハ佛國籍ヲ得タリト雖其子ハ猶ホ英民籍ヲ有シタリトセバ如何曰ク認正ニ因リテ私生兒ノ公生兒タルハ婚姻ノ一効果トメ見ル可キモノナリト雖モ身分ハ其者ノ民籍地ト最モ密接ノ關係ヲ有スルモノナリ佛國法如何ニ之ヲ認ム𪜈到底英國籍ヲ有スル小兒ニ其効力ヲ及ボスヿ能ハズト信ス然レ𪜈父ノ民籍變ズル𬼀ハ子ノ民籍モ亦從テ變ス可ク父ノ不分明ナル𬼀ハ母ノ民籍ハ子ノ民籍タリ而〆婚姻ニ由リテ母ノ民籍ハ其夫ノ民籍ニ從フガ故ニ子ノ民籍亦從テ變ズルナル可シ是ノ故ニ吾曹ノ想像シタル場合ノ如キハ之ヲ見ルヿ甚ダ稀ナリ

フートハ正嫡ニ關スル英國法律ノ不正ヲ論シ植民地ノ法律ニ關スル場合ヲ擧ゲテ曰ク英國法律ハ亡妻ノ姉妹ヲ娶ルヲ禁シ其所出ハ勿論之ヲ不正兒ト見做ス然ルニ植民地ノ法律ヲ見ルニ往々斯ル婚姻ノ有効ヲ認ムルモノアリ蓋シブルック對ブルックノ判決等ニヨリテ之ヲ見レハ英國ハ此種ノ婚姻ヲ以テ敗德亂倫ノ行爲トナスガ故ニ假令ヒ夫ノ民籍地法之ヲ許ス𪜈其英國法廷ニ於テ訴訟トナルニ至リテハ斷然之ヲ以テ不正ノ婚姻ト見做セリ然レ𪜈植民地法律ハ英國皇帝ノ認可ヲ經タルモノナリ英國主權者已ニ裁可ヲ與ヘタル以上ハ英國法廷ハ之

ヲ以テ不正トナス能ハザル可シ然ラハ法廷ハ之ヲ以テ有効ナリトナス可ク婚姻已ニ有効ナル以上ハ其所出モ亦正嫡ナリトセザル可カラズ然ルニ實際ニ於テハ英國法廷ハ常ニ全ク之ト反對ノ結果ヲ生ジツヽアルナリ蓋シ正嫡ノ問題ニメ或事件ニ牽連スルヿナクメ法廷ノ爭點タルヿアラバ法廷ハ前ニ陳タルカ如ク固ヨリ之ヲ認メザル可カラズト雖此等ノ問題ハ獨立ニ發生ズ可キモノニアラズ必ズヤ相續遺贈等ノ事項ニ關係メ生ズルモノナリ是ニ於テカ法廷ハ曰ク遺言ノ文意字義ヲ解スルノ權アリ英法廷ハ子ナル文字ヲ以テ正當ノ婚姻ヨリ生ジタル子ヲ指スモノトナスナリ、是ノ故ニ假令ヒ植民地ノ法律ニ據リテ亡妻ノ姉妹トノ結婚ヨリ生ジタル子女ハ公生兒ナリトナスト雖モ吾人ハ此ノ如キ婚姻ヲ以テ不正トナスガ故ニ吾人ノ解釋ニ據レバ遺言中ノ子トハ決メ此ノ如キモノヲ指シタルニアラズトナスト或ハ又不動產ノ相續ニ關メハ物件所在地法ハ相續人ノ私生公生ヲ決スルノ權アルヲ以テ民籍地法ノ規定ヲ顧ミズト云ヘリ（バートウヰツスル對ヴハーヂル)是ノ故ニ絶体的ノ正嫡ノ問題ニ於テハ國際私法上ノ主義ヲ採リ動産不動産ノ相續等ニ關スル𪜈ハ我ガ固有法ヲ取ル是レ太タ疑フ可キ規定ト謂ハザル可カラズト蓋シ氏ノ此說タルヤ最モ吾曹ノ意ヲ得タリ然レ𪜈氏ハグードマンストラストノ判決以前ニ於テ其國際私法ノ著成リシガ故ニ此議論アリシナリ然レ𪜈今ヤ該判決ニ據リテ人ノ身分ハ民籍地法ニ據リテ決ス可キヲ定メタリ故ニ今日ニ在テハ此場合ニ於テ氏ノ指示シタルガ如キ矛盾アルヲ見ザル可シ

我法律ハ一言ニシテ盡セリ曰ク身分ハ本國法ニ從フト法例第三條之ヲ明言ス

第四章　離婚

（七〇）離婚制度ノ種類
（七一）離婚ハ民籍地法ニ從フ
（七二）民籍地法ハ專屬タルヲ要セザルニ似タリ
（七三）離婚ニ關スル婦ノ獨立民籍

（七〇）離婚ニ關スル法制ハ各國相同ジカラズ歐洲ニ於テ曾テ耶蘇舊敎ノ盛ナル時代ニ當リテハ全ク之ヲ禁止シタルヿアリキ然レ𪜈此ノ如キ規定ハ畢竟犯罪ヲ繁クシ私生兒ヲ增シ社會ノ風紀ヲ維持スルヿ能ハザルヲ以テ彼ノ神意ヲ以テ結合セラレタルモノハ人力ヲ以テ之ヲ分離スヘカラズ(Quod duus coniunxit, homo non separat)ト云ヘル敎旨モ竟ニ法律上ノ勢力ヲ失ヒ今日ノ法律ハ新敎國ト舊敎國トヲ問ハズ或一定ノ原因ニヨリ離婚ヲ許スニ至レリ蓋シ離婚ニ關スル法律ヲ大別スレバ自由主義、禁止主義、制限主義ノ三ナリ自由ト禁止トハ是レ共ニ極端ニ立ツモノナルヲ以テ文明諸國ハ多ク制限主義ヲ採用セリ然レ𪜈其離婚ニ關スル法定ノ原因ニ至リテハ諸國各規定ヲ異ニスホワートンハ其著書二百五節ノ註ニ於テ此等法制ノ分類ヲ掲ケタリ吾曹ハ今之ヲ枚擧スルノ勞ヲ避ケ唯ホワートンノ著書ヲ一覧センヿヲ敢テ讀者ニ請ハントス我日本民法モ亦制限主義ヲ取レリ（八五章）

離婚ハ民籍地法ニ從フ

（七一）婚姻ハ社會上ノ制度ナリ社會ノ秩序ト德義トニ關スルヿ大ナリ是ノ故ニ立法者ハ一旦成就セル婚姻ヲシテ己ムヲ得ザルノ情實アルニアラザレバ永久ニ繼續セシメンヿヲ欲ス此ノ如ク立法者ノ離婚ヲ嫌忌スルヤ實ニ甚シ故ニ國際法上ニ於テモ亦仝一精神ノ發表セルヲ見ル歐米ノ法律ヲ見ルニ離婚ヲシテ正當タラシメンニハ必ス民籍地ノ法廷ニ於テセザル可カラズ外國法廷ノ宣告シタル離婚ハ無効ナリ

諸國ノ法制

獨逸ニ於テハシェフテル、バールノ輩之ヲ唱ヘ佛ニ於テハ千八百八年二月パリ控訴院此主義ヲ採リ千八百二十二年十一月大審院亦仝一ノ判決ヲ下シタリ（シェフテル一六〇頁、バール九二節）蓋シ伊國白耳義ノ學者ハ國籍ノ有無ヲ以テ離婚ニ關スル法律管轄ヲ定ムルノ分界トナスト雖モ其誤謬ノ見タルハ吾曹ノ已ニ論セシ所ナリ英米諸國モ亦結婚民籍地ノ法廷獨リ離婚ヲ命スルヲ得可シトナス獨リ蘇格蘭ノ法廷ハ離婚ヲ以テ民籍地若クハ擧行地ノ如何ニヨリ其管轄ヲ定ム可キニアラズトシ民籍地ノ法律ヲ避ケテ離婚ヲ得ンガ爲メニ故ラニ此國ニ來リシ者ト雖モ猶ホ蘇國法廷ハ離婚ヲ宣告シ得トナセリフィリモール四巻三三四頁)此主義ハ理論上并ニ適用上便利ノ點ニ於テ大ニ非難ヲ蒙レリ離婚ノ管轄ニ關シテハ英國ノ判決例甚ダ多シ而メ議論頗ル精細ヲ極ムルモノアリ其初ニ當リ英國法廷ハ婚姻擧行地外ノ法廷ハ離婚ヲ宣告スルヲ得ズトシチヤンチル、クレッスウェルノ諸判事ハ此説ヲ唱道セリ(ラニユーヴイユ對アンデルソン)然レモ此説タルヤ今日ニ於テハ全ク排斥セラレ民籍地法廷ヲ以テ正當ノ管轄ヲ有スルモノトセリシエー對グールドニ於テクランウォース卿曰ク若シ蘇國法律ノ如クンバ本國(民籍地)ニ於テ夫妻ノ關係ヲ絶ツヿ能ハザル者暫時隣國ニ在留メ忽チ自國法律ノ拘束ヲ脱シ離婚ノ目的ヲ成就メ乃チ歸途ニ就ク者アル可ク此ノ如クンバ隣國ノ法律ハ是レ一國主權ノ其臣民ニ對スル力ヲ剝奪シ去ルモノナリト且ツ曰ク然レドモ余ガ外國法廷ノ宣告シタル離婦ヲ排斥シ無効トナス所以ハ決シ婚姻擧行地法ヲ以テ離婚ヲ宣告ス可キ正當ノ管轄ヲ有スル者ナリトスルニアラズ此ノ如キ主義ハ一般法理ノ許サヾル所ナリ余ノ確信スル所ヲ以テスレバ耶蘇敎國一般ニ承認スル原則ハ身分上ノ問題ハ一切現在民籍地ノ法律ニ從フ可シトスルニ在リト

コロンゼイ卿ハ更ニ一歩ヲ進メテ曰ク離婚管轄ヲ決ス可キ標準ハ民籍ナリト云フモノアリト雖モ其所謂民籍ナルモノハ果シテ何ソヤ或ハ完全ノ民籍ナリトイヒ或ハ善意ノ民籍ナリトイヒ或ハ一切ノ目的ヲ以テ得タル民籍ナリトイフ然レドモ離婚ヲ宣告スルニハ果シテ此ノ如キ民籍アルヲ要スルヤ余ハ之レニ對シテ然リト云フニ躊躇セザル能ハズ今人アリ一切ノ事件ニ關シテ其民籍ヲ變セント欲スルニアラズ又離婚ヲ求メントスルノ故意アルニアラズシテ蘇國ニ移住セリトセ

ンニ偶其妻蘇國ニ於テ姦通シ蘇國ニ於テ之ヲ發見シ其證人モ亦蘇國ニ在リ是ニ於テ直ニ離婚ノ訴ヲ蘇國法廷ニ提起シ其宣告ヲ得タリトセハ假令ヒ其夫タル者ハ所謂完全ノ民籍ヲ蘇國ニ有セズト雖モ余ハ英國法廷ノ猶ホ斯ル宣告ヲ以テ無効トナス可キヤヲ疑フト吾曹ハ後段ニ於テ論スルガ如ク卿ノ議論ハ甚タ其當ヲ得タリト雖モ民籍ナル文字ノ解釋トシテ之ヲ見ルトキハ甚タ曖昧模糊ノ感ナキ能ハズ或ハ直チニ離婚宣告ノ權ヲ以テ專ラ民籍地ノ法廷ニ屬スルノ原則ヲ打破スルモノナリトイフ可シ何トナレバ吾曹ハ民籍ノ常ニ完全民籍タルヲ信シ支分的民籍トイフカ如キモノアリテ存在スルヲ認ムルコト能ハザレバナリハルヴェイ、對ファルニーニ於テ判事ハンナン判決ヲ下シテ曰ク民籍地ノ法廷ハ離婚ノ問題ヲ決ス可キ唯一ノ法廷タリ故ニ其法廷ノ宣告ハ物上判決ト其効力ヲ全ウシ各國之ヲ認メザル可カラズト吾曹ハ煩雜ヲ避クルカ爲メニ更ニ多數ノ判決例ヲ引援セザル可シト雖モ凡ソ此等ノ判決ニ於テ屢援引セル有名ナルローリース、ケイス（ラッセル及リアン刑事判決例一巻二三七)ヲ注意セザル可カラズ英國ニ國籍ヲ有スル男女英國ニテ結婚シ其后夫ハ蘇國ニ於テ離婚ノ宣告ヲ受ケ英國ニ歸リテ更ニ妻ヲ娶レリ十二人ノ判事ハ此事件ヲ裁判シテ夫タル者ハ重婚罪ヲ犯シタル者ナリト判決セリ而シテ此判決ハ英國法廷ノ婚姻擧行地法廷タリシ理由ヲ以テ蘇格蘭ノ離婚ヲ無効トナセルガ如シ若シ然ラバ是レ近世諸判決ト相牴觸スル者ナリ(マンニング對マンニング)然レモ此判決ニ關シテ種々ノ解釋アルカ如シ(マッカーシー對ドケイ)要スルニ諸判決ノ傾ク所ハ民籍地ノ法廷ヲ以テ離婚ニ關スル專屬裁判所ナリトナスモノニ似タリ(フート六〇頁)

米國ノ法律モ亦然リホワートン曰ク離婚ノ管轄ハ民籍地法廷ニ限ル何トナレバ民籍地ハ即チ最終ノ住處ナレバナリ若シ唯暫時ノ住居ノミヲ以テ離婚ノ管轄アリトセハ婚姻ハ終身ノ身分ニアラズシテ唯夫ノ隨意ニ係ル身分タルナリ夫レ此ノ如ク各國法廷ハ自國人民ノ上ニ宣告セル外國ノ離婚ヲ以テ無効ナリトセリ是ノ故ニ亦相互主義ニ據リ

民籍地法廷ハ專屬タルヲ要セザルニ似タリ

外國人民ノ上ニ決ソ離婚ヲ宣告セザル可シト

（七二）英國其他ノ法律ハ右ニ述ブル所ノ如シ然レ𪜈吾曹ノ見ル所ヲ以テスレバ未ダ穩當ナラザルモノアルガ如シ蓋シ民籍地ハ其人ノ永住ス可キ推測アル所ナリ婚姻ハ男女終身ノ結合ナリトスレバ其婚姻ノ解除銷除ニ關シテ最モ利害ヲ感スルモノハ民籍地ニ外ナラズ是ノ故ニ民籍地法ヲ以テ離婚事件ヲ支配スルハ社會ノ必要上實ニ至當ナリト確信ス例セバ婦女毆打ヲ以テ離婚ノ原因トナス國アリ又ナサヾル國アリト假定セヨ甲國ノ夫婦乙國ニ於テ在留セル時ニ當リ夫タル者其婦ヲ毆打セバ乙國ニ於テ之ヲ離婚ノ原因ト認ムルガ故ニ婦ヲソ直ニ離婚ノ訴訟ヲ提出スルコトヲ得シムトセバ其婚姻ニ關ソ最モ利害ヲ有スル民籍地タル甲國ノ法律規定ハ大ニ其効力ヲ減殺セラレ甲國社會ハ著シキ不利益ヲ蒙ル可シ顧フニ離婚管轄ノ問題ハ婚姻管轄ノ問題ト正ニ全一理由ヲ以テ説明スルヲ得可シト信ス然レ𪜈民籍地法ト民籍地法廷トハ大ニ區別ヲ立テザル可カラズ吾曹ハ離婚事件ノ

民籍地法ニ從フヲ以テ正理ナリト信スレ𪜈民籍地法廷ヲ以テ專屬裁判所ナリトナスニ至リテハ甚シキ不便ノ結果ヲ生セザルヤヲ疑フ吾曹ハ之ヲ說明スルカ爲メニコロンゼイ卿ノ引例ヲ借ラン英國ノ夫婦蘇國ニ在リト假定セヨ彼等ハ久シク蘇國ニ在住スルノ意思アリト雖モ猶ホ英國ノ民籍ヲ拋棄セズ而シテ其婦蘇國ニ於テ姦通シ其姦通ノ事實ハ蘇國ニ於テ發見セラレ其證人モ亦蘇國ニ在リトセバ夫タル者ハ獨リ其民籍ノ蘇國ニ在ラザルガ爲メニ離婚ノ訴訟ヲ蘇國法廷ニ提出スルヿ能ハザルカ英國ト蘇國トハ相近キガ故ニ甚シキ不便ヲ感セザル可シト雖其離婚原因ヲシテ日本ニ起ラシメバ如何夫ハ萬里ノ英國ニ歸リテ訴ヲ起サヾル可カラズ而シテ最モ必要ナル證人ハ英國法廷之ヲ召喚スルノ權利ナシ此ノ如キハ大ニ不便ナラズヤ然レ𪜈英國法ノ主義ニ從ヘバ是レ已ムヲ得ザルノ結果ナリコロンゼイ卿ハ謂ヘラク此ノ如キ場合ニ於テ外國ニ訴訟ヲ起シ外國法廷ヨリ離婚ノ判決ヲ得レバ英國法廷ハ猶ホ其宣告ヲ以テ無効トセザル可シト然レ𪜈卿

ハ英國法ノ精神ト背馳スルヲ恐レ故ラニ附會ノ說ヲ立テ、民籍ノ意義ヲ不相當ニ擴張シ竟ニ之ヲシテ茫漠捕捉スル所ナキニ至ラシメタリ(前節參照)吾曹ノ管見ニ據レハ歐米ノ學說法律ハ太ダ極端ニ走レルガ如シ蓋シ民籍ヲ以テ離婚管轄ノ標準トナス可シトナスノ理由ヲ問ヘハ曰ク一身上ノ身分ハ民籍地法ノ支配ス可キ所ナリ曰ク夫ノ意志ニ依リテ居處ヲ變シ民籍地法ノ効果ヲ避クルニ至ルヲ拒クガ爲メナリト吾曹ヲ以テ之ヲ見レハ此等ノ議論ヤ甚ダ善シ然レ𪜈是レ唯民籍地法ヲシテ離婚問題ヲ決セシムル理由トナスニ足ルノミ未ダ民籍地法廷ヲ以テ專屬裁判所トナスノ理由トナスニ足ラザルカ如シ何トナレバ民籍地法ヲシテ離婚問題ヲ決セシムル以上ハ右ノ理由ヲ滿足セシムルガ爲メニ故ラニ唯一ノ法廷ニ限ル可キ必要アラザレバナリ是ノ故ニ吾曹ハ左ノ規則ヲ以テ最モ正當ニシテ最モ便利ナルモノナリトス曰ク離婚ノ問題ハ民籍地法ニ從フ可シ外國ノ法廷ト雖𪜈民籍地法ニ從テ猶ホ有効ニ離婚ヲ宣告スルヲ得可キナリト(訴訟篇參照)

（七三）民籍地法廷トハ夫タル者ノ民籍地ニ於ケル法廷ヲ云フ妻ハ婚姻ニ因リテ夫ノ民籍ヲ得ルモノナルガ故ニ夫婦ノ民籍ハ常ニ一ナリ是ノ故ニ民籍地法廷ヲ以テ離婚問題ヲ決ス可キモノナリトセバ暫時ノ旅行ニヨリテ離婚スルノ弊ヲ拒クヲ得ヘシト雖モ猶ホ幾多ノ弊害ヲ生ス可シ例セバ夫タル者其婦ヲ棄テヽ外國ノ民籍ヲ得而シテ若シ其外國法ニ於テ離婚ヲ許サヽル片ハ婦ハ夫ノ棄ル所トナリ救濟ノ道ヲ得ザル可ク若シ或ハ離婚ヲ許ストスルモ遠隔ノ地ニ在ル片ハ離婚ヲ求ムルニツキテ非常ノ不便ヲ感スルナル可シ是ノ故ニ吾曹ハ之ニ對スル救濟ノ策ヲ講セザルベカラズ米國ノ法律ニ據レハ婦ハ離婚ノ爲メニ獨立ノ民籍ヲ得ルモノトセリ即チ右ニ擧ケタル如キ場合ニ於テハ婦ハ離婚ニ關シテノミ夫ノ民籍ニ從フヲ須ヰズ直ニ舊民籍ヲ以テ自己ノ民籍トシ離婚ノ訴訟ヲ提起スルヲ得可シ或ハ結婚民籍地ニ於テ夫妻ノ不和ヲ生スル片ハ婦ハ自己ノ舊本籍ニ復歸シテ茲ニ離婚ヲ請求シ得可シ（ショー對ショー、マッサチュセッツ判決例九八卷一五八頁ドウチー對ドウチー紐育衡平法判決例二七卷三一五頁)此ノ如クナルトキハ眞ニ婦人ノ利益ヲ保護スルヲ得可シト雖婦ヲシテ獨立ノ民籍ヲ有セシムルトイフニ至リテハ或ハ穩當ヲ缺クニアラザルカ吾曹ハ一切ノ事件ニ關スル民籍アルヲ知ル即チ完全ノ民籍アルヲ認ムト雖未ダ或一事ニノミ關係セル支分的若クハ不完全ノ民籍アルヲ想像スルヿ能ハズセント、レオナード卿ハ會社ノ民籍ヲ論スルニ當リ收税ノ目的ニ關メハ時ニ會社ヲメ二ノ民籍ヲ有セシム可シトイヘリ然レ圧此ノ如キ議論ハ不正ナリトメ排斥セラレタリ(フート會社ノ章)吾曹ハ民籍ノ唯一ニメ完全ナル可キヲ信ス然ラバ米國ノ法律モ亦セント、レオナード卿ノ議論ト仝シク多少ノ疑ヲ生ス可キモノナリ英國ノ判決例ハ民籍地ヲ以テ嚴ニ離婚管轄ノ標準トナセリト雖モ諸判事ノ言フ所學者ノ論スル所ニ據レハ亦多少ノ例外ヲ認ムルニ傾ケリ即チル、シュール對ル、シュールニ於テ別居シ又ハ夫ノ遺棄スル所トナリタル婦ハ結婚民籍外ノ民籍ヲ得トナセリ(Le Sueur v. Le Sueur, L. R. 2p&D 441)フィリモールモ亦謂ヘラクイェルヴァトン對イェルヴァトンノ如キ場合ニ於テ(夫妻ヲ捨テテ外國ニ行キタル場合)ノ如ク夫ハ其妻ト德義上或ハ物体上仝住スル能ハザルノ結果ヲ惹起スル𪜈ハ是レ自ラ離婚ハ夫ノ民籍地法廷ノ管轄タリトスルノ原則ヲ打破セシモノナリ是ノ故ニ妻ハ夫ニ對メ離婚ヲ得ンガ爲メニ特別ノ民籍ヲ獲得スルヲ得可シ少クモ特殊ナル裁判上民籍ヲ有シ得可キナリト(フィリモール四卷三二六頁)此ノ如ク民籍ナル文字ハ學者屢之ヲ用井ルト雖吾曹ヲ以テ之ヲ見レハ是レ文字ノ濫用ナルナキカ裁判上民籍トイフガ如キハ是レ吾曹ノ普通ニ了解スル意義ニ於テノ民籍ニアラザルナリ唯此ノ如キ場合ニ於テハ公益上ノ理由ニ基キテ原則ノ例外トメ民籍外ノ裁判所ニ離婚ノ訴訟ヲ提起シ得可シトイフヲ以テ妥當ナリト信ス

第貳編　財產

第壹章　動產

（七四）動產ハ民籍地法ニ從フトノ說
（七五）動產ハ所在地法ニ從フトノ說
（七五ノ二）日本ノ規定ハ所在地法主義ヲ取ル
（七六）新舊二主義ノ弱點
（七七）動產管轄ニ關スル私見
（七八）動產讓渡
（七九）英國ノ定規
（八〇）佛國ノ學說
（八一）米國ノ定規
（八二）以上ノ法規學說ニ對スル私見
（八三）日本ノ規定
（八四）荷積證書ノ性質
（八五）債權ノ所在地ニ關スル學說
（八六）債權讓渡ニ於ケル告知
（八七）訴訟地法ノ公益ニ反ストタ禁止シタル讓渡ハ不成立ナリ

（八八）行爲ノ能力ニ關スル諸國ノ法規
（八九）能力問題ハ讓渡ノ要件ナリ
（九〇）日本ノ規定
（九一）讓渡ノ方式ハ所在地方ニ從フヲ適則トス
（九二）方式ニ關スル私見
（九三）當事者ノ意思
（九四）日本ノ規定
（九五）時效ノ性質及ヒ管轄
（九六）日本ノ規定
（九七）時效ニ關スル諸國法制異同ノ結果
（九八）時效管轄ニ關セル諸學説
（九九）遺言管轄ニ關スル英國ノ規定
（一〇〇）遺言ニヨル權利移轉ハ法律ノ作用ニヨル權利移轉ナリ
（一〇一）日本ノ規定
（一〇二）遺言者ノ能力ハ最終民籍地法ニ從フ
（一〇三）遺言能力ハ死者ノ最終民籍地ニ於ケル死亡時ノ法律ニ從フ
（一〇四）日本ノ規定

（二〇五）承繼人
（二〇六）遺言ノ方式ニ關スル諸國ノ法制
（二〇七）方式ハ製作地法及民籍地法ノ一ヲ擇ムヲ得ルヲ以テ通則トス
（二〇八）日本ノ規定
（二〇九）遺言書ノ解釋ハ製作時ニ於ケル民籍地法ニ從フ
（二一〇）最終民籍地法ニ據リテ解釋スヘシトノ說
（二一一）身分ノ問題ハ解釋問題ニアラズ
（二一二）遺言者ノ意思
（二一三）信托
（二一四）相續ハ死者ノ最終民籍地法ニ從フ
（二一五）日本ノ規定
（二一六）破產ニ關スル諸家ノ學說
（二一七）英米ノ法律
（二一八）婚姻ノ效果
（二一九）沒收
（二二〇）動產上擔保ハ行爲地法ニ從フ
（二二一）留置權

動産ニ關スル二學說

二、動ハ民籍地法ニ從フトノ說

總論

(七四)動産ノ管轄ニ關シテハ二個ノ學說アリ一ハ新學說ニシテ獨逸ノ學者之ヲ唱道シ近來靡然トメ此說ニ從フ者多シ一ハ舊學說ニメ大陸及ヒ英國ノ學者ハ曾テ大ニ之ヲ唱ヘ今猶ホ其ノ氣焔ヲ失ハズ新學派ハ曰ク動産ハ所在地法ニ從フト舊學派ハ曰ク動産ハ所有主ノ民籍地法ニ從フト吾曹ハ先ツ舊學派ノ論スル所ヲ擧ケント欲スブーヒール曰ク動産ハ定處ナシ所有主ノ意思如何ニ依リテ一處ヨリ他處ニ轉移スルヿヲ得可キガ故ニ法律上ノ擬制ニ因リテ動産ハ其所有主ニ從フ(Mobilia Personam Sequuntur)ト云フナリ(ブーヒール、二五扁二節)ポチエーモ亦動産ノ定處アラザルヲ說キ且ツ曰ク定處ヲ有セザル一切ノ物件ハ所有者ノ身体ニ隨從シ其身体ヲ支配ス可キ法律及ヒ慣習ニ依リテ支配セラル換言スレバ其民籍地法ノ管轄ニ從フナリト(ポチェー、クーチューム、ドルレアン、一編二節、物件論、三節）メルラン曰ク動産ハ所在地ノ何レタルヲ問ハズ所有主ノ民籍地ノ法ニ從フ而メ民籍ノ移轉ニ伴フテ之ヲ支配ス可キ法律モ亦變スト（メルラン「レペルトアール」、財産論一節一二）蓋シ此等ノ學者ハ動産ヲ以テ其所在地法ニ從フ可シトスト雖モ其定處ヲ有セザル故ニ擬制ノ力ニ依リ所有主ノ民籍地ヲ以テ其所在地ナリトナスナリ然ルニストーリーハ謂ヘラク動産ヲシテ所有主ノ民籍地法ノ管轄ニ從ハシムルノ原則ハ決メ其民籍地ヲ以テ動産ノ所在地トナスノ法律擬制ニ因ルニアラズ蓋其性質上所在地ヲ變シ易キガ故ニ人民一般ノ便益ヲ計ルガ爲メニ生シタル公益上ノ規則ナリト而メ更ニ新學派ノ說ヲ攻擊メ曰ク若シ物件所在地法ヲ以テ動産ヲ支配ス可シトセンカ一個人ノ財産ハ各國ニ散在ス可ク其性質上移轉シ易キガ故ニ今日自己ノ財産ハ何ノ處ニ存在スルヤヲ知リ難ク且ツ各國ニ於ケル種々ノ法律規定ヲ知悉ス可カラザルヲ以テ動産所有者ハ自己生存中ニ於テ之ヲ處分シ死後ニ於テ之ヲ分配スルヿ能ハザル可シ物件ノ甲處ニ存在スルヲ信シテ遺言スルモ偶々乙處ニ存在スレバ熟慮ヲ費シタル遺言書モ一故紙ニ過キザル可シ贈與ヲナシ賣買ヲナストモ當時ニ於ケル物件ノ所在ヲ誤ル片ハ或ハ効力ナキニ至ル可シ是レ實ニ文明社會一般ニ於ケル大害ト謂ハザル可カラズ殊ニ海上ニアリテ商業ヲ以テ立國ノ基トシ之ニ頼リテ其歳入ヲ收メ其權力ヲ保チ其名譽ヲ博スルノ國ニ於テハ其蒙ル所ノ不利實ニ測ル可カラザルナリ是ノ故ニ余ノ信スル所ヲ以テスレバ此ノ動産ヲ〆所有主ノ民籍地法ニ從ハシムルノ原則タルヤ必ス公益上ノ思想ニ基キ其簡單ナルト便利ナルト公益上ニ適當ナルトニ由リテ各國ノ採用スル所トナリタルナル可シト（ストーリー三八〇節）氏ハ更ニ公言〆曰ク假令ヒ此原則ノ基礎ハ何ノ處ニ在リトスルモ今日ニ於テハ已ニ普通法《ジユスゼンシウム》ノ一部トナレリト英國ニ於テモ諸判事ハ異口同音ニ此説ヲ唱道セリラッフボロー卿曰ク曾ニ英國ノミナラズ世界萬國苟モ一科學トメ法律ヲ研究スル以上ハ皆一般ニ動産ノ定處ナキヲ確認セリ動産ノ定處ナシト

二、動產ハ所在地法ニ從フトノ說

ハ決メ動產ノ所在地ハ認識ス可カラズトイフニアラズ唯動產ハ其處分ニ關シ若クハ相續或ハ所有主ノ所爲ニ由ル其所有權移轉ニ關メ所有主ノ身体ヲ支配スル民籍地法ノ管轄ニ從フ可シトノヿナリト(Sill v. Worswick, 1. H. B. lack. 690. Hoffnion v. Carow, 22 Wend. R. 285. 322) 凡ソ此說ヲ主唱スル者甚多ク枚擧スルニ遑アラズ(ヘンリー外國法論一三乃至一五頁、ケント「コムメンタリー」ノ一卷四二八頁、ベルシ二部二〇編七四九乃至七五三頁、フート動產章、ヒーベル一卷三章一五節ブーミノア一卷三三九頁、ポチエー物件論三節、Thomson v. Advocate-General, 12 Clark & Finn. 1. Coekerell v. Dickens, 3 Moore, Priv. Conn. R. 98. 131. 132. Potter v. Brown. 5 East, R. 130. Goodwin v, Jones, 3 Mass. R. 154)

(七五)此ノ如ク英佛諸學者ノ大半ハ一致メ毫末ノ疑ヲ存セザルガ如キニ拘ラズ獨逸ノ大家タルヴェヒテル、サヴィニー、バールノ諸輩ハ頗ル精微ノ議論ヲ以テ此大原則ヲ攻擊セリサヴィニー謂ヘラク不動產ノ所在地法ニ從フハ未タ曾テ之ヲ爭フ者アラズ動產ヲ以テ不動產ト區別ス可キ理由ハ毫モ之レナキガ如シ且ツ夫レ動產ヲ以テ民籍地法ニ從フ可シトセバ非常ノ困難ヲ生ス可シ今甲民籍地ノ人一物ヲ乙民籍地ノ人ニ讓渡シ其讓渡ノ有効無効ニ關シ爭ヲ生シタル片ハ何レノ民籍地法ニ依リテ之ヲ決スルヤ一ノ動產ニ關シ所有權アリトスル者數人アルヿアラン斯ル塲合ニ於テ此等ノ人皆民籍ヲ異ニセバ法廷ハ將タ孰レヲ取ラントスルヤ或ハ斯ル塲合ニ於テハ占有者ノ民籍ニ依ルトセンカ數人ノ占有者アル片ハ如何或ハ數人ノ占有ヲ主張スル者アル片ハ如何未タ何人ノ所有主タルヤヲ定メザル以上ハ其動產ヲ支配ス可キ所有主ノ民籍地法ヲ定ムルヿ能ハザルニアラズヤ所有主ノ民籍地法定マラザル以上ハ何人ノ所有主タルヲ判決スルヿ能ハザルニアラズヤト(サヴィニー八篇三六六節、ウェヒテル、一卷二九二乃至二九八)然レ圧サヴィニーハ動產ヲシテ所在地法ニ從ハシムルノ原則ヲ適用スル能ハザル塲合ヲ想像シテ曰ク今一旅客其行李ヲ齎ラシ一日ニシテ數國ヲ經過スルヿアラバ其行李ヲシテ一々所在地ノ法律ニ從ハシムルヲ得ズト而シテ氏ハ更ニ之ヲ解シテ曰ク此時ニ於テハ所有主ノ民籍地法ヲ適用セザル能ハズ倏忽ニシテ所在ノ國ヲ異ニスル如キ場合ニ於テハ所在地法ヲ適用スルハ到底ナシ得可カラザルヲ以テ已ム得ズ其靜止ス可キ土地ヲ以テ其所在地ナリト見做シ其法律ヲシテ之ヲ支配セシム可シ而シテ民籍地ハ其人最後ノ住處ナルヲ以テ其人ノ所有タル行李モ亦其處ニ安着靜止ス可キ推定アリト(仝前)然ラハ吾曹ハ一例ヲ設ケテ氏ニ問ハン今甲民籍ノ人乙民籍ノ人ト伴ヒテ乙丙諸國ヲ旅行セリト假定シ乙國ヲ經過スル際ニ於テ行李ヲ乙民籍ノ人ニ讓渡セリトセンカ其讓渡ノ有効無効ニ關シテ爭論ノ生シタル片ハ如何讓渡ニシテ有効ナランカ甲民籍ノ人ハ己レ所有權ヲ失ヒタルガ故ニ其行李ハ決シテ甲民籍ノ地ニ靜止ス可キ所以ナカル可シ然ラバ甲民籍ノ法ヲ以テ之ヲ支配スルコト能ハズ却テ乙民籍ノ法ニ依ラザル可カラズ而シテ其讓渡ニシテ無効ナランカ甲民籍法ハ固ヨリ管轄ヲ有スルナリ然レ𪜈法律管轄ノ定マラザル以上ハ亦讓渡ノ有効無効ヲ決スルコトヲ得ズ此場合ニ於テ氏

ハ之ヲ如何セントスルヤ氏ハ寧ロ戟ヲ倒ニ〆敵ヲ迎ヘタルニアラザルカ吾曹ヲ〆サヴゥニータラシメバ此ノ如キ場合ニ於テモ猶ホ所在地法ノ管轄ヲ認ム可シ然ラザレハ論理ヲ貫ク能ハザルナリ氏ハ此場合ヲ以テ例外トナシ民籍地法ノ管轄ヲ認メタリト雖モ氏ハ更ニ辯護〆曰ク此ノ如キハ實ニ極端ノ場合ナリ民籍地法ヲ以テ動產ヲ支配ストセバ亦全ク極端ノ場合アルヲ見ル可シ例セハ家屋ノ附屬品ノ如キ其性質上動產タリト雖モ長ク不動產ニ附屬〆決シテ分離セザルモノアリ然ルニ主人ノ民籍ヲ變スル每ニ其物品ヲ支配スル法律モ亦從テ變ストセハ是レ豈ニ奇モ亦甚キニアラズヤ故ニ舊學派ノ學者ト雖モ此ノ如キ不動產ニ附着〆離レザル物件ニ關〆ハ亦例外ト〆所在地法ヲ用ヰル可シトス是レ即チ極端ノ例ナリト(仝前)然レ𪜈少ク𪜈佛法系諸國ニ於テハ此等ヲ目シテ不動產ノ一部トナシ國際上特ニ之ヲ例外トセザルナリ(財九、佛民五一九以下)要スルニ氏ノ舊派學者ヲ攻擊スルヤ思想緻密殆ント反對論者ノ膽ヲ奪フニ足ルホワートンモ亦大ニ所在地法說ヲ主張シ其著三百五節以下ニ於テ六個ノ理由ヲ列擧セリ(第一)古代ノ社會ニ於テ經濟上ノ進歩未タ著シカラザルヨリシテ財源多カラズ唯土地ヲ以テ最モ重要ナル國家ノ富トセリ夫ノ動產ノ如キハ金銀寶玉等其人ニ附隨シテ四方ニ齎ラスヲ得ルモノニ過ギザリキ是ノ故ニ中世ノ學者ハ動產ハ人ニ從フトノ格言ヲ設ケ動產ヲ以テ民籍地法ノ管轄ニ屬ス可シトセリ然レ𪜈今ヤ世態一變シ經濟ノ進歩ニ伴ヒテ動產物增殖ヲ來シ鐵道其他ノ株劵等ノ如キモノ一國ノ貧富强弱ニ關係ス可キ重要ノ地位ヲ得ルニ至レリ是ニ於テカ曩ニ動產ヲ輕蔑シ獨リ不動產ヲ尊重シ外國法ヲシテ自國内ノ不動產ニ關セシムル丆最上主權ヲ損傷スルモノナリトセルモノ今ヤ却テ之ヲ動產上ニ移シ來ラザルヲ得ザルニ至レリト吾曹謂ヘラク不動產ノ古代ニ於テ貴重ノ財產タリシハ疑ヲ容レザル所ナリト雖モ彼ノ最上主權說ノ生シタルハ獨リ貴重ノ財產タリシカ故ニアラズシテ國家思想ノ屬地的タリシ沿革上ノ結果ニアラザルカ果シテ然ラバ直ニ之ヲ以テ動產ノ上ニ移シ來

ルヲ得ズト信ス且ツ又一國所在ノ動産ヲメ其國法ノ支配ヲ受ケシムルハ其利益ナル可シト雖モ一國民ノ有スル財産ヲシテ其國法ニ依ラシムルコ一方ヨリ之ヲ見レバ是亦利益ニアラザルカ(第二)外人國内ノ動産ヲ取得スルコ是レ暗ニ其國法ニ服從スルナリト是レサヴィニーノ不動産管轄ニ關メ提出シタル理由ニメバールノ大ニ非難セシ所ナリ今此議論ヲ解剖スレバ左ノ如クナル可シ何故ニ所在地法ニ從フヤ曰ク國内ニ於テ動産ヲ取得シタレバナリト如何ニシテ國内ニ於テ動産所有權ヲ得タリシヤ曰ク所在地法ニ從ヒタレバナリト然ラバ所有權ヲ得タルガ為メニ所存地法ニ從ヒ所在地法ニ從ヒタルガ為メニ所有權ヲ得タルナリ是レ所謂循環論理ニアラズヤ(第三)動産ニ關スル時効ノ規定ノ如キ訴訟期限ノ如キ一タビ物件所在地法ニ依リテ滿了スルトキハ假令ヒ之ヲ他處ニ移ストモ更ニ之ヲ動カス能ハズト而メ氏ハテンチッシーノ判決例ヲ引用メ之ヲ證セリ然レトモ時効若クハ出訴期限ニ關メハ大ニ議論アル所ニメ之ヲ確定セリトスルハ大早計ニ失スルナキ

カ(第四)民籍地法ヲ〆動產ヲ支配セシムルハ循環論理タルヲ免レズ何トナレバ民籍地法ニ依リテ所有主ノ誰タルヲ決ス可シト雖所有主ノ誰タルヲ決セザレバ民籍地法ノ何レタルカ定メ得ザレバナリ例セバ一物件ノ所有權ニ關〆甲民籍人乙民籍人ノ間ニ訴訟ノ起レルニ際シ法廷ハ甲民籍ノ法律ニ依リ甲民籍人ヲ以テ眞誠ノ所有主ナリト判決シタリトセンカ何故ニ甲民籍人ノ所有權ヲ認メタルヤハ甲民籍地法ニ照シタルニ由リ何故ニ甲ノ民籍地法ヲ用井タルヤハ甲籍人民ノ正當所有主タルニ由ルト謂ハザル可カラズ是レ即チ循環論理ナリト是レ夫ノウェヒテルサヴィニー諸家ノ唱フル所ニシテ甚タ有力ナリト雖モ吾曹ノ竊カニ思フ所ヲ以テスレバ是レ唯民籍地法說ヲ攻擊スルニ於テ有力ナルノミ所在地法說ヲ保護スルニ於テハ毫モ有力ナルヲ見ザルナリ何トナレバ斯ル場合ニ於テ民籍地法ト衝突スルモノ獨リ所在地法ノミニアラザレバナリ(後節參照)(第五)民籍地法ヲ用井ル片ハ物件ノ價格ヲ墜落スルノ恐アリ例セハ一ノ株券アリ之ヲ有スル者英人ナ

日本ノ規定ハ所在地法主義ヲ取ル

ルトキハ英法ニ從ヒ佛人ナルトキハ佛法ニ從フ可シトセバ取引上非常ノ困難ヲ感シ需用者ノ數ヲ減ス可シ故ニ必ズ物件價格ノ低落ヲ防カントセバ所在地法ニ依ヲザル可カラズト吾曹ハ亦第四ト仝樣ノ批評ヲ加ヘント欲ス(後節參照)(第六)英國法ニ據レバ動產ト不動產トヲ問ハズ物上訴訟《アクシオインシム》ヲ用ヰルニアラザレバ絶体ノ所有權ヲ得ルコト能ハズ而シテ物上訴訟ニ關シテハ物件所在地ノ法廷ヲ以テ專屬裁判所トナスト然レドモ民籍地法說ヲ以テ正當ナリトセバ專屬裁判所ハ其法ヲ適用ス可キガ故ニ此議論ハ甚タ有力ナリト謂フ可カラズ(訴訟篇參照)

(七五ノ二)法例ハ其第四條ニ於テ新學派ノ所說ヲ取リ明言シテ曰ク動產不動產ハ其所在地ノ法律ニ從フト然ラバ我國ノ法律ハ是ニ由リテ一定セルガ如シ然レドモ此條文ノ如キハ意義甚ダ漠然タルノ感ナキ能ハズ若シ動產不動產ニ關スル一切ノ權利行爲ヲ以テ所在地法ニ從フ可シトスルノ意ナリトセンカ法例第五條ト對比シテ忽チ疑ヲ生スベシ第五條ニ曰ク外國ニ於テナシタル合意ニツキテハ當事者ノ明示又ハ

默示ノ意思ニ從ヒテ何レノ國ノ法律ヲ適用スベキヤヲ定ムト動產ニ關スル權利行爲例セハ賣買ノ如キ讓與ノ如キ皆是レ合意ニアラズヤ是ノ故ニ第五條ヲシテ第四條ト相牴觸セザラシメントセバ第五條ニ所謂合意トハ動產不動產ニ關セザル合意ヲノミ指セルモノナリト解釋セザルヲ得ザルベシ此ノ如ク我法例ニ〆已ニ新學說ノ主義ヲ採用スル以上ハ我法律ハ已ニ確定セルモノト謂ハザルベカラズ然レ𪜈其得失如何ヲ論評スルハ法理ヲ研究スルノ徒ニ在リテ蓋シ無用ニアラザルヘシ

(七六)吾曹ハ前二節ニ於テ民籍法說及所在地法說ノ兩者ヲ略叙セリ之ヲ要スルニ民籍地法說ハ假令ヒサヴィニー一派ノ攻擊アルモ猶ホ一般學者ノ承認スル所タルハストーリーガ之ヲ以テ已ニ普通法ノ一部ヲ組成セリト斷言シタルヲ以テ之ヲ徵スヘシ然リト雖モ此民籍地法說タルヤ彼ノ循環論理ノ攻擊ニ對〆之ヲ辨護スルノ辭ナキガ如ク是ヲ以テ此說ノ頗ル妥カラザルモノアルヲ知ル可キナリ所在地法說ヲ

主唱セルサヴィニーバールノ諸家ハ實ニ絕代ノ大家ニシテ其論スル所極微精細ニシテ民籍地法說ヲ攻擊シテ餘蘊ナキニ似タリト雖亦弱點ナキニアラズストーリー此說ヲ駁メ曰ク若シ此ノ說ノ如クンバ財產ヲ諸國ニ有スル者ハ其現時ノ所在ヲ確ムルヿ難キガ爲メニ到底之ヲ處分スル能ハザルベシト此攻擊タルヤ亦甚タ有力ニメ所在地法說ノ學者ハ未タ善ク之ニ向テ答ヘタルモノアラザルナリ吾曹ハ一ノ假例ヲ設ケ更ニ一步ヲ進メテ此說ノ到底行ハルヽヿ能ハザル塲合アルヲ證セン羅馬法ニ於テハ賣買ハ物件引渡ニ由リテ始メテ所有權ヲ移ス故ニ引渡ヲ爲サヾル間ハ一個ノ契約ナルノミ（ガイウス「インスチユート」二、二三、二）而シテ英佛ノ法律ニ據レバ所有權ハ合意ニ由リテ直ニ移ル賣買ハ一ノ物權移轉ノ方法ニメ決シテ純然タル契約ニアラザルナリ普國ハ羅馬法系國ナリ佛人甲其佛國ニ存在セル一動產ヲ普國ニ於テ普人乙ニ賣レリトセハ普國法律ハ之ヲ以テ一ノ契約ト見做ス故ニ結約地法トシテ之ヲ支配スベシ然ルニ佛國法律ハ之ヲ以テ一ノ物件讓渡ト見做スガ故ニ物件所在地法トノ之ヲ支配スヘシ甲者直ニ其物件ヲ普國ニ齎シ普人丙ニ賣リ之ヲ引渡セリトセバ佛國法廷ハ何人ヲ以テ眞ノ所有主ナリトスルヤ必スヤ曰ハン第一賣買ハ所有權移轉ナリ故ニ佛法ニ依リ乙者ノ所有權ヲ得タルヲ認ム故ニ第二賣買ハ無効ナリト然レトモ普國法廷ハ必ス曰ハン第一賣買ハ契約ナリ故ニ結約地法トノ普國法律ノ支配ヲ受クヘシ然ラハ第二賣買ハ有効ナリト此ノ如キ混雜ハ何ヲ以テ之ヲ調和セントスルヤ是ニ至リテ吾曹ハ亦一ノ循環論理ヲ發見スベシ佛國法廷ハ何故ニ賣買ヲ以テ動產讓渡ナリト見做スヤ佛國法律ノ規定ヲ適用シタルヲ以テニアラズヤ何カ故ニ佛國法律ヲ適用スルヤ賣買ヲ以テ動產讓渡ナリト見做シタルガ故ニアラズヤ是レ彼ノ民籍地法說ヲ非難シテ以テ循環論理ナリトナス者亦自ラ其弊ニ陷レルナリ要スルニ兩派ノ學者ハ連リニ相辨難シ幽微精緻ノ說尠カラズト雖槪子敵ヲ攻ルニ巧ミニノ自ラ守ルニ拙ク共ニ五里霧中ニ彷徨セルガ如シ共レ已ニ兩者ヲ以テ共ニ妥當ナラズトセハ

將タ何ヲ以テカ正當ニシテ確實ナリトスルヤ

（七七）吾曹曾テ國際私法ヲ學ヒ財產ノ編ニ至リ動產ハ人ニ從フトノ原則アルヲ見ルニ及ンデ甚タ之ヲ疑ヒ謂ヘラク古代ノ社會ニ於テ文明ノ未タ進步セザルニ當リテハ所謂動產ナルモノ衣服弓矢ニアラザレバ則チ金銀珠玉常ニ人ニ從テ携帶セラルヽモノタルニ過ギス是ノ故ニ動產ノ人ニ從フト云フ寔ニ故ナキニアラズ而シテ今ヤ世態大ニ變シ獨リ此ノ如キ一身ニ附隨スルモノヽミニアラザルニ至レリ是時ニ當リ猶ホ此ノ法律上ノ擬制ヲ存シ國際法上ノ原則トナスガ如キハ寧ロ刻舟ノ譏アルナキヲ得ンヤトサヴィニーホワートン諸氏ノ書ヲ讀ムニ及ビ蓋吾曹ノ誤ラザルヲ知リ翻テ此等諸氏ノ論スル所ヲ見ルニ大ニ妥カラザルモノアルガ如シ是ニ於テカ益疑フ而シテ世ノ學者民籍地法說ヲ取ラザレバ即チ所在地法說ヲ取ル吾曹ノ疑終ニ結ヒテ解クルヿ能ハザルナリ蓋シ動產ハ民籍地ニ從フトイヒ或ハ所在地法ニ從フトイフモ是レ甚タ空漠ニシテ捕捉スル所ナキガ如シ確實ニ之ヲ

言ヘバ動產ハ其讓渡ニ關シ其貸借ニ關シ其相續ニ關シ其他一切ノ權利行爲ニ關メ民籍地法若クハ所在地法ニ從フトスルナリ顧フニ動產上ノ問題ハ動產ニ關スル權利行爲ノ問題ナリ權利行爲アラザル以上ハ曾テ動產ニ關メ爭議ノ生ズベキ緣由アラザルナリ今一人アリ一物件ヲ占有セリ他人來リテ自ラ所有權アリト主張セバ一ノ爭論ヲ生スベシ是ニ於テ兩造ハ或ハ之ヲ買ヘリトイヒ或ハ之ヲ承繼セリトイハン而メ其爭點タルヤ到底權利行爲ニ歸着セザル能ハザルナリ何トナレバ法律ノ問フ所ハ權利ノ有無如何ニアリ權利ノ由テ生スル所ハ一ニ行爲ニ在レバナリ是ノ故ニ吾曹ハ左ノ規則ヲ以テ甚タ正當ニメ便益ナリト信ス曰ク動產ニ關スル一切ノ權利行爲ハ行爲地ノ法律ニ從フト是レ即チ場所ハ行爲ヲ支配ストノ大原則ノ適用ナリ或ハ曰ハン權利ノ生スルハ必ズシモ當事者ノ權利行爲ニ限ルニアラズ法律ノ作用ニ由リテ成ル者ノ如キハ何ノ地ヲ以テ行爲地ナリトスルヤ正當ニ之ヲ論定シ難キニ非ズヤト蓋シ法律ノ作用ナル言語ハ甚ダ廣キニ失

セリ何トナレバ讓渡ニ由リテ所有權ノ移轉スルハ皆是レ法律ノ作用ニ由ルトイフベケレバナリ若シ法律ノ作用ナカリセハ吾曹ハ如何シテ一ノ有効ナル行爲ヲナシ得ンヤ然レ𪜈普通ニ謂フ所ノ法律作用ニ因ル所有權移轉ナルモノハ决シテ此ノ如キ廣濶ノ範圍ヲ有スルモノニアラズ即チ所有權移轉ヲ以テ直接ノ目的トセル行爲アル塲合ノ外或事實ノ發生若クハ他ノ目的ヲ有セル行爲アルトキニ於テ法律ガ所有權移轉ノ効果アリト認ムルヿアリ此ノ如キ塲合ヲ以テ法律ノ作用ニ因ル所有權ノ移轉トイフナリ是ノ故ニ吾曹ハ循環論理ヲ用ルニアラザル以上ハ法律ノ行爲地ナルモノヲ定ムル能ハズ唯斯ル塲合ニ於テハ其法律ノ作用ヲ受クベキ事實若クハ行爲ノ發生地ヲ以テ管轄法律ヲ定メント欲スルナリ例セハ國ニヨリ或ハ時効ヲ以テ所有權取得ノ方法ト見做スモノアリ或ハ見做サヾルモノアリ斯ル場合ニ於テハ最後占有地ノ法律ニ從フ又婚姻ノ財産上効果ノ如キ婚姻民籍地ノ法律ニ從フ何トナレハ財産ノ或ハ歸一シ或ハ共通スルハ是レ婚姻有効

ノ結果ナレハナリ而シテ婚姻ノ有効ハ民籍地法ニ遵ヘバナリ(婚姻効果ノ節參着)然レ𪜈吾曹ハ徹頭徹尾此主義ヲ貫キ一切ニ動産上ノ問題ヲ決スヘシト云フニアラズ唯少ナクモ生前ノ讓渡ニ關シテハ此主義ヲ貫クヲ以テ最モ可ナリト信ス

唯此ノ如ク場所ハ行爲ヲ支配ストノ原則ヲ適用セハ更ニ動産ノ民籍地法ニ從フヘキカ或ハ所在地法ニ從フヘキカヲ論スルノ必要アラザルナリ若シ吾曹ノ言フ所ヲ以テ原則トセハ彼ノ兩派論者ノ互ニ死力ヲ盡シテ辯難セル幾多ノ弱點ハ全ク其跡ヲ一掃シ去ルニ至ルベシ民籍ヲ同ウセザル二人間ノ賣買讓與ニ關シテ其管轄ヲ定ムルハ民籍地法論者ノ難シトスル所ナリ吾曹ハ毫モ其困難ヲ見ザルナリ動産ノ移轉常ナキガ故ニ外國ニ存在セル物件ヲ處分スルノ難キヿ所在地法論者ノ弱點ナリ吾曹ハ毫モ此ノ弱點ヲ有セサルナリ其他前節ニ揭ケタル普佛人間取引ノ假例ノ如キモ吾曹ハ之ヲ判斷スルニ一毫ノ狐疑ヲ要セザルナリ此ノ如クスル𪜈ハ彼ノ場所ハ行爲ヲ支配ス(Locus regit actum.）トノ大原則ヲ〆益活動セシムルノミナラズ實際ノ適用ニ於テ幾多ノ困難ヲ除却スルノミナラズ法理上亦此ノ如クナラサルベカラザルモノアリ蓋シ法律ハ權利義務ヲ定ムルモノナリ爰ニ一物件アリ或法律ノ支配ヲ受クトイハバ是レ其物ニ關スル權利ノ或法律ニヨリテ保護セラルヽヲ云フナリ而〆其權利ナルモノハ多クハ當事者ノ行爲ニ由リテ得喪移轉ス然ラハ物件ニ關スル問題ヲ以テ其所在地ノ法律ニ從フベシトスルヿ大ニ俗人ノ見解ニ近シ且ツ又吾曹ノ或行爲ヲナスニ當リテヤ必ス其國法ヲ見ル是レ獨リ一般ノ事實ナルノミナラス亦最モ便利ナリトス英佛ノ人獨逸ニ存在セル物件ヲ日本ニ於テ賣買セントセハ先ツ彼等ノ眼中ニ映帶スルモノハ果〆何ノ法ナルヘキヤ民籍地法ニ從ハンカ當事者双方之ヲ異ニセリ所在地法ニ從ハンカ偶〻物件ノ其處ニ存在セルノミ毫モ彼等ト關係アラザルナリ亦之ヲ知悉スルヿ難キナリ唯日本ノ法ニ至リテハ彼等ノ眼前ニ見ル所ナリ之ヲ知悉スルヿ亦難キニアラズ然ラバ此時ニ當リ日本ノ法律ニ準據スル

動產讓渡

英國ノ法規

ヿ最モ普通ニ〆且ツ最モ便利ナルニアラズヤ是ノ故ニ動產ノ讓渡行爲ノ管轄問題ハ行爲地法ニ從フベシ夫ノ漠然概括〆動產ハ所在地法ニ從フトイヒ或ハ民籍地法ニ從フトイフガ如キハ吾曹ノ大ニ疑ヲ容ルヽ所ナリ

第一款　生前ニ於ケル所有權移轉

（七八）動產讓渡ハ何ノ地ノ法律ニ依リテ支配セラルヽヤハ最重要ノ問題ナリトス吾曹ガ總論ニ於テ論シタル所ノモノハ概ネ皆讓渡ニ關スルモノナリシヲ見ルベシ是ノ故ニ此問題ニ關〆亦二種ノ學說アルヲ見ル是レ既ニ述ベタル所ナルガ故ニ吾曹ハ務メテ重複ヲ避ケ是ニ關スル二三國法ノ如何ヲ述ベ更ニ我法律規定ヲ論セントス

（七九）英國ノ法律ハ其初メ所謂民籍地法說ヲ遵奉シ此主義ニ基ケル判決例甚ダ多シシル對ウヲルスウヰツクニ於テラッフボロー卿ハ之ヲ明言シ（前出）パートウヰッスル對ヴアーヂルノ判決モ亦此主義ヲ取レ

リ(2 Cl. & Fin 571)然レ𪜈モアトン對ミルン(6 Binn. R. 361.)ニ於テ大法官チルマン曰ク動産讓渡ヲ以テ民籍地法ニ從フベシトナス原則ハ一般ニ之ヲ言ヘバ正當ナリト雖モ亦多少ノ例外ナキニアラズ抑モ動産ハ人ニ從フトイフト雖モ一方ヨリ之ヲ見レバ動産モ亦定處アリ即チ有体物ニ在テハ其現實ニ存在セル處無体物タル債權ニ在テハ債務者ノ居住セル處是レ其定處ナリトイフヲ得ベシ寬容ナル國民ハ民籍地法說ヲ墨守セズ場合ニ應メ適當ナル規則ヲ採用シ以テ動産ヲ管轄セシメタリ蓋シ國家ハ其國內ニ於ケル物件讓渡ニ關シテ其司法權ヲ及ボスベキ權利アリ云々ト蓋シ判事ノ言ニ據レバ其所謂例外ナルモノハ甚ダ廣濶ニメ劃然タル範圍ヲ定メ得ザルガ如シマンスフヰールド卿ハロビンソン對ブランドニ於テエルスキンハ其敎科書ニ於テバルジハ其殖民地及ヒ外國法論ニ於テ國立私立銀行ノ株券溝渠橋梁ノ株券保險會社及ヒ商事會社ノ株劵等ヲ以テ民籍地法主義ノ例外トシテ其所在地法ニ從フベキモノナリトセリ(バルジ二部二篇七五〇乃至七

五二頁エルスキン三卷九篇四節 Robinson v. Bland, 2 Burr. R. 1079) 此等ノ學說判決ニ據レバ民籍地法主義ヲ以テ一般ノ原則トナシ唯例外ノ場合アルヲ認メタルモノナリ而シテ近世ニ至リテハ學說判決例共ニ反對ノ方向ニ傾キフイリモールハ其國際法四卷ニ於テ近世實際ノ適用ニ於テハ大ニサヴイニーノ說ニ傾ケリトイヘリウヱストレイキモ亦謂ヘラク動產ハ民籍地法ニ從フトノ原則ハ唯理論上ニ止メ其實際ニ於テハ所在地法ヲ用フベキナリト而メ近來ノ判決例タルカムメル對シユーウヱルニ於テ英國ノ民籍ヲ有スル者瑞典ニ於テナシタル賣買ノ有効無効ニ關シ判事クロムプトンハ假令ヒ其賣買ノ英國法ニ照シテ無効ナルモ瑞典ノ法律ニ依リテ有効トスベシトシ且ツ曰ク物件ヲシテ所在地法ニ從ハシムトスレバ蓋シ結果ノ穩當ヲ缺クモノ尠カラザルナラン例セハ我英國法ニ定メタル市場賣買ニ於テ盜品ノ所有權ヲ得貸借人ノ借貸ヲ拂ハザルヨリ不動產上ノ物件ヲ差押フルカ如キハ外人ニ在テハ大ニ其苛酷ヲ感スルナルベシ然レ圧吾人ハ其苛酷ナルガ故ニ特ニ外人ヲ保護スベキ理由アルヲ知ラズ云々ト(Cammel v. Sewell, 5 H. & N. 728) 千八百七十年英國上院ニ於テ動產並ニ不動產ニ關スル物件所在地ノ管轄ハ絕對的ナリト公言セリ(Castrique .v Imrie, L. R. 4 H. L. 414)是ノ故ニウエストレイキハ此等判決例ヲ擧ケテ近世ニ於ケル英國法ハ所在地法主義ニ傾ケリト謂ヘリ(ウエストレイキ、一三九節)凡ソカムメル對シユーウエルカストリーク對イムリー等諸判決例ニ據リテ之ヲ見レハウエストレイキフートト諸家ノ論スルガ如ク英國法ハ全ク其主義ヲ變シタリトハ斷言スベカラザルモ猶ホ動產讓渡ニ關〆ハ新學說ヲ取レルヿ明瞭ナルガ如シ然レ𪜈吾曹ハ常ニ斯ル動產讓渡ノ場合ニ於テハ三種ノ法律ノ牴觸アルヿヲ注意セザルベカラズ曰ク民籍地法曰ク物件所在地法曰ク賣買行爲地法是レナリ判事クロムプトンノ言ハ明ニ民籍地法ト所在地法トノ衝突ニ於テ後者ノ擇ムベキヲ示セリト雖行爲地法ニ關〆ハ片言ノ之ニ及ビタルヲ見ズ蓋シ賣買行爲地ト物件所在地トハ同一ナルヲ以テ通常トナスガ故ニ英國法廷ニ於テ未ダ曾テ兩者其孰レヲ取ルヘキヤノ問題ヲ決スルノ機會アラザルハ甚ダ遺憾トスル所ナリ判事ハ曰ク市場賣買又ハ借貸延滯ニ因ル物件差押ニ關メハ特ニ外人ヲ保護スヘキ理由ナシト然レ𪜈市場賣買ハ必ス其物件ヲ提出シ其地ニ於テ之ヲ賣買スルモノナリ物件差押ノ如キモ物件ノ所在地ニ就クニアラザレバ之ヲナスヿ能ハザルカ故ニ此等ノ場合ニ於テ所在地ト行爲地トハ常ニ相一致セリ是ノ故ニ判事ノ論ハ以テ所在地法説ヲ保護スベキト同シク亦以テ行爲地法説ヲ保護スヘキナリフーパー對ガムニ於テ判事ターナーハ曰ク余ノ思考スル所ヲ以テスレハ我英國法ニ依リテ此事件ヲ決スベキモノナリ何トナレハ船舶ノ賣買ハ我國ニ於テ之ヲナシ之ヲ成就シタレハナリ云〻ト是ヲ以テ之ヲ觀レバカムメル對シユーウエルノ判決ハ何ヲ以テ根據トスルヤ甚タ知了シ難カルヘシ然レ𪜈兩種ノ地ハ必ズシモ常ニ符合スルモノニアラズ殊ニ賣買貿易ノ益隆昌ナルニ從ヒテ甲地ノ人乙地所在ノ物件ヲ丙地ニ於テ賣買スルガ如キ場合アルヘシ

斯ル場合ニ於テ英國法廷ハ果シテ孰レノ法ヲ取ラントスルヤ吾曹ノ信ズル所ヲ以テスレバ是レ猶ホ未決ノ問題ニ屬ス

（八〇）吾曹ハ佛國法律ノ如何ヲ詳ニセズ唯學者ノ論スル所ハ區々ニシテ一定セザルカ如シポチエー諸氏ノ舊主義ヲ採用セルコハ既ニ之ヲ略述セリ而シテフィリックスノ如キハ民籍地法主義ヲ絶對的ニ適用セントスルモノニアラズシテ其間ニ區別ヲ設ケタリ（ホワートン三四節）伊太利ノ學者フィオールル曰ク甲地ノ商人乙地ニ於テ商品ヲ賣リ其組合人ノ一人賣買ノ通知ヲ得ザル前ニ更ニ之ヲ乙地ニ於テ他人ニ賣リ引渡ヲナセリ且ツ民籍地タル甲國ノ法律ハ引渡ヲ要セズシテ所有權ヲ移轉シ物件所在地タル乙國ノ法律ハ之ヲ要スト假定セヨ若シ民籍地法說ヲ以テ正當ナリトセバ第一ノ賣買ハ有効ナラザルヘカラズ然レモ動産ハ所在地法ニ從フヘキモノナルカ故ニ乙國ノ法ニ依リテ引渡ヲ經ザル第一ノ賣買ハ無効ナリト（仝前註五）吾曹ハ此等學說ノ外佛伊法廷ノ明ニ採用セル主義如何ヲ知ルヲ得ザルハ甚タ遺憾トスル所ナリ但シ

フィオールノ假例ト雖亦賣買地ト物件所在地トヲ符合セシメタルガ故ニ明ニ所在地法ノ賣買地法ニ優ルヘキヲ論シタリト謂フヘカラズ

（八一）米國諸判決ヲ見ルニ亦民籍地法主義ヲ取ルモノ多シ然レトモ是レ名義上ニ止リ實際問題ニ當リテハ常ニ此原則ニ從ハズ紐育控訴院ニ於テ判事ボッターノ判決ヲ下シテ曰ク有効ナル約因ニ由レル動産讓渡ハ其物件ノ何ノ地ニ存在スルヲ問ハス民籍地法ニ照シテ有効ナレバ各國ニ於テ之レヲ認ム可キハ我紐育州ノ定則ナリトス然レトモ米國大審院若クハ紐育裁判所ニ於テ所在地法主義ヲ採用シタル判決モ亦少カラズ判事ボッタートノ雖モ亦タ民籍地法説ノ制限アルヲ認メタリ（Van Buskirk v. Warren, 2 Keyes (N. Y.) 119. Hoyt v. Thompson, 6 N. Y. 352）而シテ所在地法派ノ學者ハ之ヲ以テ直ニ紐育法廷ハ新説ヲ取レリトセリ

其他ニユーハムプ《ハムプ》シヤーメインペンシルヴァニアルイジァナ等ノ諸法廷ハ亦全シク民籍地法主義ヲ捨テ、所在地法主義ヲ採用セリ（ホワート

以上ノ法規學說ニ對スル私見

動產讓渡ハ行爲地法ニ從フヘシ

ン三四六乃至三五二節）

（八二）此ノ如ク英米諸國ノ法廷ハ動產ハ人ニ從フトノ原則ヲ排斥シ去リタルニアラズト雖モ之ニ對シテ巨多ノ制限例外ヲ設ケ動產讓渡ニ關シテハ物件所在地ノ法律ニ從フヘシトスルヲ以テ其定則トナシタルガ如シ殊ニ彼ノサヴィニーウェヒテル一派ノ論者ガ有力ノ議論ヲナシテヨリ大陸英米ノ諸學者亦此說ヲ唱フル者少カラズ然レ𪜈仔細ニ此等ノ判決學說ヲ考察スルトキハ物件讓渡ノ場合ニ於テ物件所在地法讓渡行爲地法及ヒ民籍地法ノ互ニ牴觸スル所アルヿヲ看過シタルガ如シ蓋シ讓渡行爲ハ通常物件所在地ニ於テ之ヲナシ殊ニ羅馬法主義ヲ取レル諸法律ハ物件ノ賣買ハ引渡ニ由リテ所有權ヲ移轉ストナスヲ以テ諸學者ガ行爲地法ト所在地法トノ牴觸ニ關シ其考察ヲ及ボサヽリシハ或ハ當然ナリト謂フヲ得ンカ然レ𪜈英佛米諸國ノ如ク斯ル引渡ヲ要セザル國ニ於テハ此牴觸ヲ見ルヿナシトセズ然ラハ法廷ハ其孰レヲ取ラントスルヤ學說判決例共ニ之ヲ決スルニ於テ不充分

ナルヲ覺ユ吾曹ハ既ニ論シタルカ如ク三法ノ中行爲地法ヲ以テ最適當ナリト信スルナリ蓋シ商業航海ノ盛ナルニ從ヒテ一個人ノ所有ニ係ル動産物ノ各所ニ散在スルニ至ルヿ免ルヘカラザルノ結果ナリ貿易商人ノ其業務ヲ擴張スルヤ洋ノ東西ヲ問ハズ或ハ未開國ト雖モ支店ヲ開キ代理人ヲ囑托スルヿアルベシ今英國倫敦ノ一商社アリ臺灣ヨリ砂糖ヲ輸入スト假定セヨ英商某ト倫敦ニ於テ現ニ臺灣代理店ニ貯藏セル指定ノ砂糖ヲ賣買シタリトセバ此ノ賣買タルヤ猶ホ臺灣ニ行ハルヽ法律ノ支配ヲ受クヘキカ或ハ其砂糖ノ運輸中ニ於テ此賣買ヲナセリトセハ當事者ハ大ナル危險ヲ蹈ムモノナリ何トナレハ賣買ノ當時其砂糖ハ何ノ地ヲ經過シツヽアルヤヲ知ルヿ能ハザレハナリ蓋シ此等ノ場合ニ於テハ賣買地ノ法律ニ依ルヿ最簡便ナルノミナラズ當時者モ亦到底諸外國ノ法律ヲ知悉スルヿ能ハザルガ故ニ英國ノ法律ニ依リテ支配セラレント欲シタルヿ明ナリ蓋シ私法上ノ事件ニ關シテハ公益上ノ理由アルニアラザル以上ハ務メテ當事者ノ意思ニ

從フヲ以テ大原則トス契約ノ如キ動産讓渡ノ如キ特ニ此意思ヲ尊重スヘキハ近世學者ノ承認スル所ナリ故ニ當事者カ特ニ何ノ法律ニ從フヘキカノ意思ヲ表影シタル時ニ於テハ吾曹ハ更ニ之ヲ論スルヲ要セズ其表影ヲ缺ク場合ニ於テ法廷ハ必ス當事者一般ノ意思如何ト法律適用上ノ便益如何トヲ觀察シ以テ法律管轄ノ問題ヲ定メザルベカラズ民籍地法説ノ非ナルハサヴィニー諸氏已ニ之ヲ辨セリ所在地法説ヲ取ル者ハ之ヲ以テ甚タ便益ニ適ストセリ殊ニ知ラズ行爲地法ニ比スルトキハ果シテ此點ニ於テ孰レヲ優サレリトスルヤ前數節ヲ一讀セハ蓋シ思半ニ過クルモノアラン或ハ判事チルマンノ如ク國家ハ國中ニ存在スル物件上ニ其ノ法律ノ力ヲ及ボスヘキ權利アリトノ説ヲ立テ國家主權上ヨリ所在地法説ヲ辯護スル者アラン然レトモ國家ハ最上權ヲ有スルモノナルカ故ニ亦其臣民タル者ノ一切ノ行爲ヲ支配スルノ權アルナリ亦一方ヨリ之ヲ見レハ一國内ニ於ケル一切ノ行爲ヲ支配スヘキ權アルナリ故ニ主權ヲ以テ立論ノ基礎トナセハ民籍地法

說所在地法說若シクハ行爲地法說ノ內孰レヲ取モ不可ナキナリ國際私法ハ國家ノ禮讓ヲ以テ其基礎トセリ便益ヲ以テ其目的トシ相互ノ主義ニ據リテ法律管轄ヲ一定スル以上ハ國家ハ必ス其主權ノ一部ヲ割キテ他國ノ法律ノ効力ヲ認メザルベカラス是レ實ニ國家ノ必要ナリトス其レ然リ是ノ故ニ所在地法說ハ歐洲ニ於テ未タ動產讓渡ニ關スル唯一ノ法律トメ認メラレザルノミナラズ亦認メラルベカラザルモノナリ英米ニ於テ早晩三法ノ牴觸ヲ決スル塲合アラバ是レ此問題ヲ確定スルノ日ナラン

日本ノ規定

(八三)我法例ハ其第五條ニ於テ動產不動產ハ所在地法ニ從フト明言セリ然ラハ其讓渡ニ關メハ原則トメ所在地法ニ從フヘシトスルコト明ナリ是レ歐洲諸國ノ法律及學說ニ合セルモノナリ

衛積證書ノ性質 (八五)

(八四)ストーリーハ民籍地法主義ヲ唱道スト雖動產讓渡ニ關メハ亦所在地法ノ從フヘキヲ許容セリ氏ハ之ヲ說明スルカ爲メニ一ノ假例ヲ提出セリ曰ク英國ノ商人米國ルイヂアナ州ノ商人ト賣買契約ヲナ

シ貨物ヲ送レリ英國法ニ據レハ荷積證書ハ物件ヲ代表スルモノニメ其讓渡ハ即チ物權ノ讓渡ニ外ナラズ而シテルイジアナノ法律ハ之ニ反シテ其讓渡ハ唯債權ヲ生スルノミニメ物權ヲ移轉セズトセリ然ルニ物件已ニルイジアナニ到着セリト雖米國商人未タ之ヲ荷揚セザルニ當リ英國ノ商人英國ニ於テ荷積證書ヲ第三者ニ賣リシ片ハ所有權ハ誰ニ存スルヤ米國商人ハ其物件ヲ差押ヘテ第三者ニ對抗シ得ルヤ否ヤ所在地法ニ據レバ之ヲナシ得ザルベカラス若シ英國法ニ據レバ之ニ反ス若シ差押ヲナシ得ズトスレバ大ニ商賣上ノ信用ヲ害シ著シク荷積證書ヲ以テナセル賣買ノ效力ヲ減殺スベシト然レ圧若シストーリーノ欲スル所ノ如クセバ第三者ハ大ナル不利益ヲ被ルニアラズヤ吾曹ノ信スル所ニ據レハ此荷積證書タルヤ英國ニ於テ製作セラレタルモノナリ其方式ト性質トハ英國法ニ依ルヘキモノナリ是レ恰モ英國ニ於テナシタル約因ナキ契約ヲ無効トスルガ如シ是ノ故ニ荷積證書ノ物件ノ代表タルハ英法ニ依テ定レリルイジアナ法廷ハ之ヲ如

債權ノ所在地ニ關スル諸說

一、結約地

何トモスルヿ能ハザルベシ是レ賣買ノ問題トイハンヨリモ寧ロ一歩ヲ遡リテ荷積證書ノ性質ノ問題ナリトイフベシ（ストーリー、三九四節）

（八五）所在地法主義ヲ採ルトキハ無体物即チ債權ノ讓渡ニ關シ大ニ困難ヲ感スヘシ債權讓渡ハ或ハ告知ヲ要シ或ハ告知ヲ要セス例セハ蘇格蘭法ハ之ヲ要シ英國衡平法ハ之ヲ要セズトスルガ如シ（Selkrig v. Davis, 2 Bose, Rank C. 315 バルジ、二部二〇篇七七七、七七八項 Sill v. Worswick, 1 H. Bl. 691.）此等法律ノ牴觸ニ於テ何ノ法律ニ依ルベキヤヲ定ムルハ甚ダ困難ナリ何トナレバ無体物ハ認識スベキ定處ナキガ故ニ何ヲ以テ所在地トナスヤヲ定ムルヿ困難ナレバナリ之ニ關シテ四說アリ

第一　結約地ノ法律ニ從フベシ（ブリル讓渡論、三〇九節）ホワートンハ之ヲ非難シテ謂ヘラク結約地ハ偶然ニ之ヲ選定スルヿアリ或ハ海上ニ於テシ或ハ毫モ其法律ヲ知ラザル國ニ於テシ或ハ調印ノ便利ヲ謀ルガ為メニ双方住所ノ中間ニ介スル土地ニ於テシ總テ此ノ如ク其法

律ノ支配ヲ受クベキ意思ナクシテ結約スルヿ屢ナルガ故ニ結約地法ヲシテ債權讓渡ヲ支配セシムルハ不當ナリト(三六〇節)吾曹ノ信スル所ヲ以テスレバ債權ノ性質及ビ債權ヲ生ズル行爲ノ如キハ固ヨリ結約地法ニ從フベシト雖毫モ債權ノ移轉ヲ以テ之ガ管轄ニ屬スルノ理由ヲ發見スルヿ能ハズ

二、債務者ノ民籍地

第二　債務者ノ民籍地法ニ從フベシ(フヒリモール四卷五四四參照)ホワートンハ之ヲ非難シテ謂ヘラク民籍地ト義務履行地ト符合スル時ニアラザレバ債務者ノ民籍ハ毫モ債務ノ條項ニ關係アラズ若シ某民籍地ニ於テノミ債務者ヲ訴フベシトセバ其地ノ法律ヲ適用スルモ可ナラン然レ𪜈若シ民籍地外ニ於テモ亦之ヲ訴フルヲ得トセバ復タ其法ヲ適用スルノ理由ナシト(ホワートン、三六一節)

三、義務履行地

第三　義務履行地ノ法律ニ從フベシ (Pond v. Cooke, 45 Conn. 123.) ホワートンハ之ヲ非難〆曰ク義務履行ノ方法ニ關〆履行地法ノ管轄スベキハ吾人ノ承認スル所ナリト雖義務ノ履行ト債權ノ讓渡トハ大ニ性

質ヲ異ニセリト(三六二節)

四、債權者民籍地

第四　債權者ノ民籍地法ニ從フベシ是レ最モ勢力ヲ有スル議論ナルガ如シケイムス卿曰ク債權ヲ以テ債權者ノ所有物ト見做ストキハ動產ハ人ニ從フトノ格言ニ從ヒ債權ハ債權者ノ民籍地ニ存在ストノ法律擬制ヲ設クルヲ得ベシト又曰ク債權者自己ノ自由意思ニ由リ債權ヲ讓渡ストキハ必ズ其國ノ方式ニ從フヲ以テ普通ナリトス是ノ故ニ其法律ヲ〆之ヲ支配セシムベシト(ケイムス、衡平法、三章八篇四節)蓋シ卿ハ民籍地法主義ヲ奉ジ債權ヲ以テ債權者ノ所有物ト見做シタルナリホワートンモ亦此說ヲ主張シテ曰ク此說ノ眞誠ノ理由ハ義務履行ニヨリテ拂ハルベキ金員ハ一切債權者ノ民籍地ニ入ルニ在リト英米ノ判決モ亦此ニ傾ケリ(Solomons v. Ross, 4 P.R. 182. Selkrig v. Ddvis, 2 Rose, B. C. 315. Braynard v. Marshall, 8 Pick. 194. Smith v. Buchanan, 1 East. 6 ホワートン三六三節及註、ストーリー、三九五乃至三九九節參照)

四說共ニ鞏固ナル

以上ノ四說ハホワートンノ其著書三百六十節以下ニ於テ列擧セル所

論據ヲ有セズ

債權ハ一ノ法律關係ナリ

ナリ氏ノ言フ所ニ據レバ第四說ハ最モ勢力ヲ有スルモノヽ如シ其他ノ三說ノ完全ナラザルヤ論ナシト雖第四說モ亦鞏固ナル立論ノ地ヲ有セザルニ似タリ吾曹ノ見ル所ヲ以テスレバ權利トイヒ義務トイヒ一ノ法律的關係(Rechtsverhältniss)タルニ止リ債權者若クハ債務者ノ所有トメ論スヘキニアラズ唯當事者双方ノ間ニ存セル法律上ノ鏈鎖タルノミ是ノ故ニ債權ヲ以テ債權者即チ所有者ノ民籍地ニ存在スルモノナリトナスガ如キハ固ヨリ牽强附會ノ說タルヲ免レズ又ホワートンノ提出セシ理由ノ如キモ明カニ吾曹ヲメ滿足セシムルヿ能ハズ否ナ吾曹ハ殆ント之ヲ解スル能ハザルナリ吾曹ノ見ル所ヲ以テスレハ此ノ如キ無体物ノ定處ヲ定メントスルハ寧ロ徒勞ニ歸センノミ唯吾曹ノ懷抱セル行爲地法主義ヲ實行メ債權讓渡ヲ管轄セシムルヿ最モ簡便ニメ最モ正當ナランカ我法律ハ法例ヲ以テ動產ハ所在地法ニ從フト規定シタルガ故ニ債權ト雖一ノ動產タル以上ハ亦法例第五條ノ中ニ包含セラルヘキガ如シ然レ𪜈無体物ニ在リテハ其所在地ヲ知ル

ヿ難ク嚴格ニ之ヲ謂フトキハ所在地ナルモノアラザルナリ。夫ノ債權者若クハ債務者ノ住所又ハ民籍地ヲ以テ其所在地ナリトイフガ如キハ確實ナル論據ヲ有スルモノニアラズト信ス我民事訴訟法ハ一編一章二節十八條ニ於テ裁判籍ヲ規定シタリト雖裁判上管轄ト法律上管轄トハ全然別問題ニ屬スヘキモノダリ是故ニ吾曹ノ信スル所ヲ以テスレハ無体物讓渡ニ關〆法律管轄ノ如何ハ我國未タ之ヲ規定スルモノアラサルガ如シ

（八六）債權讓渡ニ關シ國ニヨリテ或ハ債務者ニ告知スルヲ要シ或ハ之ヲ要セズ之ヲ要スル者蘇國日本ノ如キ是ナリ（財三四七）然レ𪜈其告知ハ權利ノ移轉ニ關スル要件ナルカ將タ救濟ニ關スルモノナルカヲ區別セザルヘカラス若シ之ヲ以テ要件ナリトシ之ナカリセハ讓渡アラズトナス場合ニ於テハ是レ物件所在地法ニ從フベキモノナリ（第四說ニ據レバ）然レ𪜈若シ之ヲ以テ唯一ノ公示方法ニ〆救濟ニ關スルモノナリトセハ是レ固ヨリ訴訟地法ノ管轄スヘキモノナリトス（訴訟ノ

登記

訴訟地法ノ公益ニ反ストシテ禁止シタル讓渡ハ不成立ナリ

篇參照)而シテ概ネ之ヲ以テ一ノ公示方法ト見做スガ如シ

又讓渡ニ關シ或ハ登記ヲ要シ或ハ要セザルヿアリ是レ等モ亦一ノ公示方法ニシテ證據方法ニ關スル規定ナリ權利移轉ニ關スルモノニアラス是ノ故ニ訴訟地法ニ從フヿ當然ナリトスホワートンノ如キハ之ヲ以テ第四說ノ例外ナリトイフト雖吾曹ヲ以テ之ヲ見レバ決シテ例外視スベキモノニアラズ全ク讓渡ノ範圍外ニ在ルモノナリ

(八七)茲ニ一ノ例外アリ假令ヒ所在地法若シクハ行爲地法ニ於テ有効ナリ𪜈訴訟地法ノ公益ニ反ストシテ禁止シタル渡渡ハ到底之ヲ否認セザル能ハズ(Upton v. Hubbard, 28 Conn. 274. Abraham v. Plestero, 3. Wend. 550)然レ𪜈吾曹ハ常ニ公益ナル語ノ甚ダ危險ナルヿヲ注意セザルベカラズ蓋シ吾曹ハ法律ノ禁ゼザル限リハ吾曹ノ自由意思ニ從テ行爲ヲナスヲ得ベシ法律ノ目的ハ公益ヲ保護スルニアリ法律ノ禁止アルハ或行爲ヲ以テ國家ノ公益ニ反ストナスヲ以テナリ是ノ故ニ我ノ公益ニ反スト認ルモノハ一切外國法ノ効力ヲ認許セズトイハヾ或ハ全ク國際私法ヲ排斥スルニ至ラン英國ノ一判事曾テ謂ヘルヿアリ公益ナル語ハ宛モ悍馬ノ如シ漫リニ之ニ乘ルトキハ忽チ法律ノ範圍外ニ跳出セント公益ハ法律ノ大主眼タリト雖其意義ノ範圍ヲ定ルヿ甚難シ

第一　能力

（八八）行爲ノ能力ニ關スル各國ノ規定ハ一ナラズ今其大要ヲ畧述スレバ普魯士ノ法典ハ行爲ノ能力ハ民籍地法ニ從ヒ而シテ若シ能力ノ問題ニ關シ民籍地法ト結約地法トノ間ニ牴觸ヲ生ズルトキハ其契約ヲシテ有効ナラシムベキ法律ニ從フトセリ（サヴィニー八篇一四一頁、フヒリモール、四卷二四八、バール、四五節註八、ウェストレイキ、二九頁）佛國法律ノ曖昧ナルヿハホワートン之ヲ陳ベタリ（ホワートン九三節）其他サヴィニーハ行爲ノ能力ヲ以テ一切民籍地法ニ從フ可シトシバールハ之ニ制限ヲ設クベキヿヲ主張シ伊太利白耳義ノ學者ハ國籍ヲ有スル國ノ法律ニ依ル可シトシ議論紛々一定スル所ナシト雖吾曹ハ已ニ能力ノ章ニ

能力問題ハ讓渡ノ一要件ナリ

於テ論ジタルガ如ク行爲能力ハ行爲地ノ法律ニ從フヲ以テ最モ便益ニシテ且ツ正理ナリト信ズ英米ノ判決學說亦之ヲ採用セリ（ストーリー一〇三二四一節、ウェストレイキ三九九、四〇〇節四〇一、四〇二、四〇四節）是ノ故ニ讓渡ノ能力ハ讓渡地ノ法律ニ依リテ支配セラル可キハ此原則ノ適用ナリ

《八九》動產ノ讓渡ハ物件處在地法ニ從フ可シトハ蓋シ大半學者ノ近來ニ於テ唱道スル所ナリ而シテ行爲ノ能力ニ關シテ英米ノ法律ハ行爲地法ニ從フ可シトナセリ是レ英米ノ法律ハ能力ノ問題ニ關シテノミ所謂所在地法主義ノ例外ヲ設ケタルモノナリ是ニ於テカ吾曹ハ更ニ所在地法主義ニ向ヒテ批評ヲ加ヘント欲ス彼ノ所在地法主義ノ論者ハ能力問題ノ民籍地法ニ依リテ判斷セラルヽヲ以テ非ナリトシ之ヲ論シテ曰ク我合衆國ノ如キ新創國ニ在テハ諸國人ノ雜處スル者甚ダ多ク獨人アリ猶太人アリ其他種々ノ國人ヲ以テ我人員ノ大半ヲ組成セリ此等ノ人々ヲシテ各其民籍地法ニ依リテ行爲ノ能力ヲ定メシムル

トキハ全一ノ地ニ住シ全一ノ状態ヲ有スル者ニシテ甲ハ或行爲ヲ爲ス能ハズ而シテ乙ハ之ヲナシ得ルノ奇觀ヲ呈シ法律ノ統一ヲ欠クノ恐アリト（ホワートン、三三〇節）吾曹ハ甚ダ此議論ノ正確ナルヲ信ス獨リ米國ノミナラズ交通ノ開クルニ從ヒ各國人民ノ雜居スルハ是レ必然ノ結果ナリ故ニ民籍地法ヲ以テ行爲能力ヲ定ムルノ非ナルハ世界各國皆之ヲ認許シテ可ナリ然レドモ吾曹ハ更ニ此論ヲ借リテ彼ノ所在地法説ヲ評セントス全一處ニ於テ全一人間ニ全一方法ニ據リテナシタル讓渡ト雖其行爲ノ目的タル動產物ノ偶然其所在地ヲ全クセザルカ爲メニ一ハ有効トナリ一ハ無効トナルカ如キハ是レ亦法律ノ統一ヲ欠クモノニアラズヤ氏ハ又謂ヘラク凡ソ所在地法ヲ以テ不動產ニ關スル事件ヲ支配ス可キ理由ハ一トシテ動產ニ適用シ得可カラサルナシ而シテ不動產讓渡ノ能力ハ所在地法ニ從フコト諸法律ノ一致スル所ナリ然ラハ動產ニ關スル能力モ亦所在地法ヲ以テ律シ得ルニアラズヤト蓋シ此ノ所謂理由トハ第七十五節ニ掲ケタル六個ノ理由ヲ指シタルモノナリ然レモ其六個ノ理由ハ吾曹ノ眼ヲ以テスレバ動產ニ關ソ一モ有力ナルモノナシ故ニ能力ニ關スル議論モ亦己ニ其根據ヲ失セリ吾曹ハ唯竊カニ疑フ英米ノ法律ハ動產ノ讓渡ヲ以テ物件所在地法ニ從フ可シトシ而ソ其能力ニ關ソノミ行爲地法ノ管轄ヲ認ムルハ寧ロ甚ダ理由ナキニアラザルヲ得ンヤ讓渡ノ有効無効ハ所在地法ノ問題トナシ而ソ有効ノ讓渡ヲナシ得ルヤ否ヤノ問題ヲ行爲地法ニ屬セシメントスルハ抑何等ノ標準ニ由ル區別ナリヤ吾曹ハ竟ニ之ヲ解スル能ハザルナリ然レモ吾曹ハ敢テ能力問題モ亦所在地法ニ從フ可シトスルモノニアラズ一切ノ讓渡上ノ問題ヲソ能力ト共ニ行爲地法ノ管轄ニ歸セシメン事ヲ欲スル者ナリ

（九〇）我法例ハ其第三條ニ於テ人ノ身分及能力ハ本國法ニ從フ可シトセリ是ニ由リテ之ヲ觀レバ動產讓渡ノ能力如何ハ本國法ノ規定ニ從ハサル可カラザルガ如シ然レモ第四條第五條ノ明文ヲ見ルトキハ動產ニ關スル一切ノ權利行爲ハ其所在地法ニ從フ可シトセルガ故ニ能

力問題モ亦所在地法ニ依リテ之ヲ定ム可キガ如シ若シ果メ然リトセバ能力ニ關スル第三條ノ規定ハ全ク空文タルニ至ラム是ノ故ニ我法例ノ正當ナル解釋トメ之ヲ謂フ𪜈ハ動產讓渡ニ關スル能力ハ本國法ニ依ル可キモノトス其理由トスル所或ハ能力ハ屬人的ノ現則ナリ其人ノ隷屬スル國法ニ依リテ定ム可キモノナリトスルニ在ランカ蓋シ能力ハ彼ノ身分ト全ク性質ヲ異ニシ社會ニ於ケル一個人ノ地位トシテ之ヲ見ル可キニアラズ唯一ノ權利行爲ヲ爲シ得ルヤ否ヤノ問題タルニ過ギザルガ故ニ能力ニ關スル規定ヲ以テ屬人ノ法規ナリトスルハ大ニ其當ヲ失セルヿ吾曹ノ已ニ論辯セシ所ナリ前節ニ於テ論シタルガ如ク我法律ガ動產不動產ヲメ凡テ其所在地ノ法律ニ從ハシメタルハ歐米諸學者ノ說明シタルモノト全一ノ理由ニ據ルヿ明ナリ若シ果メ我ガ統治權下ニ存在セル物件ノ處分ハ我法律ノ支配ヲ受ク可キモノナリトイハヾ處分ノ効力ヲ生ズルニ必要ナル條件トシテ能力問題モ亦仝法ノ管轄ヲ受ケシムルヿ最モ論理ヲ貫徹セルモノヽ如シ

第二　方式

讓渡ノ方式ハ所在地法ニ從フヲ通則トス

(九一) 讓渡ノ方式ハ物件所在地法ニ從フヲ通則トス蓋シ羅馬法ニ於テハ「マンシパシオ」ノ如キ物件ノ讓渡ニ關シテ種々ノ方式ヲ用井タリ而メ證據保存ノ方法益備ハリ且ツ商業上取引ノ益頻繁ナル近世社會ニ於テハ務メテ取引ノ簡便ヲ欲スルガ故ニ羅馬法ニ於テ定メタル諸種ノ複雜ナル方式ハ全ク之ヲ排斥セリ然レ𪜈猶ホ多少ノ方式ヲ存セザルニアラズ彼ノ登記ノ如キハ或ハ以テ第三者ニ對スル證據方法ノ一トシ或ハ以テ權利移轉ニ關スルモノトス我登記法ハ寧ロ前者ニ屬スルニ似タリ吾曹ハ今之ヲ詳論スルヲ要セズ唯簡明ニ方式ニ關スル法律管轄ヲ定ムレバ足レリ

方式ニ關スル私見

讓渡ノ方式ハ行爲地法ニ從フヘシ

(九二) 夫レ讓渡方式ノ所在地法ニ從フハ殆ント學説判決ノ一致ヲ疑ハサル所ナリ(バール六三節、メルラン、レペルトアール義務二四七、二四八節、フヒオール二〇二節)然レ𪜈吾曹ハ竊ニ謂ヘラク是レ亦行爲地法ニ依ルヲ以テ正當トナスナリ何トナレバ當事者ハ必ズ其行爲地ノ法律ニ着目スルヿ明ナレバナリ且ツ吾曹ノ已ニ論シ來リタル所ニ據レハ物件所在地法ヲ用フルトキハ種々ノ困難ニ遭遇セザル可カラザレバナリ蓋シ不動產ノ讓渡ニ關シテハ多少特殊ノ考察ヲ要スルモノアリ其方式モ亦所在地法ニ從フ可シトナセリト雖直チニ之ヲ以テ動產ニ適用ス可キニアラズ或ハ賣買贈與等ノ行爲ハ一般ニ其物件ノ所在地ニ於テ之ヲナスガ故ニ一種ノ混仝ヲ生シ不動產ノ規定ト一致セシメンガ爲メニ動產讓渡ノ方法モ亦所在地法ノ管轄ニ屬スルトナスニ非ズヤ吾曹ハ一部ノ攻究ニ齷齪タルヲ止メ更ニ國際私法ノ全局ヲ大觀スレバ此ノ如キ規定ハ甚タ雜駁ニシテ一定ノ主義ヲ貫通セザルヲ見ル婚姻ノ例ヲ以テ之ヲ證センカ婚姻ノ儀式ハ擧行地法ニ從フヿ獨リ英國ノミナラズ各國之ヲ認メ以テ定則トナスニアラズヤ契約ノ方式ハ亦結約地ノ法律ニ從フニアラズヤ而シテ讓渡ニ關シ獨リ行爲地法ヲ取ラザルハ甚ダ之ヲ解スルニ苦ム或ハ謂ヘラク行爲地ハ偶然ニシテ定ルヿアリ或ハ海上ニ於テシ或ハ毫モ其法律ヲ知悉セザル地方ニ於テ

期セズ〆讓渡ヲナスヿアラント是レ實際ニ於テハ爭フ可カラザル事實ナリ然レ𪜈若シ行爲地ヲ以テ偶然ノ選定ニ係ルトセバ物ノ所在地ハ更ニ偶然ナリトイフ可シ何トナレバ讓渡ノ日ニ當リ當事者自ラ物件所在ヲ知リ得ザルヿアレバナリ

當事者ノ意思

（九三）然レ𪜈當事者ノ意思ヲ尊重スルハ私法上ノ大原則ナリ故ニ當事者或ハ無法律或ハ法律不完全ナル處ニ邂逅シ或ハ其地ノ法律ヲ知ラズ或ハ之ヲ知ルト雖之ニ從フノ不便ヲ避ケテ特ニ或法律ニ從フヿヲ約セバ公益ニ害ナキ限リハ有効トナス可キモノナリト信ズ

日本ノ規定

（九四）我法例第十條ニ曰フ要式ノ合意又ハ行爲ト雖之ヲナス國ノ方式ニ從フトキハ方式上有効トス但故意ヲ以テ日本法律ヲ脫シタルトキハ此限ニアラズト是レ塲處ハ行爲ヲ支配ストノ原則ノ適用ニ〆吾曹ノ最モ其當ヲ得タリトスル所ナリ第十二條ニ曰ク第三者ノ利益ノ爲メニ設定スル公示ノ方式ハ不動產ニ係ルトキハ其所在地ノ法律他ノ塲合ニ於テハ其原因ノ生ジタル國ノ法律ニ從フト動產讓渡ニツキテ之ヲ

言ヘバ讓渡行爲地ハ即チ原因ノ生ジタル地ナルヲ以テ此條文ニ於テモ亦全ジク方式ハ行爲地法ニ從フヿヲ認メタルモノナリ

然レ𪜈吾曹ハ第十條ノ但書ヲ注意セザル可カラズ若シ故意ヲ以テ日本法律ヲ脱セントスル時ハ是レ所謂法律上ノ詐欺タルヲ以テ我法廷ハ其惡意ノ制裁トシテ此ノ如キ行爲ノ有効ヲ認メズ吾曹ハ已ニ婚姻方式ノ節ニ於テ之ヲ論ズルカ故ニ玆ニ之ヲ詳言セズ要スルニ我法例ノ此規定タルヤ吾曹ノ最モ稱賛スル所ナリ

第三、時効及ビ出訴期限

(九五) 時効ニ關スル學者ノ議論亦區々ニシテ一定セズト雖要スルニ權利得喪ノ原因タリヤ將タ訴訟手續ニ關スルモノナリヤノ問題ニ歸着スストーリー曰ク時効ノ法律ハ公益上ノ理由ニ基キタルモノニシテ權利享有ノ安穩ヲ保護シ詐欺ヲ拒ギ證據ノ湮滅不明ニ備フル訴訟休止ノ規則ナリ權利者カ多年ノ間自己ノ權利ヲ主張スルヲ怠リシ結果トシテ此規定ノ適用ヲ受クルモノナリ是ノ故ニ時効ノ法律ハ權利得喪

ノ問題ニ關スルモノニアラスメ唯救濟ニ關スルモノタリ是レ時效ノ訴訟地法ニ依テ决セラル可キ所以ナリト(ストーリー五七六節)ジョンヴォエトモ亦時效ヲ說明メ曰ク人ハ不朽ニアラズ爭訟モ亦不朽ナル可カラズ(Ne autem lites immortales essent, dum litigantes mortales sunt)ト(ヴォエト會典五卷一篇五三節三二八頁)蓋シ名言ナリユーベルモ亦時效ヲ以テ訴訟地法ノ管轄ニ屬ス可シトシ之ヲ說明メ曰ク此理由ハ蓋シ時效及ヒ裁判執行ノ契約ノ效力ニ關セズメ訴訟ノ時及ヒ方法ニ關スルニアリト(ユーベル法律牴觸論、七節)然ルニ反對論者アリ之ヲ非難シテ曰ク(第一)時效ハ决メ單ニ訴訟上手續ニ關セズメ實際ニ權利ヲ得喪セシムルニアラズヤ(第二)若シ時效ヲ以テ訴訟地法ニ從フ可シトセバ人々ノ權利ハ永ク不確定ナル可キニアラズヤト然レ𪜈吾曹ヲ以テ之ヲ見レハ第二ノ非難ノ如キハ甚ダ有力ナラズ何トナレバ已ニ時效ヲ以テ救濟ニ關スルモノナリトセバ權利不確定ノ語ヲ用フル能ハサレバナリ第一ノ非難ノ如キモ亦分拆的思想ニ乏シキモノニアラザルカ若干年間ノ善意ノ占有ニ因リ占有者ノ所有者トナルハ爭フ可カラザル事實ナリト雖是レ時效カ所有權ヲ移シタルニ由ルカ將タ出訴ノ途ヲ杜絶シタルカ爲メニ占有者ノ權利ヲメ最上タラシメシニ由ルカ此二者ヲ區別セザル可カラザルニアラズヤ蓋シ時效ノ起源ハ羅馬法ノ「ユースカピオ」ニ外ナラズ「ユースカピオ」ハ使用取得ノ意義ナリ是ヲ以テ之ヲ觀レバ時效ハ直チニ權利移轉ノ力アルガ如シ然レ𪜈學者之ヲ解メ曰ク此規定ハ蓋シ「マンシパシオ」ノ如キ繁雜ナル賣買ノ方式ヲ避ンガ爲メニ設ケタル規定ニメ其使用ニ由リテ所有權ヲ取得ストイフモノハ是レ一ニ擬制ノミト(穗積博士羅馬法講義)而シテ中世ニ至リ性法學者ノ輩出スルニ至リ頻リニ人ノ權利ハ決メ時期ノ經過ニ由リテ失フ可キモノニアラズト主唱シ大ニ時效ノ規定ヲ攻擊セリ近世ニ於テモ佛國ノアコラスノ如キ亦之ヲ排斥メ法律上ノ大怪物ナリトイヘリ然ルニ歐洲諸國ハ曾テ之ヲ廢止セス唯時期ヲ長クセシニ止ルモノハ若シ全ク之ヲ廢セバ數十百年前ニ遺失シタル物件等ニ關メ爭議ヲ生スル

時効ハ訴訟地法ニ従フ

ヿアルヘク訴訟ノ頻繁ヲ致シ大ニ公安ニ害アルヲ以テナリ英國ノ如キハ人々ノ權利思想ヲ懷抱スルヿ深キカ故ニ時効ニ由リテ人ノ權利ヲ喪失セシムル如キハ甚ダ人民ノ感情ヲ害スルヲ以テ立法者ハ時効取得ノ方法ヲ定メズ然レモ猶ホ之ヲ設クルノ必要アルヲ認メ裏面ヨリ出訴期限ヲ定メ權利ノ上ニ眠ル者ハ之ヲ保護セズトシ以テ大陸ト仝樣ノ結果ヲ収メントセリ凡ソ此等ノ沿革ニ據リテ之ヲ觀レバ假令ヒ學者ノ如何ニ喋々スルモ竟ニ時効ノ救濟ニ關スルモノタルヲ知ル可シ(仝前)且ツ佛國ニ於テハ契約ノ時効ニ係レル後ト雖猶ホ自然義務アルヲ認メ英國ニ於テハ出訴期限條例ニ因リテ救濟ヲ失ヘル債權ハ猶ホ正當ノ約因タルヲ得ルカ如キ(アンソン契約法)皆以テ時効ノ全ク權利ヲ得喪スルモノニアラザルヲ徴ス可キナリ夫レ此ノ如ク時効ハ全ク救濟ニ關スルモノナリトセバ吾曹ハ斷シテ其訴訟地法ノ支配ニ屬スヘキヲ斷言セントス何トナレバ是レ訴訟頻煩ノ弊ヲ拒ガンカ爲メニ定メタル裁判所ノ規則ナレバナリ

（九六）我日本ニ於テハ時効ヲ證據篇中ニ規定シ第八十九條ニ於テ其性質ヲ説明シ曰ク時効ハ時ノ効力ト法律ニ定メタル其他ノ條件トヲ以テスル取得又ハ免責ノ法律上推定ナリト之ニ關シテハ學者間大ニ議論アリ吾曹ハ屢之ヲ非難スル者アルヲ聞ケリ然レ𪜈今之ヲ論スルノ要ナシ唯時効ヲ以テ一ノ權利得喪ニ關スル證據ナリトスル以上ハ是レ亦訴訟地法ノ决スル所ナルヲ見ル（訴訟ノ編參照）何トナレハ證據採否ノ規定ハ是裁判所ニ於ケル訴訟手續ノ規則ナレバナリ（法例一三）然レ𪜈日本ノ法律ト單ニ時効ヲ以テ救濟ニ關ストナス法律トハ其間適用ニ於テ差異ヲ生スルヿアリ原所有者甲ガ善意占有者乙ニ對シテ訴訟ヲ日本法廷ニ提起シ乙ハ時効ヲ對抗シテ勝訴シタリトセンカ若シ日本法律ニシテ時効ヲ以テ唯救濟ニ關ストセバ甲者ハ更ニ英國ニ於テ訴訟ヲ起スヲ得ヘシ（日本英國共ニ管轄權アリト假定ス）然レ𪜈我法律ハ之ニ反シ時効ヲ以テ一ノ證據方法ト見做スヲ以テ我法廷ノ判决ハ左ノ如クナルベシ我法廷ハ善意占有者若干年ヲ經レバ所有權ヲ得、

原所有者ハ之ヲ失ヘリト見做ス此場合ニ於テ時效已ニ滿了セリ乙者ハ權利ヲ取得シ甲者ハ之ヲ喪失セリト然ラバ是レ所有權有無ニ關スル判決ニシテ單ニ救濟ニ關スルモノニアラズ盖シ證據ニ關スル外國法廷ノ判決ハ之ヲ重ンジ確定セリト認ムルヲ以テ國際私法ノ原則トス是ノ故ニ甲者ハ更ニ訴訟ヲ起ス能ハザルナリ(訴訟篇證據ノ章)

時效ニ關スル諸國法制異同ノ結果

(九七)然レトモ或ハ時效ヲ以テ直接ノ權利ヲ移轉スルモノナリト規定スル國アラン今甲國ノ法律ヲ以テ然リトシ甲國ニ居住セル善意占有者已ニ其法律ニ依リテ時效ヲ滿了シタル後乙國ニ於テ原所有者ヨリ訴ヘラレタル場合ニ若シ乙國法ニ依リテ時效未タ滿了セズトセハ被告ハ甲國法ヲ以テ原告ノ請求ヲ退クルヲ得ルヤ否ヤ是レ太ダ難問ニ屬ス而シテ未タ充分ナル學者ノ考察ヲ經ザルナリ然レトモ我法律ノ執レル動產讓渡ハ所在地法ニ從フトノ原則ヲ貫カントセバ被告ノ所有權ヲ以テ完全ナリト認メザル可カラザルガ如シ(ジヨン、ヴオエト一四卷、三章五六節 Beckford v. Wade, 17 Ves. 88. Lincoln v. Battelle, 6 Wenp. R.

時効管轄ニ關スル諸學說

275) 若シ吾曹ノ所謂行爲地法主義ニ從フトキハ如何曰ク全シク物件所在地タル甲國法律ノ効力ヲ認メザル可カラズ何トナレバ物件所在地ハ即チ占有ノ地ナレバナリ若シ占有中被告ノ屢〻居國ヲ變シタルトキハ如何即チ初メ丙國ニ於テ占有ヲ始メ其後甲國ニ到リシトセバ占有行爲ハ二國ニ渡レルニアラズヤ曰ク時効ニ因リテ所有權ヲ移ストハ即チ期間滿了時ノ占有ニ由リテ移ルナリ故ニ甲國法ニ從フ可シ

(九八) 時効問題ニ關スル法律管轄ハ前數節ニ於テ之ヲ述ベタリ蓋シ其訴訟地法ニ從フ可キハ殆ンド學者間ノ通論ニシテバルジストーリーノ如キ或ハミッテルマイエルノ如キ又ヅイフエルトノ報告ニ載セタル獨乙判決例ノ如キ皆此主義ヲ採用セリ而シテ猶ホ之ニ對メ反對ヲ試ムル者ナキニアラズサヴイニーホワートンノ如キハ時効問題ヲ以テ所在地法ニ從フ可シトセリ其說ニ曰ク物件取戾訴訟ハ物上訴訟ナリ故ニ物件所在地ノ裁判所ヲ以テ專屬ナリトス然ラバ所在地法ト訴訟地法トハ此場合ニ於テ相一致セリト而メ更ニバールノ議論ヲ援

遺言管轄ニ關スル英國ノ規定

引〆曰ク是ノ故ニ時効問題ヲ以テ訴訟地法ノ管轄ニ屬ス可シトスルハ是レ其法律ノ訴訟地法タルガ故ニアラズ〆偶物件所在地ト符合セルガ爲メナリ若シ訴訟ノ當時物件運搬中ナル𬼀ハ所在地ヲ定メ難キニヨリ民籍地法ニ從フ可シト（バール六四節、ホワートン三八一節）

第二款　死後ニ於ケル所有權移轉

第一　遺言

（九九）遺言ニ因ル動産ノ處分ハ之ヲ二種ニ分ツヲ得ベシ一ハ包括名義ノ讓渡一ハ單獨名義ノ讓渡是レナリ包括名義ノ處分モ亦全産遺贈ト遺言書ニ由ル相續人ノ選定トヲ區別シ得ベシ此遺言書ノ効力如何ニ關〆規定學說亦一ナラズウエストレイキノ言フ所ニ據レバ大陸諸國ノ學者ハ場處ハ行爲ヲ支配ストノ原則ニ據リテ遺言書ノ有効無効ハ遺言書製作地或ハ當時ノ民籍地法ニ依リテ支配セラル可キモノナリトセリ（ウエストレイキ三二六節）然レ𪜈此原則タルヤ英國法廷ノ認

メザル所ニメ法廷ハ遺言者死亡時ノ民籍地法ニ依リ遺言書ノ有効ナリヤ否ヤヲ決ス可キモノナリトセリエノヒン對ワイリーニ於テウエストベリー卿ハ之ヲ明言シテ曰ク死者ノ財産ノ處分ニ關スル問題ハ一ニ死者最終ノ民籍地法ニ從フ可キヿ言ヲ待タズシテ明ナリ遺言無遺言ノ問題ハ民籍地法判事ノ決スル所タリ遺言書ノ解釋ハ民籍地法廷ノ管スル所タリ相續人ノ誰タルヲ定ムルモ亦民籍地ノ判事ナリ云々ト要スルニ卿ハ一切ノ問題ヲ以テ最終民籍ノ法律ニ屬セシメントスルナリ是ノ故ニ彼ノ大陸學者ノ説ニ從フ𪜈ハ一旦遺言書ヲ製作セシ當時ノ民籍地法又ハ製作地法ニ依リテ有効ナル𪜈ハ遺言者ハ其後ニ至リ其民籍ヲ變更スルヿ幾回ナルモ竟ニ遺言書ノ効力ヲ變スルヿナシ而シテ英國慣習法ハ最終ノ民籍地法ヲ以テ標準トスルガ故ニ遺言後ニ於テ其民籍ノ變更アリシ場合ニ在リテハ初メ或ハ有効ナリシモ後無効トナルニ至ル可シ然ルニキングスダウン卿條例(ウヰクトリヤ二四及ビ二五年法律一一四號)ノ發布アリテヨリ大ニ從來ノ習慣法ヲ

遺言ニヨル權利移轉ハ法律ノ作用ニヨル權利移轉ナリ

改正セリ其規定ニ曰ク(第一)英國ノ國籍ヲ有スル者ハ民籍ノ如何ニ關セズ遺言書ノ方式ニ關シテハ製作地法製作時ノ民籍地法固有民籍地法ノ一ニ從フ片ハ其遺言書ハ有効タル可シ(第二)英國臣民ハ民籍ノ如何ニ關セズ英國内ニ於テ英國法ノ方式ニ從ヒテ遺言書ヲ製シタル片ハ其遺言書ハ有効ナル可シ(第三)遺言書ヲ作リシ者其後ニ於テ民籍ヲ變スルヿアリ圧之ヲ以テ直チニ遺言書ヲ廢罷シタリト見做サズ又其解釋ヲ變スルヿナカル可シト是ノ如ク此條例ノ發布アリテ慣習法ニ多少ノ變更ヲ加ヘタリト雖一般ノ原則ニ至リテハ依然トシテ存スルモノアルヲ見ル可シ(フート一八三乃至一八五頁)

【一〇〇】所謂死後ノ處分トハ所有者ノ行爲ニ因ル讓渡ナリヤ將タ法律ノ作用ニ因ル讓渡ナリヤハ大ニ疑ハシキガ如シ表面ヨリ之ヲ見ル片ハ遺言書製作ノ行爲ニ由リテ所有權ノ移ルニ似タリ然レ圧吾曹ノ見ル所ヲ以テスレハ是レ唯遺言者ノ意思ヲ表彰シタルノミニシテ決シテ讓渡ノ行爲ナリトハ謂ヒ難キガ如シ何トナレハ遺言書ニ於テ選

遺言書ノ効力ハ死者ノ最終民籍地法ニ從フ

定シタル相續人若クハ受贈者遺製作ノ時ニ於テ何等ノ權利ヲ取得スルヿナク遺言者ハ其死ニ至ルマデノ間隨意ニ之ヲ廢罷シ得レバナリ(民取、二部三九〇條及三九九條)遺言者死シテ始メテ受贈者ノ權利生ス然レドモ死者ハ行爲ヲナスヿ能ハザルナリ是ノ故ニ所謂死後ノ處分ハ寧ロ法律ノ作用ニ因ル權利移轉ナリト謂フ可シ是ヲ以テ吾曹ハ常ニ場處ハ行爲ヲ支配ストノ原則ヲ以テ國際法上大ニ適用ヲ見ルモノナリトスレドモ此場合ニ於テ直ニ遺言書ノ効力ヲシテ製作地ノ法律ニ從ハシムルヲ欲セズ何トナレバ所謂遺言書ノ効力トハ當事者ノ能力等權利取得ニ關スル問題其大部分ヲ占ムルモノナリト雖此等ノ權利得喪ノ問題ハ遺言書製作ナル一行爲ノ直接ノ結果トシテ論ス可キニアラサレバナリ吾曹ハ窃ニ謂ヘラク此場合ニ於テハ法律ガ死ナル事實ノ發生ニ由リ遺言者ノ意思ヲ行フモノニアラザルカ然ラバ權利移轉ノ問題ハ果シテ何ノ法ニ依ル可キカ甚ダ難問タルガ如シ遺言書製作地ノ法律ニ依ランカ其ノ非ナルヿ已ニ論セシ所ナリ物件所在地法ニ依ラ

場處ハ行爲ヲ支配ス

シカ包括名義ノ財産ナルトキハ其一部ハ甲國ニ他ノ一部ハ乙國ニ存スルガ如キコトアルベシ然ラバ或ハ遺言書ノ一半ハ有效ニシテ一半ハ無効ナルノ結果ニ至ル可シ是レ全ク遺言者ノ意思ヲ破ルモノナリ是ニ於テカ遺言者ノ民籍地法ニ依ルノ已ムヲ得ザルヲ見ルナリ然レドモ遺言書製作時ノ民籍ニ依ランカ將タ最終ノ民籍ニ依ランカ是レ亦一ノ難問タリ吾曹ハ總論ニ於テ一般ニ法律ノ作用ニ因ル權利ヲ論シテ或事實ノ發生ニ當リ法律カ之ニ由リテ權利ノ得喪アリト認ルモノナリトイヘリ而シテ更ニ其事實發生地ノ法律ニ依リテ權利ノ得喪ヲ定ムルハ猶ホ場所ハ行爲ヲ支配ストノ原則ヲ適用シタルモノナリト論シタリ然ルニ此場合ニ於テ所謂事實ノ發生トハ遺言者ノ死亡ニ外ナラズ然レドモ死亡地ノ法律ヲ以テ之ヲ支配ス可キカ遺言者或ハ大海ノ上ニ死スルコトアラン氷山ノ中ニ歿スルコトアラン或ハ蹤跡ヲ失スルコトアラン故ニ到底此ノ如キ管轄ヲ認ム可キニアラズ然レドモ吾曹ハ謂ヘラク死亡ノ事實ハ之ヲ物理的ニ觀察スレバ死亡地ニ發生シタルコト爭フ可カ

ラズト雖法律ノ眼ヲ以テ之ヲ見レハ必ズシモ然ラザルナリ盖シ法律ガ遺言者ノ死亡ニ由リ權利ノ移轉アリト認ムルハ是レ從來存在シタル權利關係ノ消滅シタルニアリ是ノ故ニ法理上ヨリ之ヲ見レバ死亡ハ法律關係ノ消滅ナリ物權ハ世界萬人ニ對スル權利ナルカ故ニ其法律關係ハ何レノ處ニ存セルヤヲ認識スヘカラズ然ラバ亦其ノ何ノ處ニ消滅セルヤヲ定ルヿ到底爲シ得ザルナリ然レ圧遺言者ハ其民籍地ニ於テ社會ノ一員タルモノナリ民籍地ヲ以ラ業務ノ中心トセリ是ノ故ニ權利消滅ノ事實ヲ以テ其永住地タリ業務中心點タル民籍地ニ發生セルモノナリトスルハ亦太ダ不當ノ擬制ニアラザル可キヲ信ス果シテ然ラバ死後ニ於ケル權利得喪ノ問題ヲ以テ民籍地法ニ從フ可シトナスハ其當ヲ得タルニ似タリ且ツ叉最後ノ民籍地法ニ依ル可キハ上來論シタル所ヨリ生スヘキ必然ノ結果ナリ或ハ謂ハン若シ此ノ如ク最終ノ民籍地法ニ依リ而シテ製作時ノ民籍地法ヲ排斥スル𪜈ハ遺言者ノ意思ニ背戾ス可シト然レ圧遺言相續ヲ以テ法律作用ニ因ル權

相續ハ社會上制度ナリ

利移轉ナリトスルトキハ當事者ノ意思ヲノミ顧ミル可キ理ナシ法律ハ自己ノ管轄ヲ主張シ得ルコト明ナリ

然レトモ以上ハ吾曹ノ私見タルニ過キズ佛法系ノ學者ハ大ニ場所ハ行爲ヲ支配ストノ原則ヲ採ルト雖未ダ此ノ如キ議論ヲナシタルヲ聞カズ而シテ吾曹ト雖或ハ牽強附會ノ譏アランコトヲ疑フ決メ之ヲ以テ完全ナル說明ヲナシ得タリトイフニアラザルナリ

然レトモ吾曹ハ此ノ如キ危險ナル議論ヲ措キテ最モ安全ナル論據ヲ求ムレバ下ノ如キ斷定ヲ下サヾルヘカラズ曰ク遺言ニ因ル動産贈與ノ如キハ法定相續人ノ權利ニ關係スルモノナリ是ノ故ニ遺言相續ハ勿論遺贈モ亦死者ノ家族ノ庇保養育ニ關シテ大ニ影響ヲ與フルモノナリ蓋シ家族制度ハ社會組織ノ基本タリ或ハ家督相續ヲ認メ或ハ財産相續ヲ認メ一ハ長子相續主義ヲ取リ一ハ平分相續ノ主義ヲ取ルガ如キ皆古來ノ沿革ニ基ケル社會上ノ必要ニ由ラズンバアラズ故ニ一個人ニシテ或社會ノ一員タル以上ハ其社會ハ其人ノ家族ニ關メ一定ノ

日本ノ規定

遺言者ノ能力ハ最終民籍地法ニ從フ

英米ノ學說法規

規則ヲ適用ス可キ最大ノ利害ヲ有セリ是レ遺言ノ有無ニ拘ハラス相續若クハ遺贈問題ノ民籍地法ニ依リテ決セラル可キ所以ナリト

（一〇一）我法例ハ其第四條二項ニ規定シテ曰ク相續及遺贈ニ關シハ被相續人及ヒ遺贈者ノ本國法ニ從フト是レ即チ吾曹ノ上來陳述シタル原則ヲ採用シタルモノトイフ可キナリ

（一〇二）一、能力　遺言者ノ能力ニ關スル問題ハ遺言者最後ノ民籍地法ニ依リテ決スヘキモノナリ英米ノ法律皆此主義ヲ取レリ（Re Hellman's Will, L. R. 2 EQ. 265. Davison's Will. 1 Puck. N. Y. 479）フート曰ク遺言ヲ以テスル人產ノ處分ハ民籍地法ニ從フ可シトスルノ通則ハ能力ニ關シテ其適用ヲ見ルヘシ蓋シ上來論シタルガ如ク英國法廷ハ行爲地法若クハ結約地法ヲ以テ其行爲若クハ契約ヲナス可キ成丁未成丁能力不能力ノ問題ヲ決ス可キモノトナセ𪜈遺言書ノ執行ニ關シハ仝一ノ論鋒ヲ用ヰルヲ得ズ何トナレハ英國法定ハ假令ヒ其遺言書ノ英國內ニ於テ製作セラルヽ𪜈遺言者ニシ外國ノ民籍ヲ有スル以上ハ之ニ其法ヲ適用セザレハナリ蓋シ契約及ヒ他ノ行爲ニ關シハ民籍地法主義ヲ適用シ得ザルガ故ニ英國法ハ行爲地法トシ其管轄ヲ及ボス可ク其結果トシ能力問題ヲ決ス可シ然レ𪜈英國法廷ヲ以テ適當ノ法廷トナシ得可キ行爲アラザル片ハ其能力ノ問題ニ關シ民籍地法ノ定ムル所ヲ認メザル可カラズトストーリー（ストーリー、四六五節フート、一八六頁）モ亦全一ノ言ヲナセリ佛國民法ハ其千二百八條以下ニ於テ遺言者ノ能力ヲ規定シ此規定ノ國際上ノ効力ニ關シテハ有名ナルナポレヲンノ布告ニ據レリ吾曹ハ已ニ能力ノ章ニ於テ之ヲ論評スルノ機會ヲ取レリサヴィニー一切ノ能力問題ヲ以テ民籍地法ニ從フ可シトシ法律統一ノ議論ヲ以テ有力ナル論據トナセリ吾曹ハ已ニ之ヲ批評シタルヲ以テ更ニ之ヲ論セザル可シ而シ氏ハ更ニ遺言ノ能力ニ關シ說ヲナシテ曰ク遺言者ノ能力ハ遺言書製作地ノ法律幷ニ最終民籍地ノ法律ニ依リテ決ス可キモノナリ兩者其一ニ照シテ不能力ナル片ハ其遺言ハ無効ナリト蓋シ遺言者ノ遺言ニ因リテ生ス可キ法律關係ハ

遺言能力ハ死者ノ最終民籍地ニ於ケル死亡時ノ法律ニ從フ

其製作ト死亡トノ兩時期ニ關係セルヲ以テ此時期ニ於ケル法律ノ管轄ヲ認メタルナリ（サヴイニー八篇、三七七、三九三節）然レ𪜈遺言者ノ能力ノ問題ハ其意思表彰ニ關スルモノニアラズメ權利移轉ニ關スルモノナリ是ノ故ニ製作地法ノ管轄ヲ認ム可キ理由ナシト信ス

羅馬法ニ於テハ遺言者ノ能力ハ遺言書製作當時ノ民籍地法ニ從ヘリ若シ此法律ニ從ヘバ其後民籍ヲ變更ス𪜈遺言ノ効力ニ關シ何等ノ變更ヲ受ケザル可シ又羅馬法ニ於テハ遺言ニ關シ精神上ノ能力アルヲ要スルガ故ニ製作時ニ於テ此能力ヲ有シタリシモ其後民籍ヲ變シ其法律ニ依リ發狂者ト認メラレ不能力者トナルモ猶ホ以前ニナシタル遺言ノ有効ナルヲ得可シ（サヴイニー、八篇三七七、三九三節）

（一〇三）吾曹ハ已ニ遺言者ノ能力ノ問題ヲ決スヘキモノハ最後民籍地法ナリトイヘリ更ニ嚴正ニ之ヲイフトキハ遺言者ノ死亡時ニ於ケル最後ノ民籍地法ナリトス是レ承繼人ノ權利ハ遺言者死亡ノ時ニ定マルガ故ニ其後法律ノ變更アリ𪜈新法ノ効力ヲ既往ニ及ホシテ既得

ノ權利ヲ害セザルコト法律上ノ大原則タリ英國ノ一訴訟ニ於テ甲國人甲國ニ於テ遺言ヲナシ其死後國法變更メ其遺言ヲ無効トセリ而シテ英國法廷ハ英國所在ノ人産ノ處分ニ關シテ猶ホ其遺言ノ効力ヲ認メタリ其判決ノ主意ハ蓋シ若シ甲國ノ新法ヲメ其効力ヲ遺言上ニ及ボサシムトセハ是レ不便ニメ且不正ナリトイフニ在リ判事ハ其理由ヲ説明メ曰ク若シ新法ノ効力ヲ認メハ法廷ガ遺言ノ執行ヲ認許シタル後ニ於テ新法ノ出タルガ爲メニ曩キノ許可ヲ取消サヾル可カラズ是レ不便ナリ且又遺言ニ因リテ承繼ノ權利ヲ得タル者ハ其動産ニ關メ直接若クハ間接ニ種々ノ行爲ヲナシタルナラム而メ俄カニ新法ノ爲メニ自己ノ權利ヲ奪ヒ去ラルヽトキハ大ナル不利ヲ被ルベシ是レ不正ナリト(Per Lord Penzance, Lynch v. Provisional Government of Paraguay, L. R. 2 P. & D. 268) 吾曹ハ此規則ヲ能力ノ節ニ於テ掲ケタリト雖遺言一切ノ問題ニ關シテ之ヲ適用スベキナリ

(一〇四) 顧フニ我法例ノ第三條ニ規定セル所甚ダ簡單ニメ唯一般的

ニ能力ヲ以テ本國法ノ定ムル所トナスト雖論理上必ズ其最終本國法ヲ指スモノナリト解釋セザルヲ得ザル可シ

（一〇五）承繼人ノ能力ニ關シテハ如何ナル法律ノ管轄ヲ認ム可キヤホワートンハ謂ヘラク是レ遺言者最後民籍地ノ法律ニ從フ可キモノナリト英國二三ノ判決例ヲ援引シテ之ヲ證明セリ（ホワートン、五七六節）サヴィニー謂ヘラク承繼人ノ一個獨立シテ財産ヲ所有シ得ルヤ否ヤハ相續ノ當時ニ於ケル承繼人ノ民籍地法ニ依ルト（サヴィニー、八篇三七七節）然レトモ吾曹ノ見ル所ヲ以テスレバ兩說共ニ正當ナルガ如シ然レトモサヴィニーノ謂フ所ハ唯幼者既婚婦ガ其取得シタル財産ニ關シ夫若シクハ後見人ノ管理ヲ要スルヤ否ヤノ問題ニシテ相續シ得ルヤ否ヤノ問題ニアラズ唯遺言相續ノ場合ニ遺言書ノ解釋ニ關シテ屢議論ヲ生スルヿアリ例ヘハ佛國又ハ日本ノ法律ハ結婚ニ由リテ私生兒ヲ認正スルヲ許セリ（民、八、一〇三佛民三三一）而シテ英國ノ法律ハ之ヲ許サズ是レ數多ノ判決例ニ據テ明ナリ是ノ故ニ英國法廷ニ於テ子女ナル文字ヲ解釋スルニ當リ何國ノ法律ニ依リテ子女ノ意義ヲ定ム可キヤ之ニ關メ英國法廷ニ於テハ屢爭訟ヲ見タリホワートンノ五百七十六節ニ於テ列擧セル所ハ此判決ニ外ナラズ然レ𪜈是レ子女ノ嫡出ナリヤ私生ナリヤノ問題ノミ亡妻ノ姉妹ヲ娶リテ生シタル子女ハ英國之ヲ認メテ正當ノ子トナスヤ否ヤノ問題ト均シク是レ唯婚姻ノ身分上ノ効果ト見做ス可キモノニメ吾曹ハ業ニ已ニ之ヲ說キ盡セリト信ス蓋シ身分ト能力トハ明ニ區別アリ行爲ノ能力ハ一般ニ行爲地ノ法律ニ支配セラルト雖身分ニ關メハ是レ固ヨリ民籍地法ノ定ムル所タリ(婚姻効果ノ節參照)是ノ故ニ後婚認正ハ英國之ヲ認メズト雖其子女ニメ佛國ノ民籍ヲ有スル以上ハ英國法廷亦之ヲ嫡出トセザル可カラズ我法例ハ身分ト能力トヲ以テ共ニ屬人的規定ナリトシ其第三條ニ於テ本國法ニ從フ可シトセリ而メ其第四條二項ニ於テ遺贈相續ニ關メハ被相續者及遺贈者ノ本國法ニ從フトセリ然ラハ相續人ノ身分上ノ問題ハ第三條ニ從ヒテ其本國法ニ依ル可キカ將タ第四條二項ニ據リテ被

相續人ノ最終ノ本國法ニ依ルヘキカ我法例ノ正當ノ解釋トシ之ヲイフトキハ寧ロ第三條ニ依ルヘキモノヽ如シ何トナレハ身分ハ人ノ身上ニ附着スル一種ノ性質ニシテ其人ノ隷屬スル國家ノ法律一タヒ之ヲ定メタルトキハ各國亦之ヲ認メサルヘカラサレハナリ

（一〇六）二、方式　遺言書製作ノ方式ニ關シテハ困難ノ議論ヲ生スルヿナシ唯英國法律ノ甚ダ錯綜セルノミ普魯士法典ハ方式ニ關シ當事者ノ民籍地法及ヒ製作地法ノ一ヲ自由ニ選擇スルヿヲ許シ其効力ヲ判決スルニ當リテハ務メテ之ヲシテ有効ナラシムヘキ法律ニ從フモノナリトセリ伊太利ノ法典モ亦當事者ノ意思ニ依リ兩法ノ一ヲ選ムヿヲ許セリ佛國法律ニ至テハ多少ノ議論アリト雖佛國判決ノ多數ニ據リテ之ヲ見レハ佛法ニ定メタル遺言ノ規定ハ外國ニ於テ遺言ヲナスト雖猶ホ之ニ從ハサルヘカラス（ホワートン、五八八節）英國ニ於テハ方式ニ關スル規定ハ幾多ノ判決ニ因リテ變更スルヿ實ニ數回ヲ經タリ其初メ佛國ニ於テナシタル遺言ハ遺言者ノ民籍地タル佛國ノ方式ニ合セザリシト雖英國法ノ方式ニ從ヒシガ故ニ有効ナリト判決シタルヿアリ其後ニ至リ判事サー、ジョン、ニコルハ自己ノ意見ヲ陳ベテ曰ク民籍地ノ法律ニ從テ遺言書ヲ製作ス可シトノ規則ハ大ニ疑ヲ容ル可キモノナリ英國ニ國籍ヲ有スル者外國ニ民籍ヲ有スルガ爲メニ我生國ノ法律ヲ排斥シテ外國ノ法律ニ從ヒ遺言ヲナサザル可カラズトスルハ大ニ不當ナリト蓋シ判事ハ國籍ヲ以テ方式ヲ決セントスルニ似タリ然レ𪜈スタンレー對バーンスノ判決ニ於テ判事ノ議論ヲ排棄シ新タニ英法ノ定則ヲ立テタリ此訴訟ニ於テ葡國ノ民籍ヲ有スル者葡國法ニ從ヒテ遺言書及ビ附錄書ヲ調製シ又此法ニ從ハズ〆他ノ遺言書及ヒ附錄書ヲ調製セリ法廷ハ前者ヲ以テ有効ナリトシ後者ヲ以テ無効ナリトセリ是ニ於テ英國法廷ハ遺言書ノ方式ヲ以テ遺言者ノ民籍地法ニ從フ可シトスルノ原則ヲ立テタリ然ルニヴイクトリア廿四年及廿五年法律百七號ト〆發布セラレタル條例ハ亦大ニ之ヲ改正シ其第一條ニ英國臣民ハ行爲地製作ノ當時ニ於ケル民籍地固有民籍地ノ法律ノ一ヲ選擇シテ之ニ從ヒテ遺言書ヲ調製シ得トナセリ是ノ故ニ民籍不明ノ歸化英人佛國ニ於テ英國ノ方式ニ從ヒテ遺言書ヲ作リ更ニ佛國ノ方式ニ從ヒテ遺言書ヲ調製シタリシニ英國法廷ハ兩者共ニ有効ナリトセリ即チ佛式ノ遺言書ハ行爲地法ニ從ヒシモノナルヲ以テ條例第一條ニ據リテ有効ナリ又佛國法律ハ國籍ヲ有スル國ノ法律ニ從ヒテ遺言スルヲ許シタルガ故ニ英式ノ遺言書モ亦行爲地法ニ從ヒ間接ニ効力ヲ得タルモノナリトセリ(In the Goods of Reid, L. R. 1 P. & D. 74)然レドモ此條例ハ英國臣民ノ遺言ニ因ル動産處分ニ關スル改正案ノ名ヲ有スルガ故ニ此條例ヲ以テ外國臣民ニ適用スルコト能ハザル可シ然ラバ外人ニ對シテハ猶ホスタンレー對バーンスノ判決例其力ヲ有スルモノニ似タリフートト謂ヘラク若シ條例ノ力外國臣民ニ及バズトセバ外人ノ遺言書ヲ作リタル後英國ノ民籍ヲ得ルモノアルトキハ假令ヒ其遺言書ハ調製ノ當時ニ於ケル民籍地法ニ從ヒシモノナリトモ最後民籍地タル英國ノ法律ニ合セザルトキハ之ヲ無効ト

方式ハ製作地法及民籍地法ノ一ヲ擇ムヲ得ルヲ以テ通則トス

スヲ可シト(フート一八五頁)氏ノ此言ハ若シ英國法廷ノ採用セル一般ノ原則ヨリ推理シ言ヘルナランニハ是レ或ハ可ナリ然レモ若シ夫ノスタンレー對バーンスノ判決ヲ取リテ之ヲ言ヘハ是レ未ダ必ズシモ然ラズ何トナレバ此訴訟ニ於テハ遺言書製作ノ當時ニ於ケル民籍地法ヲ以テ管轄法律トナシタルニ似タレバナリ

(一〇七)以上ハ諸國法制ノ大畧ナリ此ニ由リテ之ヲ觀ル片ハ遺言書製作地及ヒ民籍地兩法ノ一ヲ擇ムヲ得ルヲ以テ通則トナスニ似タリ蓋シ場所ハ行爲ヲ支配ストノ原則ニ據レバ製作地法ヲ以テ方式ノ問題ヲ決スルヿ當然ナルカ如シ然レモ獨伊諸法ノ如ク選擇ノ自由ヲ與フルハ是レ務メテ行爲ヲシテ有効ナラシメントスルモノニシテ斯ル法制ハ誠ニ寛容ナル規定ト云フテ可ナリ而シテ彼ノ英國ノ法律ノ如キハ錯雜シテ統一スル所ナシ若シキングスダウン卿ノ條例ヲ擴張シテ啻ニ英國臣民ノミナラズ一般人民ニ適用スルヲ得バ亦以テ觀ルヘキモノアラム然レモ固有民籍地ノ法律ニ從フモ亦遺言ノ有効ナルヲ得ト

日本ノ規定

遺言書ノ解釋ハ製作時ニ於ケル民籍地法ニ從フ

スルガ如キハ實ニ不可思議ノ規定ト評セザルヲ得ズ何ガ故ニ固有民籍地法ハ遺言ニ關係アリヤ之ニ代フルニ最後民籍地法ヲ以テスルノ優レルニ若カズ

（一〇八）我日本民法取得編第二部三百八十條ニ曰ク外國ニ在ル日本人ハ第三百九十九條ニ定メタル自筆ノ方式ニ依リ又ハ其地ニ用ユル公正ノ方式ニ從ヒテ遺言ヲ爲スヿヲ得ト是レ獨伊法律ト其精神ヲ一ニセリ最モ稱贊ノ價値アリト信ス

（一〇九）三、解釋　遺言書ノ解釋ハ製作時ニ於ケル遺言者ノ民籍地ノ法律ニ從フヲ以テ原則トス吾曹ノ信スル所ヲ以テスレバ遺言相續ノ如キハ是レ法律カ遺言者ノ最後ノ意思ニ從ヒテ所有權ノ移轉ヲ認ムルモノナリ而メ遺言ノ解釋ハ其最後ノ意思如何ヲ知ルヲ以テ目的トス蓋シ解釋ノ民籍地法ニ從フベキヿ殆ンド疑ヲ容レザル所ナリ彼ノカリフホルニヤ州法廷ニ於テ遺言解釋ハ物件所在地法ニ從フ可シト判決セルカ如キハ是レ學者ノ左袒セザル所ニシテ唯一種ノ例外ト評ス可キノミ(Norris v. Harris, 15 Cal. 226)抑モ遺言者ノ民籍地ハ其永住地タリ普通ニ之ヲ謂ヘハ遺言者ハ其地ニ居リ其語ヲ知リ其法ニ從フモノナリ是ノ故ニ其遺言ヲナスヤ其文意字義ハ自己ノ民籍地法ヲ以テ解釋セラレンヿヲ欲スルト當然ナリ(ジヤルマン遺言論)是ノ故ニ遺言者ノ民籍地法ニ依リテ解釋セラル可キハ殆ント疑フベカラズ然レ圧遺言ヲナシタル後ニ於テ遺言者其民籍ヲ變更シタル時ハ最後民籍地法ト製作時ニ於ケル民籍地法ト孰レヲ優レリトスルヤ吾曹ハ寧ロ後者ヲ以テ採ル可シトナス蓋シ一旦遺言書ヲ作リタル後民籍ヲ變スルモ猶ホ之ヲ變更セザル𬼀ハ是レ當時ノ意思死ニ至ルマデ變セザルモノナリ是ノ故ニ能力等當事者ノ意思ヲ以テ法律ヲ左右シ得ザル問題ニ關メハ最後民籍地法ニ從フ可シト雖解釋ノ問題ハ亦少シク異ナル所アリ解釋ハ唯意思如何ヲ知ルニアルノミ若シ製作時ニ於ケル意思死ニ至ルマデ變セザルモノナリトセンカ遺言書ハ其意思ヲ顯ハスモノナリ而メ實ニ當時ノ民籍地法ニ依リテ之ヲ作リシモノナリ然ラハ

最終民籍地法ニ依テ解釋スベシトノ說

之ニ依リテ解釋スルハ當然ナルガ如シ例セハ佛人佛國ニ於テ遺言書ヲ作リ自己ノ動產ヲ其子女ニ平分スルノ意思ヲ表示セリ而メ遺言者ノ子女ハ皆後婚認正ニ由レルモノナリ後英國ノ民籍ヲ得タリトセバ其子女ナル文字ノ意義ヲ解スルニ英法ヲ以テスルトキハ遺言者ハ一人ノ子ナキノ結果ヲ生シ其遺言ハ毫モ効力ナカル可シ是レ固ヨリ遺言者ノ眞意ヲ得タルモノニアラザル可シト信ス

（一一〇）然ルニ往々遺言者最後ノ民籍地法ヲ以テ解釋ノ標準トナサントスル者アリ米國大審院ノ判決ニヨレバ遺言書中ノ法律上相續人タル文字ニ關シ何人ガ法律上相續人ナリヤハ民籍地法ニ依リテ決ス可キモノナリトセリ（ハリソン對ニクソン）ホワートン此判決例ヲ引用メ是レ最後民籍地法ヲ以テ解釋ノ標準トナセルモノナリトシ且ツストーリー及イェーツ對トムソントロッター對トロッター等ヲ援引シテ此說ヲ確メタリ（ホワートン五九二節）然レ𪜈吾曹ノ見ル所ハ氏ノ見解ト大ニ異ナレリストーリー曰ク動產ノ遺言ニ關メ普通法ノ原則ハ

遺言書製作地タル民籍地ノ法律ニ依リテ之ヲ解釋ス可シトスルニ在リ且ツ遺言ノ文意ハ不動產ノ遺贈ヲ包含セリヤ否ヤ動產不動產ヲ幷セテ之ヲ遺贈ス可キ意思ヲ表彰セリヤ否ヤ等ニ關シ問題ヲ生スル時ハ遺言書ヲ作リタル民籍地ノ法律ニ依リテ之ヲ決ス可ク民籍地法ニ依リテ一タヒ意義ヲ定メタル以上ハ各國法廷ハ其意義ニ從フ可シト（ストーリー四七九節a）ストーリーノ言フ所ハ甚ダ曖昧ナルガ如シト雖決メ最後民籍地法ヲ以テ解釋法トナス可シト言ハザルヲ見ル可シ蓋シ氏ハ常ニ民籍地ト製作地トヲ混合メ之ヲ論スルニ似タリ而メ氏ハ自己ノ議論ヲ證明スルガ爲メニホワートントト同シクトロツター對トロツターハリソン對ニクリンイエーツ對トムソン等ノ判決例ヲ引用セリ是ニ由リテ之ヲ觀レバ英米法律ハ遺言ノ解釋ニ關シテハ甚タ決シ難キモノアルガ如シフートモ亦以上ノ判決例ニ加フルニボーイス對ビテイルヲ以テセリト雖解釋ハ民籍地法ニ從フト謂フニ止リ最後ナリヤ將タ製作時ナリヤヲ確定セズ（フート一九一頁）然レトモトロツ

身分ノ問題ハ解釋ノ問題ニアラズ

ター對トロッター」ニ於テハ蘇國人英領ニ民籍ヲ有シ其地ニ於テナシタル遺言ヲ解釋スルニ當リ英國法廷ハ蘇國法ニ從ハズメ英國法ニ從フ可シト決シ其理由ヲ述ベテ曰ク民籍ヲ外國ニ有スル者其地ニ於テ動産ニ關スル遺言ヲナストキハ之ヲ解釋スルニ製作地法ヲ以テスルハ當然ナリト思考スト此判決例ニ於テハ製作地ト兩種ノ民籍地ト相符合セリ米國ノ判決例タル「ハリソン對ニクソン」モ亦決メ最後民籍地法ヲ維持シタルモノニアラズ要スルニ英米法律ハ明言セズト雖法廷ニ於ケル判事ノ議論ヲ見レバ亦製作時ニ於ケル民籍地法ニ依リテ遺言ノ解釋ヲナス可シトスル如シ (Boyes v. Bedale, 1 H. & M. 798 Yates v Thompson, 3 Cl. & F. Harrison v. Nixon, 9 Peters, R. 483. Trotter v. Trotter 4 Bligh N. S. 502)

（一一一）然レドモ「ボーイス對ビテイル」ノ判決例ハ茲ニ少シク注意スルノ價値アル可シ一英人英國ニ於テ遺言ヲナシ佛人某ノ子ニ其財産ヲ遺贈セリ其子ハ初メ私生ニシテ後婚認正ニ由リ嫡子トナリタル者ナ

リ英國法廷ハ此遺言ヲ以テ英國法ノ解釋ス可キ所トナシ且ツ謂ヘラク佛人某ノ子ハ佛國法ニ依ル𪜈ハ是レ嫡出ノ子タリト雖我英國法ハ此ノ如キ後婚認正ヲ認メザルガ故ニ猶ホ此子ヲ以テ私生兒トナス是ノ故ニ此兒ハ英國法廷ニ於テ此遺言ノ利益ヲ受クル能ハザルナリト此ノ判決タルヤ遺言解釋ニ關スル法律管轄ノ判決ト〆之ヲ見ル𪜈ハ固ヨリ其當ヲ得タリト雖佛人ノ子ヲ以テ私生子トナシタルカ如キハ是レ不當ノ判決ナリト謂ハザル可カラズ吾曹ガ嫡生ノ節（婚姻効果ノ章）ニ於テ論シタル如ク子女ノ嫡出ナリヤ否ヤハ是レ身分上ノ問題ナリ「グードマンス、トラスト」ノ判決ニ於テ判事ハ明ニボーイス對ビデイルヲ非難シ人ノ身分ハ誕生ノ時ニ於ケル父ノ民籍地法ニ依リテ定マリ其一タビ定マルヤ各國之ヲ承認セザル可カラサルモノナリトセリ是ノ故ニ右ノ塲合ニ於ケル遺言書ハ之ヲ英國法ニ從テ解釋スルヿ當然ナリト雖佛國法已ニ後婚認正ニ因リテ私生兒ノ嫡出タルヲ認ムル以上ハ英國法廷モ亦之ヲ認メザル可カラザルモノナリ

（一一二）吾曹ハ已ニ遺言解釋ハ製作時ニ於ケル民籍地法ニ從フ可キヿヲ論セリ而シテ何カ故ニ此法律ヲ適用スルヤ唯最モ遺言者ノ意思ヲ推知シ易キカ故ナリ遺言者ハ其遺言ノ此法律ニ依リテ解釋セラレンヿヲ希望シタルナルベシトノ推測アルガ為メナリ然レ𪜈是レ一ノ推測ノミ時トメハ自己ノ所在地法若クハ他ノ國法ニ依リテ解釋セラレンヿヲ希望スルヿナシトイフ可カラズ若シ此ノ如キ意思ノ遺言上ニ明見スル𪜈ハ固ヨリ遺言者ノ意思ニ從フヿ當然ナリト謂フ可シハリソン對ニクソンニ於テ法廷ハ一般ノ原則ヲ述ベテ曰ク畢竟特別ノ事情アル場合ノ外遺言ハ遺言者ノ民籍地法ニ依リテ其意義ヲ解釋ス可シト是レ固ヨリ學者ノ疑ヲ容レザル所ナリ然ルニフートハ其著書百九十二頁ニ於テ曰ク此ノ如ク特別ニ意思ノ表影ナキ時ハ遺言ノ解釋及ヒ効果ハ一ニ遺言者ノ民籍地法ニ依ル可キガ故ニ遺言者ガ其法律ノ規定ヲ避ケントスルモ到底無益ナル可シト蓋シ之ヲ以テ遺言ノ効果ニ適用セントスルハ甚ダ可ナリト雖解釋ニ關メハ全ク別異ノ考

察ヲ要ス可シ例セバ日本ニ於テ財産全部ヲ遺贈スルヿ能ハズ今日本人遺言ヲナスニ當リ如何ニ此法律ノ規定ヲ避ケントスルモ到底無効ノ企圖タルヘシ何トナレバ最後民籍地法タル日本法律ハ嚴格ニ其規定ヲ適用センヿヲ主張シ遺言者ノ意思ニ放任セザルコト明ナレバナリ然レ𪜈日本人倫敦ニ於テ遺言ヲナシ殊ニ英法ニ依リテ解釋セラル可キ意思ヲ明ニセバ其中ノ文字例セバ人產ノ如キハ我法律ニ所謂動産ト同一ナリヤハ固ヨリ英法ニ從ハザル可カラス何トナレハ遺言解釋ハ遺言者ノ眞意ヲ知ルニ在リ而メ英法ニ據ラサレバ其眞意ヲ知ルヿ能ハザレバナリ(民、取、二部十四章四節、Hogg v. Laslhey, 3 Hagg. Eccl. R. 415)

(一一三)四、信託及ヒ撰擇遺言　英國ニ於テハ直接ニ遺言ニ由リテ動産ヲ移轉セスメ時トメハ遺言ヲナシテ其者ニ選擇權ヲ與フルヿアリ例セバ甲者三人ノ親族アリトセバ乙者ニ遺言シテ乙者ヲシテ甲者ノ財産ヲ遺言ニ依リテ其中ノ一人ニ與ヘシムルカ如シ乙者此選擇權ヲ

相續ハ死者ノ最終

行ヒテ遺言書ヲ作リシ時ニ其効力如何ニ關シテ英國ニ於テハ種々ノ判決例アリト雖是レ特殊ノ遺言ニメ屢起ル可キ普通ノ顯象ニアラズ故ニ吾曹ハ唯茲ニロミリー卿ノ言ヲ擧グルヲ以テ足レリトス曰ク撰擇權ヲ行ヒテ作リタル遺言書ハ英國法廷ノ承認ヲ得ントスルニハ我法律ニ照シテ有効ナラサル可カラズ而シテ我法律ハ二種ノ遺言ヲ以テ有効ナリトス曰ク英國ノ條例ニ從ヒテ製作シタルモノ曰ク撰擇遺言者ノ民籍地法ニ從ヒテ作リタルモノ是レナリ云々ト(D'Huart v. Harkness, 34 L. J. Ch. 311. In the Goods of Hallyburton, L. R. 1 P. & D. 90.)其他動産權ヲ直ニ讓渡サズメ遺言ニ依リテ信託ヲナスヿアリストーリーノ說ニ據レバ遺言ノ信託ニ關メモ亦解釋ニ關スル全一規則ヲ適用シ得可シ(ストーリー四七九節)吾曹ヲ以テ之ヲ見レバ皆是レ特殊ノ遺言ナリ一切通則ヲ適用メ可ナラン

第二　相續

《一一四》吾曹ハ已ニ遺言ニ就キテ略述セリ更ニ無遺言相續ノ場合ヲ

論センヿ最モ便宜ナリト信ス之ニ關シテハ遺言ノ場合ト全ク死者最後ノ民籍地法ヲ以テ相續一切ノ問題ヲ決ス可シトスルヿ法律學説ノ認ムル所ナリ彼ノローデンブルグブールノアブルガンダス諸家ハ動產ノ相續ニ關メ民籍地法ノ管轄ヲ認メタリ蓋シ此等諸氏ハ動產ハ所有主ノ身體ニ從フトノ原則ヲ遵奉シ死者最後ノ民籍地ハ即チ動產ノ所在地ナルガ故ニ其權利ノ移轉ニ關メハ一切其法律ニ從フ可キモノナリトスルナリ(ブールノア二卷二篇五四頁ローデンブルグ二篇二節二章一節)其他ヴオエトピンケルシエツク等諸學士亦全樣ノ說ヲナシ不動產ハ所在地法ニ動產ハ民籍地法ニ從フ可シトノ大原則ヲ立テヽ相續ノ問題ヲ論定セリストーリー曰ク動產ノ相續ニ關シテ普通法ノ認メタル原則ハ總テ死亡者最終ノ民籍地法ヲメ之ヲ管轄セシムルニアリ是レ曾テ多少議論アリシト雖今日ニ至テハ已ニ一定セシ所ナリ是ノ故ニ死亡者ノ出生地若クハ以前ニ有シタリシ民籍地又ハ物件所在地ノ如何ハ毫モ顧ミルニ足ラス死者最終民籍地ノ法律ニ依リテ

正當ノ相續人ナリト認メラル丶者其産ヲ享ルヲ得可シ是ノ故ニ佛人遺言ナクシテ米國ニ死亡スル時ハ其所有動産ノ米國ニ在ルト佛國ニ在ルトヲ問ハズ其最後ニ永住シタリシ土地ノ法律ニ從テ分配セラル可シ若シ其法律ニシテ國籍ノ存在セル佛國ノ法律規定ト要點ニ於テ全ク異ナルヿアリ𪜈毫モ之ヲ顧慮スルヲ要セサルナリト（ストーリー四八一節）獨逸ノ諸學者トエール、ウンゲル、ウエヒテル、サヴイニー等亦皆死者ノ最後民籍地ノ法律ニ從フ可シトスルノ說ヲ取リ獨逸法廷モ亦此主義ヲ採用セリサヴイニーハ無遺言ノ場合ニ於テ最終民籍地ノ法律ニ從フノ必要ヲ論メ以爲ヘラク此主義ニ依ラザレバ以テ國家ノ隆盛ト一個人ノ正誼ヲ保ツヿ難カル可シト而メ其理由トスル所各個人ハ死後ニ於ケル財産ノ處分ニ關シ其民籍地ノ家族法ノ制度ニ從フ可キヿヲ期シタル者ナリト謂ハザル可カラズ已ニ其社會ノ一員タル以上ハ是レ正當ナル法律上ノ推定ナリト云フニ在リ且ツ夫レ民籍地ノ法律ニ從ハズメ或ハ物件所在地法ニ依リテ財産分配ヲナストセバ非常ノ混雜ヲ生ス可キノミナラズ財産ヲシテ意外ナル相續者ノ掌中ニ歸セシムルヿアルヲ以テ少シク思慮アル家父ハ商業ノ爲メ財産ヲ外國ニ出サヾル可シ是レ大ニ商業ノ進歩ヲ妨碍スルモノナリトイフニ在リ(サヴィニー「ロエーミツシエスレヒー」三七六節)以上ノ理由ハ實ニ有力ナルモノナリ獨逸ニ於テハ惟リ學者ノ此說ヲ採ルノミナラズ判決例モ亦全シ(ヴイフエルト一卷九二號)英國ノ判決例モ亦全一ノ規則ヲ取レリウエストベリー卿ノ言ニ據レバ死者財産ノ管理ノ如キ遺言無遺言ノ相續ノ如キ皆死者ノ民籍地ニ從フ可キモノタリ(Enohin v. Wylie, L. R. 2 P. 4 D. 89)以後ノ判決ハ皆此主義ヲ遵奉セリ(Skottowe v. Young, L. R. 11 Eq. 474. In the Goods of Weaver, 36 L. J. P. & M. 41)而シテ或判決ニ至テハ多少ノ非難ヲ免レザルモノナリ例セバ無遺言相續ニ關スル親族上ノ關係ノ如キ英國法ニシテ死者ノ民籍地法タル𪜈ハ總テ英國法ニ依リテ之ヲ決ス可シトナス(Boyes v. Bedale, Supra.)例セバ死者英國民籍ヲ有シ其子某佛國ノ民籍ヲ有スル𪜈ハ若シ其子ニシテ或ハ婚姻ニヨリ認正セラレタルモノナレバ英國法廷ハ其子タルヲ認メザルガ如シ是レ吾曹ノ屢論セシ如ク不當ノ規定ニシテ今ヤ已ニ最近ノ判決タル「グードマンストラスト」ニヨリテ排斥セラレタリ何トナレバ何人カ正當ノ相續人ナリヤヲ決スルヿ死者ノ民籍地法ニ依ル可シト雖嫡子ナリヤ否ヤハ身分上ノ問題ナルヲ以テ共一タビ佛國法ニ依リテ嫡子ナリト認メラレタル以上ハ英國法ノ之ニ從フ可キハ當然ナレバナリ然レ𪜈其子ヲシテ次男ナラシメンカ佛國法律ハ數子相續主義ヲ採リ英國ハ長子相續主義ヲ採ルガ故ニ佛國法ニ從ヘハ其子ハ亡父遺產ノ分配ヲ受ク可キ權利アリト雖亡父ノ最後民籍ハ英國ニ在ルヲ以テ此權利ヲ得ルヿ能ハザル可キナリ

伊太利ノ學者ハ亦國籍ノ所在地法ヲ以テ動產相續ヲ決ス可シトイヒ西班牙ノ法律モ亦然リトナス(國際私法雜誌、一八七四年四四頁、一八七五年五一頁)然レ𪜈一般學說及ヒ判決ノ傾向スル所ハ死者ノ最終民籍ヲ以テ標準トナス可シトスルニ在リ吾曹ハ此規定ノ至當ナルヲ確信

日本ノ規定

ス蓋シ相續ハ法律ノ作用ニ由ル包括財産ノ移轉ニシテ其管轄ニ關シテハ遺言アリシ塲合ト毫モ異ナル可キ理由ナシ是ノ故ニ吾曹ガ已ニ遺言ノ塲合ニ於テ陳ヘタル私見ハ猶ホ玆ニ適用スヘキナリサヴイニーノ提出セシ理由ハ最モ有力ニ此説ヲ保護スルニ足ルモノナリト信ス

〔一一五〕我法律モ亦伊國ト全主義ヲ採レリ法例第四條ニ曰ク動産不動産ハ其所在地ノ法律ニ從フ然レ圧相續及遺贈ニ付テハ被相續人及遺贈者ノ本國法ニ從フト蓋佛國法系ノ諸國ニ於テハ國籍ヲ以テ私法管轄ヲ定ム可キ標準ノ一トシ獨英諸法ハ之ニ代フルニ民籍ヲ以テス吾曹ハ民籍ノ章ニ於テ兩者ノ比較ヲ掲ケタルガ故ニ玆ニ之ヲ論ゼズ吾曹ガ曾テ論ジタル如ク選擇權ノ附與ニヨリテ遺言ヲナスコアリ甲者英國ノ民籍ヲ有シ遺言ニヨリ選擇權ヲ乙者ニ與ヘタリ乙者ハ佛國ノ民籍ヲ有セリト假定シ乙者其選擇權ヲ行ヒテ遺言書ヲ作リタル片ハ相續人ハ何ノ處ニ向テ相續稅ヲ納ム可キカ蓋シ相續人ハ選擇ニ逢ヒテ相續スルヲ得タル者ナリト雖圧其物件タル元來乙者ノ所有ニア

ラズシテ其物ノ移轉シタルハ甲者ヨリセルモノナリト謂フテ可ナリ是ノ故ニ甲者ノ民籍地タル英國ノ主權者ハ此ノ如キ場合ニ於テハ甲者ガ直ニ遺言ヲ以テ相續人ヲ指定シタルト全一ニ見做シ課税ノ權利ヲ主張ス可シ(ヴイクトリア一六及一七年法律五一號二節)

第三欵　法律ノ作用ニ因ル讓渡

第一　破產

(一一六) 破產ニ因ル動產ノ移轉ハ國際上如何ナル効力ヲ有スルヤハ太ニ困難ナル問題ニシテ諸國ノ法制一ナラズ學說亦區々タリ吾曹ハ先ツ大陸學者ノ說ヲ略述セン舊派ノ學者ハ往々法律ヲ二分シテ屬人法屬物法ノ二トシ屬人法ハ民籍地法ニヨリテ定メ國外一般ノ効力ヲ有スト雖屬物法ニ至テハ物件所在地ノ外ハ國際上其規定ノ効力ヲ有スルヿ能ハズトセリ是ノ故ニ破產ニ關シテモ亦破產ハ屬人的ナリヤ屬物的ナリヤヲ以テ其ノ國際上ノ効力ヲ判斷ス可キ標準トセリ｜ヒリ

クス曰ク破産ハ人ノ身分ニ關スル禁令ナリ故ニ其規定ハ屬人的ナリト(フヒリツクス八二節)ロツコー曰ク破産ハ債權者ノ利益ノ爲メニ其破産者ノ財産ヲシテ散逸スルヿナカラシメ其平等ニ分配セラル丶ヲ得セシメントスルノ制度ナリ是ノ故ニ其規定タルヤ是レ屬物的ニシテ一國破産ノ宣告ハ唯國内ノ物件ニ關シテ權利移轉ノ効力アルノミト(ロツコー三部三一篇)然ルニマツセーハ中間説ヲ執リ破産者ノ能力ニ關スル規定ト其財産ニ關スル規定トヲ區別シ前者ハ屬人的ナルガ故ニ國外ニ効力ヲ有シ後者ハ屬物的ナルガ故ニ之ヲ有セズトセリ(マツセー商法五四六頁)メルランハ此屬人屬物二法ノ區別ヲ棄テヽ衡平ト善意トヲ以テ論據トシ謂ヘラク若シ甲者外國ニ於テ乙者ノ破産宣告ヲ受ケタルヲ知リ其人ノ物件ヲ買フトキハ是レ乙者ノ債權者ヲ詐害スルモノナルガ故ニ其賣買ハ有効ナラズ然レ𪜈甲者ハ善意ニテ之ヲ買フトキハ其賣買ハ有効ナリト(メルラン「ペルトアール」「フエイリト」二篇)フヒオール謂ヘラク破産ガ國籍ヲ有スル國ニ於テ破産ノ宣告ヲ受ケタル

破産宣告ハ國外ノ効力アリトノ說

時ニ其不能力ハ何ノ地ニ移ルドモ猶ホ其身上ニ附着セルモノナリ故ニ破産者ノ財産ハ其宣告ニ由リテ一般ニ管財人《アッサイニー》ニ移ルヲ認ム可シ商業ハ世界的《コスモポリタン》ノ性質ヲ有スルモノナリ破産ノ宣告ハ商賣上及國際上ノ手續ナルガ故ニ亦世界的効力ヲ有シ一國内ニ限ル可カラズト然ルニホワートンノ說ニ據レバフヒオールノ如キ議論ハ如何ニ精妙ナリドモ歐洲現今ノ實際ヲ見ルトキハ破産ハ決シテ所謂世界的手續ニアラズシテ破産宣告ヲ以テ唯國内ニ存在セル負債蒐集ノ一手續ト見做スガ故ニ民籍地ニ於テ破産手續ヲナストキハ其破産者ノ財産ノ存在セル諸國ニ於テモ各破産ノ手續ヲナスベキナリト(ホワートン、三七八節)吾曹ハ更ニ英米ニ於ケル學說ヲ引援セントス彼ノ破産宣告ノ結果トシテ破産者ノ財産ノ其管財人ニ移ルヤ其効力國外一般ニ及ブ可シトスル說ノ論據ヲ問ヘバ曰ク動産ハ定處ナシ其處分ニ關シテハ其所有主ノ身体ヲ支配ス可キ法律即チ民籍地法ニ從フベキモノナリ故ニ此原則ニ依リテ所有者ハ賣買等自己ノ自由意思ニ由ル行爲ヲ以テ其所有物件ヲ讓渡シ其當時ニ於テ物件ノ何ノ地ニ存在セルヲ問ハズ各國ハ當サニ其讓渡ノ有効ヲ認ム可キナリ然ラバ破産ノ財産ガ民籍地法ノ作用ニ因リテ有効ニ移轉スル片ハ是レ自己ノ行爲ヲ以テ移轉シタルト均シク各國之ヲ認メテ有効トナス可キヤ勿論ナリ管財人ハ是ニ由リテ法律上正當ノ所有主トナリ而ソ一切ノ債權者ノ利益ノ爲メニ之ヲ管理スル權ヲ有セリ此ノ如ク或ハ法律ノ作用ニ由リ或ハ自己ノ行爲ニ因ルモ移轉ノ方法如何ハ毫モ顧意スルヿヲ須ヰズ吾曹ハ唯民籍地法ニ照ソ其移轉ノ正當ナリヤ否ヤヲ判斷スレバ足レリ此原則ハ所有者ガ生前ノ行爲ヲ以テ或ハ遺言書ヲ以テ或ハ無遺言ノ場合ニハ法律ノ作用ヲ以テ動産ヲ移轉スル場合ニ於テ總テ其適用ヲ見ルナリ且ツ無遺言ノ場合ニ於テ動産ハ定處ヲ有セザルガ故ニ死者ノ有セル一切ノ動産ハ之ヲ民籍地ニ集メ而ソ之レヲ分配スルヿ是レ死者ノ意思ナリト推定スルガ如ク破産ノ場合ニ於テモ亦全シク其財産ヲ民籍地ニ集メ其法律ニ從ヒテ之ヲ處分スルハ是レ破産者ノ意思ナリト謂フヲ得可シ何トナ

破産宣告ハ國外ノ効力ナシトノ說

レバ破産者ハ自己ノ動産ニ關スル一切讓渡ノ問題ヲ以テ其民籍地法ノ管轄ニ屬セシムルヿヲ默諾シタルモノナレバナリ若シ此說ニ反スル片ハ大ナル不便ヲ生ス可シ蓋シ破産宣告ノ効力ヲシテ一國內ニ限ラシメバ破産者ノ意思如何ニ由リテ其物件ヲ甲國若クハ乙國ニ移シ兩國債權者間ニ大ナル不公平ヲ生スルヲ得ルニ至ラント(ストーリー、四○四、四○五節)然ルニ破産宣告ニ因ル動産移轉ノ効力ハ國外ノ承認ヲ得可カラズトナスノ論者ハ其理由ヲ述ベテ曰ク動産ハ定處ナクメ所有者ノ民籍地法ニ支配セラル可キハ吾曹モ亦其通則タルヿヲ承認ス然レ𪜈各國ハ各自ノ法律規定ヲ設ケテ我國內ニ存セル物件ノ處分ヲ支配スルヲ得ルガ故ニ甲國ニ於ケル破産者ノ動産ヲ我國ニ於テ正當ニ差押ヘタル債權者ハ甲國法ニ依リテ選任セラレタル破産管財人ニ對メ其權利ヲ保護ス可キヤ勿論ナリトス而メ他國ハ其孰レヲ保護ス可キヤニ關メ毫モ容喙スルノ權利アラザルナリ蓋シ彼ノ民籍地法ニ從テナセル動産處分ノ有効ヲ認ムルハ我ガ特別ノ規定ナク之ヲ認メテ我ニ大害ナキ場合ニ限ルナリ且ツ所有者ノ行爲ニ因ル讓渡ト法律ノ作用ニ因ル讓渡トハ亦區別セザル可カラザルモノアリ賣買ハ物件ノ何ノ處ニ存スモ之ヲナシ得ルナリ法律ノ作用ニ因ル讓渡ハ物件我管轄内ニ在ラザレバナス能ハズ是レ行爲ニ因ル讓渡ハ場處ノ關係ナク法律ノ作用ニ因ルモノハ此關係アルナリ又夫ノ破産者ハ其財產ノ民籍地法ニ從テ處分セラル可キヲ默諾セリト云フト雖此ノ如キハ甚ダ奇僻ノ說ト謂ハザル可カラズ犯罪者ノ財產ヲ沒收スル場合ニ於テ亦犯罪者ハ其財產ノ民籍地法ニ從ヒテ移轉ス可キコヲ承諾セルモノナリト謂ヒ得ベキカ夫レ民籍地法ニ依ル動產處分ノ有効ヲ認ムルハ是レ國際上ノ禮讓ナリ然レモ禮讓ハ相互ノ主義ニ根源セリ自國法律ガ其臣民ノ爲メニ規定シタル權利ノ救濟ヲ薄弱ニシ或ハ其擔保ヲ減少メ猶ホ外國法ノ効力ヲ認メザル可カラズトスルハ愚ノ甚タシキモノナリ若シ民籍地法廷ノナシタル破產宣告ノ効力ニ拘束セラルヽ時ハ我債權者ハ正當ニ破產者ノ財產ヲ差押ヘタリモ管理人ニ向テ之ヲ

對抗スルヲ得ス大ニ救濟ノ道ヲ減縮セラルヽノ不幸アル可シ云々ト仝前四一〇乃至四一四節)吾曹ハ此ノ如ク楯ノ兩面ヲ觀察シ而シテ後ニ私見ヲ述ベント欲ス蓋シ彼ノ屬人屬物二法ノ區別ハ甚ダ明了ナルガ如シト雖實際ニ當リテハ孰レカ屬人法ニシテ孰レカ屬物法タルヿヲ定ムルヿ難ク時ニ或ハ混合法ノ一種ヲ設クルモノアリト雖此等ノ議論ハ今世學者ノ甚ダ珍重セザル所ナリ吾曹ヲ以テ之ヲ見レハ破産ハ決シテフヒリツクスノ謂ヘルガ如ク人ノ身分ニ關スル禁令ニハアラザル可シ破産者ハ私法上ノ死人ト見做サルヽナリ然レドモ是レ財産ニ關シテ或行爲ヲナシ能ハサルノ謂ニシテ畢竟能力ヲ奪ハレシナリ身分ニ關スルモノトハ謂ヒ難シ且ツロツコーノ謂ヘルガ如ク畢竟自己ノ債務ヲ果ス能ハザルノ制裁トシテ此不能力ヲ生シタルモノトイフ可シ然レドモ吾曹ハ其不能力ニ關スル結果如何ヲ研究セント欲スルニアラズ唯民籍地法ニ依リテ破産管財人ノ選任セラレタル時ハ外國モ亦之ヲ認メザル可カラザルヤ否ヤ是レ主要ノ論點ニシテストーリーノ縷々論

破産管財人ハ遺産管理人ト相似タリ

述セシ所ナリストーリーハ承認説ヲ以テ英國主義ナリトナシ否認説ヲ以テ米國主義ナリトセリ其大畧ハ吾曹已ニ之ヲ述ベタリ要スルニ両者共ニ有力ノ議論ヲ以テ根據トスルニ似タリ蓋シ管財人ナル者ハ獨リ破産者ノ財産ニ關メ何等ノ利益ヲ得可キ權利アラザルナリ彼唯債權者間ニ平等ノ分配ヲ得シメンガ爲メニ選任セラレタルノミ而メ彼ハ其財産ヲ管理スルノ權アルニ止ル吾曹ハ破産管財人ト遺産管理人ト毫モ相異ルノ點アルヲ見ザルナリ一ハ相續人受贈者ノ爲メニシ一ハ債權者ノ爲メニス一ハ死者ノ財産ヲ管理シ一ハ破産者ノ財産ヲ管理ス固ヨリ破産者ハ死者ト異ナリ然レ𪜈彼ハ私法上ノ死人ナリ其レ此ノ如シ而メ英國法ハ此全種ノ場合ニ處スルニ一ハ世界的規定ヲ以テシ一ハ一國的ノ規定ヲ以テスルヿ甚ダ解シ難キ所ナリ抑モ或ハフヒオールノ如ク商業ノ世界的タルヲ論據トメ英國主義ヲ維持センカ是レ亦別論タリト雖遺産ノ場合モ此議論ヲナシ能ハザルニアラズ吾曹ハ確信ス凡ソ場處ハ行爲ヲ支配スルモノナリ外國ニ於テ破産者

破産ノ管財ハ一ノ法律執行ナリ

ノ財産ヲ管理セントセバ是レ其行爲タルヤ固ヨリ其國法ニ依リテ支配セラル可キモノタリ夫レ已ニ管財人ノ性質タル財産分配ノ平等ヲ保タンガ爲メニ法律ニ依リテ財産ノ蒐集ト分配トヲ任セラレタルモノニアラズヤ破産者ノ財産ヲ蒐集分配スルハ寧ロ法律執行ナリト謂ヒ得可キニアラズヤ凡ソ此ノ如キハ國外ノ効力アル可キカ如何若シ之アリトセバ民籍地法廷ハ管財人ニ向テ汝ハ我國內ニ於テノミナラズ外國ニ於テモ破産者ノ財産ヲ管理スルヲ得トイヒ得ベシ是レ場所ハ行爲ヲ支配ストノ原則ヲ排斥メ外國ノ法律ヲ侵凌スルモノナリ(法例一三ノ二)吾曹ハ甚ダ其不可ナルヲ見ルナリ而シテ米國主義ノ論者ハ物件所在地法ハ其處分ニ關メ特殊ノ規定ヲナシ得トイヘリ我法律ニ於テモ亦此言ヲナシ得可キナリ(法例四)是レ吾曹ト論據仝シカラズト雖見ル所ハ即チ仝シ或ハ破産管財人ノ遺産管理人ト全ク相似タルニヨリテ夫ノ遺産管理人ノ權利ハ外國法廷亦禮讓ニヨリテ之ヲ認ム可キガ如ク破産管財人ノ權利モ亦然ラザルヲ得ズト思考スル者アラ

國家ハ自國ノ債權者ヲ害シテ外國ノ破產管財人ノ權利ヲ認ル義務ナシ

ンカ然レ𪜈遺產管理人ハ相續者受贈者ノ爲メニス外國ニ於テ其權利ヲ認ムルハ相續者等ノ爲メニ便利ナルノミナラズ亦ソノ國ニ存在セル債權者ノ損害ヲ生スルヿナシ然レ𪜈破產管財人ハ一國ニ於ケル債權者ノ爲メニス夫レ一國ノ債權者ハ必ス其國內ニ存セル債務者ノ動產ヲ見テ以テ我救濟ヲ得ルノ方法アリト信セン然ルニ今差押ヘタル物品モ彼ノ民籍地法ニ依レル管財人ノ權利ニ對抗シ得ザルガ爲メニ之ヲ返還セザル可カラズトナストキハ債務者或ハ民籍地ニ於テ巨額ノ負債アリシヤモ知ル可カラズ然ラバ外國ノ債權者ハ大ニ損失ヲ被ムル可シ且ツソノ民籍地法ニ從テ優先ノ順位ヲ定ムルトキハ外國債權者ノ意外ノ不幸ハ實ニ憐ムヘキモノナルベシ蓋シ禮讓ニ因リテ外國ノ法律ヲ認ムルハ其我ニ害ナキヲ以テ限度トス自ラ己ヲ害メ猶ホ外國法ノ効力ヲ認ムルカ如キハ是レ禮讓ニアラズメ殆ド服從ニ近シトイフベシ吾曹ハ是ノ故ニ米國主義ヲ賛成セント欲スルナリ我商法ハ破產ノ國際上効力ニ關メ何等ノ規定ヲ與ヘス商法第三編第二章ニ於テ

種々ノ規定ヲ設ケタリト雖此規定タルヤ一國内ニ限レルモノナリヤ否ヤ吾曹ノ信スル所ヲ以テスレハ右ニ陳ヘタル理由ニ基キ破産ノ性質上其效力ヲ一國内ニ限ルヘキモノトス是ノ故ニ不能力問題ノ如キ一切ノ効力ハ外國ニ及ブモノニアラズ從テ管財人ノ管理ハ亦國外ノ財産ニ及ボスコトナシ(商九八五以下)

(一一七)吾曹ハ簡單ニ英米法律ノ如何ヲ見ントス英國ノ破産條例ニ據レバ凡ソ破産者ノ一切ノ財産ハ其管財人ニ移轉スヘシトス此ノ如ク毫モ物件所在ニ就キテ區別ヲ立テザルナリ(一八六九年破産條例一五節三乃至五項)然レ𪜈諸判決ヲ見レバストーリーノ謂ヘルカ如ク決メ民籍ノ有無ヲ以テ管轄ノ標準トナスニアラザルヲ知ル外國人英國ニ於テ負債ヲナシ英國ニ於テ破産行爲《アクト・オブ・バンクラプシー》ヲナシタル片ハ英國ノ破産法ニ從フベシトセリ(Ex parte, Crispin. 42. L. J. Bank. 65.)然ルニ更ニ一歩ヲ進メ負債ハ外國ニ於テ負擔シタルモノナレ𪜈破産行爲ヲ英國ニ於テ爲シタル以上ハ英國法ニ從フベシトセリ(Ex parte, Pascal Re Meyer, L.

R. 1. Ch. D. 509)判事メリシユ卿曰ク英國ニ於ケル暫時ノ住居ハ破産行爲ニツキ我英國法ヲシテ破産一切ノ手續上ニ管轄ヲ有セシムルニ足ルト凡ソ是レ等ヲ以テ之ヲ見レバストーリーハ英國主義ヲ以テ一ニ民籍地法ニ依ルモノナリトセリト雖モ今日ニ至テハ然ラズシテ一ニ破産行爲ノ有無ヲ以テ標準トスルモノヽ如シ(フート、二三一頁)吾曹ノ所見ヲ以テスレバ是レ太ダ理アリ何トナレバ破産行爲ハ破産ニ關スル法律作用ヲ喚起スベキ事實ノ發生シタルモノナレバ發生地ノ法律ヲ〆破産ノ管轄ヲナサシムルヿハ當然ナレバナリ然レ𪜈管財人ハ其行爲ニ因リテ所有權ヲ得タルニアラズ寧ロ動産上ニ權利ヲ得タル者ハ債權者ニ外ナラズ是ノ故ニ管財人ヲ〆一國内ニ於ケル管理行爲ヲナサシムルハ可ナリト雖外國ニ於テモ亦之ヲナシ得ヘシトスルハ其當ヲ得ズ何トナレバ管理ハ債權者間ニ於テ分配ノ平等ヲ保ツヘキ法律上ノ手續タルニ過ギサルバナリ若シ英國法廷ニシテ其認メタル管財人ハ佛ニ於テ獨ニ於テ總テ管財人トシテ認ムヘキモノナリトイフトモ佛若クハ獨ノ債權者ニシテ其法律ニ從ヒテ破産者ノ動産ヲ差押ヘタル時ハ佛獨法廷ハ果メ管財人ヲ以テ優先ノ權利アリトナスベキカ差押等ノ規則ハ債權者ヲ保護スルニアリ管理ノ規則モ債權者ノ利益ノ爲メナリトセバ佛獨法廷ノ取捨スル所知ルベキノミ然ラバ英國ノ法廷ハ獨リ此主義ヲ取ルトモ實際ニ於テ何ノ効果モアラサルベク所謂無害的電光《フルタムフルメン》ニメ止マンノミウエストレイキハシル對ウヲルスウヰツクニ於ケル判事ロスリン卿ノ判決ニ據リテ左ノ規則ヲ立テタリ曰ク英國法廷ニ於テハ若シ外國ニテ債權者破産者ノ財產ヲ差押ヘ訴訟未タ結局セサルニ當リテ英國ニ於ケル破産ノ事實ヲ通告スルトキハ我英國ニ於ケル管財人ノ權利チ以テ債權者ニ優レリトス而メ其債權者ハ差押ニ依リ取得シタルモノヲ一切管財人ニ返還セサルヘカラス然レトモ此規則タルヤ英國ノ債權者ニ限リ外國債權者ハ此限リニアラスト蓋シ英國ノ債權者トハ英國民籍ヲ有スル債權者ヲ指セルナリ(ウヱストレイキ二七九節)是レ外國法律ニ從ヒ其法廷ノ保護ニ依リテ財產

ヲ差押ヘタル外國籍ノ債權者ニ對メハ英國法廷ハ之ヲ如何ニスルナキナリ蓋シ英國法廷ハ破產ヲ以テ動產上權利ノ管財人ニ移轉スルモノトナスガ故ニ權利移轉ハ行爲若クハ事實發生ノ地ノ法律ニ從フベシトナセルナラン是ノ故ニ外國ノ破產ニ對メモ仝樣ノ規定ヲナシ外國管財人ノ權利ハ我債權者ニ優レリトナセリ(Solomons v. Ress, 1. H. Bl. 181.)故ニ外國ニ於ケル破產管理人ト其破產者ノ遺產管理人ト孰レカ優先ノ權利アリヤヲ决スルニ當リ法廷ハ謂ヘラク破產ニ因リテ動產上ノ權利ハ總テ破產管理人ニ移レリ已ニ死者ノ遺產ニアラズ遺產管理人如何トモスベカラズト(グリフイス破產法九四頁)

ホワートンハ破產ニ關メ英米法律ノ比較ヲ與ヘタリト雖復茲ニ之ヲ贅セス(ホワートン、三八九乃至三九〇百節)

第二　婚姻ニ因ル讓渡

(一一八)一ニ民籍地法ニ從フヘキモノナリ婚姻ノ効果ヲ說明スルニ當リ之ヲ論シタルヲ以テ之ヲ略ス

第三　沒收

(一一九)税關規則ヲ犯シ物品ヲ沒收セラルヽヿアリ此沒收タルヤ固ヨリ各國ノ承認スヘキ所ナリトス蓋シ各國關税ヲ課スルハ其國商業工業ノ利益ヲ保護シ且ツ財政上ノ目的ヲ以テスルモノナリ故ニ各國其税率ヲ定メ又犯則ノ制裁ヲ定ムルノ權アリ唯其レ規則ヲ破リシガ故ニ其制裁トシテ沒收ヲナスナリ是レ國內ニ於テ其國ノ法律ヲ執行スルモノナレバ他國ノ之ニ向テ容喙スベキ所以ナシ而シテ若シ一旦沒收セタレタル物品或不正ノ方法ヲ以テ外國ニ移サレタル時ハ外國ハ猶ホ沒收國ノ權利ヲ認ムヘキヤ吾曹ノ信スル所ヲ以テスレバ之ヲ認ムルヲ以テ正當トス然レ𪜈ヘルシウスノ說ニ據レハ却テ之ヲ認メズトセリ(ヘルシウス四ノ一一八)蓋シ國家ハ自ラ其法律ヲ外國ニ執行スルヿ能ハズ若シ沒收ヲ以テ單純ニ法律ノ執行ナリトスル𪜈ハ外國ノ之ヲ認メザルハ當然ナリトイフヘキニ似タリ然レ𪜈沒收ノ宣告ハ全時ニ權利ノ剝奪ヲ命スルモノナリ權利移轉ハ行爲地ノ法律ニ從フヘキ

ナリ此場合ニ於テハ法律ノ作用ニ因ル權利得喪ナリ此法律作用ヲ喚起スベキ關税規則違反ノ事實ハ實ニ其國內ニ發生シタルモノナリトセハ外國ト雖之ヲ認メザルベカラザルニアラズヤ若シ巳ニ之ヲ認ムトセハ所有者ノ其物件ニ關メ何等ノ權利アラザルヲ認メザルヘカラス若シ之ヲ認メハ亦沒收國ノ之ヲ處分スベキ權利即チ其物件ニ關メ所有權アルヲ認メザルベカラザルニアラズヤ果メ然ラバ假令ヒ詐欺ノ方法ヲ以テ其物件ヲ外國ニ齎ラスモ猶ホ沒收國ノ權利ハ依然トメ存セザルベカラズ然レ𪜈之ヲ取押フル等ノ如キ手續ニ至テハ所在地法律ニ一任セザルベカラズ場所ハ行爲ヲ支配スレバナリ

第四款　動產上擔保

動產上擔保ハ行爲地法ニ從フ

（一二〇）動產上擔保ハ其種類甚ダ多シ我債權擔保篇ニ規定スル所ヲ見テ知ル可キナリ然レ𪜈吾曹ハ必スシモ一々之ヲ論スルノ要アルヲ見ズ唯二三ノ點ニ就キテ略述スレハ各種ノ場合ニ應メ其適用ヲ見ル

ヿ難ニアラズ夫ノ質權ノ如キ債權者ノ有スル物上權ニメ此等ニ關メ必要ノ議論蓋シ尠シトナサズ然レ𪜈民法トシテ之ヲ見ルトキハ甚ダ混雜ノ問題ヲ生ス可シト雖モ唯其性質已ニ一定セリトシ其國際上ノ效力如何ヲ論スルニ至テハ簡單ノ說明ヲ以テ足レリト信ス吾曹ヲ以テ之ヲ見レバ此等權利ノ問題ハ亦場處ハ行爲ヲ支配ストノ原則ニ從ヒ結約地法ニ依リテ支配セラル可キモノナリ抑契約ノ有効無効ハ結約地法ニ從テ判斷ス可キヿ一般ニ認ムル所ナリ質入契約ハ一種ノ契約ナリ故ニ質取主ノ權利流質契約ノ有効無効等ニ關メハ結約地法獨リ其力ヲ專ニスルヿヲ得可シマッテウス曰ク動產質入ハ債務者即チ質入主ノ民籍地法ニ從フ可シ動產上質取債權者間ノ特權優先ノ順位等ハ亦債務者ノ民籍地法ニ從フ可キモノナリト(ストーリー四二三節)然レ𪜈此ノ說タルヤ到底動產ハ人ニ從フトノ原則ヲ以テスルニアラサレバ之ヲ維特シ難カル可シ近世ノ學者或ハ猶ホ此原則ヲ認ムト雖𪜈其適用ニ至テハ著シク制限ヲ加ヘザル者アラズ若シ夫ノサヴイニー

バール諸家ノ如ク又我法例ノ定ルカ如ク動產モ亦定處アリ故ニ所在地法ニ從フ可シトナストキハ亦結約地法ニ從ハザル可カラズ何トナレバ結約地ト所在地トハ概ネ同一ナレバナリ然レ𪜈必シモ然ラサルヿアリ或ハ甲國ニ於テ質入ヲナセシニ第三者乙國ニ在リテ其物件ヲ占有シ債權者ノ爲メニ之ヲ占有スルヿヲ承諾スルヿアリ第三者ハ即チ質取債權者ノ代理人トシテ物件ヲ有スルナリ是ノ如キ場合ニ於テハ物件所在地ト質入地ト相仝シカラズ吾曹ハ此時ニ當リテ代理人所在地ノ法律ヲ以テ質權上ノ問題ヲ決セシム可キヤヲ疑フ何トナレバ代理人ノ所在地ハ實ニ偶然ナレバナリ吾曹ハ堅ク結約地法ハ契約ノ有效無效ヲ決ス可キモノナルヲ信ス然ラバ質權チ得タリヤ否ヤ質權ノ性質如何ハ亦之レニ依リテ判斷セラル可キニアラズヤ

（一二一）吾曹ハ最終ニ留置權ヲ論セントス彼ノ留置權若クハ途中差留權ノ如キハ最モ國際上ニ於テ重要ノ問題ヲ組成セルモノナリストーリー謂ヘラク此等ノ問題ハ最モ商業上ニ於テ頻繁ナル可キヲ以テ

若シ留置權ニシテ物件所在地法ニ從テ或ハ生シ或ハ滅スルガ如キヿアラバ大ニ商業ノ隆盛ヲ障碍ス可キガ故ニ此等ノ權利ヲシテ一般ノ効力ヲ有セシムルヿ實際上甚ダ必要ナリ且ツ一般ノ原則トシテ留置權等一タビ取得セラルヽ𪜈ハ其後ニ至リ假令ヒ物件ノ所在地ヲ變ストモ決シテ其効力ヲ失ハザル可ク留置權アルヲ知ラザリシ買主若クハ債權者ニ對シテ充分ニ之ヲ對抗シ得ザル可カラズ此權利ハ物上ニ附着スルモノナリ物件所在ヲ變スルモ固ヨリ之ヲ左右シ得ザルナリ云々ト(ストーリー四〇二節)而シテ氏ハ英國ニ於テ此主義ヲ認メタリト謂ヘリサヴィニーノ説ニ據レバ一國ニ於テ正當ニ與ヘラレタル留置權ト雖𪜈物件所在ヲ變シ其國法ハ善意ノ第三者ニ對シテ此ノ如キ留置權ヲ對抗スルヿヲ許サヽル𪜈ハ之ニ從ハサル可カラズトナセリ(サヴィニー八篇七七〇頁)吾曹ヲ以テ之ヲ見レバ此問題ハ甚ダ困難ナルガ如シ蓋シ此等ノ問題ハ最モ貿易上ニ於テ其適用ヲ見ルモノナリ今物件ノ移轉ニ從ヒテ留置權ノ或ハ生シ或ハ滅スルトスルハ賣買ノ當事者ヲシテ甚ダ不

安ノ地位ニ立タシムルナリ然レ𪜈一方ヨリ之ヲ見レバ若シ留置權一タヒ附着スレバ決シテ滅失スルヿナシトスル𪜈ハ善意ノ第三者ヲ害スルヿ甚シキヿアラム卑見ヲ以テスレバ留置權ナリヤ否ヤノ問題ハ結約地ノ法律ニ從フ可キモノナリ何トナレバ結約地法ハ契約ノ有効無効ヲ決ス可キモノニメ留置權ハ即チ契約ニ因リテ生スルモノナレバナリ然レ𪜈吾曹ハ結約地法ノ効力ヲ以テ敢テ絶對的ナリトセズ蓋シ場處ハ行爲ヲ支配ストノ原則ハ亦此場合ニ適用セサル可カラザレバナリ吾曹ハ契約ノ例ヲ取リテ之ヲ說カン甲國ニ於テ乙國ニテ履行ス可キ契約ヲ締結セル場合ニ明示默示ノ意思アラザル𪜈ハ契約自体ノ有効無効ハ甲法ニ從フ可キモ契約履行ノ正當不正當ハ乙法ニ從ハザル可カラズ甲國法律ハ契約ノ効力ヲ決シ得ルノミ自ラ之ヲ以テ有効トナスガ故ニ當事者ヲメ乙國ニ於テ之ヲ履行スルノ權利ヲ得セシムルヿナシ是レ乙國ノ主權ヲ侵害スルモノナレバナリ留置權ニ關メモ亦然リ結約地法ハ一ノ契約ニ關メ是レ有効ナリ甲某ハ留置權ヲ得

タリト云ヒ得可キナリ然レ𪜈甲某ハ何レノ國ニ於テモ物件ヲ留置シ第三者ニ對抗シ得可シト云フヲ得ザルナリ外國法律ハ其契約ノ已ニ結約地法ニ依リテ正當ナル以上ハ之ヲ認メザルヲ得ザルナリ必ズヤ曰ハン其契約ハ有効ナリ而メ之ニ依リテ留置權ヲ得タリト然レ𪜈必シモ之レヲ行フヿ結約地ニ於ケルト全一ナル可シト云フニアラザルナリ例セバ甲國ノ法律ハ賣買ノ場合ニ於テ買主ハ未濟代金ニ關メ賣品上留置權ヲ得トナシ乙國法ハ之ヲ得ズトナシ而メ又留置權ヲ行フニ當リテ多少ノ條件ヲ要ストセンカ若シ甲國ニ於テ賣買ヲナシ賣主ハ其物件ヲ留置シタリシニ其後物件ヲ乙國ニ移シタリト假定セバ此場合ニ於テ乙國法廷甲國法律ノ定ムル所ニ從ヒ賣主ハ契約ニ依リテ留置權ヲ得タリトセサル可カラズ然レ𪜈若シ乙國法ニ於テ留置權ノ實行ニ關シ或條件ヲ要ストセハ賣主ハ甲國法ニ於テ之レヲ要セザルヲ以テ之ヲ拒ムヲ得ザルナリホワートンノ謂フ所ニ據レバ英國ノ法律ハ賣買代金ニ關スル留置權ヲ實行スルニハ物件所在地法ニ從フ可

ク契約ニ由リテ留置權ヲ設定ス可キ意思アリシヤ否ヤハ結約地法ニ從フ可シトセリ(ホワートン、三一七節)吾曹ハ之ヲ以テ其正當ナル見解ナリト信ス故ニ留置權設定ハ結約地法、留置權實行ハ實行地法即チ物件所在地法ニ從フトノ原則ヲ以テ最モ一般ノ原則ニ牴牾セサル適當ノ規則ナリトナスナリホワートンハ更ニ米國ノ一判決ヲ擧ゲタリミスシッピ州ニ於テ留置權ヲ與ヘシニ其物件ノアラバマ州ニ移サル、ニ至リテ留置權者ハ善意ノ買主ニ對〆自己ノ權利ヲ對抗スルヿヲ得ズトセリ(Marsh v. Ellsworth, 37 Ala. 85.)而シテ氏ハ謂ヘラク是レ留置權ノ設定ハ一國内ニ効力アルニ止ルトセルナリト然レ𪜈吾曹ヲ以テ之ヲ見レバ必スシモ然ラザルカ如シ此判決ニ據レバアラバマ法廷ハミスシッピ州ニ於テ設定セラレタル留置權ヲ認メズト斷言ス可カラズ此判決例ニテ決セラレタル爭點ハ外國ニ於ケル留置權ノ設定ヲ認ムルヤ否ヤニアラズ〆留置權實行ニ關〆何ノ法律カ管轄ヲ有ス可キヤニ在リ善意ノ第三者ニ對抗シ得ルヤ否ヤハ是レ留置權實行上ノ問題ト謂フ可キノミ或ハ謂ハン若シ此ノ如クナレバ留置權設定ノ問題ハ毫モ實益ヲ見ザル可シト然レ𪜈吾曹ハ必スシモ然ラザルヲ信ス今若シアラバマ法律ニ據リテ善意ノ第三者ニ對抗シ得ト假定シ而メミスシッピニ於テ留置權ヲ得タル原因ハアラバマ法律ノ認メザル所ナリトナサンカ此場合ニ於テハ實行上ノ問題ハ之ヲ決スルノ要ナクシテ設定上ノ問題最モ必要ノ爭點タル可シ

日本ノ規定

（一二二）法例ノ定ル所ニ據リテ我法律ノ如何ヲ推究スルニ我法例ハ動產管轄ニ關メ所在地法ノ主義ヲ取レリ是故ニ留置權ノ設定若クハ實行ニ關メハ設定若クハ實行ノ當時ニ於テ物件ノ所在セル土地ノ法律ニ從ヒ設定實行ノ有効無効ヲ定ム可キヿ是レ我法律ノ精神ナリト謂ハザルヲ得ズ

物件ノ移轉ニヨリテ生スル留置權

甲國ニ於テ留置權ヲ生セザリシモ物件ノ乙國ニ移轉セラレタル𪜈ハ或ハ其國法ニ依リテ留置權ヲ生スルヿアル可キカバルヂ曰ク賣買當事者間ノ契約ハ結約地法ニ從テ解釋ス可キモノナルガ故ニ物件ノ移

動ニ由リテ留置權ヲ創設スルヿナシト(バルジ三巻七七〇頁)サヴイニー曰ク留置權ハ契約ノ一部ナリ是ノ故ニ物件所在地法ト結約地法トニ依リテ與ヘラルヽニアラザレバ之ヲ生スルヿナシト(サヴイニー三六八節)ナリ吾曹ハ留置權ヲ以テ契約ノ一部ナリト云ハンヨリモ寧ロ契約ノ效果ナリト云フノ優レルヲ覺ユ然モ是ヲ以テ毫モ其議論ヲ妨クルヿナシ然ルニ米國ノ一判決例ハ全ク反對ノ主義ヲ取レリオハイオ州ノ條例ハ船舶備付品ニ關〆留置權ヲ與ヘタリ而シテニユーヨーク州ニ於テ其賣買ヲナシ船舶オハイオ州ニ入ルニ及ビ賣主ハ其備付品上ニ留置權ヲ得タリト判決セラレタリ(Steadman v. Patuhin, 34 Bard. 218)吾曹ハバルジノ議論ニ感服スルヿ能ハズ何トナレバ留置權創設ノ問題ト契約解釋ノ問題トハ一括〆之ヲ論ス可キニアラサルヲ信ズレバナリ又サヴイニーノ説モ亦服スルヿヲ得ズ何トナレバ契約ノ成立權利ノ創設ハ行爲地法ニ從ヒ其實行ハ實行地法ニ從フトノ原則ヨリ之ヲ見ルモ兩法ノ全時ニ效力ヲ及ボストイフカ如キハ甚ダ不便ニ〆且ツ不正ナレバナリ蓋シ此說タルヤ成立ト實行トヲ混仝シタルモノニアラサルカ而シテ吾曹ハ更ニニユーヨーク州ノ判決ニ服スルヿ能ハス此判決モ亦創設ト實行トヲ混シタルモノニメ甚ダ分拆的考察ニ疎ナルモノト云ハサルヲ得ズ留置權ハ或ハ當事者ノ意思ニ由リ或ハ法律ノ作用ニ由リテ生スルモノナリ然レ𪜈其ノ何レタルヲ問ハズ或行爲ニヨリテ創設セラルヽハ爭可フカラサル事實ナリ此權利創設ハ行爲地法ノ支配ヲ受ク可キヿ一般ノ原則ナリト信ス若シ夫我法律ノ定ル如ク此等留置權ノ創設ハ物件所在地法ニ從フトスルモ猶是レ創設ノ當時ニ於ケル所在地法タルヿ明ナリ而メ其所在地法タルヤ決メ漫然此等ノ權利ヲ創設スルニアラズメ必ス或事實若クハ行爲ノ發生ヲ以テ權利ノ原因トナスナリ然ラバ假令其物件甲國ヨリメ乙國ニ移轉セラルヽ𪜈之レガ留置權ヲ創設ス可キ原因アラサル以上ハ何ヲ以テ留置權ヲ生シタリトイフ可キカ物件ノ乙國ニ在ル間ハ留置ノ行爲ハ乙國ニ於テセザル可ラズ故ニ乙國法ハ其留置權ノ實行ニ關メ管轄ヲ

及ボス可シト雖圧權利ノ創設セラレザル間ハ亦之ヲ如何トモスルヿ能ハザルナリ

第二章　不動産

（一二三）不動産ハ所在地法ニ從フ
（一二四）不動産上ノ爭訟ニ關シ所在地法廷ハ專屬タリ
（一二五）所在地法ハ動産不動産ノ性質ヲ定ム
（一二六）不動産讓渡ハ所在地法ニ從フ
（一二七）讓渡能力ハ所在地法ニ從フ
（一二八）日本ノ規定
（一二九）讓渡ノ方式ハ所在地法ニ從フ
（一三〇）日本ノ規定
（一三一）時效ハ所在地法ニ從フ
（一三二）衡平ノ主義ニ基セル不動産上ノ管轄
（一三三）遺言ノ方式ハ所在地法ニ從フ
（一三四）遺言者ノ能力ハ一般ニ本國法ニ從フベシトスル說
（一三五）無遺言相續ハ所在地法ニ從フ
（一三五）日本ノ規定
（一三七）婚姻ノ不動産上ノ效果ハ所在地法ニ從フ
（一三八）破産宣告ノ効果ハ外國ノ不動産ニ及ハズ

不動産ハ所在地法ニ從フ

（一二三）不動産ニ關スル一切ノ問題ハ所在地ノ法律ニ依リテ決セラルヽヲ以テ原則トス我法律モ亦之ヲ明言ス（法例四）此規則ニ關メハ大陸及ヒ英米諸國ノ學者殆ント一致シテ能力等或一部ノ點ニ關スルノ外曾テ異論ヲ唱ヘタル者アルヲ聞カス不動産ハ其所在地ノ法律ニ依リテ支配セラル（Ut immobilia statutis loci regantur, ubi sitae.）トハポール、ヴォエトノ斷言セシ所ナリ其他之ニ關メ全様ノ言ヲナセシ者枚擧ニ遑アラズ羅馬法ニ於テハ不動産ニ關スル問題ハ一ニ所在地法ニ從ヒ亦被告ノ民籍地ノ法廷ニ訴フルヲ得タリシト雖モ一事件ニ關メ二種ノ法律カ管轄ヲ及ボスハ甚ダ牴觸混雜ヲ生スルノ恐アルヲ以テ竟ニ所在地法廷ヲ以テ專屬ノ法廷トナスニ至レリ（ホワートン二七三節）今日ニ於テハ此原則ハ一般ノ採用スル所トナリ不動産讓渡ノ効力ノ如キ其方式ノ如キ當事者ノ能力ノ如キ或ハ時効ノ規定ノ如キ破産宣告ニ因レル管理ノ如キ一切所在地法ノ管轄ヲ認メタリ蓋シ彼ノ動産ニ關メ

其理由

ハ一般ニ所有者民籍地法ニ依ル可シトシ或ハ物件所在地法ニ從フ可シトナスト雖モ學者間ノ議論四分五裂ノ狀態アルニ拘ハラズ不動産ニ關シテハ殆ント萬口一辭所在地法ヲ以テ最上ノ權力アリトナスモノ其理由果シテ如何(第一)若シ民籍地法ヲ以テ不動産上ノ問題ヲ管轄ス可シトナストキハ民籍ヲ異ニスル二三者互ニ其所有權ヲ主張スルニ當リ何レノ法ヲ取ル可キヤヲ決スル能ハサル可シ是故ニ所在地法ノ効力ヲ認ルヿ實ニ必用上已ムヲ得サルナリ(マッセー九三頁フヒリックス一卷三部六一號)(第二)土地ニ關シテハ各國其政略上ヨリ特殊ノ規定ヲナセリ例セハ英國ニ於テハ大農主義ヲ取リ佛國ニ於テハ小農主義ヲ取ルカ如シ大農ノ主義ヲ取ルトキハ土地ノ分割ニ關シテ種々ノ制限ヲナス可キ必要アルベク小農主義ヲ取ルトキハ土地ノ分割ヲ奬勵ス可キ法制ナカル可カラズ然ルニ若シ此等土地ノ讓渡等ニ關シテ所在地外ノ法律ノ管轄ヲ認ル時ハ一國ノ政畧ヲ攪亂セラルヽノ恐アリ(ホワートン二七八節)(第三)伊太利墺太利ニ於テハ敎會ノ領土ヲ擴張スルヲ奬勵スルノ

傾アリシニ英國ハ全ク之ニ反シ寺院ノ其土地ヲ擴ムルヲ拒クガ爲ニ「スタチュート、オブ、モートメイン」ノ條例ヲ發布セリ是レ亦各國政略上必要ノ規定ニメ外國ノ干渉ヲ受ク可カラサルモノタリ云々(仝前二七九節)(第四)一國ノ主權者政略上ヨリメ一種ノ規定ヲ設ル𪜈ハ外ヨリ之ヲ動搖スルモノアルヲ許ス可キニアラズ若シ外國人ニメ之ヲ買フモノアル𪜈ハ自ラ其規則ノ搖ク可キ恐アルカ故ニ文明諸國ハ概ネ外人ノ土地所有ニ關メ大ニ制限ヲ設ケタリ云々(仝前二八〇節)(第五)人ノ外國ニ於テ土地ヲ所有スルヤ是レ其地ノ法律ニ服從スルモノナリ(仝前二八一節)(第六)不動產ハ一定ノ場所ニ存在メ之ヲ離ルヽヿナキ者ナリ故ニ其性質上所在地法ニ從フ可シ(仝前二八三節)(第七)所在地法ヲ以テ管轄法律トナスニアラザレバ土地ノ價格ヲ損ス可シ何トナレバ賣買ニ關メ諸國其規則ヲ異ニシ或ハ登記ヲ要シ或ハ要セズ而メ權利者ノ優先權等ニ關メ皆一樣ナラサルガ故ニ若シ結約地法若クハ民籍地法等ヲ以テ管轄法律トナス𪜈ハ買主ハ常ニ危險ノ恐ヲ懷カザル可カ。

以上ノ理由ハ有力ナルモノニアラズ

ラザレバナリト以上ハホワートン氏ガ諸家ノ議論ヲ列擧セル所ナリ猶バールノ其財産總論ニ於テ掲ゲタルモノヲ擧テ之ヲ補フベシ（第七）此事タルヤ自ラ之ヲ證明スルモノナリトノ論ヲナス性法學者アリ（第八）メルラン、シェフチル諸家ハ是レ國家主權ノ觀念ヨリ生ス可キ必然ノ結果ナリトス（第九）是レ全ク立法者ノ意思ニ因レリトストェール、ウェヒテル諸家是レナリ以上ノ九理由ハ各獨立セルモノニアラズシテ大半ハ大仝小異ナリトイフ可シ要スルニ諸學者種々ノ理由ヲ附シテ以テ不動産上ノ大原則ヲ說明セント試ミタルモノナリ然レトモ此等ノ議論必ズシモ皆有力ナリトナスヲ得ズ彼ノ主權ノ觀念ヲ以テ立論ノ根據トナスモノヽ如キハバールノ大ニ非難セシ所ナリ氏曰ク一國主權ノ其國土ニ及ボスト其臣民ニ及ボストハ何等ノ差アリトナスヤ之ヲ以テ此原則ヲ說明スルニ足ラザルナリト（バール財産總論）當事者ノ意思ヲ以テ論據トスルモノ亦大ニ非難ヲ免レズバールハ之ヲ論シテ是レ循環論理ナリトセリ何トナレバ此說ヲ解析スルトキハ所有者ハ所在地法ニ服從シタルガ故ニ其法ノ支配ヲ受ケ其法ニ依リテ所有權ヲ得タルガ故ニ之ニ服從スト謂ハザル可カラザレバナリ(仝前)或ハ所在地法ニ依ラザルトキハ商買ノ安全ヲ妨グトイヒ或ハ國家政畧ヲ以テ論據トナスカ如キハ是レ甚ダ有力ナルヲ認ム可シト雖商買安全ノ如キハ動產ノ場合ニ比シテ顯著ナル差異ヲ發見スルコト能ハズ國家政畧ノ議論ト雖漸ク其勢力ヲ減ズルモノトイハザル可カラズ日本佛國若クハ英米ノ法律ヲ見ルトキハ立法者ハ動產ヲ輕視シテ重キヲ不動產ニ置クノ傾ナキニアラズト雖是レ古代經濟上ノ進步未ダ著シカラザリシ時世ノ餘習トイフ可キノミ今日國家ノ富ヲ組成スル所ノモノ其大半ハ動產ナリト云ハザル可カラズ動產物ハ農工業ノ盛ナルニ從テ增殖スト雖不動產ハ其廣袤ヲ加フルコトナク價格ノ昇騰モ亦經濟學者ノ說ニ據レバ自然ニ制限アリトス果シテ然ラバ後來ニ於テ動產ト不動產トハ其地位ヲ顚倒スルニ至ルヤ未ダ測ル可カラザルナリ故ニ此等ノ議論ハ甚有力ナリトシテ遵奉ス可キモノニアラズバ―ルハ從來諸學者ノ之ニ關スル

議論ヲ批評シテ竟ニ完全ナル理由トシテ認ム可キモノナラサルヲ論定シ而シテ自ラ説ヲ述テ曰ク物件法ハ其物ニ關スル權利者ヲ保護シ第三者ヲシテ其權利ヲ害セザラシムルモノナリ故ニ此屬物法タルヤ物ノ存在ニヨリテ生スル規定ニシテ其存在ヲ以テ條件トセルモノナリ然レ𪜈法律關係ハ物ノ存在自体ヨリ生スルモノニアラス其物件ヲ以テ法律上取引ノ目的トナス時ニ於テ始メテ法律關係ヲ生スルモノナリ例セハ讓渡ニヨリテ所有權ヲ取得シ又ハ時効、特別ノ規定、占有等ニ因リテ權利ヲ得ルガ如シ此ノ如ク物件法ハ物ノ存在ヲ以テ條件トナスモノナリ且ツ之ヲ目的トセル或行爲ヨリ生スル法律關係ヲ規定スルモノナリ而シテ其行爲タルヤ實際其物ニ觸接スルヲ要ス其物ニ觸接スルヤ物件所在地ニ於テスルニ非サレハ之ヲナシ難カル可シ然ラハ物ニ關シテハ所在地法ヲ以テ最上權アリトスルヿ至當ナル可シ若シ民籍地法ヲ以テ物件ヲ支配セシメンカ是レ大ニ不可ナリ何トナレハ物件法ノ目的タルヤ其物件ト之ニ觸接セル當事者間ノ法律關係トヲ定ルモノナレハナリ民籍ハ毫モ之ニ關係ヲ有スルヿナシ然レ𪜈法律上取引ハ必シモ觸接ヲ要ストスルニアラス或ハ物件所在地外ニ於テ物件ニ觸接セズメ之ヲナスヿアルナリ此ノ如キ場合ニ於テハ物件所在地法ニ依ランカ取引地法ニ依ランカ余ハ前者ノ取ル可キヲ斷言ス何トナレハ此ノ如キ物件ニ觸接セサル取引ヲ有効ナリトメ之ヲ第三者ニ對抗スルニ當リテハ法律ノ決ス可キ爭點ハ其第三者カ實際其物件ニ觸接メナシタル行爲ハ効果アリヤ否ヤ若シ之アリトセハ程度如何トイフニ在レバナリト（バール財産總論）蓋シ氏ハ動産ト不動産トノ間ニ區別ヲ立ツ可キ理由ナシトメ凡ソ財産ハ一般ニ物ノ所在地法ニ從フ可シトナセルナリ吾曹ハ氏ノ議論ヲ以テ甚ダ精緻ヲ極メタルモノナリト信ス其權利關係ノ發生ヲ以テ法律管轄ヲ定ム可キ標準トナシタルカ如キハ吾曹其卓見ナルニ服ス然レ𪜈法律上取引ハ必ズシモ所謂觸接ヲ要スルモノニアラス且其最後ニ於テ第三者ニ對抗スルニ當リテハ法律上ノ爭點ハ其觸接ノ有効ナリヤ否ヤニ在リトイフト雖第三者モ亦觸

バールノ議論モ亦有力ナラズ

接セスメ其物ニ關シ或行爲ヲナシ得ルナリ此ノ如ク諸家ノ議論ヲ閱歷シ來レハ皆滿足ナル理由トメ承認ス可キモノアラザルヲ見ルナリ果メ然ラハ夫ノ不動產ハ所在地法ニ從フトノ原則ハ果メ非ナルカ然ラハ何ヲ以テカ眞正ノ規定トナス可キカ其レ或ハ非ナラサルカ然ラハ眞誠ノ理由ハ如何吾曹ハ必スシモ此原則ヲ以テ非ナリトセス否或ハ之ヲ非ナリトスルモ歐米諸國ノ法律學說一般ニ之ヲ採用シ既ニ所謂普通法ノ一部トナレル以上ハ其非ナルヲ論スルモ到底空論ニメ止マンノミ然レ𪜈諸學者ノ其理由ヲ說明スルヤ多クハ事後ノ議論タルヲ免レサルカ如シ吾曹ノ信スル所ヲ以テスレハ此原則ノ根據トスル所ハ唯沿革的理由ナランカ封建時代ニ於テハ農民ハ唯土地ノ附着物トメ永久動カズ土地ノ所有者變スルニ及ヒ農民ハ其主人ヲ變スルノミ當時群雄割據唯土地ノ大小ヲ以テ其權力ノ强弱ヲ致スヲ以テ大ニ土地ヲ尊重シ人民ヲ輕視シタルヿ蓋シ亦故ナキニアラサル可シ且ツ夫レ此時代ニ於テハ君主ハ其領土ニ關メ最上權ヲ有シ臣下ハ土地所

沿革上理由

有者タルヲ得タリト雖是レ唯君主ノ恩惠ニヨリテ之ヲ保有スルノミニシテ一朝君主ノ意變スル片ハ忽チ之ヲ奪フヿヲ得タリシナリ君主ハ國內ニ於テ土地上ニ此ノ如キ權利ヲ有シタルト仝シク他國ノ君主ヲシテ曾テ自己ノ領地ニ容喙セシメサリシヿ明ナリ是ニ於テカ國際公法ニ於テ所謂最上高權《エミ子ント、ドメイン》ノ說ヲ胚胎セリ最上高權トハ一國主權者ガ其土地上ニ有スル權力ニシテ國內國外共ニ之ニ優ル可キモノアラストスルナリ(ホヰートン一六三節)是ノ如キ事實ヨリシテ不動產ハ所在地法ニ從フ可シトスルノ觀念深ク學者ノ腦中ニ侵染シ竟ニ或ハ此原則タルヤ自ラ之ヲ證明スルモノナリ更ニ之ヲ證スルノ要ナシトイヒ或ハホヰートン、ストーリー、シェフネル、メルラン諸氏ノ如ク是レ主權ノ觀念ヨリ生ストイフニ至レルナリ然レ圧自證ノ言ナリトスルニ至テハ議論ヲ要セスシテ其妄ナルヲ知ル可ク主權觀念說モ亦不完全ノ點アルハ已ニ之ヲ論セリ吾曹ハ敢テ不動產管轄ノ規則ハ全ク一變セザル可カラズトイフニアラズ唯事後ノ理由ハ眞誠ニ此原則ヲ說クニ足ラズ中世以降

不動産上ノ爭訟ニ關シ所在地法廷ハ專屬タリ

ノ歷史ハ此原則ヲ作爲セルモノナリト信スルノミ將來ニ於テ果シテ如何ナル變更ヲ生スヘキヤハ吾曹ノ臆測セント欲スル所ニアラス今日ニ在テハ諸國一般所在地法ノ管轄ヲ認ルカ故ニ之ヲ以テ普通法ト見做シテ可ナリ

（一二四）不動產上ノ權利ニ付テ爭訟ノ生スルトキハ所在地法廷ヲ以テ專屬裁判所トナス何トナレハ其裁判所ニアラサレハ其裁判ヲ執行スルコト能ハサレハナリ我民事訴訟法第二十二條ニ曰ク不動產ニ付テハ其所在地ノ裁判所ハ總テ不動產上ノ訴殊ニ本權並ニ占有ノ訴及分割並ニ經界ノ訴ヲ專ラニ管轄ス云々是ニ由リテ之ヲ觀レハ國際私法上ニ於テモ亦不動產ノ所在地裁判所ヲ以テ專屬裁判所トスルコト明ナリ吾曹ハ此點ニ關シテ英國法律ノ如何ヲ見ルニ甚ダ有益ナリト信ス英國法廷ハ不動產ヲ以テ一切所在地法ノ管轄スル所ナリトナスカ故ニ外國ノ土地ニ關シテハ自ラ裁判管轄アルヲ認メサルヲ通則トス是レ其ノ裁判ヲ下スト雖之ヲ國外ニ執行スルコト能ハス外國モ亦之ヲ認メサル

英國法廷ノ認メタル例外

カ故ニ唯所謂無害的電光ニシテ止ム可キカ故ナリ然レ圧其土地ニ對シ直接ニ裁判ヲ執行セサル場合ニシテ對人的判決ニ於テ訴訟當事者或ハ英國法廷ノ命令ニ遵ハサルヲ得サル場合ニ於テハ英國法廷ハ衡平法ノ主義ニ基キテ自ラ裁判管轄アリトスルヿアリ一言スレバ法廷ハ外國ノ土地ニ關シテハ物上判決ヲ下スヿ能ハスト雖圧當事者ニシテ法廷ノ管轄ヲ受クヘキ地位ニ在ル片ハ對人的判決ヲ下スヿアルナリ（フート一二一頁）クックネイ對アンダーソンノ判決ニ於テ判事ロミリー卿ハ左ノ規則ヲ立テタリ曰ク不動産ニ關スル契約ノ場合ニ於テ英國法廷ハ其當事者ノ民籍地法廷タルカ物件所在地法廷タルカ若クハ結約地法廷タルカニアラサレハ其問題ヲ管轄スルヿナシト (Cookney v. Anderson, 31 Beav. 452) 然レ圧ロミリー卿ノ言ヨリシテ直ニ英國法廷カ右三種ノ場合ノ一タル片ハ必ズ裁判管轄ヲ有ス可シトナスハ或ハ大早計ニ失スルナカランカ又一ノ訴訟ニ於テ愛爾蘭ノ土地ニ關スル契約ノ効カ如何ヲ決スルニ當リ英國法廷ハ曰ク若シ訴訟當事者裁判執行ヲ受ク可キ)ニシテ英國內ニ居住スルトキハ假令ヒ其土地ハ佛國ニ存在セリトスルモ猶ホ英國法廷ハ對人的判決ヲナスカ故ニ之ニ關シテ管轄權ヲ有スル可シト(Angus v. Angus, West's Rep. 303)吾曹ハ後節ニ於テ詳論スルカ故ニ玆ニ之ヲ略ス要スルニ外國不動產上ニ關シテ英國法廷ハ管轄權ナシト雖若シ當事者ノ上ニ衡平法ノ主義ヲ執行シ得ル塲合ニ於テハ管轄ヲ有ストナスナリ(フート不動產總論參照)

(一二五)要スルニ不動產管轄ノ問題ハ殆ント一定シテ所在地法ノ効力ヲ認ムルカ如シ是ノ故ニ何ヲカ動產ト云ヒ何ヲカ不動產ト云フヤハ其所在地法ニ從テ決ス可キモノタリ是レ甚ダ明了ノ規則ナリトス何トナレハ若シ外國法ヲシテ動產不動產ノ區別ヲ決セシムルトキハ不動產上管轄ノ原則ハ裏面ヨリ破壞シ去ラルヲ以テナリ(ストーリー四四七節)ストーリー曰ク不動產トハ啻ニ家屋ト土地トノミナラス地役ノ如キ不動產上抵當權ノ如キ賃借權ノ如キ或ハ法律規定ニ由リテ不動產ト見做サルヽモノアリ此ノ如ク其性質上不動產タルモノト均シク

人産實産ト動産不動産トノ別

其性質ヲ謂ヘハ動産ナリト雖法律ニ由リテ特ニ不動産ト見做サルヽモノモ亦所在地法ニ依リテ支配セラルヽナリ何トナレハ國家ハ不動産ノ處分整理ニ關メ規則ヲ設ケ得ルノ權利アルカ故ニ其物件上ニ亦自己ノ意ニ從ヒテ性質ヲ附與スルヲ得レハナリ而メ外國ハ毫モ其性質ヲ變更スルヿ能ハス是ノ故ニ或物件ノ不動産ナリヤ否ヤノ問題ハ是レ其性質上之ヲ不動産トナス可キヤ否ヤニアラズメ其國法ハ之ヲ如何ニ見ルヤニ在リト(ストーリー四四七節)吾曹ハ英國財産法ニ就キテ一ノ注意ヲ與ヘサル可カラズ吾曹ハ普通ニ財産ヲ區別メ動産不動産トナス佛ノ「ムーブル」及「ヱンムーブル」是レナリ英國慣習法ハ通例此ノ區別ヲナサズメ人産實産ノ二ニ分ツ「パーソナル、プロパチー」及「リアル、プロパチー」是レナリ吾曹ハ概言メ人産ハ動産ナリ實産ハ不動産ナリトイフヿヲ得可シト雖必ズシモ爾カ相符合スルモノニアラス例セハ賃借權ノ如キハ英國ニ於テ之ヲ人産トナスト雖決メ動産ハ所有者ニ從フトノ原則中ニ入ルモノニアラズメ國際法上ニ於テハ不動産ノ規定ヲ適用セラルヽナリ是ノ故ニ吾曹カ所謂動産トハ人産ヲイフニアラズメ佛ノ「ムーブル」英ノ「ムーヴェブル、プロパチー」ヲ謂ヒ不動産トハ實産ヲイフニアラズメ佛ノ「エンムーブル」英ノ「イムムーヴェブル、プルパチー」ヲ指セルモノナルヿヲ注意セサル可カラズ(Freke v. Lord Carbery. L. R. 16 Eq. 361)ジャルマン曰ク人産ト實産トノ區別ハ吾人ノ政略上特殊ノ區別ニメ羅馬法系諸國ノ曾テ知リ得サル所ナリ彼等ハ唯動産不動産ノ別ヲ知ルノミ是ノ故ニ有期ノ賃借權ノ如キハ是レ所謂人産ニシテ吾人間ニ於テハ他ノ人産ニ關スル讓渡ノ規定ニ從フト雖國際法上ニ於テハ所在地法ニ管轄セラレ其所有者外國ニ死スルトキハ其ノ死後處分ニ關メハ英國法ニ從フ可シト(ジャルマン遺言論一卷四頁)蓋シ動産ハ其所有主ニ從フ(Mobilia sequuntur personam)トノ原則ヨリシテ之ヲ見レバ動産ハ即チ人産ナリト謂ヒ得可キニ似タリ然レ𪜈實際ニ至テハ然ラス是レ吾曹ノ愼テ混仝ヲ避ケサル可カラサルモノナリ(フート一四一頁)

第一欵　生前ニ於ケル所有權移轉

不動産讓渡ハ所在地法ニ從フ

（二二六）不動産讓渡ノ有効無効ハ一ニ所在地法ニ從フ可キヿ吾曹ガ總論ニ於テ畧述シタル所ニ據リテ已ニ明了ナル可シ吾曹ハ動産讓渡ヲ論スルニ當リテ其所在地法ニ從フ可シトスルノ議論ハ甚タ不當ナルヿヲ論シタリト雖不動産ノ位置ハ一定シテ他ニ移轉スルヿナキヲ以テ此規則ヲ適用スル𪜈甚タ不便ヲ感スルヿナカル可シ若シ民籍地法若クハ讓渡行爲地法ヲ用ルトキハ種々ノ混雜從テ生スルナラン然レ𪜈場所ハ行爲ヲ支配スルヿ國際法上ノ大原則ナリ此點ヨリシテ之ヲ見ルトキハ亦行爲地法ニ從フノ寧ロ論理的ナルヲ覺ユ然レ𪜈已ニ陳述シタルカ如ク今日文明諸國ノ普通法ハ所在地法主義ヲ採用セリ故ニ吾曹ハ更ニ之ヲ論難セサル可シ況ンヤ此主義ニ依ルヲ以テ最モ簡單ナリトスルニ於テヲヤマンスフヒールド卿曰ク英國所在ノ不動産ニ關スル處分若クハ契約ハ英國法ニ從ハサル可カラス亦之ニ從フノ意思アリシモノトセサル可カラズ何トナレバ土地ノ讓渡遺言ノ如キハ不動産

ノ性質上之ヲ實行スルニ當リテハ必ス所在地法ニ依ラザル可カラサレハナリト副大審院長タルナーー曰ク不動產所在地ノ法律カ其權利移轉ニ關シテ或制限ヲ附スル片ハ吾人ハ其不動產ニ關スル契約ニ由リテ生ス可キ衡平法上ノ主義ヲ其所在地法ニ反對シテ執行スルヿ能ハズト(Robinson v. Bland, 2 Burr. 1079. Waterhouse v. Stansfeld, 10 Hare, 254.)吾曹ハ更ニ他ノ判決學說ヲ援引スルヲ須井ス此原則ハ己ニ確然トシテ搖カス可カラサルナリ(フローラン一卷一五六頁、ブーユノア二卷附錄一四頁、バルヂ四卷二部五篇二一七乃至二二〇頁、法例四)

（一一七）吾曹ハ次ニ能力ヲ論ス可シ一般ノ原則ハ此問題モ亦不動產所在地法ニ從フ可キモノナリトスルニ在リ是レ甚タ明瞭ニシテ多言ヲ要セサルカ如シ吾曹ハ已ニ能力ノ章ニ於テ能力ハ行爲地法ニ從フ可シトセリ何トナレバ能力問題ハ行爲問題ノ重要ナル一部ヲ組成スルモノナレバナリ然ルニ不動產ニ關〆ハ場所ハ行爲ヲ支配ストノ原則ハ其適用ヲ見ルヿ能ハスシテ所在地法ハ讓渡ノ有効無効ヲ決ス可シト

大陸學者ノ說ハ能力ハ民籍地法ニ從フ

シ殊ニ英國判事ノ言ニ據レハ假令ヒ對人的ニ裁判ヲ執行シ得ル場合ト雖猶ホ所在地法ノ禁制ニ反對メ之ヲナスヿ能ハストセリ其レ已ニ此ノ如クナル以上ハ能力問題モ亦所在地法ニ從テ決ス可キヿ當然ノ結論ナリト謂フ可キノミ而シテ之ニ關メハ多少ノ議論アルヲ免レス蓋シ一般ノ原則ハ世之ヲ爭フモノアラスト雖不動產ニ關メ少シク議論アルハ實ニ此問題ニ限レルナリ而メ之ヲ爭フ者ハ大陸ノ學者ナリトス大陸ノ學者ハ屬人法、屬物法ノ區別ヲ採リ前者ハ民籍地法ニ從ヒ後者ハ行爲地法ニ從フ可シトナスナリ而メ或ハ其中間ノ性質ヲ有スルモノヲ名ケテ混合法トナスモノアリ此等ノ學者ハ謂ヘラク能力ノ問題ハ全ク其人ノ身上ニ附着セルモノナルガ故ニ屬人法上ノ問題トメ民籍地法ニ從フ可キモノナリト是ノ故ニ不動產ノ讓渡ニ關メモ亦民籍地法ヲ提出メ管轄法トナサントスルナリブールノアノ說ニ據レハ所在地ニ於テハ廿年ヲ以テ丁年期トシ民籍地ニ於テハ廿五年ヲ以テ丁年期トスルトキハ二十五年ニ至ラサル間ハ其所有不動產ヲ賣買處分スルヲ得ズ然レ𪜈若シ反對ノ規定アルトキハ二十年ニシテ之ヲナスヿヲ得可キナリローデンブルグモ亦同様ノ意見ヲ持セリ氏ハ謂ヘラク成丁、未成丁ノ規定ハ子ニ對スル親權、妻ニ對スル夫權及ヒ浪費者ノ規定ト全シク皆人ノ一身上ノ狀況ニ關スルモノナリ是ノ故ニ其民籍地法ニ從フ可シト然レ𪜈氏ハ遺言ヲナスノ能力ニ關シテハ自說ヲ棄テヽ不動產所在地法ニ從フ可シトセリ吾曹ハ氏カ何故ニ此ノ如キ區別ヲナシタルヤヲ解スルヿ能ハズ要スルニ氏等ハ民籍地法ヲ以テ成丁ノ問題ヲ決ス可シトスルナリ此問題ニ關シテバルジノ議論ハ甚ダ勁拔ナルヲ覺ユ氏曰ク此ノ如ク不動產讓渡ノ能力ヲ以テ民籍地法ニ從フ可シトスルノ議論ハ之ヲ適用スルニ當リテ大ニ困難ノ結果ヲ生ス可シ今物件所在地ノ法律ニ於テ成丁者ニアラザレバ之ヲ處分スルヲ得ズトセンカ何年ヲ以テ成丁トナスヤ否ヤハ民籍地法ニ依リテ定メザル可カラズ然ルニ所在地法ニ於テ成丁ノ文字ヲ用ヰズシテ廿五年ニアラザレバ遺言ニヨリテ不動產ヲ處分スルヲ得スト規定センカ民籍主義ノ、論者ト雖不動產讓渡ノ問題ハ所在地法ニ從フ可シトスルカ故ニ此場合ニ於テ假令ヒ民籍地法ニ於テ廿年ヲ以テ丁年期ト定ムト雖所在地法ニ從テ廿五年ニアラザレバ處分スルヿ能ハズトセザル可カラズト氏ハ此ノ如ク民籍主義ヨリ生ス可キ不論理ノ結果ヲ指示シ且ツ曰ク余ハ更ニ議論ヲナスヲ要セズドミューラン、ブルガンダス、ペッキンス、ジャン、ヴォエト、ポール、ヴォエトノ學說及ヒストックマンノ判決例ハ左ノ規則ヲ確定セリトナス曰ク遺言ニ由リテ不動產ヲ處分ス可キ能力ハ所在地法ニ從ヒ動產處分ノ能力ハ民籍地法ニ從フト(バルジ一卷一部一篇二一乃至二三頁、仝四卷二部一二篇五七八頁五七九頁)而シテ氏ハ遺言ニ關メ論シタリト雖氏ノ指セル不論理ノ結果ハ亦讓渡ノ場合ニ生ス可シ其他無數ノ學者モ亦民籍主義ヲ唱道セリメルラン謂ヘラク浪費者ヲメ不動產ニ關シ遺言ヲナスヲ得ザラシムルハ是レ屬人法ナリ然レ𪜈不動產所在ノ外國ニ於テ斯ル浪費者ノ遺言ヲナスヲ許サバ該國ニナシタル遺言ハ有効ナリト氏ハ之ニ關シ理由ヲ述ヘテ曰ク一個人ノ或行爲ヲ支配スル法律ハ屬物法タリ而メ屬人法ト屬物法ト相牴觸スル𪜈ハ屬物法ヲ採擇スヘキヿ一般ノ原則ナリト(メルラン「レペルトアール」、遺言一節五項一號三一〇頁)ブールノアハ左ノ規則ヲ定メブーヒール亦奉メ以テ周旋セリ曰ク(第一)民籍地ノ屬人法ト他處ノ屬人法ト相牴觸スル𪜈ハ前者ヲ選擇ス可シ(第二)民籍地ノ屬人法ト其他若クハ他國ノ屬物法ト相牴觸スル𪜈ハ屬物法ヲ擇ル可シ(第三)民籍地ノ屬物法ト所在地ノ屬物法ト相牴觸スル𪜈ハ兩者各其國内ニ於テ效力アル可シ(ブールノア一巻總論二九乃至三一)ト盖シ諸家ノ此ノ如キ議論ヲナスヤ能力ニハ一般ノ不能力ト或行爲ニ關スル不能力トノ二アルヲ以テ根據トセルカ如シ然ラサレハ一ノ能力規定ニシテ或ハ屬物法トナリ或ハ屬人法トナル可キ理由アラサレハナリ然ルニ吾曹ノ信スル所ヲ以テスレハ能力ノ問題ハ恒ニ或行爲ニ關係メ生スルモノニメ唯何等ノ行爲ニ關係ナク漠然トシテ獨立セル能力不能力ナルモノアル可キ理ナシ然ラバ大陸學者ノ說ニ據リテ之ヲ謂フ𪜈ハ能力問題ハ恒ニ屬物法ナリトイハサル可カラス若シ能力規定ヲ以テ屬物法ナリトセンカ行爲地若クハ物件所在地法ノ管轄ヲ認メサルヲ得ス是ノ故ニ諸家ハ或空想的ノ區別ヲ取レルカ故ニ議論ノ錯雜ヲ來セルニ似タリト雖若シ此區別ヲ排除スル時ハ吾曹ノ謂フ所ト相異ナラザル可ク假令ヒ之ヲ存スルモ猶實際問題ノ適用ニ當リテハ常ニ吾曹ノ說ト相仝シカル可シ何トナレバ諸家ノ所謂屬人法的ノ能力問題ハ實際ニ起ラスメ其實際ニ生スルハ或事件或行爲ニ關係ヲ有スルモノナレハナリ然レ圧ブールノアノ第三ノ規則ハ大ニ非難ス可シ國際上大ニ混雜ヲ生ス可キモノナレバナリ獨逸ノ學者モ亦能力問題ハ民籍地法ニ依ル可シトシサヴィニーノ如キハ大ニ之ヲ主張セリ氏謂ラク不動產ト動產トニ關メ諸學者從來區別ヲ立テ其管轄法律ヲ全ウセズト雖是レ甚タ理ナキノ論ナリト而メ氏ハ謂ヘラク能力ハ一切民籍地法ニ從ハサル可カラス若シ物件所在地法等ニ從フトスルトキハ一社會ノ人民ニメ全一狀態ヲ有シ而シテ一ハ有能力ニメ一ハ無能力タルヿアルニ至ル可

シ是レ法律上統一ヲ欠クモノナリト而〆財產讓渡ニ關〆モ亦動產不動產ノ區別ナク總テ民籍地法ニ依リテ其能力如何ヲ決ス可キモノトセリ(能力ノ章參照)此說ノ可否如何ハ吾曹ノ已ニ屢論評セシ所ナリウエストレイキノ著書ニ據レバ英國ノ判決ハ不動產ノ場合ト雖猶ホ能力問題ヲ以テ民籍地法ニ從フ可シトスルニ傾ケルガ如シ(ウエストレイキ八九節)然レ𪜈バルジ、ウエストレイキ、ストーリー等ノ學說ニヨリ又メイル對レバーツノ判決ニ據レバ能力ハ行爲地法ニ從フ可キヿ英國法廷ノ承認ヲ得タルガ如シ(フート三一頁 Male v. Roberts, 3 Esq 160.)果〆然ラハ英國法廷ハ不動產處分ノ能力ヲ斷スルニ當リ所在地法ニ從フ可キカ大法官アボット曰ク民籍地法ハ曾テ不動產上ニ適用セラレタルヿナシ試ミニ問ハン英國ノ土地ニ關〆曾テ或外國ノ法律ヲ採用シタル先例アリヤト(Doe de Birtwhistle v. Vardill, 5 B. & C. 451)是レ英法ノ主義ナリ

日本ノ規定

(一二八) 我法律ハ不動產ノ所在地法ニ從フヲ認メタリト雖身分能力

讓渡ノ方ハ所在地法ニ從フ

ニ關メハ本國法ノ規定スル所ニ從フ可シトセリ(法例三、四、)是レ佛國民法ノ前加篇第三條ニ模倣シタルモノナリ是ニ由リテ之ヲ觀レバ我法律ハ不動產處分ノ能力ヲ以テ其本國法ノ支配ニ屬ス可トシスルモノナリ是レ彼ノサヴィニー諸氏ノ論スル所ト甚タ相似タリ(民籍法ト本國法トノ差ハアレトモ)若シ果メ歷史的ノ理由ニヨリ外國法ヲメ我國土ノ一部分上ニ容喙セシムルヲ拒カンカ爲メニ不動產ヲメ所在地法ニ從ハシムルノ原則ヲ生シタルモノナリトセハ能力問題ノ如キ、亦所在地法ニ依ルヿ其精神ヲ貫徹スルモノナリト謂フ可シ

（一二九）不動產讓渡ノ方式ハ所在地法ニ從フ可シ蓋シ一般ニ不動產上ノ問題ヲ以テ所在地法ニ從フ可シトナス以上ハ此規則ノ生スルヿ亦當然ナリトス是ノ故ニ不動產ニ關スル彼ノ大原則ヲ以テ基礎確定セルモノナリトセバ此規則モ亦確立セルモノナラン然レトモ之ニ關メハ學者種々ノ議論ヲナセリ之ヲ略述スルハ亦一種ノ興味アルベシト信ス或ハ方式ハ行爲地法ニ從フ可シトスルモノアリジョン、ア、サンテ謂

ヘラク儀式《ソレムニテ》ト物件トノ間ニハ一大區別アリ儀式ハ處分ノ方式ニ關スルノミ處分ノ目的タル物件ハ處分ノ要件ヲ組成セリ是ノ故ニ儀式ナルモノハ唯行爲ノ方式ニ關スルノミニシテ物件自体ニ關スルモノニアラズ是ノ故ニ行爲地法ニ從テ方式ヲ踐ムトキハ假令ヒ所在地法ノ規定ニ違フト雖猶ホ有効ニ不動産ヲ處分シ得可シト（ストーリー四三七節）若シ全ク不動産ハ所在地法ニ從フトノ原則ヲ排斥シテ讓渡行爲ハ行爲地法ニ從フ可キカ故ニ方式モ亦仝法ニ依ル可シトイハヾ吾曹ハ甚タ論理ニ合セルヲ見ル若シ彼ノ原則ニシテ今日ノ普通法トシテ一般ニ承認セラルヽニアラズンバ吾曹ハ必ス此論ヲ提出シタルナル可シ然レ𪜈サンデノ如ク方式ハ行爲ニ關シ物件ニ關セザルガ故ニ行爲地法ニ從フ可シトスルニ至テハ少シク解シ難キ所アルガ如シ能力モ亦讓渡行爲ニ關スルモノニアラズヤ亦行爲地法ニ從フ可シトスルカ或ハ屬人法ナルガ故ニ民籍地法ニ從フ可シトスルカ此ノ如ク論シ來レバ讓渡問題中物件自体ニ關スルモノアラサル可シ是ノ故ニサンデノ區別ハ

甚ダ明了ヲ欠ク者ナリポール、ヴォエト謂ヘラク不動產ニ關スル契約ノ方式若クハ他ノ證書方式ハ行爲地法ニ從フ可シ所在地法ニ從フ可キモノニアラズ何トナレバ儀式ニ關スル規定ハ屬人的ニアラズ屬物的ニアラズ其中間ニ介セルモノナレバナリト(ポールヴォエト九節二篇三號)然レ圧吾曹ガ己ニ屬人、屬物二法ノ區別ヲ排斥シ去リタル以上ハ此議論モ亦論評ノ價値ナキモノナリ其他死後讓渡ノ場合ニ於ケル遺言ノ方式ニ關シ種々ノ議論アリト雖、吾曹ハ之ヲ死後讓渡ノ章ニ讓リ茲ニ之ヲ論セサル可シ最後ニバルジノ說ヲ擧ケント欲ス吾曹ハ太タ氏ノ議論ヲ以テ論理的ニシテ最モ正確ナリト信スレバナリ氏曰ク不動產讓渡ノ方式ニ關スル法律管轄ヲ論スルニ當リテハ先ツ二種ノ區別ヲナスヲ要ス曰ク方式ニシテ唯讓渡ニ由レル權利移轉ヲ證明スルヲ目的トスルモノ曰ク方式ニシテ讓渡行爲ヲシテ有効ナラシムルニ必要ナルモノ是レナリ(Solemnia probantia, Solemnia habilitantia)是ノ故ニ其方式ニシテ要件的方式タル場合ニ於テハ是レ結約地法若クハ行爲地法ガ若シ

方式ノ區別

要件的方式及證明的方式

之ヲ踐マサレハ其行爲若クハ契約ヲ〆全然効力ナカラシムルナリ故ニ之ニ關〆ハ行爲地法ニ從ハサル可カラズ然レ𪜈此規則ハ制限アリ其行爲契約ニ〆不動產ニ關スル𬼂ハ不動產上問題ハ一切所在地法ニ從フ可キガ故ニ此方式問題モ亦所在地法ニ依ラサル可カラズ而〆彼ノ證據的儀式ハ若シ之ヲ踐マサル𬼂ハ法律之カ効力ヲ認メストイフニアラス唯此方式ニ從ハサリシ當事者ニ對〆不利益ノ推測ヲ與ヘ或ハ自己ノ權利ヲ主張スルニ當リ一層嚴密ナル證據方法ニ服セシムルニ過キス此ノ如キ場合ニ於テハ所在地法モ行爲地法モ皆其管轄ヲ及ボスヿ能ハス唯訴訟地法ハ之ヲ決ス可キ權利ヲ有スルモノナリト(バルジ四卷二部一二篇五八一乃至五八七頁)此說甚タ正確トイフ可シ然レ𪜈或法律規定ハ所謂證明的方式ナリヤ要件的方式ナリヤヲ論定スルヿ甚タ難シトスル場合ナキニアラズ假令ヒ其區別ノ難シトスルモ猶バルジノ說ノ正當ナルヲ妨ケサルナリ例セハ登記ノ如キ或ハ或ル賣買ノ場合ニ於ケル證書ノ如キ是レ果〆證據方法タルニ過キサルカ

或ハ之ヲ以テ要件トナセルカ明ニ之ヲ決シ難キ場合ナキニアラス英國ノ法律ハ亦此主義ヲ採用シウォレンダー對ウォレンダーニ於テ不動産讓渡ノ方式ハ所在地法ニ從フト判決セリ(Warrender v. Warrender, 9 Bligh. 127) 其他前節ニ掲ケタルウォーターハウス對スタンスフヒールド及ロビンソン對ブランドニ於ケル判事ノ議論ヲ見レハ英法主義ノ在ル所ヲ知ルヿヲ得可キナリ

（一三〇）我法律モ亦讓渡ノ方式ハ所在地法ニ依ル可シトセリ法例第十二條ニ曰ク第三者ノ利益ノタメニ設定スル公示ノ方式ハ不動産ニ係ルトキハ其所在地ノ法律他ノ場合ニ於テハ其原因ノ生シタル國ノ法律ニ從フト以テ之ヲ證ス可シ然レトモバルジノ論シタルカ如ク方式ニ二種アリ其證據ノ性質ヲ有スルモノ即チ法例第十二條ノ規定スル所ノ如キハ已ニ條文ニ據リテ所在地法ニ從フヿ明ナリト雖唯公示ノ方法タルニ止ラスシテ權利發生ノ要件タル方式ニ關シ法律ノ管轄如何吾曹ハ不動産ヲシテ所在地法ノ管轄ニ屬セシムルノ理由ヨリ推論シテ

此ノ如キ方式モ亦所在地法ニ依ル可キモノタルヿヲ斷言ス(法例四)法例第十一條ニ據レバ外國ニ於テ其國ノ方式ニ依リテ作リタル證書ハ其不動產物權ヲ移轉スル行爲ニ係ル片ハ其不動產所在地ノ地方裁判所長其證書ノ適法ナルヿヲ撿認シタル上ニ非サレバ日本ニ於テ其効用ヲ致サシムルヿヲ得ズトセリ此規則タル第十條ニ於ケル方式ハ行爲地ノ法ニ從フトノ原則ニ對メ多少ノ制限ヲ加ヘタル者ト認テ可ナリ是ニ由リテ之ヲ觀レバ我カ立法者ハ外國ニ於テ其地ノ方式ニ從フ片ハ我不動產ヲモ讓渡シ得可シトスルニ似タリ然レ𪜈吾曹ハ法例第十條ノ明文ヲ注意セザル可カラズ要式ノ合意又ハ行爲ト雖之ヲナス國ノ方式ニ從フ片ハ方式上有効ナリトセリ然レ𪜈吾曹ハ直ニ反對論法ヲ以テ之ヲナス國ノ方式ニ從ハザル片ハ方式上無効ナリト謂フヿ能ハズ何トナレハ充分ナル理由ヲ有スルニ非サレバ反對ノ推理法ヲ用フ可カラザルヿ是レ法文解釋ノ原則ナレバナリ殊ニ不動產ニ在リテハ法律一般ノ精神ヨリ推論メ其物權移轉ノ方式ニ關シ所在地法ノ

效力ヲ認ムル丁甚ダ正當ナリト確信ス是故ニ吾曹ノ解釋ヲ以テスレバ我法律規定ハ左ノ如シ曰ク方式ニシテ不動產上ノ物權移轉ニ關係アルトキハ所在地法若クハ行爲地法ニ從フヲ得方式ニシテ唯公示方法タルニ過キザルトキハ必ズ所在地法ニ依ラザル可カラズト蓋シ公示方法タル方式ヲシテ專ラ所在地法ニ依ラシムルハ是レ第三者ヲ保護スルノ目的ニ出タル丁明ナリバルヂノ說ニ據レバ斯ル方式問題ハ證據タルニ過ギザルヲ以テ訴訟地法ニ從フ可シトセリ我法律ト論據全ク全ヲカラズ然レ圧所謂訴訟地法ハ即所在地法ニ外ナラズ何トナレバ所在地裁判所ハ專屬裁判所ナレバナリ(民訴二二)

時效及ヒ出訴期限

時效ハ所在地法ニ從フ

(一三一)吾曹ハ動產ノ章ニ於テ此問題ニ關シ充分ノ考究ヲナセリ之ヲ不動產ニ適用スルニ當リテハ曾テ困難ヲ覺エス蓋シ不動產上ノ時效及ヒ出訴期限ハ不動產所在地法ニ依ルヲ原則トス而シテ此原則ハ兩樣ノ議論ヲ以テ之ヲ說明シ得可シ若シ時效ヲ以テ權利取得ノ一方

法ナリトセンカ讓渡ノ有効無効ハ勿論一切ノ權利得喪ノ問題ハ所在地法ニ從フ可キガ故ニ亦此原則ノ正當ナルヲ認メ得可キナリ然レ圧已ニ論シタルカ如ク時効等ハ決メ權利得喪ニ關スルモノニアラスメ唯救濟ニ關スルモノノミ救濟ヲ滅失スルカ故ニ權利アリ圧之ナキト一般ナルニ至ルヲ以テ時効ハ直接ニ救濟ヲ滅シ間接ニ權利ヲ滅スルノ觀アリト雖一國法廷カ自己ノ法律ニ從ヒテ救濟ノ途ヲ杜絶シタリト雖決メ全ク權利ヲ失却シタルモノナリト謂フ可カラサルヿ明ナリ(動産ノ章參照)ダナ曰ク此等時効ニ關スル條例ハ國家ノ政略上ヨリ生シタル休止規則《ルール、オヴ、レポーズ》ナリ是ノ故ニ國家ハ總テノ場合ニ於テ我法廷ニ提出シタル訴訟ノ上ニ此規則ヲ適用スルヲ得可シ假令ヒ其當事者ハ内國人ナリ圧外國人ナリ圧或ハ係爭物ハ國内ニアリ圧國外ニアリ圧動産ナリ圧不動産ナリ圧有体ナリ圧無体ナリ圧均一ニ此規則ヲ適用シ得可キナリト(ホヰートン一四三節)氏ノ議論ハ吾曹ノ意ヲ得タルモノナリ然レ圧假令ヒ時効ヲ以テ救濟ニ關スルモノナリトスルモ猶ホ且ツ不動產所在地法ニ從フ可シトイヒ得可キナリ何トナレハ概論スル片ハ不動產所在地法ノ法廷ハ專屬裁判所ナレハナリ此場合ニ於テ訴訟地法ト所在地法ト正ニ一致セリ然レ圧若シ或ハ所在地法廷ト訴訟法廷ト全シカラサルヿアルニ於テハ忽チ又時効ノ性質ニ關スル議論ヲ提起セサルヲ得サル可シ吾曹ハ救濟說ヲ確信スルカ故ニ訴訟地法廷ハ自己ノ法律ヲ適用シ得可シトイハントス然レ圧我法典ニ於テ時効ヲ證據ト見做スガ如ク或ハ時効ヲ以テ權利取得ノ方法ナリトナスモノアル片ハ必ズシモ訴訟地法ニ依ル能ハサル可シ例セハ甲國法ハ或時効ノ滿了ニヨリテ權利ヲ取得スト定メ乙國法ハ唯某年ノ後ハ出訴シ得ズトナスト假定シ甲國所在ノ不動產ニ關シ爭訟ヲ生シタル時ハ乙國法廷ハ假令ヒ其法律ハ時効ヲ以テ救濟ニ關スルモノトナスト雖甲國法ノ之ヲ認メスシテ權利得喪上ニ關スルモノナリトスレハ亦之カ規定ヲ守ラサルヲ得サル可シ英國ノ一訴訟ニ於テジャマイカニ於ケル土地ノ借地料ヨリ支拂フ可キ年金請求ニ對シ被告ハ英國ノ出訴

條例ニ據リテ原告ノ己ニ訴權ナキヿヲ答辨セリ而シテ法廷ハ救濟ニ關スル時効ハ訴訟地法ニ從フヘキヿヲ承認セルニ拘ハラス原告ノ勝訴トナセリ判事ホール曰ク出訴條例ハジャマイカノ土地ニ適用セラルヽヲ得ズ此ノ如キ借地料ヨリ生ス可キ年金ハ其不動產ノ一部ナリ云々ト是レヲ以テ之ヲ觀レハ英國ノ判決ハ不動產ニ關スル時効問題ヲ以テ寧ロ所在地法ニ從フ可シトスルモノヽ如シ(Pittv. Lord Dacre, L.R. 3ch. D 295)

(一三二) 最後ニ吾曹ハ不動產ハ所在地法ニ從フトノ原則ノ例外タル場合ヲ再論セントス其概略ノ規則ニ至リテハ己ニ總論ノ章ニ於テ之ヲ述ヘタリ吾曹ハ今フートノ著書ニ記載スル所ノ英國判決例ヲ採リテ更ニ之ヲ說明セント欲ス蓋シ例外ノ場合ハ英國判決ノ執行セラレ得ル場合ニ於テ或行爲ヨリ生スル衡平法ノ主義ヲ執行スルヿアルナリクランスタウン對ジョンストンニ於テ西印度ノ土地ニ關シ英國ニテナシタル賣買ハ之ニ關シ詐僞ノ存スルヲ以テ原告ハ西印度ノ法廷ニ

テ勝訴セシモ英國法廷之ヲ無効トセリ法廷ハ其管轄ニ關シテ意見ヲ述ヘテ曰ク我衡平法廷ハ我土地上ニ於ケル如ク亦外國所在ノ土地ニ關セル判決若クハ抵當ノ上ニテ干涉シ得ルハ曾テ之ヲ爭ヒタル者アラズ我法廷ハ其土地上ニ直接ノ干涉ヲナシ得ズト雖我管轄内ニ在ル當事者ノ良心上ニ干涉シ得ルナリト要スルニ其意ハ當事者間ニ或衡平ノ主義ヲ執行ス可キモノアルトキハ物上判決ニアラズメ對人判決ニヨリ當事者ヲ拘束メ其主義ヲ實行ストイフニアルナラン（Cranstoun v. Johnston, 3. ves. 170.）而メ能ク其衡平ノ主義ヲ實行シ又其裁判ヲメ無害的電光タルヲ免レシメントスルニハ或條件ヲ要ス即(一)當事者ハ英國ノ民籍ヲ有スルコ(二)不動產上ノ契約英國ニ於テ締結セラレシコ(三)信托アルコ是レナリ契約若クハ信托アルニアラスンハ所謂衡平ノ主義ノ生ス可キ理ナシ若シ叉契約アリトスルモ其英國外ニ結ハレ或ハ當事者ノ民籍外國ニアルトキハ英國法廷ハ其管轄ヲ及ボス可キ途ナカル可シ(フート一二七、一二八頁)又信托アリト雖被信托者ニメ英國ニ在ラザル𪜈ハ全シク判決ヲ執行スルヿモ能ハザルガ故ニ英國法廷ハ之ニ關メ管轄權アリトセザル可シ(フート一三〇頁)其他英國ノ判決ヲ見レハ外國ノ土地ニ關スル賣買契約ヲ履行セシメタルヿアリ共同借地人間ノ計算、土地ノ信託ニ付キ其特別履行ヲ命セシヿアリ外國土地境界ノ爭論土地分割ノ爭訟等ハ英國法廷ノ管轄スル所ニアラズトナセルヿアリ種々ノ判決錯雜極ナシト雖吾曹カ上來說明シタル所ニ據リテ其大綱ヲ攬ル𪜈ハ必ズシモ其細目ニ入ラスメ亂絲手ニ隨テ解クヲ得可シ(New v. Bonaker, L. R. 4 Eq 65.; Kilder v. Eustace, 1 vorn. 422.; Carteret v. Petty, 2. Swans. 323.; Tackson v. Petrie, 10 ves, 164.; Pike v. Hoare. 2 Eden 182)

此ノ如ク英國法廷ハ外國所在ノ不動產ニ關メ間接ニ其管轄ヲ及ボスヿアリ啻ニ此ニ止ラズ更ニ一步ヲ進メ不動產ニ關スル問題ニメ之ヲ英國法廷ニ於テ調査スルノ便利ナルヿヲ認メ而メ當事者双方法廷ノ管轄ニ服スル𪜈ハ當事者ノ一方ノ新タニ不動產所在地ニ於テ之レニ

關スル同一ノ訴訟ヲ提起スルモ法廷其訴訟ヲ繼續セサル可キ禁令ヲ與フルヿアリ之ニ關スル判決甚多ク或ハ禁令ヲ與ヘ或ハ之ヲ與フルヲ拒ミタルモノアリト雖其ノ之ヲ拒ムヤ之ヲ與フルノ權利ナシトイフニアラズメ唯之ヲ與フルノ不便ナリト云フニ在リクランウォルス卿曰ク外國不動產ニ關メ訴訟已ニ我國ニ起リ我法廷ニ於テ充分ナル救濟ヲ與ヘ得ル場合ニ於テハ英國法廷ハ當事者ノ一方カ更ニ外國ニ於テ訴訟行爲ヲナス𪜈ハ之ヲ停止ス可シ是レ對手人ヲ害スルモノナレバナリト是ヲ以テ之ヲ觀レハ此ノ如キ塲合ニ於テ法廷ハ禁令ヲ與ヘテ外國法廷ニ於ケル訴訟行爲ヲ禁遏スルノ權アルヲ認メ唯便不便ニ由リテ禁令許否ノ標準トナスモノニ似タリ (Kennedy v. Cassilis, 2 Lwans. 313.; Elliot v Lord Minto. 6. Madd. 16. Per Lord. Cranworth. 5 H. L. C. 437)

第二欵　死後ニ於ケル所有權ノ移轉

第一　遺言ノ方式

一、遺言ノ方式ハ所在地法ニ從フ

二、遺言方式ハ行為地法ニ從フトノ說

〔一三三〕不動產處分ニ關スル遺言ノ方式ハ所在地法ニ從フ可シ是レ亦大原則ヨリ生シタル結果ナリトイフ可キノミ生前讓渡ノ塲合ニ於テ已ニ其方式ノ所在地法ニ從フ可キヿヲ論セリ遺言ニ關シ亦全一ノ論鋒ヲ用ヰ得可シト信スダルジャヤントレ、ブルガンダス諸家ハ生前死後ノ區別ヲ論セズ一切方式上ノ規定ハ屬物的ナルカ故ニ所在地法ニ從フ可シトナス然ルニコーシャン等ノ學者ハ此說ニ反對シ有力ノ議論ヲ試ミタリ曰ク凡ソ行為若クハ證書ノ方式ハ其行為地若クハ證書製作地ニ於ケル法律ノ定ムル所ニ依ラサル可カラズ此規則ハ殊ニ遺言ノ塲合ニ於テ其適切ナルヲ見ル若シ所在地等ニ依リテ證書方式ヲ履ムヘシトセハ人ノ遺言書ヲ作ラントスルヤ財產ノ一部ハ獨逸ニアリ一部ハ英國ニ在ルカ如ク各地ニ散在ス可キカ故ニ一紙ヲ以テ之ヲ處分スルヿ能ハス幾多ノ證書ヲ要ス可シ而シテ或ハ其死ニ瀕スルニ當リテ我財產ヲ處分セントスル者アルニ當リ旦夕ノ際何ソ能ク財產ノ存在セル各地各國ノ法律規定ヲ穿索シテ其方式ニ從フニ遑アランヤ故ニ遺言ニ關シ所在地法說ヲ採ルトキハ大ニ不便ノ結果ヲ生ス可シト(コーシャン六部六九七頁)ストーリー之ヲ難シテ曰ク此等論者ハ全ク楯ノ一面ヲ觀察シタルモノナリ一國內ノ土地ニシテ自國外ノ諸法律ニ規定セル所ニ依リテ移轉シ得可シトスルトキハ一國內ニ幾多ノ法律ヲシテ其効力ヲ有セシメサル可カラス其法律タルヤ或ハ明カニ之ヲ知了シ得サルモノアラン枝葉上ノ議論ノ爭點タルモノアラン此ノ如クナルトキハ其國家ノ蒙ル可キ不便如何ソヤ是ノ故ニコーシャン等ノ論者ハ實ニ此一面ニ於ケル觀察ヲ欠キタルモノト謂フ可キナリト(ストーリー四四〇節)ポール、ヴォエトモ亦行爲地法主義ヲ取リ謂ヘラク遺言方式ノ規定ハ屬人的ニアラス屬物的ニアラス混合種類ニ屬スルモノタリ故ニ行爲地法ニ從フトブーヒール、ダゲッソーモ亦此說ヲ取レリ不動產讓渡ノ場合ニ於テ吾曹ハ已ニ謂ヘリ若シ全ク行爲ハ行爲地法ニ從フトノ原則ヲ奉シテ方式モ亦同法ニ依ルトセハ甚タ論理ニ合セルモノナリト而シテ遺言ノ場合モ亦爾カ言ハント欲スルナリ是ノ故ニ吾曹ハダゲッソーブーヒール諸氏ノ謂フ所ヲ以テ甚タ正當ナリト信ス蓋シ不動産ノ處分ヲ以テ所在地法ニ從フ可キモノナリトナスハ純理ヨリ見ルトキハ充分ノ價値ヲ有スル理由ナキカ如シ然レトモ沿革上此ノ如キ慣習法ヲ養成シ來レリトセハ今日ニ至リテ之ヲ論難スルモ亦無用タリ已ニ此原則ヲ奉スル以上ハ讓渡ノ方式ヲ以テ所在地法ニ從フ可シトスルモ亦論理ノ貫徹ヲ得タルモノトイフ可キナリ

三、遺言方式ハ民籍地法ニ從フトノ說

而シテ茲ニ第三說アリキュージャス謂ヘラク遺言ノ方式ハ民籍地法ニ從フ可シト(キュージャスコムマンテール、六卷二三篇七〇九頁)吾曹ハ此說ヲ贊スルコト能ハス又大陸ニ於テモ大ナル勢力ヲ有セザルニ似タリ

英佛米國ノ法規

英國ニ於テハ明ニ此方式問題ヲ以テ所在地法ニ從フ可シトセリフートロク生前ニ於ケル不動産讓渡ノ方式ニ關シ猶且ツ所在地法ノ管轄ヲ認ムルナリ況ンヤ遺言ニ於テオヤト吾曹ハ此ノ論理ヲ解スル能ハス(フート一五五頁)然レトモコッピン對コッピン等ノ判決ヲ見レハ英法ノ主義ハ一定セルカ如シ(Coppin v. Coppin, 2.P. Wms 291.) 米國法律モ亦タ然リ(Holman v. Hopkins, 27 Pexas, 38.)近

世ノ羅馬法ニ據レハ遺言ノ方式ハ民籍地法若クハ製作地法ノ一ニ從フトキハ有効ナリトス(バール一〇九節)佛國法律ハ稍議論アルカ如シ而シテ佛國多數ノ判決ニ據レハ佛國ノ規定シタル所ニ從フテ方式ヲ履マザレバ其遺言ヲ無効ナリトナスカ如シ然レトモ遺言書ヲ作ル時ニ立會フ可キ證人ハ佛國ノ國籍ヲ有セサル可カラズ而シテ其證人之ヲ有セザリシトキハ遺言者ノ之ヲ知リシト否トニ由リテ無効有効ノ標準トナストセリ(一八七七年國際私法雜誌一四九頁、一八七五年同雜誌一九三頁)

日本ノ規定

我法律ノ規定ヲ見ルニ遺言方式ハ遺言書ノ製作地若クハ本國地ノ法律ニ從フ可シトス(人三八〇、三八二)我人事編ノ此規定タルヤ動産不動產ノ區別ナク一切ノ遺言ニ適切ナリト信ス何トナレハ吾曹ハ明文上ニ於テ毫モ斯ル區別ヲナス可キ理由ヲ發見セサレハナリ

第二　能力及ヒ解釋

遺言者ノ能力ハ一

(一三四) 遺言書ノ能力ハ我法律ニ據レハ本國法ニ從フ可シトス多數

般ニ本國法ニ從フヘシトスルノ說
無遺言相續ハ所在地法ニ從フ

ノ大陸學者ハ能力ニ關スル規定ヲ以テ屬人的ナリトシ民籍地法若クハ國籍地法ニ從フ可キモノナリトシ若シ然ラズメ或ハ行爲地法或ハ所在地法ニ從フ可シトスルトキハ一人ニメ甲國ニ於テハ能力者タリ乙國ニ於テ不能力者タルカ如キ奇觀ヲ呈スルニ至ル可シトイヘリ（ヘンリー外國法論一五頁）ブルガンダス、ブーヒール、ブールノア、リヴァモール等諸學者モ亦之ヲ唱ヘリサヴィニーノ說モ亦之ニ外ナラズ吾曹ハ己ニ之ニ關メ處々ニ論評スルノ機會ヲ得タリシト信スルヲ以テ今茲ニ喋々セス解釋ニ關メハ亦動產ノ場合ト同シク製作時ノ民籍地法ニ依ルヲ以テ正當ナリト信ス異論多シト雖動產ノ章ト對照スレハ自ラ之ヲ了知スルニ難カラサル可シ

第三　無遺言相續

（一三五）吾曹ハ動產ニ關メ相續ハ死者最後ノ民籍地法ニ從フ可キヿヲ論セリ而シテ總論ニテ述ヘタルカ如ク不動產ニ關メハ法制ノ規定スル所學說ノ主張スル所全ク異ナルカ故ニ相續上ノ問題モ同シク特

殊ノ規定ヲ生ス即チ無遺言相續ハ一切不動産所在地ノ法律ニ從フ可キモノナリ是レ遺言相續ノ場合ト比較〆甚シキ差異ナキカ故ニ重テテ之ヲ詳論スルノ要ナシト思料ス英國ハ長子相續ノ主義ヲ取リ佛國ハ平分相續ノ主義ヲ取ルカ故ニ英人ニ〆佛ノ土地ヲ有スル片ハ其無遺言ニ〆死スルニ當リテハ佛國ハ其土地ヲ分割〆數子ニ與フ可シ是レ近世法律ノ規定スル所ナリ凡ソ無遺言相續ノ場合ニ於テ生ス可キ問題ハ何人カ相續權ヲ有スルヤニ外ナラス之ヲ決スルハ即チ所在地法ナリトナス英國ニ於テハ屢〻後婚認正ノ問題ヲ生シ其最著名ナル判決ハバートウヰッスル對ヴァーディル是ナリ此訴訟ニ於テ蘇國ニテ私生兒ヲ擧ケタルモノアリ其后結婚シテ之ヲ認正シタリ其父死スルニ當リ其子ハ英國ニ於ケル父ノ不動産ヲ相續シ得ルヤ否ヤノ問題ニ關〆英國法廷ハ判決〆曰ク法廷ニ於テ正當ノ子ト認ル者ハ正當ノ婚姻ニ由リテ生シタル者ニ限レリ是ノ故ニ後婚ニヨリテ認正シタル者ハ我法廷ノ目〆私生兒トナス所ノモノナリ決〆英國ニ於ケル不動産ヲ相續

スルヿ能ハスト(Doe de Birtwhistle v. Vardill, 7 ct. & F. 875)此規則ハ已ニ陳ヘタルガ如ク獨リ不動產ノミナラス動產ニ關メモ亦行レタリ然ルニグードマンストラストノ判決ハ大ニ之ヲ非難シ判事ジェームス及コットン二氏ハ其說ヲ述ヘテ曰ク嫡生ノ問題ハ身分ノ問題ナリ是ノ故ニ子女生誕ノ當時ニ於ケル父母ノ民籍地法ニ依リテ之ヲ決ス可キモノナリ其一タヒ決シタル以上ハ外國モ亦之ヲ承認セザルベカラズ然レ𪜈不動產相續ニ關メハ此限ニアラズト(In re Goodman's Trust, 50 L. G. ch. 425)蓋シ此判決タルヤ動產ニ關スル從來ノ規則ヲ一變シタルモノニメ吾曹ハ甚タ其正當ナルヲ認ム夫レ已ニ嫡生問題ハ身分問題ナリトセハ不動產ニ關メモ亦全ク民籍地法ニ依ラザル可カラザルニアラズヤ而シテ判事ハ之ヲ以テ例外トナセリ是ノ故ニバートウヰツスル對ヴァーディルノ判決ハ今猶ホ其効力ヲ失ハザルモノト云フ可シ然レ𪜈是レ果メ正當ノ規定ナル可キカ大ニ疑アリト謂ハザル可カラズ

日本ノ規定

〔一三六〕我法律ハ法例第三條ニ明言メ曰ク身分及能力ハ本國法ニ從

フト而シテ又其第四條二項ニ於テ相續問題ハ一切被相續者ノ本國法ニ依ル可シト定メタリ是故ニ右ノ如キ場合ニ於テハ不動産動産ノ區別ニ由リテ不論理ノ判決ヲ下ス可キ必要アラス假令ヒ或ハ立法上其根據ヨリシテ非難スヘキ點アリトモ猶ホ英國ノ規定ニ比スルトキハ其優レルコ萬々ナリトイフ可シ

婚姻ノ不動産上ノ効果ハ所在地法ニ從フ

第三欵　法律ノ作用ニ因ル所有權ノ移轉

第一　婚姻

《一三七》婚姻ノ効果トシテ生ス可キ不動産上ノ權利ノ移轉ハ結婚民籍地ノ法律ニ依ル可キヤ或ハ不動産所在地法ニ依ル可キヤハ議論アルカ如シ吾曹ガ婚姻効果ノ節ニ於テ論シタルガ如ク一般動産ノ移轉ハ結婚民籍地ノ法律ニ依ル可キモノタリ是ノ故ニ若シ不動産ニ關シテ特別ノ理由アルニアラザル以上ハ亦此原則ニ從フ可キコ論ヲ待タスシテ而シテ一般ノ法制學説ハ此ノ特別ノ理由アリトナスナリ是ノ故ニ婚姻

破產宣告ノ効果ハ外國ノ不動產ニ及バズ

ノ効果ト雖亦所在地法ニ從フ可シトナス（ストーリー四四九節以下）

第二　破產

《一三八》破產ニ因ル動產處分ニ關シ吾曹ハ已ニ略論スル所アリタリ動產ニ關シ猶ホ破產宣告ノ効果ハ一國內ニ止レリトセリ況ンヤ不動產ヲヤ蓋シ破產問題ハ學者ノ最困難ヲ感スル所ニシテ判決條例亦甚ダ錯雜セリ概言スレハ英國ノ法律ハ破產宣告ニ由リテ破產者ノ財產ハ動產ナルト不動產ナルト國內ニアルト國外ニアルトヲ問ハス一切破產管理人ニ移ルモノトス然レ𪜈破產者ニシテ外國ニアル片ハ法廷ハ其判決ヲ執行スルヿ能ハサル可キガ故ニ對人的ニ破產者ヲ拘束シ得ル場合ニアラザレハ此法律ノ實行ヲ見難カル可シ（フート一六九頁）之ニ關シ吾曹ハ更ニ議論スルヲ要セス唯讀者ノ動產章及ヒ下ニ擧クル所ノ諸法令及ヒ判決等ヲ參照センヿヲ望ム（一八六九年破產條例ヴィクトリア三五及三六年法律五八號愛爾蘭破產條例ヴィクトリア一九及二〇年法律七九號蘇格蘭破產條例、Harrison v Harrison, L. R. 8. ch. 342. Selkrig

v. Davis, 2 Dow 245.)

第三篇　義務

第一章　契約

（一三九）契約ハ行爲地法ニ從フ
（一四〇）契約ハ民籍地法ニ從フトノ說
（一四一）民籍論者ノ說ニ對スル非難
（一四二）契約ノ行爲地法ニ從フ理由
（一四三）當事者ノ意思
（一四四）公益ヲ害セザル限リ意思ヲ以テ法律管轄ヲ定ムルヲ許ス
（一四五）日本ノ規定
（一四六）契約ノ成立ハ行爲地法ニ從フ
（一四七）能力ハ行爲地法ニ從フ
（一四八）英國ノ法律
（一四九）日本ノ規定
（一五〇）流通證書ノ能力ハ行爲法地ニ從フ
（一五一）契約ノ適法ハ行爲地法ニ從フ
（一五二）不法契約ノ區別
（一五三）日本ノ規定

（一五四）契約ガ履行地ニ於テ不法ナル時ハ不成立トス
（一五五）密輸出ノ契約
（一五六）方式ノ區別
（一五七）要件的方式ニ關スル日本ノ規定
（一五八）法例第九條ニテハ證書ノ方式ハ行爲地法ニ從フ
（一五九）證明的方式ニ關スル日本ノ規定
（一六〇）解釋ハ當事者ノ意思ニ據ル
（一六一）契約ノ性質ハ行爲地法ニ據ルト雖モ意思ヲ以テ管轄ヲ定ムルヲ許ス
（一六二）流通證書
（一六三）代理人ノ契約
（一六四）陸上運輸契約
（一六五）海上運輸契約ハ船旗國法ニ從フ
（一六六）履行
（一六七）履行以外ノ消滅

總論

契約ハ行爲地法ニ從フ

《一三九》契約ニ關スル法律管轄ノ問題ハ國際私法ニ於テ最重要ノ部

分タリ蓋シ之ニ由リテ生ス可キ法律關係ハ幾多ノ法律制度ニ牽連シ得ルヲ以テ管轄問題ニ對シ古來亦幾多ノ議論ヲ生セリ或ハ契約ニ關スル一切ノ問題ヲ以テ結約地法ニ從フ可シトシ或ハ履行地法ニ從フ可シトシ或ハ當事者ノ民籍地法ニ從フ可シトス結約ノ能力ニ關シテ或ハ民籍地法若クハ國籍地法ヲ適用セントシ或ハ結約地法ヲ以テ之ヲ律セントス(ストーリー二三一節以下)然レ圧吾曹ハ一々此等ノ學說ヲ列擧スルノ煩ヲ避ケテ吾曹ノ見解ヲ述ヘント欲ス英米及ヒ大陸ニ於ケル諸學者ノ議論區々一致セズト雖モ之ヲ概括スレハ亦吾曹ト畧ホ其主義ヲ一ニセリ蓋シ場處ハ行爲ヲ支配ストハ國際私法ニ於ケル大原則タリ物件ニ關シ人事ニ關シテ學者往々此原則ヲ認メズト雖圧契約ノ管轄問題ニ至リテハ殆ド皆此原則ヲ認メタリ夫ノ結約地法若クハ履行地法ヲシテ契約一切ノ問題ヲ決セシメントスルガ如キ亦此理由ニ外ナラズ然レ圧吾曹ノ信スル所ヲ以テスレハ契約締結ト契約履行トハ特殊ノ行爲タリ若シ果シテ場處ヲシテ行爲ヲ支配セシメン

契約ハ民籍地法ニ従フトノ説

トセハ契約締結ハ結約地ノ法律ニ従ヒ契約履行ハ履行地ノ法律ニ従フヲ以テ其當ヲ得タリトセザル可ラズ是故ニ吾曹ハ之ヲ總括シテ契約ハ行爲地法ニ従フト斷言ス

《一四〇》獨逸學者ハ多ク民籍地法ヲ以テ契約ヲ支配スヘシトスルノ説ヲ持ス夫ノウヰンドシヤイドハ其著羅馬會典《パンデクテン》ノ註釋書ニ於テ義務ノ支配法ハ義務者ノ民籍地法ナリト明言セリ(ウヰンドシヤイド會典三五節)此説ヲ唱道スル學者ノ理由トスル所ヲ畧叙スレハ抑々民籍地法ヲ以テ義務ヲ支配スルノ主義ト反對スル多數學者ノ議論ハ履行地法ヲ以テ之ニ宛テントスルニアリ然レ𪜈其不可ナルヿ明ナリ何トナレハ履行ノ地ハ當事者双方ニ於テ最終ノ目的トスル處ナリト雖𪜈必ズシモ其他ノ法律ヲ遵奉スルノ意思ナカリシト斷定ス可ラズ例ハ英獨ノ人米國ニ於テ履行ス可キ契約ヲナシタル時ハ未ダ必ズシモ當事者双方共ニ米國法律ノ如何ヲ知悉セリト推定ス可カラザルカ如シ夫レ已ニ必ズシモ其法律ヲ知悉セズ然ルニ之カ管轄ヲ受ク可キ意思

アリト推定スルハ太ダ其當ヲ失セルモノナリ之ニ反シ民籍地法ニ從フ可シトスル所以ハ義務者獨リ義務ノ中心トシテ法律關係ノ燒點タルノミナラズ何ノ國ニ於テモ一定不變ノ規則アリテ一私人ノ合意上之ヲ避クルヲ得ザルモノナリ假令此ノ如キ規則ナシトスルモ外國人ニ對シテ義務ヲ負フニ際シ自國ノ法律ヲ遵奉スルコ最當然ナレバナリ且又結約スルニ當リ義務者ハ其ノ民籍地法ヲ其念頭ニ置キタルコ明ナルガ故ニ民籍地法ヲシテ義務ヲ支配セシム可シト云フニ在リバールハ熱心ナル此說ノ主唱者タリホワートン國際法第一板ノ出ルニ當リ氏ハ之ニ批評ヲ加ヘテ曰ク結約地法又ハ履行地法等ニヨリテ契約ヲ支配ス可シトスル論者ハ循環論理ノ誤ニ陷レルモノナリ何トナレハ契約ノ有効ニ成立セザル以上ハ結約地若クハ履行地ナルモノアル可キノ理ナク結約地若クハ履行地ノ法律ヲ以テ契約ノ有効無効ヲ定ム可シト云フハ是レ已ニ其ノ契約ノ契約トシテ有効ニ成立セルヲ假定シタルモノナレハナリ是故ニ結約地法等ヲシテ契約ヲ支配セシ

民籍地法論者ノ議論ニ對スル非難

メントセバ常ニ循環論理ヲ用ヰサル可ラズ然ラハ則チ契約ノ問題ハ民籍地ノ法律ニ據ルノ外ナキニアラズヤト而シテ氏ハ自己ノ主義ヲ説明シタリト雖モ其ノ理由ノ存スル所ハ畧ボウヰンドシヤイドト相仝ジ

（一四一）吾曹ハ此等ノ攻擊ニ答フルヿ甚ダ易シ彼ノ民籍地法ヲ遵守スヘシト論スルモノ謂ヘラク當事者必ズシモ履行地ノ法律ヲ知ラス之レガ支配ヲ受ク可キ意思ヲ有セサルヿアラント是レ行爲地法説ヲ攻擊スル第一ノ理由ナリ是ノ理由ハ殆ト根據ナキモノナリ何トナレハ某國ニ於テ或行爲ヲナサント豫期スル者若シ普通ノ注意ヲ有スル者タラハ其國ニ於ケル法規ノ如何ヲ研究スルヿ當然ノ事實ニシテ若シ毫モ之ヲ顧念スルヿナシトセバ是レ其人ノ過怠ナリト謂フモ毫モ苛酷ノ言ニアラザレバナリ且夫レ塲處ヲシテ行爲ヲ支配セシムルノ原則ハ獨リ當事者ノ意思如何ヲ以テ唯一ノ基礎トスルモノニアラズ法律ハ國民行爲ノ規則タリ近世ニ於ケル法律ノ効力ハ概シテ屬地的

タリ是故ニ一國ノ法律ハ統治權ノ下ニ在ル領內ニ於ケル一切ノ權利行爲ヲ管轄シ法律關係ヲ創設保護スルモノナリ是故ニ場處ハ行爲ヲ支配ストノ原則タルヤ實ニ法律ノ性質ニ胚胎ス國家社會ノ狀態甲乙相同ジキヲ得ズ法律ヲ發布シテ以テ其秩序安寧ヲ維持シ幸福利益ヲ增進スル所以ノ原因ニ至テハ國トシテ同一ナルモノアラズ主權者ノ統治スル領土內ニ於テ法律ノ目的タル人々ノ行爲チシテ漫リニ外國ノ法律ニ遵ハシムルトキハ國家ノ法律ヲ設ケテ其秩序安寧ト幸福利益トヲ維持增進セント欲スル所以ノモノ空シク畫餅ニ歸センノミ、是故ニ獨逸學者ノ議論タルヤ啻ニ事實ト符合セザルノミナラズ亦場處ヲシテ行爲ヲ支配セシムル大原則ノ第一義ヲ解得セサルモノナリ、論者又曰ク義務者ハ自ラ進ミテ義務ヲ盡ス可キモノニシテ權利者ハ其義務ノ履行ヲ受クルモノナリ是故ニ義務者ノ民籍地法ニ據ル可キモノタリト然レモ權利者トイヒ義務者トイヒ合意上盡ス可キト受ク可キトノ間ニ於テ輕重ノ差違ヲナス可キニアラス今假リニ一步ヲ讓リテ

此ノ軒輊ヲナス可シトスルモ義務者其民籍地ヲ去リテ外國ニ住スルヿ數十年ノ久シキニ渉レル場合ヲ假想セヨ假令義務者ハ其契約ヨリ生シタル義務ノ燒點タリトスルモ猶ホ其ノ民籍地法ヲ適用スヘキ理由アリヤ盖シ論者ハ契約當事者ノ必ズ義務者ノ民籍地法ニ注意シタル可キヲ想像スト雖此ノ如キ場合ニ遭遇セハ論者自ラ其空想タリシヲ悔ユルナルヘシ、論者又曰ク一國各一定不變ノ規則アリ之ヲ避クルヲ許サヾル所ナリト此言タルヤ甚ダ正當ナリト雖之ヲ以テ民籍説ヲ維持セントスルモ到底ナシ能ハザルヿ明ナリ何トナレハ此ノ如キ議論ハ法律管轄ノ一定シタル以上ニ於テ言フ可キノミ反テ之ヲ以テ法律管轄ヲ決セントセハ是レ亦循環論法ノ誤謬ニ陷ルモノナレハナリ|バ|ル謂ヘラク結約地法若クハ契約履行地法ヲシテ契約ノ成立等ヲ決セシム可シトスルハ已ニ契約ノ成立ヲ假定スルモノナリト此議論タルヤ甚ダ有力ナルガ如シト雖寧ロ文字上ノ議論タルニ止ル若シ契約締結若クハ契約履行ノ文字ヲ用井スシテ代フルニ行爲ノ文字ヲ以テ

契約ノ行爲地法ニ従フ理由

セハバールハ亦之ヲ如何トモスルヿ能ハサル可シ

（一四二）吾曹ノ已ニ論シタル如ク法律ハ其支配下ニ發生シタル事實行爲ニ對シテ其効力ヲ及ボス可キモノタリ當事者ヲシテ隨意ニ管轄法律ヲ變更セシムルヲ許サス英國ノ法律ハ約因ヲ以テ契約有効ノ要件トシ佛國法律ハ然ラス今英國ノ人英國ニ於テ契約ヲ締結シ其成立ニ關シテハ佛國法ニ準據ス可キヿヲ明言スルトキハ假令其ノ契約ニシテ約因ナキモノナリトスルモ英國法廷ハ猶ホ之ヲ以テ有効ナリトス可キカ何人ト雖然リト謂フ能ハザル可シ權利行爲ノ二國以上ニ牽連セル塲合ニ於テハ多少右ノ塲合ト同シカラザルモノアリト雖已ニ一國ノ法律ハ當然其國内ニ於ケル行爲ヲ管轄ス可キモノナリトノ原則ヲ以テ正當ナリトスル以上ハ當事者ノ一方若クハ双方ノ英人タルト外人タルトニ由テ若クハ履行地ノ英國タルト外國タルトニ由テ吾曹ハ毫モ其成立ニ關スル英國法律ノ管轄ヲ動カス可キニアラザルヲ確信ス且ツ夫レ一事ヲ爲シ一業ヲ營マント欲スル者其行爲ヲナス可キ

土地ノ法律如何ヲ見之ニ適合セバ始メテ心ヲ安スルヲ得ルヿ是レ世上一般ノ狀態ナルノミナラズ權利者ト義務者ト其民籍ヲ異ニスルトキハ互ニ其法律ヲ知悉スルヿ能ハス或ハ之ヲ知悉スルモ猶ホ其孰レニ適從スヘキヤヲ決スル能ハス行爲地ノ法律ヲ遵奉スルヿ最便利ナルヿヲ覺ユ可シ是故ニ吾曹ノ信スル所ヲ以テスレハ契約ノ行爲地法ニ從フハ一ハ立法者ノ意思ニ依リ一ハ當事者ノ意思ニ依ルモノト謂フ可キナリ

《一四三》當事者ノ意思ヲ敬重スルハ近世法律ノ傾向タリ然レ𪜈吾曹ハ深ク此原則ノ性質ニ注意セザル可ラズ私法ニ於テ當事者ノ意思ヲ重ス可シト云フハ私法ノ法規ヲシテ當事者一般ノ意思ニ戻ラシム可カラズト云フニ過ギス例セバ危險ヲシテ所有權ノ移轉ニ伴ハシムルハ是レ當事者ノ意思ヲ重ンスルモノナリト云フガ如シ是レ賣買法規ノ制定若クハ解釋ニ關スル原則タルノミ若シ法律已ニ一定シ危險ハ契約ノ效果ニシテ所有權移轉ノ效果ニアラズトセバ當事者ノ意思ハ

亦之ヲ如何トモスルコ能ハサルナリ國際私法ハ私法適用ノ規則タリ此原則ヲ認ムルコ彼ノ民法ニ於ケルガ如クナル能ハザルヤ言ヲ俟タス然レトモ吾曹ハ此原則ノ國際私法ニ於テ全ク排除セラル可シト斷言スルモノニアラズ商賣貿易ノ業益盛ニ人民ノ移動日ニ頻繁ナルニ至リテハ行爲ヲシテ必ズ行爲地ノ法律ニ準據セシムルコ理論ニ於テ正當ナリト雖或ハ實際上ノ不便ヲ來スコナシトセス或ハ甲者乙者ト野蠻不毛ノ地ニ邂逅シ茲ニ契約ヲ締結スルトキハ法律ノ以テ其行爲ヲ支配ス可キナク或ヘ他ノ法律ヲ選擇シテ之ニ準據スルノ必要アルヲ見ルコアラン或ハ深山大澤絶海孤島ニシテ其領國ノ何レタルヲ知ル能ハザルコアラン若シ之ヲ知ルモ猶ホ偶然其ノ地ニ漂着シタルカ爲メニ全ク其ノ法律慣例ヲ知了セザルコアラン凡ソ此ノ如キ場合ニ於テ猶ホ嚴格ニ場所ハ行爲ヲ支配ストノ原則ヲ適用セントセバ論理ニ於テハ固ヨリ不可ナシ唯當事者ヲシテ或ハ預期ノ利益ヲ失ヒ或ハ期セサルノ拘束ヲ受ケシムルニ至ル可シ是レ甚ダ苛酷不正ノ觀アルノミナ

ラズ亦大ニ商賣貿易ノ盛ヲ妨碍スルモノナリ是ノ故ニ或點ニ於テハ當事者ノ意思ニヨリテ其支配法ヲ定ルヲ許スㇷ國家ノ公益上最至當タル可キヲ信ス然レ𪜈其意思ノ自由ヲ許スヤ本ト公益ニ原因スルヲ以テ亦公益ニヨリテ其範圍ヲ限ラルヽモノタリ換言スレハ當事者ノ自由ヲ許スハ之ヲ許シテ一國ノ公益ヲ害セザル程度ニ限ル或ハ謂ヘラク意思ノ重ス可キハ私法ノ大原則タリ國際私法ニ於テ豈ニ獨リ然ラザランヤ契約管轄ノ問題ハ即チ意思ノ問題ナリ契約ノ行爲地法ニ從フハ是レ當事者一般ノ意思此傾向アルヲ以テナリ故ニ若シ當事者ニシテ明カニ或國法ヲ指示シ之レガ管轄ヲ受ケント欲スルノ意思ヲ表彰スル𪜈ハ固ヨリ當サニ之レニ據ル可シ若シ國家ノ公益上必ズ我法律ヲ適用ス可キ必要アル塲合ニ於テハ固ヨリ例外トシテ當事者ノ意思ヲ許ス可キニアラズト此議論タルヤ往々英國判決ニ於テ判事ノ口ニスル所ナリ學者亦屢之レヲ唱フ實際ニ顯ル可キ結果ヨリシテ之レヲ見レハ此議論ハ吾曹ノ懷抱スル所ト殆ト一致スト雖論法ニ於テ

公益ヲ害セザル限リ意思ヲ以テ法律管轄ヲ定ルヲ許ス

ハ兩者相同ジカラザルナリ國家法律ヲ設ケテ其ノ國内ニ於ケル一切ノ行爲ヲ管轄セント欲シ而シテ反テ當事者ヲシテ隨意ニ支配法ヲ定メシムルヲ以テ法律適用ノ準則トナサントス寧ロ矛盾ノ感ナキヲ得ンヤ

（一四四）近世諸國ノ法律ハ大ニ當事者ノ意思ヲ重ンジ必シモ行爲地法ヲ以テ一切ノ問題ヲ管轄セントセス是レ實際ニ於ケル商業上ノ必要ニ因リテ然ルナリ然レモ是レ畢竟國家ノ公益ニ基ケル原則ノ例外タルヲ以テ或點ニ於テハ全ク當事者ノ意思ヲ許サズシテ嚴格ニ原則ヲ適用ス例セハ契約ノ適法問題ノ如キ能力問題ノ如キ皆一定ノ管轄法律アリテ之レヲ動カスヲ許サス何トナレバ此等ノ規定タルヤ立法者ガ一國ノ秩序ヲ維持シ取引ノ安全ヲ保護スルガ爲メニ設ケタルモノニシテ若シ當事者ヲシテ隨意ニ其管轄ヲ脱スルヿヲ得セシメバ法律規定ノ目的ハ毫モ之ヲ達スルヿヲ得ザレバナリ密輸出ノ契約等ノ如キハ我國法ニ不法トシテ禁スル所ナリ當事者日本ニ於テ之ヲナシ

或他國ノ法律ニ從ヒテ其効力ヲ保タントスルコアランカ我法廷ノ之ヲ認メザルコ論ヲ待タズシテ明ナリ我日本ノ法律ハ廿年ヲ以テ成丁ノ期トシ成年以下ノ者ハ結約ノ能力ヲ欠ケリトセリ是レ齡ノ二十年ニ達セザル者ハ未タ充分ニ商業取引上ノ是非得失ヲ辨知セズトノ確定推測ニ由ル或ハ幼年ニシテ猶ホ異常ノ判斷力ヲ有スルモノアラン然レモ此等ノ事實ハ以テ立法者ノ確定推測ヲ破ルニ足ラス然ルヲ況ンヤ二十年未滿ノ幼者ヲシテ日本ニ於テ契約ヲ締結シ一言以テ外國ニ從ハントスルノ意思ヲ表彰シテ輙チ此嚴格ナル確定推測ノ範圍外ニ超脱シ去ラシムルガ如クンバ幼者ヲ保護シテ取引上ノ安寧ヲ維持セント欲スル立法者ノ精神ハ竟ニ空文ニシテ終ランノミ是ノ故ニ行爲地法ノ其行爲ヲ支配スル原則ハ凡ソ適法及能力ノ問題ニ關シテ嚴格ナル適用ヲ見ル、我法例ハ能力管轄ニ對スル吾曹ノ見解ト其主義ヲ異ニセリ然レモ當事者ノ意思ヲ以テ隨意ニ其ノ管轄法ヲ定ルヲ許サヾルニ至テハ則チ一ナリ、(法例一六)適法問題ニ關シテモ亦然リ(全一五）吾曹ハ更ニ契約成立ノ章ニ於テ之ヲ論ス可キガ故ニ玆ニ之ヲ詳論セザル可シ其他當事者ノ意思ニ依リテ管轄法律ヲ定ムルモ大ニ國家ノ公益ト衝突セサルモノアリ此ノ如キ問題ニ對シテハ務メテ意思ノ作用ヲ全ウセンヿ商賣貿易ノ隆盛ナル今日ノ社會ニ於テ至當ノ處置タル可キヲ確信ス例セハ義務ノ性質ノ如キ若シ一般ノ原則ニ從フ𪜈ハ義務成立地即チ契約締結地ノ法律ニ依リテ支配セラル可キモノトス然レ𪜈契約上義務ノ如キハ當事者ノ合意ニ依リテ或ハ其性質ヲ變更シ或ハ其ノ範圍ヲ伸縮シ得ルヿ今日私法上ノ原則ニシテ立法者ハ或義務ニ對シテ必ズシモ唯一ノ性質唯一ノ範圍ヲ附セント欲スルニアラス然ラバ當事者ヲシテ隨意ニ其ノ管轄法ヲ定ムルヲ得シムルモ毫モ公益上ノ障碍アルヿナシ我法例ノ全体ヲ通シテ之ヲ見ルニ契約ノ管轄法ハ當事者ノ隨意ニ之ヲ定ルヲ原則トシ公益上ノ必要アル點ニ關シテハ例外トナスモノヽ如シ吾曹ハ前節ニ於テ之ヲ評論セリ吾曹ハ左ノ如ク言ハント欲ス曰ク契約ハ行爲地法ニ從フ然レ𪜈公益

日本ノ規定

ト相衝突セサル範圍內ニ於テ當事者ノ意思ニ依リ管轄法律ヲ定ルヿヲ許スト

《一四五》我法例ハ其第五條ニ於テ規定シテ曰ク外國ニ於テ爲シタル合意ニツキテハ當事者ノ明示又ハ默示ノ意思ニ從ヒテ何レノ國ノ法律ヲ適用ス可キヤヲ定ム當事者ノ意思分明ナラザル場合ニ於テハ仝國人ナル𬼀ハ其本國法ヲ適用シ又仝國人ニアラザル𬼀ハ事實上合意ニ最大ノ關係ヲ有スル地ノ法律ニ從フト是ニ由リテ之ヲ觀レハ我法律ハ原則トシテ意思ニ依リ支配法ヲ定ム可シトナスモノヽ如シ即契約ノ成立履行一ニ意思ノ向フ所ニ一任ス此原則タルヤ固ヨリ例外ナキニアラス(法例一〇、一三乃至一六)然レ𪜈茲ニ之ヲ詳論セザル可シ意思ノ不分明ナル場合ニ於テ双方ノ當事者共ニ仝國人ナル𬼀ハ其本國法ヲ用フルヿ是レ亦法律ガ意思ヲ推測シテ然ルナラン何トナレハ當事者共ニ其ノ本國ヲ仝ウスル𬼀ハ外國ノ法律ニ依ランヨリモ寧ロ互ニ知悉セル本國法ニ從フヿ双方ノ便利タル可キヲ以テナリ然レ𪜈双方ノ本國相仝シカラザルトキハ我立法者ハ一定ノ管轄規定ヲ設ケンヨリモ寧ロ事實問題トシテ其合意ニ對シ最大關係ヲ有スル國法ヲ定ム可シトセリ吾曹ハ此ノ如ク事實問題トシテ裁判官ノ認定ニ一任シ去ラシメンヨリモ一定ノ準則ヲ設クルノ正確ナルヲ信ス亦之ヲ設クルヿ甚ダ困難ナラサルナリ畢竟契約ノ成立ニ就キテハ結約地法ヲ以テ契約ノ履行ニ關シテハ履行地法ヲ以テ最密接ノ關係ヲ有スルモノトナスガ故ニ當事者ノ意思分明ナラザルニ當リ事實上何レノ法律ガ最大關係ヲ有スルヤ決セントセバ必ズ此ノ行爲地法ヲ以テ主眼トスルヿ最適當ナル可シト信ス

第一款　契約ノ成立

契約ノ成立ハ行爲地法ニ從フ

（一四六）契約ノ成立ハ結約地法ニ從フヲ以テ原則トス吾曹ハ總論ニ於テ已ニ之ヲ論述セリ歐米ノ諸學者亦此主義ヲ採用スル者多シストーリー曰ク當事者ノ能力及方式ハ結約地法ニ依リ履行ハ履行地法ニ

依ル例セハ伊太利ニ於テ振出シ外國ニ於テ支拂フ可キ手形ノ支拂期日ノ猶豫幷ニ支拂方法等ハ支拂地ノ法律之ヲ管轄シ振出人ノ義務ハ伊太利ノ法律之レヲ支配ス(ストーリー二八〇節)其他ホワートン、フヒリックスノ諸家亦此主義ヲ採用セリ英米ノ諸判決例ヲ見ルニ亦然リ(ホワートン四〇一節、フヒリックス二九八節、フート二六〇頁以下參照)日本法律ノ然ラサルハ已ニ畧述セル所ナリ然レモ吾曹ハ唯概梗ヲ論シタルニ止リ其細目ニ至テハ大陸及英米ノ學説法規相仝ジカラザルモノアリ而シテ日本ノ法律モ亦種々ノ例外アルヲ以テ吾曹ハ左ニ契約成立ノ要素ヲ分チテ之ヲ細論セント欲ス

第一、能力

能力ハ行爲地法ニ從フ

(一四七)吾曹ハ能力ハ結約地ノ法律ニ從フ可キモノナルヿヲ確信ス法規學説之ニ反對スルモノ尠カラズト雖吾曹ハ自ラ確信スル所ヲ動カス可キ反對ノ理由ヲ發見スルヿ能ハズ能力ノ章ニ於テ論ジタルガ如ク學者往々能力ヲ以テ屬人的規定ノ結果ナリトシ必ズ其ノ民籍地

法若クハ國籍地法ノ支配ヲ受ク可キモノトナセリ（能力ノ章參照）コーシヤン曰ク佛王ノ臣民ハ何ノ處ニ在ルヲ問ハス常ニ佛王ノ臣民タルヲ以テ佛王ノ權力ト彼等臣民トヲ聯結スル法鎖ヲ斷ツヿ能ハズ是ノ故ニ當事者ハ外國ニ於テ契約ヲ締結スルニ當リ自國以外ノ法律ニ依リテ其能力ヲ有スルヿ能ハサルナリト（コーシヤン一五三頁）其他大陸ノ學者ニシテ此主義ヲ奉スル者一々之ヲ列記スルニ遑アラズ之ヲ要スルニ屬人的規定ハ國外ノ效力ヲ有ス可シトノ原則ヲ基トシテ此等學說ノ發生シタルナラシム然レ𪜈法律ヲ分チテ人法、物法トシ其國外效力ヲ定ルノ非ナルハ吾曹ノ屢論シタル所ナリ能力ハ人ニ關スルモノナリト雖亦同ジク行爲ニ關スルモノナリ學者ノ或ハ名ケテ混合法トナス所ノモノナリ吾曹ハ契約ノ成立問題ヲ以テ結約地法ノ管轄ニ屬スルノ正確ナルヲ信ス能力問題ハ即チ契約成立ニ關スル有効條件ノ一タルニ過ギズ獨リ他ノ部分ト分離シテ民籍地法ノ支配ヲ求ルノ理由アルヿナシ

《一四八》英國ノ法律ハ大陸諸國ノ學說ト相反シ結約ノ能力ハ結約地法ニ從フ可シトノ主義ヲ執ル(Male v. Roberts, 3 Esq. R. 163.)フートヒ曰ク我法律ニ從ヘハ能力問題ハ獨リ結約地法ノ管轄ヲ認ム可ク此ノ如キ事項ニ關シテハ當事者ノ意思ヲ以テ管轄ヲ定ルコトヲ許容ス可カラス例セハ獨逸ノ民籍ヲ有スル者二十四年ニシテ英國ニ結約シタルニ獨逸國法ハ二十五年ヲ以テ成丁トナスヲ以テ自己ノ未成年ヲ口實トシテ其契約ヲ銷除セントスル如キ塲合ニ於テ若シ結約能力ヲ以テ民籍地法ニ從フ可シトスルノ原則ヨリシテ其銷除ヲ許ストキハ是レ實ニ衡平ヲ失スルモノト謂フ可キナリト(フートヒ二六〇頁)但シ近來ノ判決ニ於テ英國判事ハ公言シテ結約能力ハ民籍地法ニ從フ可キ〆從來英國法廷ノ認ムル所ナリトイヘリ(Sottomayor v. De Barros, 37T. 415.)然レトモ其訴訟タルヤ本ト婚姻禁止ノ問題ニシテ契約能力ノ問題トハ全ク相仝シカラサリシガ故ニ判事ノ言ハ事實ニ適切ナリトイフヲ得ス且亦諸學者ノ非難チ招キ今日ニ於テハ有力ナル判決トシテ認メラルヽコトナシ是ノ故ニ英國法律ハ猶ホ結約能力ヲ以テ行爲地法ニ從フ可シトスルノ主義ヲ取レルモノナリト斷言スルモ殆ド不可ナキナリ

（一四九）法例第五條ニ據レバ契約ノ成立ニ關シテハ一切意思ヲ以テ支配法ヲ決定シ得ルガ如シ然レ𪜈此條タルヤ原則ヲ掲ケタルニ止リ結約問題ニ至テハ其ノ例外トスル所ナリ法例ハ第三條ニ於テ人ノ能力ハ凡テ本國法ニ從フ可キヲ明言シ其第十六條ニ於テ身分又ハ能力ヲ規定スル法律ヲ免ルヽ合意又ハ行爲ハ無効ナリト斷言セリ是ニ由リテ之ヲ觀レハ我法律ハ嚴ニ能力上規定ノ管轄ヲ保チ容易ニ之ヲ動カスヲ許サヾルノ意思ヲ有スルヿ殆ド明瞭ナルカ如シ何トナレハ若シ第五條ノ規定ノ如ク當事者ノ意思如何ニヨリテ坐ガラ外國法律ヲ取リテ行爲ヲ支配セシメ得ルノ精神ニシテ亦此問題ニマデ推及セルモノナリトセバ固ヨリ故意ヲ以テ日本法律ノ管轄ヲ免レシトスル者アル可キノ理ナク毫モ第十六條ヲ規定スルノ必要アラサレバナリ蓋

シ我法律ガ第三條ニ於テ能力ヲ以テ一ニ本國法ノ管轄ニ歸セシメタルハ歐洲一般ニ承諾セル原則ニ基キタルモノナリト雖吾曹ハ敢テ之ニ對シテ疑議ヲ呈出スルヿヲ憚ラス是レ既ニ能力ノ章ニ於テ論述シタルヲ以テ更ニ再言スルノ要ナカル可シ法例第三條ハ吾曹ノ滿足セザル所ニシテ契約ニ關スル第五條ノ規定ニ至テモ亦全ク贊同シ難シトスル所ナリ然レ𪜈其第十六條ニ於テ能力ニ關スル法律管轄ハ確然一定シテ動カス可カラサルヲ示シタルヿ最當然トスル所ナリ然ルニ第六條ニ於テ法例ハ規定シテ曰ク外國人ガ日本ニ於テ日本人ト合意ヲナス𬼀ハ外國人ノ能力ニ就キテハ其本國法ト日本法トノ中ニテ合意ノ成立ニ最有益ナル法律ヲ適用スト然ラハ若シ日本人ニシテ外國ニ於テ外國人ト結約シタル場合ニ於テ日本人ノ能力ハ亦日本法律ト結約地法トノ中ニ就キ合意成立ニ有益ナルモノヲ選擇シテ以テ管轄法律トナス可キニアラザルカ是レ推理上必然ニ生ス可キ論結タリ若シ或ハ日本人ノ外國ニ於テ結約シタル場合ニ於テ其能力ヲ管轄ス

ルハ我法律ニ限レリトイフハ是レ衡平ヲ失スルコ太甚シキモノナリト謂ハンノミ、是故ニ吾曹ノ解釋ニ據レハ我立法者ハ結約能力ヲ以テ本國法ト結約地法トノ中ニ就キ最契約成立ニ有益ナルモノヲ取リテ之カ管轄ニ屬スルノ主意ナルカ如シ是レ豈ニ行爲地法主義ト民籍地方主義トヲ混和シテ更ニ契約ハ務メテ有効ニ解釋ス可シトノ原則ヲ採リ選擇ノ標準トナシタルモノニアラサルカ夫レ能力ノ行爲地法ニ從フ可シトスレハ其ノ權利行爲ノ要素タルヲ以テナリ能力ノ民籍地法若クハ國籍地法ニ從フ可シトスルハ是ヲ以テ人ニ屬スル一種ノ性質アリトスレバナリ兩種ノ主義相異ナリト雖モ吾曹ハ共ニ其論理ノ正當ナルヲ見ル我法例ハ折衷的否寧ロ混合的ノ主義ヲ取リ庬然雜駁ナル第六條ノ規定ヲ設ク吾曹ハ其何ノ理由ヲ以テ之ヲ說明ス可キヤヲ知ラサルナリ

流通證書ノ能力ハ行爲地法ニ從フ

（一五〇）流通證書ノ能力ニ關シテハ最議論アルガ如シザヴィニー曰ク署名者ノ能力ハ其民籍地法ニ依ラザルヘカラズ若シ爾カセバ一見甚シ

キ混雜ヲ惹起スガ如シト雖是レ唯表面上ニ於テ然ルノミ何人ト雖其主タル署名者ト相知ルニアラズンバ決シテ流通證書ヲ受取ラザルヘキガ故ニ混雜ヲ生スルノ恐ナシト（サヴィニー一四九頁）然レ圧商業取引ノ盛ニシテ人民ノ移動頻繁ナルニ隨ヒ比隣ノ人ト雖猶ホ其民籍ヲ一ニセズ然リ而シテ流通證書ノ流通ハ商業ノ盛ナルニ隨ヒテ益頻繁ナルヘキガ故ニ吾曹ハ未ダ必ズシモ其製作若クハ讓渡ニ於テ受取人若クハ讓受人ガ署名者ノ民籍ヲ知リテ容易ニ其能力不能力ヲ判別シ得可シト斷言スルヿ能ハザルナリ是ノ故ニバールハサヴィニーノ說ヲ非トシ謂ヘラク能力ニ關シ制限アル國ニ於テ民籍ヲ有スル者制限ナキ國ニ入リテ自在ニ取引ヲナシタル後民籍地法ニ依リテ其責任ヲ免レントスルハ是レ不正ノ甚シキモノナリ故ニ民籍地法ノ定ル能力ハ決シテ之ヲ他ニ認ルニ足ラズト（バール五五節）英米法廷ノ見解モ殆ト之レニ同シ（ホワートン一一〇、一一一節）

日本ノ規定

我法例ハ其第六條ニ於テ合意ノ能力ニ關スル一般ノ原則ヲ揭ケタリ是故ニ甲國ノ民籍ヲ有スル者日

本ニ於テ流通證書ヲ作爲スルトキハ假令ヒ其民籍地法ニ依リテ不能力者タルモ我法律ニ照シ能力者タル以上ハ民籍地法ノ規定ヲ口實トシテ其責任ヲ免ルヽコトヲ得ズ是レ實際ノ必要ニ適合セル正當ノ規定ナリトイフヘシ但シ此條文ヲ變シ結約能力ヲシテ純ラ行爲地法ニ從ハシムルモノトセバ實際上ニ於テ論理上ニ於テ適切精確ナルヲ得ン是レ特ニ惜ムヘキナリ(前節參看)

第二　適法

契約ノ適法ハ行爲地法ニ從フ

(一五一)契約ノ適法ハ行爲地法ニ從ヒテ之ヲ決スルコト一般ノ原則ニシテ世界萬國皆之ヲ認メタリ我法例ハ契約ノ管轄ヲシテ當事者ノ意思ニ從ハシムルノ原則ヲ採レリト雖適法ニ關シテハ原則ノ例外ヲ認メザルベカラズ例セバ男女不正ノ同居ヲ相約スルガ如キ局外中立ヲ破ラントスルガ如キ皆國法ノ禁スルモノナリ日本ニ於テ此ノ如キ行爲ヲナシ法廷ハ猶ホ有効ヲ認ムヘシトセバ是レ法律自ラ其違犯ヲ許スモノニシテ何レノ國ト雖爲ス能ハザル所ナリ

不法契約ノ區別

一、國民法ノ禁スルモノ

二、國法ノ禁スルモノ

（一五二）右ノ原則タルヤ甚ダ明瞭ニシテ殆ト論證ヲ要セザルガ如シ然レ𪜈吾曹ハ不適法契約ニ二種ノ區別アルヲ注意セザルヘカラズ國法ノ禁止ニ依リテ不法ナルモノ及ヒ國民法即チ文明國ノ通義ニ反スルモノ是レナリ文明國一般ノ通義ニ反スルモノハ例ヘバ友誼國ノ叛民ヲ幇助スル契約ノ如キ或ハ母子兄妹ノ結婚契約ノ如キ是レナリ凡ソ此等ノ契約タルヤ文明國ノ以テ權利行爲トナス可キモノニアラザルガ故ニ當事者ノ民籍地若クハ其結約地履行地ノ如何ヲ問ハズ凡テ之ヲ以テ不成立トナス(Dalyrimple v. Dalyrimple, 2. Hag. 59.)然レ𪜈或契約ノ如キハ一國ノ法律之ヲ以テ不法トシ他國ノ法律之ヲ以テ適法トナスモノアリ例セバ亡妻ノ姉妹ヲ娶ラントスル契約若クハ從兄弟姉妹間ノ結婚契約ノ如シ吾曹ノ信スル所ヲ以テスレバ此等ノ契約ハ行爲地法ノ規定ニ依リテ其適法不適法ヲ決センコト最其當ヲ得タル者ナリ是故ニ千八百六十年代ニ於テ英國ノ法廷ハ自國法律ノ禁止セルニ拘ハラズ外國ニテ締結シタル奴隷賣買ノ契約ヲ認メタリ是レ奴隷賣

國家ノ禮讓ハ公益ヲ以テ其範圍ヲ限ル

買ノ事タルヤ唯國法ノ禁止スル所タルニ止リ國民法ニ反對スルモノナラザルガ故ニ行爲地法ニ從ヒテ其有效ヲ決ス可シトスルノ主義ニ基ケリ(Santos v. Illidge, 8 C. B. N. S. 861.)夫レ世界萬國ノ通義ニ照ラシ不正背德ノ行爲ト認ムモルノハ之ガ成立ヲ認メザルヿ固ヨリ至當ナリト雖一國ノ法律ニ依リ特ニ禁止セラレタルモノニ至テハ大ニ其性質ヲ異ニセリ其之ヲ禁スルヤ必ス爾カスヘキ公益上ノ理由アリテ存ス然レ𪜈我之ヲ禁スルカ故ニ當事者ノ民籍若シクハ結約履行ノ何ノ地ニアルヲ問ハズ凡テ其成立ヲ認メズトイハヾ是レ一國ニ存セル特殊ノ原因ヲ取リテ之ヲ世界萬國ニ推及セント欲スルモノニシテ國際ノ禮讓ニ戾リ不正不理之ヨリ甚シキハナシ是レ吾曹ガ契約ノ適法ヲ論スルニ當リ兩種ノ區別ヲ設ケタル所以ナリ

然リト雖外國法ノ効力ヲ認ルハ國家ノ禮讓ニ外ナラズ是故ニ假令ヒ民籍地法若クハ行爲地法ノ之レガ成立ヲ認ムルモ我カ國家ノ公益ト相反對スル行爲アルトキハ我主權者ハ固ヨリ之ヲ認ルノ義務アルヿナ

シ其ノ國民法ニ反スルト否トハ之ヲ問ハザルナリ例セバ外國ニ於テ我ガ位記勳章ヲ賣買スル者アルトキハ假令ヒ行爲地法ノ之ヲ許スモ我法廷ハ決メ之ヲ認メザルベシ勳章賣買ノ如キハ固ヨリ國民法ノ許サベル所ナリ然レ圧我ノ之ヲ認メザルヤ獨リ其文明國一般ノ慣習若シクハ感情ニ悖レルガ爲メニアラズメ實ニ其ノ國家成立ノ基礎ヲ動カスガタメナリ

（一五三）法例ハ其第十五條ニ於テ規定メ曰ク公ノ秩序又ハ善良ノ風俗ニ關スル法律ニ牴觸シ又ハ其適用ヲ免レントスル合意又ハ行爲ハ不成立トスト牴觸ノ文字ハ其用方甚ダ穩當ナラザルガ如シ何トナレバ苟モ法律ニ牴觸スル行爲ニメ曾テ成立シ得ルヿアラザレバナリ蓋シ法例ハ第三條以下ニ於テ數國ノ法律ニ牽連セル法律關係ノ管轄ヲ定メタリ是レ正義ノ觀念若シクハ國家ノ必要ニ由リテ生セル國際ノ禮讓ニ外ナラズ然レ圧國家ハ自己ノ公益ヲ害メ猶ホ外國法ノ効力ヲ認ムヘキ義務アルヿナシ是故ニ或行爲ニシテ若シ之ニ關スル外國法

ノ効力ヲ認メバ大ニ我ガ公益ヲ害スルノ恐アル場合ニ於テ我主權者ハ國籍地法行爲地法等ノ如何ヲ問ハズ一切其成立ヲ認メズトナスヿ是レ第十五條ヲ規定セル立法者ノ精神ナリト信ス之ヲ換言スレバ我ガ社會ノ秩序風俗ヲ紊亂スヘキ行爲ニ關シテハ主權ノ禮讓ヲナサズトイフニアリ(前節參照)法例ハ第十五條ニ於テ此ノ例外ノ規定ヲ設ケタルノミナルガ故ニ一般ノ適法問題ニ關メハ第五條ノ原則ニ從フヘキガ如シ然レ𪜈一國ノ法律或行爲ヲ以テ不法ナリトセバ是レ其國內ニ於テ斯ル行爲ヲナスヲ禁シタルナリ而メ猶ホ當事者ノ意思ニ依リ適法問題ニ關スル法律管轄ヲ定メ得ヘシトセバ是レ法律自ラ其違反ヲ許スモノナリ是故ニ第五條ノ條文ニ拘ハラズ適法ニ關メハ行爲地法ニ從フヘキヿ勿論ナリト確信ス然レ𪜈當事者日本ニ於テ結約シ佛國法ヲ以テ管轄法律トナスノ意思ヲ表彰シタルニ當リ日本法律ハ之ヲ以テ適法ナリトシ佛國法律ハ之ヲ以テ不法ナリトセハ我法廷ハ猶ホ其契約ノ成立ヲ認メザルヘシ何トナレバ一旦意思ヲ以テ管轄法律

契約履行地ニ於テ不法ナルトキハ不成立トス

ヲ指定セバ契約ニ關スル一切ノ問題ハ法律ノ例外トメ明定セサル限リ凡テ其國法ニ從フヘケレバナリ

(一五四)契約成立ヲ管轄スル國法ニ照シテ有効ナリモ履行地法ノ其履行ヲ禁メ不法トナストキハ其契約タルヤ不成立ナリ是レ歐米ニ於ケル學説法規ノ一致スル所ナリ(ウエストレイキ一九三節フート二八九頁 Herig v. Riera, 11 Sino. 318.)吾曹ハ二個ノ理由ヲ以テ之ヲ説明スルヲ得ヘシ(第一)若シ履行地ニ於テ不法トシテ之ヲ禁スルニ拘ハラズ猶ホ其契約ヲ以テ有効ナリトセバ是レ當事者ヲシテ履行地ノ法律ニ違反スルヲ得セシムルモノニシテ不正不理是レヨリ甚シキハナシ(第二)假令ヒ此ノ如キ契約ヲ以テ有効ナリトナスモ履行地ノ法律ニメ之ガ履行ヲ禁スルトキハ其契約ハ履行シ能ハサルモノナリ是故ニ假令ヒ成立ノ點ニ於テ不法ナラザルモ履行不能ノ理由ヲ以テ之カ成立ヲ認メザルヘシ我法例ハ其第五條ニ於テ契約ニ關スル一般ノ原則ヲ掲ケタリ然レ𪜈履行地ニ於テ履行ヲ禁シタル契約ニ至リテハ我法廷ト雖之ヲ

認メザルヘク第五條ノ法文ハ決シテ契約履行ニマデ其規定ヲ推及セルモノト解釋スヘキニアラザルヘシ

（一五五）是故ニ外國ノ收税法ヲ犯シ密輸入ヲナサントスルノ契約ハ不成立タルコト論ヲ竢タズ然ルニ米國ノ學者往々此ノ如キ契約ヲ以テ有効ナリトナス者アルヲ見ルホワートン曰ク脱税ノ計畫アルハ概ネ税則ノ嚴刻ニシテ税額ノ過重ナルニ因ル脱税者ハ此等ノ税則ヲ調和スルノ良器械タルガ故ニ假令ヒ地方的法規ニ違反ストモ外國法廷ハ之ヲ恕シテ可ナリト然レドモ此說タルヤ實ニ一國法廷ヲシテ外國ノ主權ヲ蹂躙セシムルモノナリ其誤謬タルコト諸學者ノ詳論スル所ナリ（ホワートン、四八二節、及バール二四七節ストーリー二五七節ポチエー五八節）

第三　方式

（一五六）方式ヲ論スルニ當リテハ二種ノ區別ヲナスヲ要ス一ハ義務ノ成立ニ關スルモノ一ハ義務ノ證明ニ關スルモノ是レナリ契約ノ要

素トシテ義務ノ成立ニ關スルモノハ結約地法ニ從フヘク唯義務ノ證據タルニ過ギザルモノハ訴訟地法ニ從フヘキヲ以テ一般ノ原則トス是レ一ニ場處ハ行爲ヲ支配ストノ原則ノ適用ニ外ナラズ是故ニ證據ニ關メ訴訟地法ハ假令ヒ結約地法ヨリモ嚴刻ナリ圧或ハ寛裕ナリ圧凡テ訴訟地法ヲ適用シテ可ナリ何トナレハ證據ノ採用拒否ニ關スル法律ハ一ニ裁判所ノ規則ニ外ナラザレバナリ

（一五七）法例ハ其第十條ニ於テ規定メ曰ク要式ノ合意又ハ行爲ト雖之ヲナス國ノ方式ニ從フ圧ハ方式上有効トス但故意ヲ以テ日本法律ヲ脱シタル圧ハ此限ニアラズト是ヲ以テ之ヲ觀レハ契約ノ方式ハ行爲地法ニ從フヲ得ルヤ明ナリ然レ圧立法者ハ法例第五條ニ於テ合意ノ法律管轄ハ當事者ノ意思ヲ以テ之ヲ定ルヲ許シタルガ故ニ契約成立ノ一要件タル方式モ亦其意思ニ依リテ定メタル法律ニ從フヘキヲ以テ我法制ノ原則ト認メザルヲ得ズ第十條ニ於テ行爲地法ノ方式ニ從ヒタル合意モ亦有効ナルヲ規定シタリト雖是レ實際ノ便宜ヲ計リ

故意ヲ以テ日本法律ヲ脱シタル場合

法律管轄ノ規則ヲ寛大ニナシタルニ止リ必ス行爲地法ニ從フヘシト命シタルニアラザルヿ文字上ニ顯然タリ此規定ノ主義タルヤ吾曹ノ懷抱スル所ト多少相異ナリト雖已ニ第五條ノ明文ヲ掲ケタル以上ハ論理上此ノ如ク規定スルノ要アルヘシ若シ吾曹ヲシテ言ハシメバ場所ハ行爲ヲ支配スルモノナリ方式ハ固ヨリ行爲地法ニ從フヘシ然レ𪜈必スシモ行爲地法ニ從フ能ハザル場合ナシトセズ此ノ如キ場合ニ於テハ例外トシテ民籍地法ニ從フヲ許スヘシ或ハ意思ヲ以テ支配法ヲ定メ得ヘシトナスモ亦可ナラン然レ𪜈法例ノ解釋トシテハ之ト異ナリ意思ヲ以テ合意ノ法律管轄ヲ定ル以上ハ方式モ亦之ニ從フヘク或ハ行爲地法ニ從フモ亦有効ナリトナスナリ

然ルニ第十條ノ但書ニ曰ク故意ヲ以テ日本法律ヲ脱シタル片ハ此限ニアラズト例セハ當事者日本ニ於テ契約シ日本法律ヲ以テ之ヲ管轄セシムルノ意思ヲ表彰スル片ハ方式モ日本法律ニ從ハザルヘカラズ然ルニ方式ニ關スル日本法律ノ甚ダ繁縟ナルヲ避ケンガタメ外國ニ

法例第九條ニテハ證書ノ方式ハ行爲地法ニ從フ

渡航シテ玆ニ「契約ヲ締結シ其契約一般ニ關シテハ日本法律ノ管轄ヲ欲スルノ意思ヲ表彰スト雖其方式ニ關シテハ行爲地法ニ從フ」トハ第十條ノ本文ニ照シテ有効ノ契約トシテ成立スルヲ得可シ然レトモ是レポチエー諸氏ノ所謂法律上ノ詐欺ニシテ公益上此ノ如キ契約ノ効力ヲ認メザルコト歐米諸學者ノ定論タリ(婚姻方式ノ節參看)是故ニ第十條但書ハ凡ソ此ノ如ク故意ヲ以テ我法律規定ヲ免レントスル行爲ニ關シテ本文ノ規定ヲ適用セズト定ム至當ノ規定トイフヘキナリ

〔一五八〕證書ノ方式ハ證書製作地ノ法律ニ從フコト原則ノ適用ニシテ多言ヲ須ヰズシテ明ナリ法例ハ第九條ニ於テ之ヲ規定ス殊ニ公正證書ノ如キハ製作地ノ法律ニ從ハザルヲ得ザルモノナリ例セバ外國人日本ニ於テ登記ヲナサントスルニ當リ我登記所ハ決シテ外國法ノ方式ニ從ヒテ登記ヲナスコトアラザルヤ明ナリ然レトモ私署證書ニ至リテハ必スシモ製作地法ニ從ハザルヲ得ザルコトナシ是故ニ我法例ハ私署證書ノ方式ヲシテ製作地法ニ據ラシムルノ原則ヲ認ムト雖亦實際ノ便宜ヲ

證明的方式ニ關スル日本ノ法律

計リ時トメ本國法ニ從フヲ許セリ是レ亦必ズシモ非難スヘキ規定ニアラズト信ズ(法例九)

(一五九)法例第十條ハ契約ノ方式ニ關スル法律管轄ヲ定ム然レﾄﾞ其條文ヲ見ルニ要式ノ合意又ハ行爲云々トイヘリ要式ノ合意トハ其成立ノ要件トシテ或方式ヲ要スル合意ナリ是故ニ第十條ニ於テ所謂方式トハ一般ノ方式ヲ指シタルニアラズメ唯合意成立ノ要件タル方式ヲ指シタルヿ明ナリ然ラバ方式ニシテ單ニ義務ノ證明ニ關スルモノハ此條文ノ外ニアリ法例ハ特ニ此種ノ方式ニ關スル規定ヲ設ケズ然レﾄﾞ此種ノ方式タルヤ一ノ證據方法タルニ過ギズ證據ノ採否ハ一ニ訴訟地法ニ從ヒテ之ヲ決スヘキヿ各國ノ定論ニシテ亦我立法者ノ認ムル所ナリ(法例一三)是故ニ證據タルニ過ギザル契約ノ方式ニ關シテハ訴訟地法ニ從フヿ理論上其當ヲ得タルノミナラズ法例ノ解釋トメ亦適當ノ見解タルヲ信ス

解釋ハ當事者ノ意思ニ據ル

第二款　契約ノ解釋

《一六〇》契約ノ解釋ハ務メテ有効ナラシムル法ニ從フヘシトハ古來學者ノ唱道シ法律ノ規定スル所ナリ（財三五八條二項）然レ𪜈此語タルヤ大ナル注意ヲ要ス解釋ハ唯當事者ノ意思ヲ知ルニアリ是故ニ當事者ニシテ若シ或國法ニ從ヒテ解釋セラルヘキ意思ヲ明ニスルトキハ其法ニ從フヿ勿論ナリトス然レ𪜈意思ノ明ナラザル場合ニ於テハ吾曹ハ必スシモ契約ヲシテ有効ナラシムル法律ニ從ヒテ之ヲ解釋スヘシト斷言スルヲ得ズ何トナレバ契約ヲシテ有効ナラシムルノ法律ハ毫モ當事者當初ノ豫想セシ法律ニ符合スト云フヘカラザレバナリ吾曹ノ信スル所ヲ以テスレバ解釋ハ當事者ノ意思ヲ明ニスルニアリ何法ヲ以テ之ヲ解釋スベキヤモ亦當事者ノ意思ニ依ラザルベカラズ其當事者ノ民籍若クハ證書ニ用ヰタル言語等ノ如キ皆其意思ヲ知ルノ材料タリ然レ𪜈此等ノ材料ニシテ到底意思ヲ確知スルヿ能ハザルトキハ結約地法ヲ以テ當事者ノ豫想シタルモノナリト推定シ之ニ依テ解釋

意思不明ナル時ハ結約地法ヲ以テ解釋ス

スルヲ至當トス何トナレバ之ヲ普通一般ノ場合ニ徵スルニ結約行爲ヲ爲スニ際シ人情一般ニ想着シ得ヘキ法律ハ結約地法ニ外ナラザレバナリ英米ノ學者往々契約ヲシテ有効タラシムル法律ニ從フヘシトス甚ダ議論ノ疎ナルヲ見ルナリ(ストーリー二七〇節)或ハ謂ヘラク契約當事者ハ必ズ其契約ヲシテ有効ナラシムヘキ法律ニ從フノ意思アリ是故ニ假令ヒ其意思ヲ明示セズトモ徒ラニ明默ノ如何ニヨリテ法律ヲ異ニスベカラズト然レトモ人民ノ法律ヲ知ルトハ法ノ推定ニシテ實際法律ヲ諳ンスル者尠シ此ノ如ク法律ノ効果如何ヲ知ラザルニ拘ハラズ猶ホ當事者ノ某國法ニ依リタリトノ推定ハ屢之ヲ下シ得ルガ故ニ必ズシモ契約ヲシテ有効ナラシムル法律ニ從フノ意思アリシト謂フヲ得ス(Yates v. Thompson, 3 cl. & F.)

第三欵　契約ノ性質及附帶件

契約ノ性質ハ行爲

(一六一)契約ノ性質ハ吾曹カ前ヨリ述ヘ來リタル如ク當然行爲地法

地法ニヨルト雖意思ヲ以テ管轄法律ヲ定ムルヿヲ得

ニ支配セラルヘキモノナリト雖モ商業隆盛交通頻繁ニ赴クニ從ヒ便宜上法律ハ公安ノ許ス範圍內ニ於テ當事者ノ意思分明ナル塲合ニ限リ勤メテ意思ニ從ヒ何レノ國ノ法律ヲ適用スヘキヤヲ定ムルヲ得シムルニ至レリ英國ノ法律ニ據レハ結約地法ハ當事者カ據リテ以テ取引ノ立脚地トナサント欲シ又ハ欲スヘキモノト推定シテ正當ト認ムルカ故ニ事態ノ意思ヲ示スモノナクンハ其法ニ據ラサルヘカラストセリ蓋シ亦吾曹ト見解ヲ同ウスルモノナリ況ンヤ附帶件ノ如キ結約ノ當時少シモ當事者ノ豫見セズ結約後ニ於テ偶然湧出スル事故ニ關シテ支配法ヲ定ムルハ固ヨリ明示若クハ默示ノ意思ヲ推究スヘキ限ニアラサルヲ以テ行爲地法ニ據ルノ原則ハ決シテ之レヲ曲クヘキ理由ノ存セサルモノトス(Peninsular and Oriental Steam Co. v. Shand. 3 Moo. P. C. N. S. 272.)但シ後モ說明スルガ如ク海上運輸契約ノ塲合ニ於テハ便宜上且ツハ當事者ノ意思ノ解釋上ヨリ一般ニ船旗國法ニ支配セラルヽモノトシ各國殆ント此點ニ異說ナキニ至レリ(Lloyd v. Guibert, L.

第一、流通證書

承諾人ノ義務ハ承諾地法ニ據リ裏書人振出人ノ義務ハ裏書地及ビ振出地法ニ據テ決定ス

R. I. Q. B. 115.)而シテ各場合ニ就キ公安ノ許ス範圍内ニ於テ意思ノ自由ヲ與フル例外ノ點ハ別ニ詳説ヲ要セス唯特殊ノ場合ニ就キ原則ノ適用ヲ明示シ併セテ海上ノ場合ヲ説明スヘシ

(一六二) 流通諸書、フートハ英法ヲ説明シテ曰ク承諾人《アクセプトル》ノ契約并ニ其保證ノ地位ニ立ツ所ノ振出人《ヅローアー》、裏書人《インドーサー》ノ契約ハ承諾地ノ法律ニ依テ有効ナル讓渡ニ由リ權利ヲ得タル讓受人ニハ何人タリトモ支拂ヲナスヘシトノ契約ニ過キス而シテ其振出人并ニ裏書人ノ義務ノ有無及ヒ範圍ニ至リテハ固ヨリ契約締結地ノ法律ニ依ルコト明ナリト雖モ支拂不渡リ、拒ミ書、拒ミ書ノ報告等果シテ承諾人ノ義務ヲ盡シタルヤ否ヤノ問題ニ關係スルモノハ其承諾人ノ契約ノ履行ヲ支配スヘキ法律ニ依テ支配セラルヽモノトス何トナレハ振出人及ヒ裏書人ノ義務ノ有無ハ全ク承諾人ノ支拂ヲ能ハザルト否トニ由テ決スルモノナレハ其條件ニ係ル義務ハ恰モ保證人ノ保證契約ト異ナラサレハナリ且又承諾人ノ義務ハ契約ノ締結地即チ自ラ承諾シテ合意ノ成立シタル地

承諾人ノ手形ヲ承諾セシ以降ハ裏書人又ハ振出人ノ義務ハ保證義務ノ地位ニ立ツ

ノ法律ニ依リ支拂ノ方法、時期、條件ハ證書ノ支拂地法ニ依リテ決定スヘキモノナリト加フルニフートハ裏書人承諾人振出人ノ元來ノ義務即チ第一次ノ義務ノ性質ヲ結約地法ノ決スヘキ判決例トシテアレン對カメル、クーバー對ウアルデグレーヴ、キッブス對フレモント、等ヲ示シ承諾人ノ承諾以降ニ係ル振出人裏書人ノ義務即チ第二次ノ性質ハ流通證書ノ支拂地法ノ決スヘキ判決例ト〆ロスチャイルド對クーリエー、ロークエッツ對オバーマン等ヲ示セリ（フート三五〇頁）ホワートンハフートノ如ク流通證書ノ義務ヲ義務ノ成立ト義務ノ履行トニ區別セズ一ニ支拂地法ニ依ルヘキモノトセリ然レ𪜈氏ノ引證シタル一千八百七十七年合衆國大審院ノ判決ニ係ルスカッター對バンクノ訴件ハイリノイス州ニ於テ振出シイリノイス州ニ於テ支拂ハルヘキ為替手形ニシテ承諾人ハミッソリー州ヨリ來リテイリノイス州ニ滯在中口頭ノ承諾ヲ與ヘ而シテイリノイス州ノ法律ハ口頭承諾ヲ以テ十分ノモノト為スカ故ニ其義務ノ承諾地ト支拂地トノ符合シタル場合ナレハ合衆國大審院カ承諾人ニ義務アリト判決シタルハ未タ必スシモ義務ノ性質ハ支拂地法ノ支配スヘキ確證トナスヲ得サルナリ若シ氏ヲシテ解釋セシムレハフートノ引證シタルクーパー對ウワルデグレヴノ判決例ハ判事ラングデルガ承諾人ノ義務ハ其始メテ義務ヲ負ヒタル地ノ法律ニ依リ而シテ斯ル地ハ常ニ支拂ノ地ナリト說明メ承諾地及ヒ支拂地ニ於ケル法律ノ選擇ヲ明確ニセサリシガ故ニ亦之ヲ以テ支拂地法ニ支配セラルヽノ例トナスナルヘシ然レ𪜈義務ノ成立ニ關シテハ成立行爲ノアリシ地ノ法律之ヲ支配シ支拂ニ關シテハ支拂行爲地ノ法律之ヲ支配スルハ道理上正ニ然ルヘキノミナラス滔々タル英米幾多ノ判決中未タ其實ニ於テ此純理ニ反對セル確例アラザルナリ唯判官ノ用語明晣ヲ缺ケルガ爲メニ其ノ某法ヲ適用シタルハ結約地法トメ適用シタルカ履行地法トシテ適用シタルカ往々之レヲ斷言スル能ハザル塲合アルノミ。是手形ノ承諾地ト支拂地トノ常ニ符合シテ未タ此二者ノ衝突シタル訴件アラサルニ基クナリフヒオール曰ク

手形ノ讓渡ガ裏書地法ニ於テ無効ナルモ承諾人ハ支拂ノ義務アリ

振出人支拂人間ノ契約ハ委任契約(Contract of Mandate and of Caution)ナリ承諾人所持人《ホールダー》間ノ契約ハ之ニ由テ承諾人カ振出人ノ義務ヲ襲フ所ノ連帶保證契約(Caution Solidaire)ナリ振出人承諾人間ノ契約ハ事務管理ノ准契約(Quasi Contract de Question d' Affaire)ナリ此等ノ契約ニ於テ相互義務ハ其契約ノ締結完成セラレタル地ノ法律ヲ以テ支配スヘク履行ニ關スル事項ハ悉ク履行地法ニ依テ支配ヲナスヘシト(フゥオール三四六節)之ヲ要スルニ吾曹ハフートノ論シタル如ク承諾人ノ負擔スル義務ハ其締結シタル地ノ法律ニ依ルヲ以テ至當ナリト信ス但シ振出又ハ裏書ノ有効無効ニ關シテハ皆振出地又ハ裏書地ノ法律ニ依ル是レ行爲地法ノ大原則ノ適用ニ外ナラズ(商七二一、八一三、參照)

吾曹ハ既ニ流通證書ニ關スル要則ヲ略述シタルヲ以テ進ンテ其他ノ條件ニ就キ少シク説ク所アラムトス流通證書支拂期日ノ猶豫又ハ延滯利息、支拂請求、拒ミ書、幷ニ其報知等ハ元來支拂ニ關〆起ルモノナレハ其支拂地法ニ依ルヘキハ殆ント論スルヲ要セス而シテ裏書人ノ讓受人ヨリ不渡リノ報知ヲ得タル場合ニ右裏書人カ其前義務者ニ對シテ更ニ報知ヲナサントスル片ハ以上ノ場合ト異ナリ必自己ト其前義務者トノ契約ヲ支配スヘキ法律ニ從テ之ヲ爲サヽル可ラス此點ニ關シ判事ウヰルレスハ嘗テ裏書地ニ於テ裏書人讓受人間ノ契約ノ無効ナルトキハ其以降ノ讓受人ハ承諾人ニ對スル請求ノ權利ヲ得ヘカラズトシ從ヒテ承諾人ハ斯ル讓受人ノ請求ヲ拒ムヿヲ得ヘシト唱ヘタリ然レトモ判事ラッシユハ曰ク此問題ニ於テ承諾人ハ何ヲカ契約セシヤ承諾地ノ法律ノミニ適合セル讓渡ニ依リテ讓受タル讓受人ニ支拂フベシトノ意ナリヤ將タ承諾地法幷ニ讓渡地法ニ適合セルヿヲ要セシヤ吾人ハ之ヲ決セサルヘカラス意思ハ義務者ノ責任ヲ定ルニ當リ必之ヲ問ハサルベカラズ而メ承諾人ハ契約ノ當時承諾地法ノ外未定ノ讓渡地ノ法律ヲモ念慮中ニ置キシトスヘキカ吾人ハ斷シテ之ヲ取ル能ハスト是レ實ニ英國法律ニ於テハ未タ確定セサル所ノ問題ナリ(Lebel v. Tucker; Trinbey v. Vignier.)然レ圧吾曹ノ信スル所ヲ以テスレハ

承諾人ハ讓渡ノ何レノ國ニアリトモ必ス其地ニ於テ有効ト認ムル讓渡ニ由リ得タル手形所持人ニ對シ支拂ヲナスヘキノ意思アリシト云フヲ得ルノミナラス此等ノ事ハ獨リ意思ノミヲ以テ論ス可キニアラス要スルニ近來一般學說ノ傾向ヨリ論スルトキハ流通證書讓渡ハ普通ニ債權讓渡トセスシテ物件讓渡トスルヲ以テ商業社會一般ノ狀況トス故ニ甲者ノ振出手形ヲ乙者ノ承諾シタルトキハ其讓受人丙丁戊癸ノ中丙丁間ノ讓渡ハ假令ヒ無効ナリトスルモ乙者ハ戊癸ニ對シテ其義務ヲ免レサルモノナリト信ス

(一六三) 代理契約　リンドハースト曰ク普通ノ規則ハ外國ニ於テ代理人ヲ以テ契約スル者ハ自ラ之ヲ外國ニ於テナシタルモノトス何トナレハ他人ヲシテ爲サシメタル事ハ本人自ラ爲シタルモノナレハナリ(Qui facit per alium facit per se)是ノ故ニ今余ノ代理人ヲスコットランドニ遣シ余ノ爲メニ契約セシメハ余自ラスコットランドニ赴キ契約シタルモノナリト故ニ十分ノ權限ヲ委任セラレタル代理人ノ外國ニ

本人死後ノ代理人ノ行爲

於テ契約ヲ締結シタルトキハ其契約ハ該國法ニ於テ支配セラル若シ又代理人外國ニ於テ契約シタル後本人ノ許可ヲ要スヘキ件ニ屬スルヲ以テ其認諾ヲ請ヒ本人之ヲ認諾セハ其契約ハ本人ノ國法ニ由リ支配セラルヽナリ何トナレハ契約ハ本人ノ居所ニ於テ完了シタルモノナレハナリ之ニ反シ船長ヲ以テ代理人トナシタルトキハ船長ノナシタル契約ハ船旗ノ屬スル國ノ法律ニ支配セラルヽコハロイド對ギバートノ判決例ニ由リ一定セリ蓋シ船舶内ニ於テ契約ヲナシタル時ニ當リ船舶所屬ノ國法ニ依ラスシテ其繫留若クハ經過スル處ノ法律ニ支配セラルヽモノトセハ區々ニ渡リ一定ノ支配法ヲ得ル能ハサルカ故ニ船舶ノ旗章ハ其支配法ノ何レタルヲ公示スルモノナリトノ便宜上ノ決定ニ基キタルナリ代理人ニ關スル契約ノ支配法ニ就キテハ尙ホ一個ノ注意スヘキ點アリ左ニ之ヲ說明セム

本人ノ死亡スルモ佛國法ノ如ク代理人カ善意ニテ契約シタルトキハ尙ホ有効トナスモノアリマツサチユセッツ州法ノ如ク代理權限ハ全ク消

滅スルガ故ニ無効トナス者アリ然ラハ若シ本人ト代理人ト此ノ如キ異樣ノ法律アル國ニ住居シタルニ本人ノ死亡ヲ知ラズシテ佛國ノ如キ法律行ハルヽ國ニ於テ善意ニ契約セハ何レノ法ニヨリテ支配セラルヘキヤ此問題ハ現今未タ國際法學者中意見ノ一定セサルモノナリフヒオール曰ク代理人ハ常ニ職務ヲ迅速ニ履行スヘキ責任アルモノナリ故ニ本人ノ死亡ヲ知ラスシテ善意ニ外國ニ於テ取引シタルハ其職分上自然ノ結果ニ出テタルモノナルカ故ニ本人ノ義務トシテ代理人ノ取扱ヒタル行爲ヲ代理人ノ責任ニ歸セシムルカ如キ嚴刻ノ解釋ヲ下スヘカラス必ズ代理人ノ義務ヲ輕小ナラシムル法律ニ據ルヲ正當トストストーリーハ本人ノ民籍地法ニ據ルヘキヲ主張スフヒオールハ曰ク本問題ノ如キ事實アレハ買主幷ニ第三者ニ對シ共ニ有効ナリ何トナレハ代理契約ハ代理人ノ住居スル地ニ於テ履行スルモノナレハ其地ノ法律ハ代理契約ノ性質、繼續、効果ヲ決定シ代理契約ニシテ繼續スルトキハ其代理履行ノ爲ニ取結ヒタル契約ハ本人死亡ノ事實ニ關セス有効ニシテ若シ代理契約ノ繼續セサルトキハ其取結ヒタル契約ハ無効(本人ノ契約トシテ)ナリ而シテ本問題ハ佛國ノ如キ法律ノ行ハレタル場合ニシテ代理契約ハ確然繼續スレハナリト(ストーリー二八六節、フヒリモール四章五〇八頁、フヒオール三三五節)吾曹ハフヒオールノ說ノ採ルヘキヲ見ルナリ代理契約ノ消滅セサル間ハ代理人ノ結ヒタル契約ハ有効ナリフヒリモールノ如ク代理契約ノ存滅ヲ究メス直ニ本問題ノ契約ノ有効無効ヲ判斷セントスルハ迂濶ナリ夫レ死去ニヨリ代理契約ノ解クルハ一般法律ノ認ムル所ニシテ亦當然ノヿタリ然レ𪜈何故ニ解約ノ原因トナルヤ是レ履行ノ不能ニ由ルニアラスヤ本人死メ獨リ代人ナルモノアル可キ理ナケレハナリ然ラハ本人ノ死ヲ知ラスシテ死人ノ爲メニ或ル行爲ヲナシタルトキハ代理人ヲシテ一切其責任ヲ負ハシムルヿ過酷ナリトノ考ヨリシテ法律學說ノ異同ヲ生シタルヿ明ナリト雖モ死去ノ事實タルヤ代理契約履行ノ一附帶件ニメ歐洲大家ノ論爭セル點ヲ明言スレハ履行中ノ一附帶件タル死去ナル事實ノ發生シタルトキハ爾後ノ行爲ハ猶ホ履行ト見做ス可キヤ否ヤニ在リ更ニ換言スレハ死去ナル附帶件ハ履行ヲ遮斷スルヤ否ヤニ在リ此ノ故ニ死去ナル事實ハ何レノ地ニ發生シタルヲ論セス又死去本人ノ民籍地若クハ結約地ノ何タルニ關セス此問題ヲ決スルモノハ代理契約履行地ノ法律ナルコト明瞭ナル可シト信スルナリ何トナレハ一切履行ノ問題ヲシテ履行地ノ法ニ從ハシムルコト是レ場處ハ行爲ヲ支配ス（Locus Regit Actum）トノ大原則ノ適用ナレハナリ

《一六四》陸上運輸契約、此等ノ契約ニ關シテモ原則トシテハ契約締結地ノ法律之ヲ支配スホワートンノ如キハ果シテ何レノ地ヲ以テ支配地トナスヤノ點ニ對シ四個ノ場處即チ契約締結地、損害發生地、主務局所在地、契約履行地ヲ示シ獨リ主務局所在地ヲ採リ其地ノ法律ニ依テ支配セラルヘキナリト謂ヘリ（ホワートン四七二節）其理由トスル所ハ斯ル契約ノ性質トシテ屢舟車ノ雇人ト乘客ト直接ニ結フ場合アルノミナラス業務地ヨリ隔離シタル或ハ動モスレハ法律ヲ異ニシタル

陸上運輸契約ノ支配法ハ契約締結地法ナリ

地ニ於テ締結セラルヽヿアルヲ以テ契約締結地法ニ依ラントスルモ能ハス殊ニ損害ノ如キハ往々何レノ地ニ起リシヤ貨物ヲ撿シテ始テ知ル場合多キカ故ニ損害發生地法ニモ據ルベカラス又鉄道運輸ノ場合ノ如ク數國ヲ經過シ履行地ノ數國ニ跨ルモノアレバ亦履行地法ニモ據ルベカラス主務局所在地法ヲ最モ便宜ナリトスルニ在リ吾曹ハ固ヨリ損害發生地法、履行地法ヲ適用セントスル者ニ非ズト雖ホワートンノ所謂主務局所在地ト契約締結地トハ屢相符合スルモノニシテ主務局所在地ハ主トシテ契約ノ締結セラルヽ地ナリホワートンノ云フ如ク主務局外ニ於テ主務局法ヲ念慮ニ置キテ締結スル場合アラム然レトモ既ニ屢説明シタル如ク當事者ハ結約ノ當時其地ノ法ヲ念慮スルハ普通ノ場合ナリトス然ラバ假令ヒ主務局ノ存スルアリト雖モ何ゾ毫モ締結地法ヲ顧慮セザリシトイフヲ得ムヤ夫レ然リ故ニ單ニ主務局所在地法ノミヲ適用スベシト斷定スルハ是レ支配法ヲ定ムルニ當事者ノ意思ヲ基トセズシテ支配法ノ爲メ意思ヲ强認スルノ嫌ナキ能ハズ是レ吾曹ノ陸上運輸契約ノ場合ト雖モ原則ノ曲グベカラザルヲ信スル所以ナリ英國法廷モ吾曹ト見解ヲ同ウス嘗テゼ、ペニンシユラ、エンド、オリエンタル、コムパニー對シヤンドノ判決例ニ於テ判事ノ謂ヘルヿアリ曰ク何レノ法ニ依テ契約ノ性質ヲ決スベキヤヲ確言スルハ甚ダ難シト雖モ意思ノ全ク分明ナラザル片ハ當事者ハ自ラ結約地法ニ服從シタルモノトナスノ外ナシト是レ吾曹ト畧ボ其見解ヲ同ウスルモノナリ

海上運輸契約ハ船旗國法ニ從フ

《一六五》海上運輸契約　羅馬法ニ於テハ船長ノ非行ニ對スル船主ノ責任《ライアビリチー》ハ實ニ重大ニシテ殆ンド無制限ナリキ是レ全ク航海術ノ幼稚ニメ交通便利ナラザリシガ為メナリ現今航海術ノ進歩スルニ從ヒ船主ノ責任大ニ輕減シ船舶及ビ運送賃ノ價額ニ止マルニ至レリ我商法第八百四十二條ニ曰ク所有者ハ船長及ヒ海員ノ職務施行ニ關スル行為ニ付テハ船舶及ヒ運送賃ヲ以テ責任ヲ負フ若シ船長カ同時ニ所有者ナルトキハ船長ハ無限ノ責任ヲ負フ然レ𪜈股分所有者ナルトキハ過

失ノ為メ自己ニ不分ノ責任ノ歸セルトキニ限リ其股分ノ割合ニ應シテ責任ヲ負ヒ尙ホ不足アルトキハ其不足額ニ對シテ無限ノ責任ヲ負フト蓋シ船舶及ヒ運送賃ノ額ニ限ルノ點ハ吾曹ノ見ル所ト範圍ヲ一ニセルモノナリ英法ハ亦船長ノ船主ヨリ與ヘラレタル權限ニ付テ內國領海ト外國領海トノ間ニ多少ノ輕重アリ我商法ハ沿岸航海ト通常航海トノ間ニ多少船長ノ責任上差別ヲナスト雖モ(商八六七)船主ヨリ與ヘラレタル權限ニ對シ英法ノ如ク內外海ノ間ニ區別ヲナサヾルガ如シ(商法二編二、四、章參照)要スルニ海上運輸契約ニ對シテ船長幷ニ船主ノ負担スル責任ハ各國ノ法律ニ於テ多少輕減スルノ傾向アリト雖モ未タ一定セズ是ニ於テ其契約ノ支配法ニ付キ何レノ法律ヲ適用スベキヤノ問題ノ必要ヲ見ル吾曹ノ所見ニ據レハ海上ノ場合ハ多少ノ點ニ於テ英國法ノ他國法ニ勝ルノミナラズ此點ニ付テモ亦大ニ精確ヲ極メタルモノアリ故ニ英法ノ精神ヲ採用スル所多シ英法ニ據レバ一般ニ船長ノ權限ヲ決定スルハ船旗ノ表示スル國ノ法律ナリ(Law of

一、共同海損

Flag)ブラツクバーン」ハ曰ク檣頭ノ旗章ハ船長ガ船主ヨリ與ヘラレタル權限ノ範圍ヲ世界ニ廣告スルモノナリ而シテ若シ其旗ノ屬スル國ニシテ數個ノ法律相抵觸スルアラバ事務局所在地法ニ依ルベシト「フート」モ海上運輸契約(アツフレートメント)及ヒ船舶抵當契約(ボツトムリーボンド)ノ當事者ハ船旗ノ屬スル國ノ法律ニ從フベシトシ而シテ有名ナル判決例「ロイド對ギバート」(Lloyd v. Guibert, L. R. I. Q. B. 115.)ニ就キ理由ヲ陳テ曰ク當事者ハ船旗國法ニ依テ將來發生スベキ事件ヲ支配セラルベシトノ服從アリト推定スルガ故ニ船長ハ船旗國法ノ其船舶所有主ニ許セル行爲ノ限リニアラズンバ之ヲ爲スノ權限ヲ有セズ船旗國法ニ從ヒ所有主ノ爲ス能ハザル行爲ヲ船長ノ行ヒタルトキハ所有主ハ其責任ヲ負ハズト(「フート」三三三頁)

共同海損(ゼネラル、アヴェレージ)ハ航海中危難ニ遭遇シ共同利益ノ爲メニ故意ニ貨物ヲ海中ニ投ジタルトキ爲メニ救助ヲ蒙リタル船舶貨物ノ所有者ハ共同シテ損失ヲ分償スルニ在リ而シテ共同海損ニハ自由意思ニ基キ貨物ヲ投入シタルコト其投入ノ爲メ船舶ノ安全ヲ得タルコトヲ要件トス此等損失ノ計算等ヲ支配スルハ一ニ船舶ノ到着地ノ法律ニシテ其損失ノ種類計算ヲ定ムル(商九三〇以下海損ノ章參照)ニハ假令保險證書中ニ『外法指定』ニ由リ』(As per foreign statement)ナル語ノ記入ヲナスモノアルモ決シテ之レカ爲メニ其支配法ヲ左右セサルモノトス(Lowndes on Average, P. XXIII.)我商法モ亦同一ノ旨趣ニ出ツ曰ク船舶及ヒ積荷ノ全部又ハ一分ヲ救助スルコトヲ得タルトキハ積荷ト船舶及ヒ運送賃ノ半分トカ到着港其他航海ノ終極地ニ於ケル其價額ノ平等ナル割合ヲ以テ共同海損ヲ共担ス(商九三二)ト我法典カ運送賃ノ半分ニ限レル等ノ點ニ於テハ茲ニ詳說スヘキ必要ヲ見ス唯到着港若クハ終極地ニ於テ其割合價額ヲ定ムルハ其精神英法ト異ナラス

荷積證書(ビル、オヴ、レーディンク)ハ契約締結地法ニ從フ英國ニ於テブランチェット對コレリーノ判決例ニ由リ佛國ニテ作ラレタル荷積證書ノ解釋ハ假令ヒ英國ニテ貨物ヲ引渡スヘキニモ拘ハラス佛國法律ニ依

一、賞救銀

ルベシト決セリフートハ何故ニ海上運輸契約（アッフレートメント）ト同一ニ船旗國法ヲ適用セサルヤヲ疑フト雖モ元來荷積證書ハ普通ノ契約ト同一視ス可キニアラス決シテ船長ノナシタル契約ニアラスシテ物件ノ代表物ノミ一ノ動產ト見テ可ナリ此クノ如キ疑ヲ懷クノ理由アラサルナリ

賞救銀（サルヴェージ）ハ危迫ノ際ニ當リ船主ノ命ヲ待ツ暇ナクシテ船長ノ臨機處分トシテ約束スルモノナレハ船主ヲ羈束スルニ足ルモノナリバールハ船長ノ權限廣大ニ過クルヲ非難シ大ニ賞救銀ニ關スル各國法律ノ制限ナキヲ駁擊セリト雖其是非ハ吾曹ノ玆ニ論辨スル限ニアラス各國法律カ多少ノ差異ヲ此點ニ有スル以上ハ隨テ之ヲ定ムル適用法ノ問題ヲ生ス而シテ吾曹ハ亦船旗國法ヲ以テ之ニ充ツヘキモノナリト信スル學者或ハ船主ノ國法ヲ採ラント主張スル者アレ𪜈船主ハ必シモ一人ニ限ラス且ツ同國人ノミニ限ラサルナリ然ラハ異様ノ法律ヲ有スル數國人ノ所有ニ係ル時ハ何レノ船主ノ國法ヲ以テ賞救

銀ノ問題ヲ決定スヘキヤ是レ吾曹ノ海上運輸契約ノ場合ト同一ニ船旗國ヲ取ル所以ナリ(Pode v. Nickerson 3. Story. Rep. 465)

第四欵　契約ノ消滅

第一、履行

履行ハ履行地法ニ從フ

(一六六)(第一)履行、契約ノ履行ハ履行地法ノ支配ニ屬ス是レ亦場處ハ行爲ヲ支配スルトノ原則ノ適用ナリ是レホワートン、ストーリー、サヴィニー、フヒオール、ヲ始メトシ殆ント學者間ニ異議ナキ所ニシテ履行ノ方法、期間、條件ハ一ニ行爲地法ニ據ル(ホワートン五一九乃至五二一節、サヴィニー三七五節、ストーリー二八八節、フヒオール二九八節)茲ニ注意スヘキハ我法例第十三條第二項ニ合意ノ執行方法ハ其執行ヲナス國ノ法律ニ從フト規定シタルヿ是ナリ吾曹ハ契約ノ支配法ヲ定ムルハ既ニ論シタル如ク猥リニ意思ノ自由ヲ許サス唯明示若クハ默示ノ意思ノ反證ヲ擧ケテ明ニ當事者合意ノ結果タルヿ且公安ノ許ス限リ之ヲ許スニ止リ苟モ反證ヲ有セズンハ法律ハ當然行為地法ヲ適用ストナセリ然レモ我法例ハ意思ノ自由ヲ許スヲ以テ原則トシ而シテ數多ノ制限例外ヲ設定シテ原則却テ例外ノ狀ヲ呈ス實際ニ於テハ吾曹ト同一轍ノ結果ニ歸スルニ拘ハラス原則ハ原則タレハ法例第十三條第二項ヲ讀ムニ當リ或ハ履行ハ原則ノ例外タルヲ疑フモノアルヘシト雖履行ト執行トハ隨意、強迫ノ差ヲ有シ明ニ區別アリ吾曹ノ玆ニ說明セントスル履行ハ毫モ法例第十三條ニ關係ヲ有セズ法例ハ履行ニ關シテモ第五條ノ原則ヲ曲ケザルモノナレハ契約ノ履行ニ付テ吾曹ト我法例トハ原則例外互ニ其位置ヲ顚倒シ吾曹ノ原則トスル所ハ法例ノ例外ニシテ吾曹ノ例外ハ法例ノ原則タルノ實アルヲ注意セラレンヿヲ望ム

流通證書ノ支拂ニ就キ支拂ノ時期方法ノ分明ナラサルトキハ承諾人又ハ裏書人ノ民籍地法ニ從フトノ判決例(クーパー對ウアルデグレー

ヴ)アリ然レ圧ホワートン等ハ之ヲ解釋シテ曰ク是レ民籍地法ヲ民籍地法トシテ適用スルモノニアラス此地ニ於テ履行ヲナサヽルヘカラサリシカ故ニ履行地法トシテ適用シタルナリト(ホワートン五二〇節)

陸上運輸契約ノ履行ノ方法範圍ニ就キフートノ説ニ據ルトキハ營業會社若クハ鐵道ノ如キ人民一般ニ知ラレタル公ノ運輸方法ニ由レル場合ニシテ甲乙丙ノ三國ヲ經過スル片ハ貨物ノ發送地若クハ到着地ノ法律ニ依ラスシテ一部ハ甲國法、一部ハ乙國法一部ハ丙國法ニ依テ支配スルモノトナスヲ正當且ツ便宜ナリトスホワートンハ之ニ反對シ貨物若クハ乘客ノ到着地法ヲ適用セントセリ吾曹ハ論理上フートノ正當ナルヲ見ル何トナレハ乘客貨物ノ經過中ハ即チ履行中ニシテ到着ハ是レ履行結了ノ時タルニ過ギザレバナリ然レ圧米國ノ大鐵道ノ如キ許多ノ法疆ヲ經過スル場合ニ於テハ一轉瞬ノ間ニシテ其支配法ヲ同ウセズ是レ論理上ニ於テ之ヲ謂フヿ易ク而シテ實際ニ於テ之レガ適用ヲナスヿ難シ故ニホワートンノ論スル所亦或ハ實際ノ便宜上大ニ

履行地ノ分明シ難キ場合ハ如何

非難スヘキニ非ルヘシ(Pomeroy v. Ainsworth, 22. Barb.118)
以上ノ原則ハ履行地ノ分明ナリシ場合ニ適用シ得ルモノナレ𪜈若シ履行地ノ不分明ナル𪜈ハ何レノ法律ヲ適用スヘキヤ此疑問ニ對シテサヴィニーハ曰ク(第一)營業取引人ノ締結シタル義務ハ營業地法ニ依リ(第二)債務者ノ民籍地ニ於テ負擔シタル義務ニシテ他ニ關係ヲ有セサル種類ノモノハ債務者ノ民籍地法ニ依ル但シ義務負擔ノ後ニ變更シタル民籍地法ハ此限ニアラス(第三)一時滯留地ニ於テ締結シタル契約ニシテ若シ其滯留中ニ履行スヘキ性質ナル𪜈ハ滯留地法ニ依リ(第四)第一第三ノ適用シ難キ場合ハ總テ民籍地法ニ依ルヘキモノトスト(サヴィニー四章三七二節)蓋シ此ノ如ク履行地ノ不分明ナル場合ハ主トシテ負債辨償代金支拂等ノ場合ニ多クサヴィニーノ所謂營業地、民籍地、滯留地ハ皆吾曹ノ所謂行爲地ヲ適切ニ指示シタルニ過キスト雖モ事實問題ノ標準トシテハ多少益アリ彼ノ質入契約ノ如キハ質物所在地ヲ以テ必然ノ履行地トナスヲ以テ債權者若クハ債務者カ其質物所在地ト離レテ住居ストモ決シテ變動ヲ來スヿナシ(ホワートン四〇三節)但シ其質物ニシテ單ニ或ル保證契約ノ擔保ニ過キサルトキハ本契約ノ履行地法ヲ適用スルヿ勿論ナリ

第二、履行外ノ消滅

(一六七)(第二)履行外ノ消滅　履行以外ノ消滅ニ關シテ吾曹ハ各國國際私法家ノ從來說キ來リシ更改、免除、相殺、混同、破約、時效、解除、銷除ニ就キ簡短ニ說明ヲ與ヘントス

更改

(一)更改　フヒオール曰ク更改ハ其組成ノ如何ニ關セス悉ク皆舊義務ヲ新義務ニ改ムルモノナレハ其支配法ハ常ニ新義務ノ支配法中ニ埋沒シ債權者ノ更改ヲ承諾シタル者ハ舊義務支配法ヲ以テ新義務ノ支配法トナサントスルモ能ハス是自ラ服從シタルノ結果ノミト(フヒオール三〇九節)蓋シ正當ナリ何トナレハ消滅行爲ハ行爲發生地ノ支配スル者ナレハナリ論者曰ク更改ノ舊義務ヲ消滅セシヤ否ヤハ舊義務締結地法ノ支配スヘキモノトス何トナレハ更改ハ舊義務解除ノ一原因ノミ其原因自体ハ更改地法ニ於テ正當トナスモ舊義務成立地法ノ解除

原因ニアラズト、スルトキハ未タ消滅ヲ爲サヽルモノトスヘケレハナリト然𪜈是レ吾曹ノ感服スル能ハサル所ナリ

免除

(二)免除　免除モ亦更改ト全シ

相殺

(三)相殺　相殺ハ義務消滅ノ原因タルコハ固ヨリ明ニシテ更ニ説明ヲ要セズ然レ𪜈其消滅ノ原因トシテハ何レノ法ニ支配セラルヘキヤニ至リテハ吾曹ハフート等ト同點ニ歸着スト雖モ氏ノ説明セル理由ニハ感服セス氏ハ曰ク相殺ヲ嚴格ニ論スレハ債權者ハ一ノ義務履行ヲ債務者ニ請求シ債務者モ亦一ノ義務履行ヲ債務者ニ請求スヘキモノナレ𪜈此ノ如キ場合ニハ便宜上一個ノ訴訟提起ヲ以テ二個ノ訴件ヲ併セ裁判スルモノナレハ少シモ義務自体ニ關係ナク專ラ手續上ノ問題ト見ルヘキナリ故ニ訴訟地法ニ依ルヘシト(フート四二六頁'Dulton v. Morison, 17 ves. 201) 英國ノ如ク從來相殺ナルモノナクシテ單ニ反訴請求アリ其後ニ追ヒ便宜上遂ニ相殺ヲ認メタル國ニ於テハ沿革上斯ル理由ヲ以テ滿足スヘシト雖モ我國ノ如ク或ル種ノ義務ハ當然相殺

混同

破約

アリトスル國ニ於テハ相殺ハ義務消滅ノ一事實ト認ムルニ過キス若シ消滅ノ一事實トセハ訴訟地法ノ證據ヲ支配スル理由ト同一ノ理由ニ於テ訴訟地法ノ支配スルトナスヲ至當ト信スルナリ(財五二〇)

(四)混同　債權者ト債務者トノ身分相混同スルカ爲メニ義務ノ消滅ヲ來スカ如シ然レ𪜈吾曹ノ所見ニテハ是レ決シテ純然義務ヲ消滅セシムルモノニアラス唯一時義務ノ隱匿スルノミ時効等ノ作用ヲ外ニシテハ法理上再ヒ舊義務ノ復活スルヿアルヘシト信ス但シ我民法ニ從フトキハ純然タル消滅ヲ來タスモノトセリ(財五三四乃至五三八)果メ消滅ノ原因トセハ義務成立地法ノ支配スヘキモノトス何トナレハ義務ノ性質上ノ一附帶件ナレハナリ

(五)破約　フートヿ曰ク破約ハ固ヨリ契約自然ノ結果ニアラスシテ豫想以外ノ結果ナリ舊義務ハ爲メニ消滅スルカ如キ觀アルモ尙ホ一個變性ノ義務トナリテ債權者債務者間ニ存在スルナリ此ノ如キ場合ニハ之レカ支配法ヲ定ムルニ當事者ノ合意ノ當時ニ於ケル意思ヲ推究ス

ルノ必要ヲ見ズ何レノ國法タリトモ苟モ債權者カ訴訟ヲ提起シタル地ノ法律ヲ適用シテ可ナリト(フート四二九頁)換言スレハ訴訟地法ヲ適用セント謂フニ在リ然レ𪜈破約ヲ以テ訴訟地法ノ支配ニ屬スヘキモノトナスハ淺薄ノ説タルヲ免レス固ヨリ破約ハ訴權ナル新權利ヲ債權者ニ與フル事實タルハ疑ナシ而シテ該訴權ハ法廷ノ承認ヲ經テ亦一ノ新義務ナル履行ノ義務ヲ生スルヲ常トス然ラハ破約ハ訴權ヲ生スルカ故ニ訴訟地法ノ支配ニ屬スルモノト謂フハ前後ヲ誤レル議論ナリ訴テ後ニ訴權アルニアラス訴フル以前ニ訴權ナカルヘカラス該訴權ハ嚴格ニ論スル𬼂ハ破約ノ生シタル地法ノ支配ニ屬スヘキヲ至當トス

時効

(六)時効　時効ニ義務成立ニ關スルモノト救濟ニ關スルモノトノ二樣アリ前者ハ義務成立地法ノ管轄ニ後者ハ訴訟地法ノ支配ニ屬ス尙ホ訴訟ノ章ニ詳説スヘシ

解除、銷除、廢罷

(七)解除、銷除、廢罷、　此等ハ義務ノ性質ニ關スルカ故ニ契約締結地ノ法

律ノ支配ニ屬スヘキモノトス（フート二八五頁）

第二章　私犯

（一六八）私犯ハ私犯行爲地法ニ從フ
（一六九）行爲地法ノ公犯タルヲ認ムルモ私犯トシテ出訴ヲ許サヽル場合
（一七〇）救濟ハ訴訟地法ニ從フ
（一七一）日本ノ規定
（一七二）海上ニ於ケル私犯

第一款　管轄總論

私犯ハ私犯行爲地法ニ從フ

（一六八）場處ハ行爲ヲ支配ストノ原則ハ以テ私犯ノ管轄ヲ説キ盡スニ足ル即チ私犯行爲地法《レキス、ローシ、デリクチ、コンミシ》ハ私犯一切ノ問題ヲ管轄ス（フート三八九、三九〇頁、ホワートン五二二頁）是ノ故ニ如何ナル行爲ヲ以テ私犯トシ私犯的義務ヲ生スルモノナルヤハ必ス行爲地法ニ從ハサル可カラサルカ如シ然ルニ英米ノ法律ハ之ニ異ナリ一ノ行爲ヲ以テ私犯トナシ之ヲ英國若クハ米國ノ法廷ニ訴ヘントセハ其行爲タルヤ行爲地法及ヒ出訴地ノ兩法律ニ依テ私犯タルヲ要ストセリ判事ウヰルレス曰ク英國ニ於テ私犯ノ訴訟ヲ提起セントセハ一般ノ原則トシテ二個ノ條件ヲ要ス即チ其行爲ハ之ヲ英國ニ行ヒシトキハ亦同シク私犯タル可キ性質アルコト及ヒ其行爲ノ行爲地法ニヨリ正當トセラレサルコト是レナリト其他同樣ノ判決例枚擧ス可カラス(Phillips v. Eyre. L. R. 6. Q. B. I. 28; per Willes, J.The M Moxam, L. R. I. P. D. 107. per Mellish L. T.)米國ノ法律モ亦然リ(Mitchell v. Harmony. 13. How. 115. Mckenna v, Fisk, 1 How. 241)此ノ如キ規定ハ甚タ奇ナリト謂ハサル可カラス何トナレハ或行爲ノ私犯ナリヤ否ヤハ之ニ由リテ私犯的法律關係ヲ生シタリヤ否ヤノ問題ニ外ナラス今出訴地法、行爲地法共ニ之ヲ私犯ト認ムルニアラサレハ之ヲ私犯トセズト云ハヽ是レ一ノ法律關係ニシテ二國法合致セサレハ生スル能ハサルナリ是レ甚奇ナラスヤ或ハ英米ノ主意ハ唯二國法ノ合致ナキトキハ出訴ヲ許サスト云フニ在リトセハ此ノ如キ嗤笑ヲ免ルヘシ然レトモ此問題ニシテ救濟ニ關スルモノナラハ英米法廷ハ唯自己ノ法律如何ヲ顧ミテ足ル若シ又權利自体ニ關スルモノナラハ英米法律ヲメ効力ヲ及ホサシムルヿ甚タ不當ナルニ似タリ

又英國ノ判決ニ據ルトキハ假令ヒ行爲ノ當時ニ於テ行爲地法之ヲ私犯ト見做スモ出訴ノ前ニ於テ法律變更シ之ヲ私犯トナサヽルトキハ英國法廷ハ出訴ヲ許サストセリ愈々出テヽ愈々奇ナリト云フベシ(Mostyn v. Fabrigas, Cowp. 161, I. Sm. L. C. 658)

行爲地法ノ公犯タルヲ認ムルモ私犯トメ出訴ヲ許サヾル場合

（一六九）茲ニ一問題アリ甲國ニ於テ犯罪ヲナセル者アリ甲國ノ法律ハ明ニ之ヲ以テ公犯トナスト雖モ私犯トメ出訴ヲ許サストスレハ英國ニ於テハ假令ヒ之ヲ以テ訴訟ヲ起シ得可キモノトナスモ行爲地タル甲國法律ノ拘束ニ由リ出訴ヲ許サヽルヘキカ此ノ如キ場合ノ普通ノ場合ト同シカラサルハ兩法共ニ其行爲ヲ以テ一ノ非行トナスト雖モ私訴提起ノ許否ニ關メ規定ヲ異ニスルニ在リワイトマン判事ハ說ヲナシテ曰ク行爲地法既ニ之ヲ以テ非行トセリ唯被害者ヲメ救濟ヲ

得セシムルノ途ヲ與ヘザルノミ然ラハ英國ニ於テ英國法ニ從テ出訴スルヿ毫モ妨ナカル可シ少クモ當事者ノ英國人ナル塲合ニ於テハ則チ然リト(Scott v. Se gmour; per Wightman, J; 1. H. & C. 219)然レモ法廷ハ此議論ニ賛成セサリキ吾曹モ亦同意ヲ表スルヿ能ハス夫ノ犯罪トメ處罰スルモ猶私犯トシテ出訴ヲ許サヽルハ決メ救濟ニ關スルモノニアラズ或行爲ノ私犯ナリヤ否ヤハ之ニ由リテ私犯的ノ法律關係ヲ生シタリヤ否ヤニ在リ故ニ甲國法律ノ規定スル所ハ某々ノ行爲ハ刑法上ノ責任ヲ負ハシムト雖モ私犯的ノ人權義務ヲ生スルモノニアラズト云フニ外ナラズ是ノ故ニ甲國法ハ當事者間ニ於テ權利義務ノ發生ヲ認メサルナリ單ニ救濟ヲ與ヘサルニ止マラサルナリ

第二欵　救濟

救濟ハ訴訟地法ニ從フ

（一七〇）救濟ノ訴訟地法ニ從フハ屢論セシ所ナリ故ニ行爲地法カ私犯者ノ責任ヲ認メサルトキハ訴訟地法廷ハ固ヨリ之ニ從ハサル可ラス

ト雖モ既ニ責任アリトスル以上ハ救濟ノ方法ハ一ニ其法廷ノ意ニ隨フ可キモノナリ（パール六六節、ホワートン四七七節參照）

〔一七一〕吾曹カ上來論シタル所ハ我法律ト牴觸スルモノニアラス第七條ニ曰ク不當ノ利得不正ノ損害及ヒ法律上ノ管轄ハ其原因ノ生シタル地ノ法律ニ從フト私犯ハ不正損害ノ中ニ包含セラルヽモノト認メテ可ナリ然ラハ原則ト〆我法例モ亦場處ハ行爲ヲ支配スルヿヲ認メタルモノナリ然レ𪜈損害ト賠償トハ全ク區別ヲナサヽル可カラス賠償ハ即チ救濟ニシテ或ハ訴訟手續ニ關シ或ハ裁判執行ニ關ス畢竟此第七條ノ明文中ニ規定セラレタルモノニアラス法例第三條ニ曰ク訴訟手續ハ其訴訟ヲナス國ノ法律ニ從フト又曰ク裁判及ヒ合意ノ執行ハ其執行ヲナス國ノ法律ニ從フト此等ノ條文ヲ參酌スル𪜌ハ我法律ハ大体ニ於テ正當ナルヲ認ム

第三欵　特別ノ場合

《一七二》吾曹ノ最困難ヲ感スルハ海上ニ於ケル私犯ノ場合ナリ即チ甲國船ト乙國船トノ衝突ノ如キ場合ニ於テ私犯ノ性質ヲ決スルハ何國法ニ依ル可キヤ大ニ疑議ヲ免レス之ニ關シテ英國ノ法律ハ種々錯雜ノ規定ヲナスト雖モ吾曹ハ必スシモ英國特殊ノ法律ニノミ限ラルヽモノニアラス唯茲ニ「ストーリー」ノ謂フ所ヲ述テ以テ其局ヲ結フヘシ氏曰ク大陸諸國ノ法律ニ據レハ偶然ノ原因ニ由リ船舶ノ衝突スルトキハ損害ハ双方ノ分擔タル可シ英國法ハ之ニ異ナリ物ハ所有者ニ死ストノ原則ニ從ヒ双方ハ各自己ノ損失ヲ負擔ス可シトセリ今英國船船大陸船舶ト大洋ノ上ニ衝突シタリトセハ損害負擔ニ關シ何國ノ法律ヲ適用ス可キカ此ノ如キ場合ニ於テ法廷ハ自國ノ法律ニ從フ可キカ他國ノ法律ニ依ル可キカ顧フニ其一ヲ採擇スルニ付キ鞏固ノ理由アラザル可シ海上私犯ノ場合モ亦之ト性質ヲ同ウセリ(即チ一方ノ過失ニ由ルトキ)斯ル場合ニ於テ何レヲ取ル可キヤ之ヲ言フコト甚タ難シ止ムナクンハ法廷ハ自國ノ法律ニ從フ可シ(Percival v. Hickey, 18 Jhon's R.

257)或ハ相互主義ニ基キ被害船舶ノ國法ニ從フ可シ(The Girolamo,3 Hagg. Adrms R. 169. ストーリー四二三節)然レモ寧ロ前者ヲ採ル可キニ似タリ後者ハ必要ナクシテ他國法ヲ用ヰルノ觀アリ寧ロ虚禮タルニアラスヤ

第四編　訴訟

第一章　訴訟手續

（一七三）訴訟ハ訴訟地法ニ從フ
（一七四）訴訟事物上ニ牽連スレハ管轄權アリ
（一七五）裁判管轄
（一七六）時效
（一七七）訴訟ノ方法ハ訴訟地法ニ從フ
（一七八）證據
（一七九）日本ノ規定

總論

訴訟ハ訴訟地法ニ從フ

（一七三）訴訟ノ方式救濟ノ方法ハ訴訟ヲ提起スル地ノ法律ニ依リテ支配セラルヘシトノ原則ハ確然トシテ動カスヘカラサルモノナレハ訴訟手續ヲ論スルニ當リテ唯或問題ノ訴訟手續ニ屬スヘキモノナリヤ否ヤノ辨別ニ苦シムノミ吾曹ハ玆ニ其原則ノ理由ヲ簡短ニ陳ヘン

ドス總テ權利ノ救濟ニ關スル手續ノ法律ハ當事者ノ法律關係ヲ定メタルモノニアラズシテ全ク各國法廷カ自己ノ法廷ニ於テ判決スヘキ法律關係ニ對スル規定タルヲ以テ彼ノサヴィニー、バール諸氏ノ唱フル如ク救濟ヲ求メントシテ法律ノ管轄內ニ來リタルモノヲ其法廷ガ支配ヲナスハ法廷ノ權內ニ在リ而シテ當事者ハ其權力ニ隨意ニ服從シタルモノト見做サルヽナリ若シ之ニ服從セズンバ該法廷ノ之ニ救濟ヲ與ヘサルハ當然ナリトス是ヲ以テ權利ノ救濟ニ關スル裁判管轄ノ有無當事者ノ單獨若クハ連合、救濟、時効ノ長短、訴訟及ヒ執行ノ方法證據ノ採否ハ皆訴訟地法廷ノ支配スヘキモノナリ

日本ノ規定

我法例第十三條ニ曰ク訴訟手續ハ其訴訟ヲ爲ス國ノ法律ニ從フ裁判及ヒ合意ノ執行方法ハ其執行ヲ爲ス國ノ法律ニ從フ蓋シ法例ノ主意モ亦吾曹ノ所謂行爲地法ニ從フヘキモノトナスナリ故ニ訴訟ヲナス國ノ法律ニ背キテ其救濟ヲ得ントスルモ法廷ノ之レヲ許サヽル以上ハ裁判ヲ得ヘカラズ然而シテ法廷ノ之レヲ許サヽルハ國家ノ威嚴ヲ

一七四(一)訴訟事物上ニ連牽スレハ管轄權アリ

保ツニ於テ亦正當ノ權利ナリ裁判及ヒ合意ノ執行方法ニ付キテモ理由ハ一ナリ假令ヒ執行ヲ得ルノ權利アリト雖モ執行スルノ方法ハ必ス公ノ安寧及ヒ風儀ニ關スル法律ニ觸レサルコトヲ要ス(佛民前加編六)

第一款　裁判管轄

(一七四)(一)　訴訟事物上ニ牽連スレハ管轄權アリ　羅馬ニ於テハ訴訟提起ノ裁判所ニ制限アリシモ今日英米ノ法律ニ據レハ原告ハ任意ニ被告所在地若クハ物件所在地ニ於テ訴訟スルコトヲ得決シテ内外人ノ區別ヲ問ハス吾曹ハ今裁判管轄ニ關シテハ最モ寛大ナリトノ評アル英法ニ就キテ一二ノ注意ヲ與ヘントス元來英國習慣法ニテハ「ヴエニユー」(Venue)ト唱フル陪審官ノ召喚ニ關シ起リタル一個ノ特別規則アリシヲ以テ訴件ヲ地方的移動的ニ區別スルニ至レリ地方的訴件ハ土地ニ關シ移動的訴件ハ動産、債權等ニ關シ一ハ土地所在地ノ裁判所ノ管轄トシ一ハ被告所在地ノ裁判所ニモ訴フルコトヲ得タリキ而シテ衡平法廳ハ「ヴェニユー」ナル規則ノ爲ニ覊束セラレザリシモ亦不動產所有權ノ如キ地方的性質ノモノハ所在地法廷ノ外ハ受理セサルコトナシタリキ然ルニ一千八百七十三年及ヒ一千八百七十五年ニ裁判所搆成法ノ發布アリシ以降昔時ノ「ヴェニユー」ノ規則ハ全ク廢棄ニ歸シ大略左ノ如クナリタリ(フート三四九頁、スチーブン訴訟法七版二三五頁)

一、英法管轄內ニ存在セル所ノ土地、株劵ニ關スルトキ

二、英法管轄內ニ於テ結約若クハ破約ノ起リシトキ

三、英法管轄內ニ於テ爲スベキ又ハ爲シタル行爲或ハ存在セル物件ニ關スルトキ

以上ノ關係ヲ有スルモノハ其支配法ノ何レニ定マルニ論ナク英法廷ノ管轄裁判スル所ナリ同條例ハ禁止法ノ性質ニアラザルガ故ニ其精神ヨリ推究スルトキハ亦敢テ外國不動產ニ關シ直接ニ管轄シ能ハサルノ意ニハアラスト雖モ相互《レシプロシチー》ノ主義ニ基キ之ヲ管轄セサルカ故ニ此點ノミハ尙ホ昔時ノ「ヴェニユー」ノ規則ヲ廢セサルモノト謂フヲ得ベ

二、被告ノ民籍地法廷ハ管轄權アリ

シ但シ間接ノ場合例ヘバ英管轄内ニ發生又ハ消滅スル人權ニ基キダル事件ナルトキハ假令ヒ外國不動産ニ關係アリト雖モ決シテ管轄權ヲ妨クルモノニアラス（不動産ノ章參照）

（二）被告ノ民籍地法廷ハ管轄權アリ、被告ノ内國民籍ヲ有スル場合ニハ其訴訟ノ原因全ク外國ニ起レルモノナルモ尙ホ内國裁判所ノ管轄ヲ妨ケサルナリ但シ嚮キニ内國ニ民籍ヲ有シタリシ事實ハ何等ノ効力ヲモ與ヘサルモノトス（フート二五五頁）米國ルイヂヤナ州ニ於テハ裁判管轄ハ債務者ノ民籍ヲ標準トシテ定ムルコトセリ而シテ連合債務者ノ場合ニハ其中ノ一人ノ民籍地法廷ニ於テ召喚セラルヘシトセリ（Adams v. Scott, 125 La. An. 528.）彼ノ甲國ノ商人ハ甲國ノ法律ニ依リ特別商業裁判所ニテ裁判セラルヽガ故ニ乙國ニテハ商人ヲ通常裁判所ニテ裁判スルモ尙ホ特別裁判所ニテ裁判セラルベキモノナリト主張スヘカラズト謂フガ如キハ事理明白ニシテ之ヲ通常裁判所ニ於テ裁判スルハ内外國人ヲ同等ニ視ルモノニシテ乙國正當ノ權利ナリ(バール二八節)假令ヒ民籍ヲ有セザルモ訴訟提起ノ當時ニ其法廷管轄內ニ現在スルトキハ起訴法廷ハ管轄權ヲ有スルモノナリ(フート二五五頁)

其他隨意ニ法廷權內ニ服從《サブミット》シタルトキハ法廷ハ之カ管轄ヲ爲シ得ヘキモノトス(Callwell v. Callwell. 13 Sw & tr. 259.)

要スルニ裁判管轄權ハ以上陳ヘタルカ如ク居所若クハ訴訟事物ノ法廷管轄內ニ存在スルヿニ由リ法廷ハ管轄權ヲ有スルモノトス

第二款　訴訟當事者

訴訟ヲ提起スルノ要件

《一七五》訴訟當事者ハ第一、被告ノ民籍アルカ第二、民籍ナクトモ訴訟提起ノ際ニ現在セシカ第三、訴訟法廷ニ隨意服從ヲナシタルカ孰レカ其一個ノ關係ヲ有スル時ハ何レノ裁判所ニテモ訴訟ヲ提起スルヲ得ルヿハ既ニ裁判管轄ノ節ニ述ヘタレバ茲ニ外國當事者ノナスヘキ訴訟費用ノ保證幷ニ訴權ト名トノ區別、連合訴訟人及ヒ訴訟代理人ノヿ

一、訴訟費用ノ保證

ノミヲ述ヘントス

（第一）訴訟費用ノ保證 我國ノ法典ハ外國人ノ訴訟原告又ハ原告ノ從參加人タルトキハ被告ハ之ニ對シテ訴訟費用ノ保證ヲ立テシムルヿヲ得トセリ佛國モ亦同シ（佛民訴一六六、一六七）抑々保證ハ其費用ノ辨償ヲナス能ハザルヿヲ慮ルニ出タルモノナルニ此ノ如ク當事者ノ外國人タル場合ニ於テ特ニ差別ヲナシタルハヅコンデー等ノ大ニ非難スル所ナリ而シテ佛國ニ於テモ我法典ト同シク多少ノ例外ヲ說ケタリ我法典ハ左ノ場合ハ保證ヲ要セストセリ（民訴八八）

（一）國際條約又ハ原告ノ屬スル國ノ法律ニ依リ本邦人カ同一ノ場合ニ於テ保證ヲ立ルノ義務ナキトキ

（二）反訴ノ場合

（三）證書訴訟及ヒ爲替訴訟ノ場合

（四）公示催告ニ基キ起シタル訴ノ場合

其他訴訟上ノ救助ニ付テハ我法典ハ外國人ハ國際條約又ハ其屬スル

國ノ法律ニ依リ本邦人カ同一ノ場合ニ於テ訴訟上ノ救助ヲ求ムルヿヲ得ルトキニ限リ之ヲ求ムルヿヲ得トナセリ(民訴九二)英米ニ於テハ一般ニ原告ガ外國人タルトキモ訴訟事件ノ外國ニ起リタルトキモ内國人ヲ被告トシテ訴フルハ自由ナリ

(第二)訴權及ヒ名、茲ニ注意スヘキヿハフートノ云ヘル如ク訴訟ノ基ク訴權ト訴訟提起者ノ名トヲ混同セサルニ在リ例ヘハ約束手形爲替手形ノ如キ訴件ハ流通證書タル訴權ニ基キ自己ノ姓名ニ於テ訴フルモノナリト雖其流通證書タル訴權ハ之ヲ契約ノ性質効果ヲ支配スル所ノ法ニ從テ決セサルヘカラス唯其訴權ノ定マリタル後ハ之ヲ提起スルモノヽ姓名ハ當事者トシテ訴訟地法ニ準據スヘキノミ英法ニテハ外國ノ死後管財人ハ自國ノ動産ノミヲ管理シ英國所在ノ動産ヲ管理セント欲セハ更ニ英政府ノ認許ヲ得ヘキモノトシ之ヲ得サレハ訴訟提起ノ訴權ヲ有セサルヿトセリ然レ𪜈生存中ニ處理シタル動産ハ死者ノ民籍地法ノ定ムル處ニ從ヒ何レニ至ルモ効力ヲ有ス破産若

三、連合訴訟人及ヒ代訟人

ハ法律上ノ讓渡ニ關シテハ特別ノ理由ヨリシテ英法ハ亦民籍地法ノ定ムル所ニ依リ訴權ヲ完全ト認ムルコトセリ（フート四一四頁）

（第三）　連合訴訟人及ヒ代訟人　是レ專ラ訴訟地法ノ決スルモノナルコトハバルコック對ケヤード等ノ判決例ニ由リテ定マレリ例ヘハ蘇格蘭ニ於テ會社ノ社員ヲ訴フルニハ連合被告トナサヽルヘカラサル規定ナルモ之ヲ英國ニ於テ訴フルトキハ英法ハ連合ヲ要セサルカ故ニ英法廷ニテハ不連合（ノンジヨインダー）ノ抗辨ヲナス能ハズトセルガ如シ判事ブラックバーンノ判決ハ此連名ニ關シテハ訴訟地法ニ依ルベシトノ主義ヲ確定シタルモノナリ(Bulcock v. Caird, L. R. 10. Q. B. 278)又原被兩造ハ自ラ出廷ヲ爲シ得ヘキヤ將タ訴訟代理人ニ依テ出廷ヲ爲スヘキヤ其制限ハ如何是レ等ノ問題ハ亦訴訟地法ノ支配スル所ナリ（ウエストレイキ二五三節）

第三款　時効

時效、

時効ヲ權利ノ消滅ト權利ノ停止トニ區別スルモノアリ

バールノ說

（一七六）契約ノ締結履行及ヒ出訴ニ關シテ各國其時効期限ヲ異ニスルトキハ何レノ法ニ從フヘキヤハ頗ル議論ノアル所ニシテホワートン、ユーベル、ウェーペル、フヒリックス等ノ諸家ハ時効ヲ區別シ絕對的ニ權利ヲ無効トスルモノト權利ヲ停止スルモノトノ二種トナシ前ノ場合ニハ訴訟地法廷ハ時効ノ効力ヲ承認シ後ノ場合ニハ訴訟地法ニ從ヒ全ク他法ノ長短如何ヲ問ハズ決定シテ可ナリトセリ然ルニバールハ此區別ハ時効ヲ手續法ニ關スル制度ナリト推定シタル後ノ區別ナリ然ルニ時効ハ手續法ニアラス加之時効ノ強力ナル時ニハ外國法ニ依リ時効ノ微弱ナル時ニハ之ニ依ラストスルハ頗ル不當ナリトシ其著書ニ於テ債務者ノ民籍地法ニ依ルヘシトノ說ヲ唱ヘ理由ヲ附シテ曰ク此ノ如キ義務ヲ消滅セシムル時効ハ畢竟債務者保護ノ爲メニ設ケシモノナリ故ニ債務者ノ民籍地法ニ依ルヘシト而シテ其後ニ至リ前說ヲ變シテ義務ノ消滅ヲ決定スルノ法ハ義務ノ組成セラレタル法律ニ依ラサルヘカラズ而シテ其法ハ債權者ノ民籍地法タルヘシト謂ヘリウエストレイキモ亦タ曰ク時効ヲ以テ訴訟地法ニ支配セラルベシトスルモノハ二個ノ誤謬ニ基ケリ第一ノ誤謬ハ破約ハ當事者ノ心頭ニ存在スヘキモノナラザルガ故ニ時効ハ契約ノ性質ト見ルベカラズトスルニアリ蓋シ是レ結約地法ノ契約ヲ解釋スルヿト結約地法ノ契約ノ効果ニ及ブ力トヲ混同スルニ基ケリ第二ノ誤謬ハ辨濟ヲ得ヘカラサル債權ノ尙ホ存在シ得トスルノ妄想ニ基ケリト(ウェストレイキ二五〇頁)フートハウェストレイキノ非難ニ答ヘテ曰ク自己ノ想像セサリシモノハ結約地法ニ依テ支配セラル、モノニアラサルコトハ今日多數學者ノ贊同スル所ナリ而シテ契約ノ効果ニ及ブ結約地法ノ力ニ關シテハ解釋ト同シク當事者ノ意思ニ關係アルモノナリ決シテ解釋ト効果ニ及フ結約地法ノ力トヲ混同セルニアラズ又出訴權ト雖モ往々後日ニ至リ合意ヲ以テ回復スルニアラズヤ權利アリテ救濟ナキハ往々見ル所ナリ辨濟ヲ得ズト雖義務ノ依然トシテ存スルヿ怪ムベキニアラズ英法ニ於テモドンツリツプマンノ判決例ニ於テ確定ス

フートノ說

ル所ナリ故ニ義務ノ時効ニ繋ルモ尙ホ存在シ得ルヿハ決シテ不條理ニアラスト(フート四四一頁)而シテフートノ說ハ英國ノ時効條例ハ決シテ契約ノ權利ノ存亡ニ關スルニアヲズシテ債權ト動產トニ付キテ單ニ訴訟提出ノ期間ヲ定メシノミナルカ故ニ同性質ノ外國ノ時効條例ハ英國ニ對シ一層廣大ナル効果ヲ求ムルヲ得ス唯不動產ノミハ單ニ期間ヲ定ムルニ止マラス併セテ權利ヲ消滅セシムルカ故ニ何レノ國ニ於テモ之ヲ承諾スヘキモノナリトナスニ在リ

國際法上以上ノ區別ヲ確定スルノ實益ナシ

此ノ如ク法理上時効ハ果〆權利ノ本体ニ關スルモノナリヤ將タ唯救濟ニ關スルモノナリヤニ至リテハ學者ノ大ニ論爭スル所タリ吾曹ハ財產ノ章ニ於テ略ボ所見ヲ述ベタルヲ以テ玆ニ再論セズ且ツ吾曹ハ其意見ノ當否ヲ爭フヲ欲セス何トナレハ是レ國際私法ノ範圍外ナル可キヿヲ信スレバナリ今英法ハ時効ヲ三年トシ獨法ハ五年トセリト假定センカ甲者乙者ヲ訴ヘ三年ノ時効ヲ經過セル理由ヲ以テ英國法廷ニ敗訴シタルトキハ甲者ハ更ニ獨國法廷ニ訴ヘ得ルカ若シ英國法ニ

ノ時効ヲ以テ救濟ニ關スルモノナリトセバ其判決タルヤ甲者ノ權利ナキヿヲ決シタルモノニアラザルナリ唯英法廷ノ規則ニ從ヒ救濟ヲ與フル能ハズトイフノミ本体ニ關スルモノタルヿヲ認メシトセンカ是レ英國法廷ハ甲者ノ已ニ權利ナキヿヲ認メタルナリ甲者已ニ權利ナシトセバ假令ヒ獨國法ハ五年ノ時効ヲ規定スルモ甲者ハ已ニ如何トモスル能ハザルナリ(外國裁判ノ章參照)

第四欵　訴訟ノ方法及判決ノ執行

訴訟ノ方法ハ訴訟地法ニ從フ

〔一七七〕訴訟ノ方法並ニ救濟手續ノ訴訟地法ニ支配セラルベキヿハ學說判決例ノ共ニ承認スル所ナリ凡ソ一行爲ヲ爲サントスルモノハ行爲地ノ法律ニ從フヿハ固ヨリ論ナシ而シテ證書トハ如何ナルモノヲ云フヤ將タ如何ナルモノヲ以テ捺印トナスニ足ルヤ等ノ問題モ亦訴訟地法ニ依ルヘキモノトス、

訴訟ノ原因ハ總テ結約地法ニ依レヒ救濟ハ悉ク訴訟地法ニ依ルドン

對リップマンノ判決例ニ於テブラハム卿曰ク契約ノ支配法ガ契約書中ニ於テ分明ナラサルトキハ結約地法ヲ以テ之ニ充ツルノ外ナシ何トナレバ當事者ハ其他ノ法ニ支配セラルヘキ意思ヲ以テ結約シタリト見ルヘカラサレハナリ然レトモ其權利ノ救濟ニ至リテハ當事者ハ必ス其契約當時ニ不履行ノ救濟ニ關スル法律ヲモ豫想シタリトスルヲ得ズト此理由ハ大ニ疑フ可キモノナリ訴訟手續ノ訴訟地法ニ支配セラルヽハ敢テ當事者ノ意思ニ關係アルヿナシ若シ卿ノ言ノ如クンバ一訴訟ノ英國法廷ニ起ルニ及ビ結約ノ當時ニ於テ双方ヨリ救濟ニ關シ佛國法ニ據ル可キ約ヲナシタルヲ證明シ其法規ヲ採用センヿヲ請求セバ英國法廷ハ其請求ニ從ハサル可カラサルガ如シ豈ニ此ノ如キ理アランヤ蓋シ訴訟手續ノ法ハ法廷ノ規律ナリ訴訟ノ起ルヤ當事者ノ意思之ニ及ビシト否トニ論ナク自廷ノ規則ヲ適用ス可キヿ一般ノ原則タリ一千八百六十二年ミシガン大審院ハオハイオ州ニ於テ振出且支拂スヘキ手形ノ裁判ヲナシテ該手形ハ利息制限法ニ反スルモ

訴訟地法ハ權利ヲ創設スヘカラス

ノナリト雖オハイオ州ハ之ヲ無効トセズ單ニ救濟ニ影響スルモノナルカ故ニ訴訟ノ原因ニ關シテハオハイオ州法ニ據ルヘキモ其救濟ハミシガン州法ノ支配スヘキモノナリト判決シタリ

玆ニ注意スヘキハ訴訟地法ハ權利ヲ創設スヘカラサルヿ是ナリ例ヘハ私犯要償ノ訴ヲ爲サントスルモノハ必ス其原因ノ發生地法ニ於テモ亦私犯ナラサルヘカラス假令ヒ原因發生地ニ於テ其行爲ヲ以テ犯罪ノ行爲トナスト雖モ之ヲ以テ私犯ノ行爲トシテ賠償ノ性質ヲ附セサルモノハ訴訟地法ニテ犯罪ノ行爲ナリト認ムト雖𪜈私犯ノ訴ハナスヘカラサルモノナリスコット對セーモールノ判決例ニ於テ判事ホワイトハ原因發生地法ニ於テ犯罪タル以上ハ假令ヒ訴訟地ニ於テ私犯ノ要償權ヲ認メサルモ其不法タルヿノ性質ハ既ニ定マレルヲ以テ賠償ヲ命スヘシト謂ヘリ然レ𪜈是レ大ニ謬レリ不法ノ行爲ニハ要償權ノ有ルモノト然ラザルモノトアリ其有無ハ專ラ不法行爲發生地法ノ支配スルモノタリ然ラバ不法行爲ナルカ故ニ其行爲發生地ノ法ノ

許サヽル求償權ヲモ與フルモノトセバ權利發生地法ト救濟地法トノ兩樣ノ作用ヲ併行スルモノナリ其結果ハ存在セサル權利ヲ創設シ之ニ由テ救濟ヲ與フルナリ是レ訴訟地法ノ分限ヲ知ラサルモノト云フベシ

判決執行ハ執行地法ニ據ル

次ニ判決執行モ亦執行地法ノ支配スヘキ者ニ〆或ル特定ノ財產ハ果〆執行ヨリ除外スヘキ者ナリヤハ該法ノ決スル所ナリホワートンノ說ニ據レハ或ル財產ハ家族ノ生活ニ必要ニ〆執行ヨリ除外セラルヘキ者ナリヤ否ハ其財產所在地法ニ據ル但シ家族ノ其所在地ニ住スルヿヲ要スト然レ𪜈是レ其執行行爲ノ行ハルヽ處ナルカ故ニ行爲地法ト〆之ヲ支配スルニアリテ敢テ所在地法ト〆支配スルニ非サルヿヲ知ラサル可ラズ又ホワートンハ終局ノ執行ニ向テ逮捕ヲナス場合ハ其執行地法ニ從フヘシトセリ(ホワートン七四八節)吾曹ハホワートンノ說ニ贊成ス此他相殺ノ訴訟地法ニ支配セラルヽ理由ハ既ニ說キタルヲ以テ此ニ再說セス(契約ノ章參照)又破約ヲ以テ訴訟地法ノ支配ニ

證據
一、一般ノ法律

歸ストナス學者アリ（フート四二九頁）ト雖モ其誤謬タルコハ吾曹既ニ辨明シタリ

第五款　證據

（一七八）證據ニ關シテハ既ニ契約ノ章ニ多少ノ注意ヲ與ヘタリシカ今之ヲ論スルニ當リ先ツ一般證據幷ニ外國法律ニ關シテ論スル所アラムトス

（一）一般ノ證據　從前ハ證據ヲ分ツテ本質《メリツト》及ヒ證明《プルーフ》ノ二トナシ主《サブスタン》證助證《チーヴ、アヂエクチーヴ》ノ區別ヲ採リタリ此區別ハ其性質上必ス存スヘキ者ナリ隨テ契約ノ有効無効ニ關スルモノハ結約地法ノ支配スル所ニシテ其證據トシテ許容スヘキヤ否ニ關スルモノハ訴訟地法ノ決定スルコトセリ然レモ前者ハ寧ロ主法ノ規定ニ屬スルモノナルガ故ニ助法ノ章下ニ於テ特ニ之ヲ論スルノ要ナシト信ス判事ブラハム卿曰證人ノ適否、證據ノ證書タルヲ要スルヤ否、證據ノ或ル事實ヲ證明セシヤ否ハ該問題ノ起リ或ハ救濟ノ求メラレ或ハ執行ヲナサントスル法廷ノ決定スヘキモノナリト是レ皆受訴法廷ノ決スヘシトナスモノナリ吾曹モ亦證明若クハ助證ノ受訴法廷ニ支配セラルヘキヿヲ主張スルモノナリフェリックスハ此所說ニ反對シタレドモフヒリモール、ホワートン、ストーリーハ皆ブラハム卿等ト同說ナリ（フヒリックス二二七節、ストーリー六三五節、ホワートン七六八節）

（三）外國法律　一千八百七十一年獨逸商事控訴裁判所ノ判決例ニ曰ク我法廷ハ外國法ヲ知ラズ之ヲ證スルヲ要ストブラハム卿曰ク裁判官ハ外國法ヲ知ルノ器械ニアラズ之ヲ知ルニハ實驗家ノ助ニ依ラザルヘカラス故ニ外國法律ノ如何ニ關シテハ之ヲ他ノ事實ト同一ニ證明セザルヲ得ズト英法モ亦判官タルモノハ實驗家ノ助ナクンハ自己ノ自由ニ外國法ヲ採否スヘカラズトシ米法モ外國政府ノ證明書若クハ相當官廳ノ手ニ出タル報告書ニ記載セル事項ハ之ヲ採用スヘシ而シテ其外國證書類ハ謄本ニ相當官廳ノ捺印シタルモノヲ以テ證明ス

證人調ヲ外國ニ委任スル場合

ベク慣習ノ如キハ常ニ證人ノ證書ニ憑據スルヿトセリ凡テ此等ノ外國事實ニ關〆學說判決例皆一途ニ出ツ外國ノ證明若クハ保證ヲ要スルヿハ吾曹モ亦正ニ然ルヘシト信ス、

又英法ニ據レハ證人ハ一々之ヲ外國ヨリ呼出ス能ハサルカ故ニ常ニ代言人若クハ公使領事ニ委任シ之ヲナササシムルモ其被委任者ハ司法官吏ノ資格ヲ以テ僞證者ヲ罰スル權利ナシトセリ歐洲大陸ハ相互ニ判事ニ囑托スルモノトナセリ然レトモ其證人ノ適否採擇ノ方法ハ果シテ委任國ノ法律ニ依ルヘキヤ被委任國ノ法律ニ依ルヘキヤハ議論甚盛ニ〆一方ニ於テマッセー等被委任國法ニ依ルヘキヲ主張シ一方ニ於テフエリックス等ハ委任國法ニ據ルヘキヲ論ス而シテ被委任國法ニ據ルヘシト主張スル論者ト雖モ若シ裁判官以外ノ判定權ヲ有セサル常人ニ證據調ヲ囑托セシ場合ニ尙ホ被委任國法ニ據ルヘキヿヲ主張スルヤノ難問ニ對シテハ其論鋒ヲ枉グルガ如シ吾曹ハ證人ノ適否諸據ノ許否ニ關シテハ委任國法ニ據ルヘキモノトシ唯如何ナル方

法手段ニ依リ調査ヲナスヘキヤノ一點ノミハ之ヲ被委任國法ノ法律ニ準據セシムヘシトスホワートン等ノ說ニ據レハ被委任國ノ判官ハ自己ノ便宜ト信スル訊問ヲナスノ權力ノミヲ有スレトモ其得タル證據ノ許否證人ノ能力ノ有無ハ委任國法之ヲ決定スヘキモノトシ獨逸ノ訴訟法ニ從フトキハ外國ニ囑托シテ證據調ヲナストキ證人ノ帳簿ハ如何ニ調査スヘキヤ等ノ如キ條件ハ外國法律ニ從フト雖モ證書ノ効力ノ取捨ヲ判スルハ内國法ニ依ルヘシトス（獨訴三二九、三三四）其見解ハ概ネ皆同一ニ歸セリ

以上ハ要スルニ證據ノ訴訟地法ニ支配セラル、ヿヲ陳フルニ過キスト雖モ訴訟地法廷ハ決シテ契約支配法ニテ成立セサル權利ヲ作ルモノニアラスシテ單ニ之ヲ認ムルニ止マルヿヲ注意スヘシ（ブリストル對セクエスピル）

日本ノ規定

《一七九》　我法例第十一條ノ規定ニヨレハ外國ニ於テ其國ノ方式ニ依テ認メタル證書ハ不動產物權ヲ移轉スル行爲ニ係ルトキハ其不動

產ノ所在地ノ地方裁判所長又ハ他ノ行爲ニ係ルトキハ當事者ノ住所又ハ居所ノ地方裁判所長其證書ノ適法ナルヿヲ撿認シタル上ニ非サレハ日本ニ於テ其効用ヲ致サシムルヿヲ得ス盖シ不動產ト其他ノ行爲トノ間ニ區別ヲナシタルハ二者ノ性質上管轄法ノ異ナル(不動產ノ章參照)ニ基クモノナリト雖モ外國事實ノ證明ヲ要スル塲合ニ外國法廷ノ證明ヲ要スル點ニ於テハ歐洲諸國ノ法律ト異ナルヿナシ

第二章　外國裁判

（一八〇）外國裁判ヲ承認スルニ三主義アリ
（一八一）歐米諸國ノ外國裁判ヲ承諾スル有樣
（一八二）外國裁判ノ內國ニ效力ヲ有スル理由
（一八三）管轄ヲ有セサル外國裁判ハ承認スルニ足ラズ
（一八四）詐欺ニ基キタル外國裁判ハ覆審ス
（一八五）法律上ノ錯誤アル外國裁判ハ覆審セス
（一八六）被告ニ通知セスシテ下シタル外國裁判ハ覆審ス
（一八七）事實上ノ錯誤アル外國裁判ハ覆審セズ
（一八八）外國裁判ヨリ更ニ優等ナル權利ヲ得ントスルモ許サズ
（一八九）內國政略ニ反スル外國裁判ハ執行セシメズ
（一九〇）外國繫屬訴訟ハ內國ニ於テ抗辨トナラス

（一八〇）外國裁判ノ效力ハ內國ニ於テ完全ニ承認スルヤ將タ之ヲ承認セザルヤ要スル、ニ本章ニ於テ論スル所ハ裁判ノ國外效力如何ノ一

外國裁判ヲ承認スルニ三主義アリ

點ヲ究ムルニ過ギズ

外國裁判ヲ承認スルニ凡ソ三主義アリ(第一)ニ内國法廷ハ自國ノ裁判ト同一ニ承認シテ之レカ執行ヲナサシムルコト(第二)ニ義務ノ當事者間ニ存在スル證據トシテ外國裁判ヲ認ムルコト(第三)ニ原義務ノ證據トシテ外國裁判ヲ認ムルコト是ナリ換言スレバ第一ノ場合ハ自國ノ裁判ト一モ異ナル所ナク第二ノ場合ハ我民事訴訟法ノ主義ノ如ク(民訴、五一四、五一五、參照)内國ニ於テ執行判決ヲ得テ始テ執行力ヲ有スレトモ其外國裁判ヲ調査スルコトヲ許サズ第三ハ原義務ノ證據トスルカ故ニ外國裁判ハ一應敗訴者ノ義務アルコトヲ證スレトモ敗訴者ニシテ其外國裁判ノ錯誤等ニ基ケルコトヲ理由トシテ反證ヲ呈スルトキハ之ヲ調査シテ後ニ其認定ヲナスノ類ナリ第二ノ場合ト異ルハ調査スヘキ理由ノ存スル時ニ於テ之ヲ調査スルト否トニ在リ

歐米諸國ノ外國裁判ヲ承認スル有樣

(一八一)近世歐米各國ガ外國裁判ノ効力ヲ認ムル現狀ヲ觀ルニ英米ニ於テハ當事者間ニハ絶對的ノ効力ヲ認メドモ之ヲ執行スルニ當リテ

ハ更ニ內國法廷ニ訴訟ヲ提起シテ執行判決ヲ得ルヲ要ストセリ而シテ佛國ニテハ執行力アレトモ絕對的ニアラスシテ兩國間ニ相互ノ條約アルヿノ條件ニ繫ルモノトセリ要スルニ相互條約ノ有無ハ外國裁判ヲ執行スル事前條件ナルカ如シ獨逸ニ於テハ之ヲ執行スルニ當リ多少ノ條件ヲ要スルノ外一般ニ以上ノ如キ手續ヲ要セサルモノトナス其理由ハ此ノ如キ所爭ノ問題ヲ數多ノ裁判所ニ提起セシムルハ商業ノ不便ヲ招キ國家カ業務ヲ奬勵スルノ策ニ反スト謂フニ在リ但シ獨逸ニテハ被告カ其裁判國ニ於テ原告ノ求ムル財產ヲ有セサリシヿ明白ナルトキハ原告ハ更ニ內國ニ於テ訴訟ヲ提起スルヿヲ妨ゲサルナリ（ウエストレイキ三七四節、フート四四三頁、バール一二五節）

外國裁判ノ內國ニ効力ヲ有スル理由

（一八二）裁判ノ國外効力ヲ有スル理由、トノヴアッテル、プッフエンドルフ等曰ク外國裁判ハ內國ニ對シテ確定的（コンクリユシーヴ）ノモノナリ若シ然ラスンハ其裁判ヲ爲シタル國ノ裁判ニ關スル主權ヲ攻擊スルノ結果トナルヘシト（ヴァッテル三五〇節、プッフエンドルフ二五節）

此理由ハ不可ナルヿ論ヲ竢タズ

英米及獨逸一部ノ學者ハ是レ當事者ノ承認ヨリ外國ノ判決ヲシテ國外効力ヲ有セシムルモノニシテ其承諾ハ住居若クハ財產ノ所有、義務締結ヨリ推定スト云ヒ（フヒリモール、ウエヒテル、マッセー、フヒリックス）ノ諸氏ハ此說ニ同意セズ單ニ禮讓及相互ノ必要ニ基クモノナリトス然レトモ此理由ハ交際國ガ禮讓ヲ盡サザル時ニ當リ適用スヘカラサルガ故ニ佛國ニテハ此等ハ塲合ニ依テ判斷スヘキ事項トナシ空シク禮讓主義ヲ墨守シ以テ佛國臣民ニ不利益ヲ與フヘカラストス又西班牙魯西亞等ニ於テハ外國裁判ニハ些少ノ効力ヲモ與ヘス原告タルモノハ其裁判ノ基キタリシ原始證據ヲ再ヒ提出スヘキモノトセリ（フヒリモール四章六七一頁、ホワートン六七一節）サヴィニー、バールハ曰ク外國裁判ハ外國カ認承シタル事件ニ對シテ該國ノ裁決セシモノナレハ該國ノ一個特別ノ法律ト認ムヘキモノナリ而シテ斯ル外國ノ特別法ヲ他國ノ承認スル所以ハ彼ノ國際法ノ主義即チ何レノ國ニ於テ事件ノ發

管轄チ有セサリシ外國法廷ノ裁判ハ承認スルニ足ラス

生シタルニ拘ラス其事件カ管轄内ニ來リタル所ノ法律ニ依リテ之ヲ判斷スヘシトノ主義ヲ重ンスルニ出ツルモノナリ而シテ其外國裁判々決書ハ斯ル外國法律ノ何タルヿヲ示ス所ノ官廳證明ナリト以上各國大家ノ提供スル諸理由中ニ就キ吾曹ハ英米ノ學者若クハサヴィニー一派ノ執ル所ノ理由ヲ以テ最モ完全ナリト信ス(バール二六、及ヒ一二五節)

(一八三)英國法廷ハゴダード對グレーノ判決例ニ於テ管轄ヲ有セサリシ外國法廷ノ裁判ヲ無効トス何トナレバ外國法廷ノ裁判ニ臣民ヲ服從セシムヘキ義務ハ各國ノ有セサル所ナレハ其外國ニ於テ現在住所ヲモ有セス又臣民ニアラサル被告ニ欠席裁判ヲ下スモ固ヨリ他國ハ其裁判ニ對シテ自國人ヲ强テ之ニ服從セシムル義務ナケレバナリ但シ義務成立ノ際ニ其領内ニ居住シタリトセハ假令ヒ訴訟ノ當時ニ居ラサルモ是レ義務成立ニ就キ管轄ヲ有セシカ故ニ欠席裁判タリトモ之ニ服從ヲ强要スルヿアルヘク而メ一旦自己ノ撰擇ニ依テ外國裁

詐欺ニ基キタル外國裁判ハ覆審ス

判所ニ起訴スルトキハ後日ニ至リ該法廷ノ自己ニ對スル管轄權ヲ有セサルヿヲ唱ヘントスルモ能ハス其他外國會社ノ社員トナリシ場合ニ於テモ或ル目的ニ關シ該外國ノ法律ニ服從セル事情ノ隨伴スル時ハ從テ管轄ヲモ該外國法廷ニ得セシムルヿアリ然レトモ單ニ株主トナリ社員トナリシノミヲ以テ直ニ外國法廷ノ管轄ニ服從シタルモノト見ルヘカラズ

（一八四）外國裁判ハ詐欺ニ由テ得ラレタルヿ明白ナルトキハ之ヲ覆ヘスヲ得ベシ｜フート｜ハ外國裁判ハ之ヲ外部ヨリ攻擊スルハ可ナリト雖內部ノ攻擊ヲ許サス即チ裁判所ガ詐欺ニ由テ判決シタルモノハ之ヲ覆カヘスヲ得ベキモ單ニ法律適用上錯誤ヲナシタルヿノミヲ以テ覆ヘスヘカラズ故ニ詐欺ガ外部的事實ナルトキハ其裁判ヲ覆ヘスヲ得ルモノナレトモ其詐欺ニシテ外國法官ノ面前ニ現ハレ其詐欺ノ事實カ法官ノ據テ以テ判決セル基礎タリシトキハ既ニ外部的事實ト云フヘカラサルヲ以テ如何トモスルヲ得スト謂ヘリ（｜フート｜四五〇頁）

法律上ノ錯誤アル外國裁判ハ覆審セズ

（一八五）外國裁判ハ法律上ノ錯誤ニ基キタル場合ニ學者或ハ外國法廷カ內國ノ法律若クハ國際法ヲ誤リタルモノハ之ヲ內國ニ於テ再ヒ審理スルヿヲ得ヘシト言フモノアレトモ英國ニ於テハカストリーグ對イムリーノ判決例ニ於テ判事ブラツクボーンハ此點ニ關係シタル判決例ヲ集メ精細ニ之ヲ研究シテ消極的結論ヲ與ヘタリ即チ原則トメハ之ヲ覆審スヘカラストセリ

例外

然レトモメイヤー對ラリーノ判決例ニ於テ外國法廷カ自己ノ國法ヲ誤解シテ判決ヲ爲シ當事者双方共ニ其誤解ニ基キタルヿヲ認メタル時ハ內國法廷ハ斯ル裁判ノ効力ヲ認メズトセリ是故外國法廷ノ法律上錯誤ハ之ヲ覆審セザルヲ以テ原則トシ唯メイヤー對ラリー判決例ノ制限アルノミ即チ當事者双方ガ外國裁判ノ誤レルヿヲ認メタル片ノミ原則ノ例外トナス可キガ如シ

被告ニ通知セスシテ下シタル外國裁判ハ覆審ス

（一八六）外國裁判ハ被告ニ通知ヲナサスシテ下シタルモノナルトキハ管轄外ニ渡リテ裁判セルモノトシテ之ヲ覆ヘシ得ルヿ一般ノ定説タリ何トナレハ通知ナカリシ場合トハ管轄外ノ法廷ガ裁判セシ場合

通知ナキハ管轄權ナキナリ

事實上ノ錯誤アル外國裁判ハ覆審セス

ニ外ナラサルヘシ苟モ管轄權アレハ實際ノ通知ナキモ法定通知ノ方法アルカ故ニ法律上通知ナキ場合ナケレハナリ例ハ爲替手形ノ訴訟ニ於テハ實際外國ニ振出人ノ住居ナキモ法律ハ該手形ニ關シテハ所持人ノ出訴法廷ノ管轄內ニ該手形振出人ノ住居アルモノト看做スカ故ニ實際ノ通知ヲナサヽルモ法定通知ヲ推定スルモノナレハ通知ナキ場合トナスコト能ハズ且假令ヒ實際ノ通知アルモ管轄外ノモノハ其通知ナキモノト主張スル場合アリ故ニ無通知裁判ナルヤ否ヤハ一ニ管轄權ノ有無ニ歸スルモノナリ

（一八七）事實上ノ誤謬ニ基キタル外國裁判モ同一ニシテ再審セサルモノトス「ストーリー」等ハ場合ヲ區別シテ外國法廷ニ於テ得タル裁判ノ執行ニ關シテ原告カ內國法廷ニ訴フルト外國法廷ニテ敗訴シタル被告カ內國法廷ニ於テ保護ヲ得ントシテ訴フルトハ大ニ異ニシテ一ハ再審スルコヲ得ヘク一ハ確定終局ト見做スヘシトナシタリ然レモ此ノ如キ區別ハ今日英法廷ノ採用セサル所ナリ（ストーリー五九八節

外國裁判ヨリ更ニ優等ノ權利ヲ得ント スルヲ許サズ

內國政略ニ反スル外國裁判ハ執行セシメズ

外國繋屬訴訟ハ內國ニ於テ抗辨トナラズ

フート四六五頁）

（一八八）原告カ外國裁判ニ勝訴シタルモ請求額ヲ制限セラレタルカ爲メニ再ヒ內國法廷ニ訴ヘテ尙ホ多額ノ請求ヲ得ントスルモノアリト雖モ英國ニテハバーバー對ラムノ判決例以降ハ此ノ如キ訴訟ノ提起ヲ許サヽルコトセリ但シ金額ニシテ原外國裁判ノ際ニ一定セサリシモノハバーバー對ラムノ判決例ノ判點外ノコニ係ルノミナラス假令ヒ同一當事者ナルモ之ヲ同一請求トナシ難キヲ以テ敢テ外國裁判ヲ確定スルノ理由ナキナリ

（一八九）外國裁判ハ內國ノ政略上ニ出テタル法律ニ牴觸スルトキハ其執行ヲ許サス何トナレハ若シ之ヲ許スモノトセハ尙ホ內國ノ政略ニ反對スルモノハ悉ク外國裁判ニ形式ヲ變シテ執行ヲ得ルノ弊ヲ來スノ恐アレハナリ（ホワートン六五六節）

（一九〇）外國繋屬訴訟ハ外國裁判トハ性質ヲ異ニシ嚴密ニ論スルトキハ未タ之ヲ以テ外國裁判ナリト稱スヘカラザルモノナリト雖外國

裁判ト同時ニ論スルヲ以テ大ニ便宜ナリトス近世羅馬法ノ主義ニ從フトキハ外國ニ訴訟ヲ提起シタルモノハ内國ニ於テ同一原因ニツキ同一當事者ニ對シ訴訟ヲ起サヽルヿヲ表示シタルモノト推定ス故ニ被告ニ外國繫屬訴訟ノ抗辨即チ所謂權利拘束ノ抗辨ヲ內國法廷ニナスヲ許シタリ但シ之ニハ二個ノ要件ヲ要ス即チ(第一)外國法廷ニ當事者ノ自由服從ヲ以テ既ニ訴訟ノ繫屬セルヿ(第二)該外國法廷ハ國際法上正當ノ法廷タルヿ是ナリ

英米法律ニ據ルトキハ外國繫屬訴訟ノ抗辨ハ原則トシテハ之ヲ許サス蓋シ外廷訴件ハ確定結局ノ外ハ決シテ其効力ナキモノトスレハナリ但シ同一當事者間ニ同一原因ニ基キテ訴訟ノ既ニ外國ニ繫屬セルトキハ何レカ唯一ニ撰擇センコトヲ原告ニ要求シ若シ叉同一當事者間ニ同一原因ニ於テ訴訟ノ既ニ內國法廷ニ繫屬セル片ハ外國訴訟ヲ提起スル前ニ原告ハ內國法廷ノ認許ヲ得ヘキモノトスルノミ假令ヒ外國繫屬ノ訴訟ハ內國訴訟ノ答辨前ニ確定裁判(Res Judicata.)トナルヘキ

モノモ之ヲ以テ內國ニ於テ提起サレタル訴訟ノ答辨トナスヘカラス

（フート四七五頁ホワートン七六三節）

國際私法　大尾

明治廿五年三月二十日印刷
同　年三月廿一日出版

（國際私法）
定價金壹圓

著作者　福原鐐二郎

發行者　東京市日本橋區本町三丁目十七番地
金港堂書籍會社
代表者本郷區妻戀町六番地
金港堂書籍會社副社長
平岡定太郎

印刷者　東京市日本橋區本町三丁目十七番地
三宅米吉

大賣捌所
大坂市東區南本町四丁目
日置九郎
宮城縣仙臺市國分町五丁目
金港堂
東京市日本橋區呉服町
金港堂
萬里舘
野口幾太郎

國際私法　　　　日本立法資料全集　別巻 1190

平成30年５月20日　　復刻版第１刷発行

著　者　福　原　鐐　二　郎
　　　　平　岡　定　太　郎

発行者　今　井　　　貴
　　　　渡　辺　左　近

発行所　信　山　社　出　版
〒113-0033　東京都文京区本郷６－２－９－102
モンテベルデ第２東大正門前
電　話　03（3818）1019
ＦＡＸ　03（3818）0344
郵便振替　00140-2-367777（信山社販売）

Printed in Japan.

制作／(株)信山社，印刷・製本／松澤印刷・日進堂

ISBN 978-4-7972-7305-2 C3332

別巻　巻数順一覧【950～981巻】

巻数	書　名	編・著者	ISBN	本体価格
950	実地応用町村制質疑録	野田藤吉郎、國吉拓郎	ISBN978-4-7972-6656-6	22,000円
951	市町村議員必携	川瀬周次、田中迪三	ISBN978-4-7972-6657-3	40,000円
952	増補 町村制執務備考 全	増澤鐵、飯島篤雄	ISBN978-4-7972-6658-0	46,000円
953	郡区町村編制法 府県会規則 地方税規則 三法綱論	小笠原美治	ISBN978-4-7972-6659-7	28,000円
954	郡区町村編制 府県会規則 地方税規則 新法例纂 追加地方諸要則	柳澤武運三	ISBN978-4-7972-6660-3	21,000円
955	地方革新講話	西内天行	ISBN978-4-7972-6921-5	40,000円
956	市町村名辞典	杉野耕三郎	ISBN978-4-7972-6922-2	38,000円
957	市町村吏員提要〔第三版〕	田邊好一	ISBN978-4-7972-6923-9	60,000円
958	帝国市町村便覧	大西林五郎	ISBN978-4-7972-6924-6	57,000円
959	最近検定 市町村名鑑 附 官国幣社 及 諸学校所在地一覧	藤澤衛彦、伊東順彦、増田穆、関惣右衛門	ISBN978-4-7972-6925-3	64,000円
960	鼇頭対照 市町村制解釈 附 理由書 及 参考諸布達	伊藤寿	ISBN978-4-7972-6926-0	40,000円
961	市町村制釈義 完　附 市町村制理由	水越成章	ISBN978-4-7972-6927-7	36,000円
962	府県郡市町村 模範治績　附 耕地整理法 産業組合法 附属法令	荻野千之助	ISBN978-4-7972-6928-4	74,000円
963	市町村大字読方名彙〔大正十四年度版〕	小川琢治	ISBN978-4-7972-6929-1	60,000円
964	町村会議員選挙要覧	津田東璋	ISBN978-4-7972-6930-7	34,000円
965	市制町村制 及 府県制　附 普通選挙法	法律研究会	ISBN978-4-7972-6931-4	30,000円
966	市制町村制註釈 完　附 市制町村制理由〔明治21年初版〕	角田真平、山田正賢	ISBN978-4-7972-6932-1	46,000円
967	市町村制詳解 全　附 市町村制理由	元田肇、加藤政之助、日鼻豊作	ISBN978-4-7972-6933-8	47,000円
968	区町村会議要覧 全	阪田辨之助	ISBN978-4-7972-6934-5	28,000円
969	実用 町村制市制事務提要	河邨貞山、島村文耕	ISBN978-4-7972-6935-2	46,000円
970	新旧対照 市制町村制正文〔第三版〕	自治館編輯局	ISBN978-4-7972-6936-9	28,000円
971	細密調査 市町村便覧（三府 四十三県 北海道 樺太 台湾 朝鮮 関東州）　附 分類官公衙公私学校銀行所在地一覧表	白山榮一郎、森田公美	ISBN978-4-7972-6937-6	88,000円
972	正文 市制町村制 並 附属法規	法曹閣	ISBN978-4-7972-6938-3	21,000円
973	台湾朝鮮関東州 全国市町村便覧 各学校所在地〔第一分冊〕	長谷川好太郎	ISBN978-4-7972-6939-0	58,000円
974	台湾朝鮮関東州 全国市町村便覧 各学校所在地〔第二分冊〕	長谷川好太郎	ISBN978-4-7972-6940-6	58,000円
975	合巻 佛蘭西邑法・和蘭邑法・皇国郡区町村編成法	箕作麟祥、大井憲太郎、神田孝平	ISBN978-4-7972-6941-3	28,000円
976	自治之模範	江木翼	ISBN978-4-7972-6942-0	60,000円
977	地方制度実例総覧〔明治36年初版〕	金田謙	ISBN978-4-7972-6943-7	48,000円
978	市町村民 自治読本	武藤榮治郎	ISBN978-4-7972-6944-4	22,000円
979	町村制詳解　附 市制及町村制理由	相澤富蔵	ISBN978-4-7972-6945-1	28,000円
980	改正 市町村制 並 附属法規	楠綾雄	ISBN978-4-7972-6946-8	28,000円
981	改正 市制 及 町村制〔訂正10版〕	山野金蔵	ISBN978-4-7972-6947-5	28,000円

別巻　巻数順一覧【915 ～ 949 巻】

巻数	書　名	編・著者	ISBN	本体価格
915	改正 新旧対照市町村一覧	鍾美堂	ISBN978-4-7972-6621-4	78,000 円
916	東京市会先例彙輯	後藤新平、桐島像一、八田五三	ISBN978-4-7972-6622-1	65,000 円
917	改正 地方制度解説〔第六版〕	狭間茂	ISBN978-4-7972-6623-8	67,000 円
918	改正 地方制度通義	荒川五郎	ISBN978-4-7972-6624-5	75,000 円
919	町村制市制全書 完	中嶋廣蔵	ISBN978-4-7972-6625-2	80,000 円
920	自治新制 市町村会法要談 全	田中重策	ISBN978-4-7972-6626-9	22,000 円
921	郡市町村吏員 収税実務要書	荻野千之助	ISBN978-4-7972-6627-6	21,000 円
922	町村至宝	桂虎次郎	ISBN978-4-7972-6628-3	36,000 円
923	地方制度通 全	上山満之進	ISBN978-4-7972-6629-0	60,000 円
924	帝国議会府県会郡会市町村会議員必携 附関係法規 第1分冊	太田峯三郎、林田亀太郎、小原新三	ISBN978-4-7972-6630-6	46,000 円
925	帝国議会府県会郡会市町村会議員必携 附関係法規 第2分冊	太田峯三郎、林田亀太郎、小原新三	ISBN978-4-7972-6631-3	62,000 円
926	市町村是	野田千太郎	ISBN978-4-7972-6632-0	21,000 円
927	市町村執務要覧 全 第1分冊	大成館編輯局	ISBN978-4-7972-6633-7	60,000 円
928	市町村執務要覧 全 第2分冊	大成館編輯局	ISBN978-4-7972-6634-4	58,000 円
929	府県会規則大全　附 裁定録	朝倉達三、若林友之	ISBN978-4-7972-6635-1	28,000 円
930	地方自治の手引	前田宇治郎	ISBN978-4-7972-6636-8	28,000 円
931	改正 市制町村制と衆議院議員選挙法	服部喜太郎	ISBN978-4-7972-6637-5	28,000 円
932	市町村国税事務取扱手続	広島財務研究会	ISBN978-4-7972-6638-2	34,000 円
933	地方自治制要義 全	末松偕一郎	ISBN978-4-7972-6639-9	57,000 円
934	市町村特別税之栞	三邊長治、水谷平吉	ISBN978-4-7972-6640-5	24,000 円
935	英国地方制度 及 税法	良保両氏、水野遵	ISBN978-4-7972-6641-2	34,000 円
936	英国地方制度 及 税法	髙橋達	ISBN978-4-7972-6642-9	20,000 円
937	日本法典全書 第一編 府県制郡制註釈	上條慎蔵、坪谷善四郎	ISBN978-4-7972-6643-6	58,000 円
938	判例挿入 自治法規全集 全	池田繁太郎	ISBN978-4-7972-6644-3	82,000 円
939	比較研究 自治之精髄	水野錬太郎	ISBN978-4-7972-6645-0	22,000 円
940	傍訓註釈 市制町村制 並ニ 理由書〔第三版〕	筒井時治	ISBN978-4-7972-6646-7	46,000 円
941	以呂波引町村便覧	田山宗堯	ISBN978-4-7972-6647-4	37,000 円
942	町村制執務要録 全	鷹巣清二郎	ISBN978-4-7972-6648-1	46,000 円
943	地方自治 及 振興策	床次竹二郎	ISBN978-4-7972-6649-8	30,000 円
944	地方自治講話	田中四郎左衛門	ISBN978-4-7972-6650-4	36,000 円
945	地方施設改良 訓諭演説集〔第六版〕	鹽川玉江	ISBN978-4-7972-6651-1	40,000 円
946	帝国地方自治団体発達史〔第三版〕	佐藤亀齡	ISBN978-4-7972-6652-8	48,000 円
947	農村自治	小橋一太	ISBN978-4-7972-6653-5	34,000 円
948	国税 地方税 市町村税 滞納処分法問答	竹尾高堅	ISBN978-4-7972-6654-2	28,000 円
949	市町村役場実用 完	福井淳	ISBN978-4-7972-6655-9	40,000 円

別巻　巻数順一覧【878 ～ 914 巻】

巻数	書　名	編・著者	ISBN	本体価格
878	明治史第六編 政黨史	博文館編輯局	ISBN978-4-7972-7180-5	42,000 円
879	日本政黨發達史 全〔第一分冊〕	上野熊藏	ISBN978-4-7972-7181-2	50,000 円
880	日本政黨發達史 全〔第二分冊〕	上野熊藏	ISBN978-4-7972-7182-9	50,000 円
881	政党論	梶原保人	ISBN978-4-7972-7184-3	30,000 円
882	獨逸新民法商法正文	古川五郎、山口弘一	ISBN978-4-7972-7185-0	90,000 円
883	日本民法鼇頭對比獨逸民法	荒波正隆	ISBN978-4-7972-7186-7	40,000 円
884	泰西立憲國政治攬要	荒井泰治	ISBN978-4-7972-7187-4	30,000 円
885	改正衆議院議員選擧法釋義 全	福岡伯、横田左仲	ISBN978-4-7972-7188-1	42,000 円
886	改正衆議院議員選擧法釋義 附 改正貴族院令,治安維持法	犀川長作、犀川久平	ISBN978-4-7972-7189-8	33,000 円
887	公民必携 選擧法規ト判決例	大浦兼武、平沼騏一郎、木下友三郎、清水澄、三浦數平	ISBN978-4-7972-7190-4	96,000 円
888	衆議院議員選擧法輯覽	司法省刑事局	ISBN978-4-7972-7191-1	53,000 円
889	行政司法選擧判例總覽―行政救濟と其手續―	澤田竹治郎・川崎秀男	ISBN978-4-7972-7192-8	72,000 円
890	日本親族相續法義解 全	髙橋捨六・堀田馬三	ISBN978-4-7972-7193-5	45,000 円
891	普通選擧文書集成	山中秀男・岩本溫良	ISBN978-4-7972-7194-2	85,000 円
892	普選の勝者 代議士月旦	大石末吉	ISBN978-4-7972-7195-9	60,000 円
893	刑法註釋 卷一～卷四(上卷)	村田保	ISBN978-4-7972-7196-6	58,000 円
894	刑法註釋 卷五～卷八(下卷)	村田保	ISBN978-4-7972-7197-3	50,000 円
895	治罪法註釋 卷一～卷四(上卷)	村田保	ISBN978-4-7972-7198-0	50,000 円
896	治罪法註釋 卷五～卷八(下卷)	村田保	ISBN978-4-7972-7198-0	50,000 円
897	議會選擧法	カール・ブラウニアス、國政研究科會	ISBN978-4-7972-7201-7	42,000 円
901	鼇頭註釈 町村制　附 理由 全	八乙女盛次、片野続	ISBN978-4-7972-6607-8	28,000 円
902	改正 市制町村制　附 改正要義	田山宗堯	ISBN978-4-7972-6608-5	28,000 円
903	増補訂正 町村制詳解〔第十五版〕	長峰安三郎、三浦通太、野田千太郎	ISBN978-4-7972-6609-2	52,000 円
904	市制町村制 並 理由書　附 直接間接税類別及実施手続	高崎修助	ISBN978-4-7972-6610-8	20,000 円
905	町村制要義	河野正義	ISBN978-4-7972-6611-5	28,000 円
906	改正 市制町村制義解〔帝國地方行政学会〕	川村芳次	ISBN978-4-7972-6612-2	60,000 円
907	市制町村制 及 関係法令〔第三版〕	野田千太郎	ISBN978-4-7972-6613-9	35,000 円
908	市町村新旧対照一覧	中村芳松	ISBN978-4-7972-6614-6	38,000 円
909	改正 府県郡制問答講義	木内英雄	ISBN978-4-7972-6615-3	28,000 円
910	地方自治提要 全　附 諸届願書式 日用規則抄録	木村時義、吉武則久	ISBN978-4-7972-6616-0	56,000 円
911	訂正増補 市町村制問答詳解　附 理由及追輯	福井淳	ISBN978-4-7972-6617-7	70,000 円
912	改正 府県制郡制註釈〔第三版〕	福井淳	ISBN978-4-7972-6618-4	34,000 円
913	地方制度実例総覧〔第七版〕	自治館編輯局	ISBN978-4-7972-6619-1	78,000 円
914	英国地方政治論	ジョージ・チャールズ・ブロドリック、久米金彌	ISBN978-4-7972-6620-7	30,000 円